KB069504

교육미래학을 위한 **시론**
교육의 미래를 디자인하다

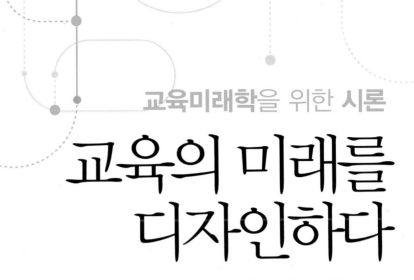

교육미래학을 위한 **시론**

교육의 미래를
디자인하다

서울대학교 교육연구소 BK21PLUS 미래교육디자인연구사업단 편저
책임편저자 **김동일**

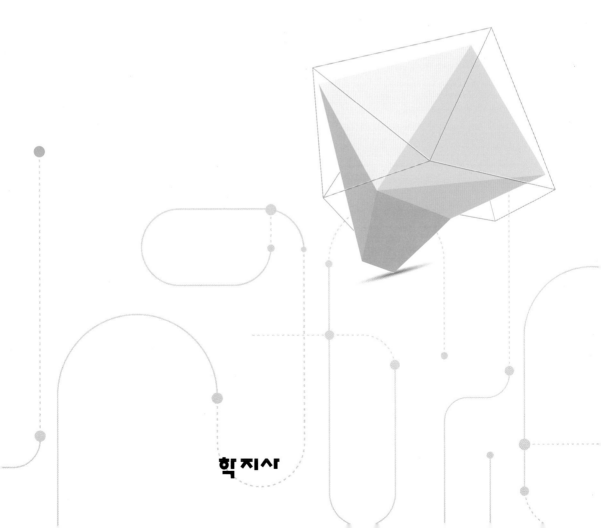

학지사

Future can't be predicted; it can be educated.

앞으로 펼쳐질 세상과 자신의 안녕에 대하여 우리 모두는 궁금해합니다. 그러므로 다양한 방식을 통하여 자신들에게 펼쳐질 미래에 대하여 무엇인가 신뢰할 수 있고 또한 의지할 수 있는 정보를 얻기를 원합니다. 미래는 지금-여기(Here and Now)에서 펼쳐지며, 또한 펼쳐질 미래인 지금-여기에서 우리가 무엇을 하느냐에 따라 미래의 모습은 다르게 다가올 것입니다. 교육의 미래 역시 미래 사회를 함께 살아갈 우리가 미래에 대한 어떤 교육학적 상상력을 발휘하느냐에 따라 다르게 펼쳐질 것입니다.

미래의 세계, 미래의 우리 그리고 미래의 교육, 어느 것 하나 우리가 확실히 알 수 있는 것은 없습니다. 그러나 미래를 구상하고 디자인하고자 하는 노력은 다양한 사회 분야에서의 역동을 면밀히 추적하여 변화에 잘 대처해 나갈 뿐만 아니라, 미래는 결국 구성해 나가는 것이라는 신념에 기반을 두고 있습니다. 우리 사회 구성원들이 미래 사회와 교육의 다양한 모습을 상상해 보고, 이를 구현하고 수정해 나가도록 촉진하는 일이 다름 아닌 바로 '교육'입니다. 우리가 원하는 미래 삶의 질과 안녕을 위한 청사진, 그리고 이를 이루기 위한 교육의 모습에 대한 공적 담론의 활성화가 필요합니다. 미래는 예측으로 끝나는 것이 아니라, 교육하며 함께 변화하고 만들어 가는 것이라는 점에서, '미래는 교육하는 것'이라고 할 수 있습니다.

'미래는 교육하는 것이다'라는 비전과 미래에 대한 교육학적 상상력을 견인할 학문적 담론생성이 교육학의 중요한 과업이라고 제안해 봅니다. 이 책은 이 과업에 천착해 온 BK21PLUS 미래교육디자인연구사업단이 지금까지 제안하고 구성해 온 미래교육 아젠더와 디자인을 정리한 중간산출물이자, '교육미래학'을 본격적으로 구안하기 위한 시론입니다. 이 책은 총 3부 14개 장으로 구성되어 있고, 교육미래학 구성을 위해 교육 디자인의 논리와 미래 교육 구조와 실천에 대한 다양한 주제를 다루고 있습니다. 1부는 교육디자인의 논리와 개념의 변화에 대해, 2부는 미래 사회 환경 변화가 추동하는 새로운 교육시스템 디자인 방향과 쟁점에 대해, 3부에서는 미래 학교 교수학습 디자인을 위한 방법과 그 가능성에 대해 다루고 있습니다. 이 책이 '교육미래학'에 대한 학술적 담론의 발전과 펼쳐질 미래를 초점으로 한 새로운 교육적 노작을 추동하는 출발점의 역할을 미력하나마 감당하길 기대해 봅니다.

마지막으로 이 책의 발간을 위하여 귀중한 원고를 제공하고 적극적으로 참여한 서울대 교육학과 학문공동체 구성원들께 진심으로 감사의 말씀을 드립니다. 또한 이 책이 나오기까지 기획단계에서부터 마무리까지 글을 모으고 정리해 준 최선주 BK연구교수와 김이삭 BK연구원, 훌륭한 책과 디자인을 선사해 준 학지사 김진환 사장님과 이지혜 편집부장께도 고마움을 전합니다.

2015년 7월
교육과 미래를 고민하는 모든 저자와 함께
BK21PLUS 미래교육디자인연구사업단 단장 金東一 識

미래교육 패러다임을 위한
'디자인' 개념 탐색

김동일
최선주
김우리
백선희
김명찬

미래교육 디자인　　　　　　　　　　　널리 알려진 교육의 개념인 '인간 행동의 계획적인 변화'(정범모, 1968)는 당시 교육학계의 과제 중 하나였던 교육에 대한 피상적이고 모호한 관점을 극복하기 위한 시도에 따른 결과였다. 교육에 대한 엄밀한 과학적 관점에서의 정의가 탄생한 이후 교육을 정의하는 작업은 세대를 거듭하면서 다양한 관점에서 이루어져 왔다. 교육 현상을 이해하는 '보는 교육학'으로서 '교육과학적 패러다임', 교육 현장의 실제를 다루는 '하는 교육학'으로서 '교육실천학적 패러다임,' 과학적 관점과 규범적 관점을 포괄하는 '교육해석학적 패러다임', 혹은 '교직 패러다임'과 '신교육학 패러다임' 등, 교육에 대한 관심이나 그에 접근하는 방법에 따라 교육의 개념을 규정하거나 이것을 체계적으로 연구하는 교육학의 성격에 대해 다양한 입장이 등장하였다(유재봉, 2003). '교육'이나 '교육학'의 정의와 성격에 대한 다양한 관점과 논의는 궁극적으로는 교육의 역할과 가치가 무엇인지를 밝혀내고자 하는 시도라고 볼 수 있을 것이다. 모든 학문이 시대와 교감하면서 성장한다는 점을 감안한다면 교육이나 교육학을 정의하려는 시도가 세대

▶ 이 장은 김동일, 최선주, 김우리, 백선희, 김명찬(2014). 미래교육 패러다임을 위한 '디자인' 개념 탐색. 아시아교육연구, 15(4), 29-54를 기반으로 수정 및 보완하였음.

를 거듭하며 지속해서 이루어지고 또 이루어져야 한다는 진술은 그리 특별한 것이 아니다. 즉, 다른 학문들과 마찬가지로 교육학 역시 시대의 요구에 부응하여 교육의 존재 이유와 역할에 대한 정의 내림을 계속해야, 학문으로서 교육학의 제 역할을 다 한다고 말할 수 있을 것이다.

교육에 대한 전통적인 개념 중의 하나는 '사회화' 개념이다(Egan, 2008). 사회화로서의 교육은 사회 구성원들이 사회적 역할을 제대로 수행하도록 훈련하는 것을 의미한다. 그러나 사회화라는 개념은 기존 사회 체제가 요구하는 인재를 길러 낸다는 측면에서, 향후 불확실성이 증대되는 미래 사회를 살아갈 인재를 양성하는 데 있어 뚜렷한 한계점을 지닌다. 다른 한편, 보다 근대적이고 공학적인 교육 개념인 '인간 행동의 계획적 변화'로서의 교육은 교육을 시작하는 현 시점에서 교육 후의 변화 결과로서의 교육 목표를 명확히 규정할 수 있어야 한다는 점에서 불확실성과 예측 불가능성을 그 특징으로 하는 미래 사회를 준비시키는 교육 개념으로 또한 한계를 지닌다. 불확실성이 특징인 미래 사회를 위한 교육은 현재 사회의 요구를 반영하는 수준을 넘어서서 미래 창출의 혁신적·개방적 체제로서, 미래 사회를 형성하는 데에 영향을 줄 수 있는 방식으로 구성되어야 한다(Banathy, 1991). 이러한 관점에 기반을 두어 교육학 분야 내에서는 '미래교육'에 대한 논의가 점차 활발해지고 있다.

예를 들어, 미래교육에 대한 논의는 보통 미래 사회의 특성과 요구를 규명하는 일로부터 시작한다. 그리고 이들 논의에서 미래 사회의 특성과 요구는 크게 다음 세 가지로 정리되는 것처럼 보인다. 먼저, 미래 사회는 변화의 흐름이 빨라지면서 불확실성이 보편화되는 사회다. 둘째, 미래 사회 구조의 복잡화는 우리에게 다양한 사회적 요소의 조화를 요구하고 있다. 마지막으로, 전자의 특성들은 학문 간, 사회 및 산업 영역 간의 융합을 필연적으로 초래할 가능성이 높다. 이렇게 예견되는 미래 사회의 특성과 요구를 감안할 때 미래 교육은 가르침보다는 배움을, 지식보다는 핵심 역량을 강조하고, 유연한 교육, 자율적 행동과 학습, 그리고 더불어 살아가는 역량을 길러 주는 데 초점을 두어야 한다고 주장된다(김운종, 2009). 또한 '디지털 시대'의 영향으로 인해 학습자의 선택권과 학습권을 기반으로 스스로의 필요에 따라 지식을 습득하고 이를 '관계'를 통해 공유하는 능력(정민승, 2007)이나, 학습의 개인화(자기주도성), 형식지에서 암묵지로의 가치 이동, 체험학습의 보편화, 의사소통의 활발함 등을 육성하는 것 등이 요구된다고 말해진다(최정재, 2008).

그러나 미래교육에 대한 정책적·현실적 관심에서 출발한 이러한 무수한 담론에도 이것을 하나의 포괄적이고 일관된 교육적 관점에서 접근하고 체계화하려는 노력은 지금까지 부재하였다. 더구나 미래 사회의 핵심적 특징인 불확실성은 미래 사회에서의 생존과 번영에 보다 결정적인 요소로 교육의 역할 혹은 미래 인재의 육성을 부각하고 있다. 그리하여 본 장에서는 미래 사회에 대한 준비라는 현실적인 교육적 관심에서 출발하여, 교육을 규정하고 바라보는 하나의 패러다임으로서 '미래교육'을 설정하여, 이것을 주요 관심으로 하는 교육학으로서 '미래교육학'의 가능성을 예비적으로 탐색해 보고자 한다. 그리고 이를 위한 첫 번째 시도로서, (미래를 위한) 교육을 바라보고 규정하는 하나의 관점으로서 '디자인' 개념을 살펴보고자 한다.

디자인 개념의 부상 배경: 기존의 지식과 접근으로 해결하기 어려운 '까다로운 문제들' 존재

디자인(design)은 일반적으로 계획, 구상, 설계 등으로 번역되며, 그 근원은 '지시하다, 표현하다, 성취하다'의 뜻을 가지고 있는 라틴어의 데시그나레(designare)에서 유래하였다. 미래를 염두에 둔 교육 디자인은 다양한 지향점을 가질 수 있으며 이러한 교육 디자인의 지향점은 디자인을 하는 사람들의 상상력과 기획력에 의해서 창출된다. 이는 곧 디자인을 통해서 미래교육, 학습, 인간의 삶의 존재 기반과 근본적인 방향을 변화시킬 수 있다는 것을 의미한다. 지식교육 영역으로 보다 좁혀 말한다면, 변화의 주기가 빠르고 예측 불가능성을 특징으로 하는 미래를 맞고 있는 현대 사회에서 인재 교육의 목적은 산업시대에 사용되었던 명시적 지식뿐만 아니라 이러한 지식을 대상, 영역에 적확하게 적용하여 사용할 수 있는 방법적 지식, 즉 지식의 활용 능력을 기르는 데 달려 있다고 말해진다. 이러한 방법적 지식은 이미 습득한 지식을 목적에 적합한 구조로 디자인하는 능력에 달려 있다고 할 수 있다. 즉, 미래 인재상은 기존의 지식을 문제해결을 위해 재구조화하는 설계(design) 능력, 즉 '디자인' 능력을 요구하는 것이다.

　시각 디자인에서 출발한 디자인 개념을 교육의 패러다임을 규정하는 한 가지 개념으로 적용한다는 것은 디자인 개념이 지니고 있는 의미상의 모호성, 계통상의 불명확성 때문에 가능성과 동시에 문제점을 내포할 것이다. 그러나 디자인이라는 용어가 지니고 있는 특수성은 오히려 다양한 분야에서 디자인이 활발하게 사용되고 있는 이유가 되고 있다. 대표적으로 예술 분야에서 시작되어 경영학까지 적용되고 있는 '디자인 사고', 경영상의 문제를 해결하기 위해 경영학 이론과 디자인 이론을 혼용한 '디자인 경영', 시각화를 통해 무형의 서비스를 유형화하는 개념인 '서비스디자인' 등이 있다. 교육학 내에서는 이미 교수 설계, 학교 공간디자인, 유니버설 디자인 등으로 그 개념이 활용되고 있기도 하다.

　디자인이라는 용어가 다양한 분야에서 활발하게 사용되고 있는 배경에는 기존의 과학적 접근으로는 해결하기 어려운 형태의 문제들, 즉 '까다로운 문제들(wicked problem)'이 현재 우리 사회와 미래 사회에 존재하고 있기 때문이다(Buchanan, 1992). 급격한 사회 변화로 인해 발생하는 문제들은 애초에 정해진 답이 없다는 특성을 지니고 있고 따라서 기존의 과학적이고 논리적인 사고 과정을 통해 도출된 답안을 단순하게 적용하는 것은 한계가 있음을 의미한다. 본 장에서는 이러한 교육계 안팎의 흐름을 반영하여 새로운 교육 패러다임으로서의 '미래교육학'을 규정할 핵심 개념으로 '디자인' 개념을 제안하고자 한다. 다시 말하면, 미래를 위한 교육의 개념을 규정하고 이 개념에 기초한 교육적 이념과 목표를 달성하는 방법적 원리를 제공할 하나의 개념으로 디자인 개념을 탐색하여, 하나의 패러다임으로서 미래교육학을 정립하는 데에 디자인 개념이 기여할 수 있는 바를 예비적으로 살펴볼 것이다. 이를 위해 교육학 내외의 분야에서 디자인의 개념이 어떻게 정의되고 있고 또한 디자인이라는 개념에 어떠한 의도와 의미가 부여되고 있는지를 살펴보고자 한다. 우선 디자인의 일반적 개념을 탐색하고, 디자인이 주로 사용되고 있는 분야—예술, 경영, 서비스—에서의 개념 정의 및 용도, 디자인이라는 용어가 갖고 있는 함의를 밝히고자 한다. 아울러 교육학 내에서 디자인 개념이 어떻게 활용되는지 살펴본 후, 디자인 개념이 교육의 새로운 패러다임으로서 미래교육학의 방향에 함의하는 바를 탐색해 볼 것이다.

디자인의 개념 및 의미 층위

디자인이라는 용어가 내포하고 있는 의미는 단일하지 않고 기본적으로 의미적 모호성과 다층성을 지닌다(장영중, 2011). 이런 복잡하고 모호한 개념에 접근하는 한 가지 방법은 그것의 명확한 정의를 내리는 대신에 기존 디자인 개념이 갖고 있는 의미 층위를 명료하게 드러내는 것이다. 디자인은 전통적인 시각디자인에서 출발하여 서비스디자인, 경영디자인, 공공디자인, 커뮤니케이션 디자인, 사회디자인 등 다양한 분야에 차용되어 그 의미의 확장을 거듭해 왔다. 디자인 층위 구분의 대표적인 사례는 표현명과 이원식(2012)의 4단계 개념 분류다.

표1 디자인의 4단계 개념 분류 구분

	개념 속성	특징	개념 예
제1개념	시각 (Visible)	하드웨어적, 물질적, 기능적, 외형적, 표면적	제품디자인
제2개념	이미지 (Invisible)	비물질적, 비가시적, 소프트웨어적, 이미지 구축	브랜드 디자인
제3개념	조화 (Harmony)	융합과 조화, 다른 다양한 분야와 유기적으로 협동하는 방향	융합디자인
제4개념	혁신 (Innovation)	인간이 목적을 가지고 행하는 모든 행위, 즉 가치를 부여할 수 있는 모든 것	모든 가치 행위

출처: 표현명, 이원식(2012), p. 17.

　제1개념과 제2개념의 분류는 제품디자인과 같은 전통적인 시각 디자인과 다른 서비스나 브랜드와 같이 보이지 않는 이미지를 대상으로 한 디자인의 층위를 분리해 냈다는 점에서 의미가 있다. 제3개념과 제4개념은 디자인 대상이 아닌 디자인이 내포하는 가치와 관련된 것이다. 디자인은 융합과 조화와 혁신이라는 개념을 가진다는 것이다. 이때 디자인은 이 가치를 가지고 판단된다. 예를 들어, '새로운 가치 창출'이라는 지향(orientation)과 계획이라는 의도성(intention)이 있는 행동이면 디자인으로 규정된다. 디자인이 인간 '행위'의 차원으로 확장된 것이다. 제4개념은 디자인에 대한 가장 광의의 정의라고 볼 수 있다. 그러나 거의 모든 것을 담을 수 있는 개념은 설명 범위를 최대화하는 대신, 디자인 개념의 학술적 응집성과 독자성을 약화시키는 문제가 있다.

　확장된 디자인 개념에 대해서는 '장님과 코끼리' 비유를 통해 그 의미의 본질적 이해가 얼마나 어려운 일인지가 설명되기도 하였다(Copper & Press, 1995). 쿠퍼(Copper, R.)와 프레스(Press, M.)는 복잡한 디자인의 의미를 파악하기 위해, 디자인의 특성을 〈표 2〉와

쿠퍼와 프레스의 디자인의 여섯 가지 의미

1	예술로서의 디자인(Design as art)
2	문제해결로서의 디자인(Design as problem solving)
3	창의적 행위로서의 디자인(Design as a creative act)
4	전문직의 한 분야로서의 디자인(Design as a family of professions)
5	산업으로서의 디자인(Design as an industry)
6	과정으로서의 디자인(Design as a process)

출처: Cooper & Press(1995): 장영중(2011), p. 373에서 재인용.

　같이 여섯 가지 주제로 구분하고 각 주제를 정교하게 설명함으로써 디자인의 의미를 보다 입체적으로 파악할 수 있도록 하였다.

　이들과는 별개로 장영중과 김용민(2008)은 디자인을 크게 '스타일'과 '계획'으로 나누어 살펴보고 상반된 의미가 공존하는 디자인 개념의 중요성을 언급하기도 하였다.

> 　하지만 디자인의 사전적 의미를 연구할 때 더욱 집중해야 할 것은 '그리다'와 '계획하다'라는 개별적 의미의 해석에 있는 것이 아니라 위의 두 의미가 완전히 상반된 사고체계에 근거하고 있으며 이러한 상반된 사고체계가 하나의 목적을 위해 동시에 작용하고 있다는 점이다. 왜냐하면 '그리다'와 '계획하다'라는 디자인의 두 가지 의미는 이성과 감성이라는 인간을 구성하는 두 가지 본질적인 특성으로 치환될 수 있으며 이성과 감성의 조화는 미래 사회의 핵심적인 가치이자 중요한 경쟁력이 되기 때문이다(장영중, 김용민, 2008: 396).

　나아가 이들은 디자인의 복잡한 의미를 체계적으로 이해하기 위해서는 '그리다'와 '계획하다'를 중심으로 하는 디자인의 사전적 의미뿐만 아니라 '미래 지향적 작업', '전체적 시각에서 사용자에 대한 관심과 배려'라는 측면을 함께 고려해야 한다고 주장하였다. 그리고 여기에는 새로운 것을 그린다는 측면에서 창의성의 개념이 담겨 있다.

　디자인이 창의성의 개념까지 확장될 수 있었던 배경에는 복잡한 사회와 경영상의 문제를 해결하려는 각 분야의 문제의식이 놓여 있다. 다음에서는 디자인의 개념을 적극적으로 도입하여 활용하고 있는 주요 분야별 개념으로 디자인 사고, 디자인 경영, 서비스디자인 등을 살펴보고자 한다.

디자인 사고　　　　　　　　　디자인은 영국의 산업혁명 이후 제품의 대량생산 과정에서 제품의 심미적 가치를 상승시키기 위해 활발하게 발전한 것이다(김효일, 2013). 눈에 보이고 손에 잡히는 시각적이고 감각적인 제품에 적용되었던 19세기의 디자인 개념은 20세기의 산업화가 시작되면서 본격적으로 그 개념을 넓히게 되었다. 물리적 차원에 적용되던 디자인 개념은 21세기에 접어들면서 지식에 관한 디자인으로 그 폭을 넓히게 되었고, 그런 맥락에서 '디자인 사고(design thinking)'가 등장하게 되었다. 이러한 변화는 우선적으로 디자인의 의미가 눈에 보이지 않는 가치를 포함하는 의미로 확장되었다는 것을 뜻한다. 개념적으로 디자인 사고란 "디자이너들이 생각하는 방식"을 의미한다(Dunne & Martin, 2006). 이전에 존재하지 않은 새롭고 참신한 것을 만들어 내는 것이 디자이너의 과제라는 점을 감안할 때, 디자인 사고는 '창의성'과 긴밀한 관련을 맺게 된다. 아울러 구체적인 결과물을 도출해야 한다는 점에서는 '문제해결'이라는 개념과도 연관된다. 이러한 의미에서 디자인 사고는 예술, 건축, 산업 등 디자이너들만의 전유물이 아니라 새로운 것을 창조하거나 조직을 이끌어 나가는 모두를 위한 것이라는 주장이 제기되었다(Nelson & Stolterman, 2012).

디자인 사고는 '창의성', '문제해결' 등의 인지적 사고과정을 내포함으로써 그 개념이 인접 분야로까지 확장될 수 있었다. 건축 디자이너였던 로(Rowe, P. G.)는 1987년 그의 저서『디자인 사고(*Design Thinking*)』에서 최초로 디자인 사고의 개념을 소개하였다. 그는 자신의 저서에서 다양한 디자인 사고의 유형으로 '고전적인 디자인 지식 모델', '일반적인 아이디어 발상 과정', '정보처리 이론', '발견적 기법', '유추' 등을 언급하였다. 이러한 일련의 개념은 가시적인 '디자인'과 비가시적인 '사고' 간의 결합을 통해 디자인 개념이 눈에 보이지 않는 영역까지 확대되는 계기를 마련하였다. 용어 간의 결합을 통한 확장된 디자인 사고의 특성은 크게 세 가지 ─ 귀추논리(abductive logic), 디자인 태도(design attitude), 시각적 사고(graphic thinking) ─ 로 나눠 볼 수 있다(Martin, 2004).

디자인 사고의 특성

❶ 귀추논리
  abductive logic
❷ 디자인 태도
  design attitude
❸ 시각적 사고
  graphic thinking

첫째, 귀추논리란 미국의 철학자 퍼스(Peirce, C. S.)가 소개한 것으로 '가설적 비약'이라 할 수 있다. 귀추논리란 결론부터 시작하여 대전제를 향해 역방향으로 논리를 전개하는 방식을 의미한다(Noboru, 2010). 예를 들면 다음과 같다.

① 놀랄 만한 사실 C가 관찰되었다(산꼭대기에서 조개 화석이 발견되었다). - 결론
② 만약 A(그곳은 한때 바다였다)가 사실이라면 C가 일어난 것은 당연하다. - 대전제
③ 그러므로 A가 사실이라고 생각하는 것은 일리가 있다. - 소전제

귀추논리는 관찰된 사실이 어느 정도의 설명력을 갖고 있다면

어떤 가설도 유효하다고 인정한다는 점에서 사고의 유연성과 확장성을 갖는다. 이러한 측면에서 귀추논리는 창조적 대안을 만들어 내는 논리라는 주장이 제기되었다(김도현, 장영중, 2008).

둘째, 디자인 태도란 주어진 여러 대안을 평가하고 선택하는 과정을 넘어서서 새로운 대안을 만들어 내는 과정을 포함하는 것을 의미한다. 새로운 대안을 만들어 내어야 할 정도의 제약 조건이 존재하는 상황은 디자이너들을 창의적으로 만드는 요소라고 할 수 있다(Norman, 2002).

셋째, 디자이너는 끊임없이 자신의 생각을 시각적으로 도출하려고 시도한다. 이들은 시각적 사고를 하는 것이다. '시각적 사고'는 팀 브라운(Tim Brown, 2009)이 제시한 디자인 사고의 프로세스— 영감(inspiration), 개념화(ideation), 실행(implementation) — 중에서 개념화와 관계가 깊다. 영감 단계에서 사람들의 행동, 생각, 욕구를 관찰하여 해결책에 대한 동기부여를 하기 시작하고, 개념화 단계에서는 스케치와 시나리오를 통해 해결책을 구체화하여 검증하는 과정을 반복하게 된다. 시각화는 아이디어를 체계화하고 이를 선택하는 과정이 보다 객관적으로 발전되도록 돕는다(이지선, 윤주현, 2012).

디자인 경영   디자인 경영(design management)은 디자인 이론과 경영학 이론이 혼용된 개념이라 할 수 있다. 디자인과 경영이라는 용어가 동시에 등장하기 시작한 것은 1907년 독일 예술가협회(German Artists Organization)의 출범을 통해서다. 예술가, 건축가, 디자이너, 사업가들로 구성된 이 단체는 현대적인 건축과 산업디자인의 발전에 중요한 모체가 되었다. 초기의 디자인 경영은 디자인 분야의 경영이라는 한정적인 용법으로 사용되었다. 디자인 경영에 대한 최초의 정의(Farr, 1966)는 "디자인 문제를 정

의하고, 가장 적합한 디자이너를 찾아내어 주어진 시간과 예산의
범위 내에서 그것을 해결할 수 있도록 해주는 것"이다. 이 정의에
서는 경영이 디자인 분야에만 한정적으로 사용되고 있음을 확인할
수 있다. 이러한 초기의 관점은 경영학 분야에서 디자인 경영을 적
극 사용함으로써 '경영'을 '디자인'의 관점으로 바라본다는 개념으
로 이동하게 되었다. 즉, 디자인의 역할이 기업 전반의 가치를 상
승시키는 전략적 개념으로 전환된 것이다(이은형, 방정혜, 2008). 이
러한 변화는 경영 현장의 필요에 따라 이루어진 것으로 어떤 이론
적 기반을 갖추고 있지는 않다. 그러한 탓에 디자인 경영은 체계화
된 이론과 방법론이 부재하다는 특성을 지니면서 동시에 장기간의
연구, 교육 및 투자가 반복적으로 이루어져 왔다는 점에서 매우 이
례적인 분야라 할 수 있다.

　디자인 경영이 경영 분야를 중심으로 활발하게 활용 및 연구되
고 있는 이유는 무엇보다 기업환경의 변화를 손꼽을 수 있을 것이
다. 전통적인 기업과 현대의 기업을 비교한 연구에 따르면 전통적
인 기업의 특성은 직무 배정이 한번 이루어지면 변하지 않는 영속
성, 정답을 가정한 업무 스타일 등이다(Dunne & Martin, 2006). 이
러한 특성은 전통적 기업의 경우 비교적 사회가 느린 속도로 변
화해 가고 대부분의 문제가 경험에서 축적된 정답을 가지고 있음
을 말해 준다. 반면에, 현대적 기업은 고정된 직무는 없고 프로젝
트나 팀 단위로 일이 진행되고, 업무 스타일 역시 상호 협력에 기
초해 반복적인 과정을 통해 답을 찾아내야 한다는 특성을 보인다
(Dunne & Martin, 2006). 이러한 특성은 사회의 변화가 빠르고 그
문제 또한 이전의 것과는 다르다는 것을 전제로 한다. 따라서 현대
적 기업에서는 정답이 없다는 가정하에 그때그때 주어진 문제를
해결해 내는 창의적 역량이 중시된다. 즉, 경영자에게도 디자이너
와 마찬가지로 혁신적이고 창의적으로 새로운 구조를 창조해 나가

는 능력이 요구되는 것이다(김도현, 장영중, 2008).

　디자인 경영은 창의성과 문제해결이라는 공통성을 기반으로 하여 디자인 사고와 맥락을 같이한다(이혜선, 2013). 이것은 디자인이 '해결하기 어려운 과제를 명료화하고 해결책을 그린다.'는 개념과 연관된다. 특히 디자인은 해결하기 복잡한 성격의 문제를 다룰 때 사용된다. 뷰캐넌(Buchanan, R., 1992)은 문제의 정식화 과정이 명확하지 않은 문제, 어디서 문제해결이 끝났는지 정의되지 않는 문제, 누가 풀었는지에 따라 방법이 달라질 수 있는 문제, 답이 맞는지 틀리는지 알 수 없는 문제, 해결과정이 다양한 문제 등이 현대 사회에서 제기되고 있다고 보았다. 따라서 해결과정은 창의성에 기반을 두어 문제를 구조화하고 해결의 실마리를 찾는다는 점에서 디자인 사고를 요구한다(김도현, 장영중, 2008). 디자인 경영은 디자인 사고와 마찬가지로 문제를 구조화하고 그 안에서 창의적인 해결책을 도출하고자 한다. 특히 디자인 경영은 경영 현장에서 자주 나타나는 '예측 불가한 까다로운 문제'의 해결을 위한 과정에 초점을 둔다고 할 수 있을 것이다.

서비스디자인

　　서비스디자인(service design)은 디자인 경영의 하위 분야로 경영의 최전선인 기업과 고객의 접점에서 모든 이해 관계자의 욕구를 충족할 유·무형의 서비스를 창의적이고 생산적으로 설계하는 것을 말한다(이혜선, 2013). 서비스디자인에 대한 대표적인 정의는 다음과 같다.

　　　서비스디자인은 '서비스'와 '디자인'이 합쳐진 합성어로서 서비스가 지닌 무형성, 이질성, 동시성, 소멸성과 같은 특성을 디자인이 갖는 물리적·유형적·의미적·상징적 특성과 결합해 서비스의 속성을 보다 자

세하고 구체적으로 드러내기 위한 방법론이라고 할
수 있겠다(표현명, 이원식, 2012: 44).

    서비스는 눈에 보이지 않고 고객이 소유할 수 없고(무형성), 동일
한 서비스라도 고객에 따라 다르게 느껴지며(이질성), 생산과 소비
가 동시에 이루어지고(동시성), 구매와 동시에 사라진다(소멸성)는
특성을 지닌다(표현명, 이원식, 2012). 서비스디자인에서 서비스는
무형의 상품이기에 가치판단을 위해서는 일정한 물리적 증거를 필
요로 한다(김효일, 2013). 따라서 서비스디자인 활동은 무형의 서비
스를 고객이 분명히 인지할 수 있는 형태로 전환하여 전달하는 데
초점을 둔다.

    서비스디자인은 무형성을 특성으로 하기 때문에 고객의 입장에
서 디자인되어야 한다. 동시에 무형성, 이질성, 소멸성을 감안할
때 서비스디자인의 과정에는 모든 이해 관계자가 참여해야 한다.
형태가 없다는 점은 소비자뿐만 아니라 제공자에게도 까다로운 과
제의 성격을 지니기 때문이다. 동시에 제공자와 소비자 간의 관계
역동이 중요하고, 제공되는 현장의 특성을 감안할 때 서비스와 관
련된 모든 이해 관계자의 참여과정은 서비스디자인에서 중요한 초
점이 될 것이다. 이것은 서비스디자인 과정에서 협업이 필수적임
을 의미한다. 순서 정하기와 증거 만들기는 디자인 사고에서도 강
조되고 있는 시각화와 관련된다고 볼 수 있을 것이다. 서비스가 가
지고 있는 특성상 고객에게 부드럽게 접근할 수 있는 내러티브를
통한 순서를 시각화하고, 서비스가 제공되는 과정에서 눈에 보이
지 않는 것들을 시각화하는 것은 고객이 서비스를 인지할 수 있도
록 돕는다. 마지막으로, 훌륭한 경험을 제공한다는 측면에서 서비
스의 순서는 다양한 관점에서 반복적으로 평가되고 그에 따라 변
경되어야 한다(Stickdorn & Schneider, 2013).

디자인 개념의 특성   주요 분야별 디자인 개념을
정리하면 〈표 3〉과 같다. 일반적인 디자인 개념은 우선적으로 디
자이너들이 생각하는 방식인 '디자인 사고'를 출발점으로 삼고 있
다. 답이 정해져 있지 않고, 답을 찾아가는 과정 또한 사람과 상황
에 따라 달라질 수 있다는 점을 전제로 하는 '까다로운 문제'의 출
현은 창의적인 문제해결과정으로서 디자인 사고를 요구한다. 그리
고 이러한 디자인 사고는 경영학 분야에서 디자인 경영과 서비스
디자인으로 개념화되고 진화되는 양상을 보이고 있다.

표 3 분야별 디자인 개념

	디자인 사고	디자인 경영	서비스디자인
정의	디자이너들이 생각하는 방식, 사물이나 서비스 또는 시스템을 디자인하기 위해 일어나는 일련의 정신적 과정 (Dunne & Martin, 2006)	디자인을 전략적 수단으로 활용하여 새로운 비전과 가치를 창출함으로써 조직 목표를 달성하는 것 (정경원, 2006)	효율적·효과적 서비스를 제공하기 위해 기존의 서비스를 개선하거나 혁신하는 것 (Moritz, 2005)
특성/원리	• 디자이너는 창의적으로 문제를 해결한다고 전제 • 경영자가 인식하는 '잘 정의되지 않는 문제'에 대한 인식 및 문제해결에 필요한 능력(김도현 & 장영중, 2008)	• 1960년대부터 용어 등장 • 디자인 경영 이론 미미: 디자인 이론 또는 경영학 이론의 단순 혼용 수준(장영중, 2011)	1. 사용자 중심 2. 공동창작 3. 순서 정하기 4. 증거 만들기(무형의 서비스 시각화) 5. 총체적 관점
키워드	디자이너의 사고, 비구조화된 문제, 창의적 문제해결, 경영	디자인 조직, 디자인 전략과 기업 성과와의 관계, 디자인/브랜드, 기업의 정체성	혁신, UI 디자인(User Interface Design), UX 디자인(User Experience Design)

분야별로 디자인의 특성과 강조점은 조금씩 다르지만 원리적인
차원에서는 공통점을 공유하고 있다. 디자인 사고, 디자인 경영,
서비스디자인에서 공통적으로 제시하고 있는 특성들을 정리하면
〈표 4〉와 같다.

표 4 디자인 개념의 공통된 특성

디자인 개념	공통 특성
디자인 사고 디자인 경영 서비스디자인	새로운 가치/이윤의 발생(value/profit)
	까다로운 문제(wicked problem)
	시각화(visualizaton)
	창의적 문제해결(creative problem solving)
	과정 지향(process oriented)
	협업(cooperation)
	사용자/참여자 중심(user centered)

　　디자인 사고, 디자인 경영, 서비스디자인은 공통적으로 새로운 가치나 경제적 이윤을 발생시킨다는 목표를 공유하고 있다. 즉, 디자인은 이전에는 없었던 무언가 새로운 것을 창조해 낸다는 것을 전제하고 있다. 그것이 디자인 개념을 사용하고 있는 근본적인 이유라고 할 수 있을 것이다. 다음으로, 디자인이 다루게 되는 과제들은 '까다로운(wicked)' 특성을 지니고 있다(Buchanan, 1992; Churchman, 1967). 디자인에서 다루게 되는 과제는 다양한 변수를 감안하고, 이해 관계자의 상충하는 욕망과 주장을 풀어내야 한다. 그 이유는 기본적으로 디자인이 지향하고 있는 창조성을 기반으로 하고 있다. 이전에 없던 것을 창조한다는 것 자체는 도전적인 과제이기 때문이다. 이러한 복잡한 문제를 해결하고 개인과 집단이 변화와 성장을 하기 위해서는 단순한 지식의 전달이 아닌 다양한 방식이 요구될 수밖에 없다. 따라서 디자인이 추구하는 문제해결의 방법은 주어진 과제를 직관적이고 체계적으로 이해할 수 있게 도와주는 시각화, 답이 아닌 문제해결의 과정, 상호 간의 협업, 문제와 관련된 사용자 내지는 참여자 중심, 마지막으로 창의적 문제 해결 등이 된다(김도현, 장영중, 2008; 이지선, 윤주현, 2012; 장영

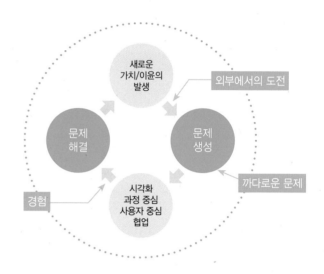

그림 1 디자인의 개념 구조

중, 2011; Cooper & Press, 1995; Lawson, 2005). 이와 같은 디자인의
개념 구조를 순환적으로 나타내면 [그림 1]과 같다.

교육학 분야의 디자인 개념 및 특성

교육학 분야에서
디자인이라는 용어가 전혀 사용되지 않은 것은 아니다. 기존의 교
육 연구에서 디자인이라는 용어는 주로 교수 설계의 의미로 사용
되어 왔다. 특수교육학 연구에서는 교육 영역에서의 보편적 설계
의 의미로 유니버설 디자인이라는 용어를 사용해 왔다. 교수 설계
이외에, 최근 이루어지고 있는 학교 공간디자인에 대한 논의는 교
육 디자인을 교육기관의 공간 설계의 개념으로 접근하고 있다. 다
음에서는 교육학 연구에서 사용하고 있는 디자인 개념의 정의와
특성을 자세히 살펴보고자 한다.

교수 설계로서의 교육디자인

교육공학 분야에서 디자인이란 용어는 주로 '교수 설계'와 관련

하여 사용되고 있다. 전통적으로 설계(디자인)는 교수의 개발과 개선에서 핵심적인 연구 영역으로 이해되어 왔다. 교육공학에서 교수 설계가 본격적으로 소개되기 시작한 시기는 1990년대 초·중반으로, 이 시기 이후로 '교수 설계 이론'이 교육공학 연구의 핵심 분야로 자리매김해 왔다(Lim & Yeon, 2009). 이는 교육공학에서 설계, 즉 디자인이라는 개념이 주로 교수학습 과정의 설계와 관련된 개념임을 보여 주는 것이다. 이처럼 1990년대 초·중반부터 폭넓게 사용된 디자인 개념은 그 쓰임새와는 다르게 관련된 연구 주제와 동향에 대한 검토가 충분치 않았다는 지적이 있었다(Lim & Yeon, 2009).

이러한 필요성에 따라 박양주와 동료 연구자들(2011)이 1997년부터 2010년까지 『교육공학연구』에 실린 교수 설계 관련 연구물을 분석한 것은 교수 설계에 관한 연구 주체와 동향을 종합적으로 검토할 수 있는 계기를 마련했다. 연구 결과는 비록 교육공학 내의 디자인 개념을 직접 정의한 것으로 볼 수는 없지만, 연구에서 활용된 디자인이 주로 어떤 의미로 통용되고 있는지에 대한 대략적인 범위를 살펴볼 수 있다는 점에서는 의의를 지닌다고 볼 수 있다. 228편의 논문을 분석한 결과, 교수체제와 교수설계 이론 전반에 관한 연구는 90편(29%)이었다. 가장 높은 비율을 보인 것은 교수 전략 및 방법에 해당하는 연구로 128편(44%)이었다. 이러한 결과는 교육공학에서 통용되고 있는 디자인의 의미가 주로 교수 전략과 방법 내지는 교수설계 모형이나 실제 또는 교수설계 이론과 관련한 것임을 말해 준다.

교육과정 디자인(설계)에서 '설계'의 의미는 주로 교육과정의 편제, 교육과정(track) 내에서의 교과목을 어떻게 배정할 것인지를 의미한다. 예를 들어 민용성, 백경선, 한혜정(2012)의 연구에서는 2009개정 고등학교 교육과정의 '진로 집중 과정'을 설계하기 위하여 고등학교 교육과정이 대학 교육과정과의 연계를 위해서 어떠한 과정(track) 내에서 구성되어야 하는지, 각 과정 내에서 어떠한 교과목이 어느 정도의 이수 학점으로 배정되어야 하는지에 대해 제안하고 있다. 한편, 교육과정 '실행을 위한 설계'는 보다 높은 수준에서 사용된다고 할 수 있다. 강현석(2003)은 제7차 선택중심 교육과정에 따른 학생의 학습기회체제 설계(learning system design)모형의 개발을 제안하면서, 학생이 어떠한 과목 혹은 과정(course of study)을 선택하는 데 있어 올바른 선택을 하도록 안내해야 한다고 말하고 있다. 학습기회체제를 설계하기 위해서는 학생의 선택권을 존중하고, 동시에 교육적 입장을 고려하여야 한다. 본 장에서도 민용성 등(2012)의 연구에서와 마찬가지로 교과목의 편성 및 운영에 대해 설계(design)라는 용어가 사용되고 있다.

교육디자인의 지향 가치로서의 유니버설 디자인

특수교육에서는 1985년 건축가인 메이스(Mace, R. L.)가 '유니버설 디자인'이라는 용어를 처음으로 사용하면서부터 이 디자인 개념이 도입되었다. 그는 "보편적 설계란 단순히 건물이나 편의시설을 추가 비용 없이 혹은 거의 없이 설계함으로써 장애의 유무에 상관없이 모든 사람에게 매력적이고 기능적이도록 설계하는 것이다."라고 소개하였다(김은선, 김종현, 2011: 36). 이후 유니버설 디자인의 개념은 교수·학습 분야에도 적용되기 시작하였고, 1989년 미국 국립일반교육과정접근센터(The National Center for Accessing the General Education Curriculum)에서 '유니버설 학습 디자인(Universal Design for Learning: UDL)'이라는 용어를 사용하기 시작하였다(김은선, 김종현, 2011).

UDL은 다양한 특성을 가진 학생들이 동등하게 교육과정에 접근하고 수업에 참여할 수 있도록 교수 자료와 활동을 디자인하는 것을 의미한다. 따라서 장애학생 개개인의 요구에 맞추어 개별화된 교수 및 학습 프로그램을 디자인하는 것이 아니라 장애학생뿐만 아니라 일반학생까지 접근할 수 있는 교수 및 학습 프로그램을 디자인하는 것이다(CEC, 2006). UDL은 연구자들에 따라 장벽없는 설계(barrier-free design), 통합디자인(inclusive design) 혹은 모든 사람을 위한 디자인(design for all)이라고도 한다.

　UDL의 특성은 크게 세 가지로 나눌 수 있다. 즉, 다양한 정보 제시방법, 표현방법, 참여 수단을 제공하는 것이다. 첫 번째 특성은 다양한 방법으로 정보를 제시하는 것이다. 학생들 개인마다 선호하는 학습 경로가 다양하기 때문에 복합적이고 융통적인 방법으로 정보를 제시한다. 두 번째는 다양한 표현방법을 제공하는 것이다. 학생들의 표현과 의사소통을 위해 다양한 선택권을 제공하고, 신체적 제약과 관계없이 내용을 학습할 수 있도록 다양한 선택의 기회를 제공한다. 마지막 특성은 다양한 참여 수단을 제공하는 것이다. 학생들의 흥미 유발 및 지속적인 참여를 위해 선택의 기회를 제공한다. 또한 학생들의 자기조절 학습을 위한 다양한 선택의 기회를 제공한다(CAST, 2011). 이러한 특성들은 다음의 유니버설 디자인의 원리에 기반을 둔다.

　UDL의 원리는 미장애재활연구소(National Institute on Disability and Rehabilitation Research)의 지휘하에 노스캐롤라이나 주립대학의 유니버설 디자인 센터에서 개발되었다. 그들은 다음의 일곱 가지 원리를 제시하였다. 첫째, 공평한 사용(equitable use)이다. 모든 사람이 동등하게 사용할 수 있도록 디자인하는 것이다. 둘째, 사용상의 융통성(flexibility in use)이다. 다양한 특성을 보이는 사람들이 접근하고 사용할 수 있도록 사용에 있어 유연성을 확보하여 디자인하는 것이다. 셋째, 손쉬운 사용(simple and intuitive use)이다. 사용법이 복잡하지 않고, 사용자의 경험, 지식, 언어에 관계없이 쉽

게 이해할 수 있도록 디자인하는 것이다. 넷째, 정보 이용의 용이
(perceptible information)다. 사용하는 사람의 능력이나 조건에 관
계없이 필요한 정보를 효과적으로 전달할 수 있도록 디자인하는
것이다. 다섯째, 안정성(tolerance for error)이다. 의도치 않은 사고
의 결과를 최소화할 수 있도록 디자인하는 것이다. 여섯째, 편리한
조작(low physical effort)이다. 신체적 부담을 줄이고 효율적으로 사
용할 수 있도록 디자인하는 것이다. 일곱째, 접근과 사용에 적절한
공간(size and space for approach and use)이다. 사용자의 신체 특
성에 관계없이 모두가 접근하고 사용하기에 적절한 공간을 제공할
수 있도록 디자인하는 것이다.

학교 공간디자인으로서의 교육디자인

교육 연구에서 디자인은 교육기관의 공간 설계의 개념으로 이해
되기도 한다. 2000년대 이후 미래 사회에 대한 관심이 급증하고 디
지털 기술이 눈부시게 발전함에 따라 21세기 교수학습 방법에 대
한 관심이 본격화되면서 미래 학교에 대한 논의가 활성화되었다.
미래 학교는 IT 첨단 기술을 활용한 지능형 학습 공간 혹은 스마
트 교실, 지속 가능한 친환경 학교 건축, 지역주민의 평생학습센터
등의 모습으로 그려진다. 각국 정부는 이러한 미래형 생활 패턴에
대응하는 학교 건축 혹은 학교 공간디자인을 위한 정책을 실시하
고 있다. 대표적으로 2009년부터 이루어진 호주 연방정부의 BER
(Building the Education Revolution) 프로젝트와 2007년과 2010년에 이
루어진 핀란드의 이노스쿨(InnoSchool) 프로젝트, 그리고 2005년부
터 실시된 우리나라의 문화로 행복한 학교 만들기 사업 등이 있다.
미래형 학교 공간디자인은 "천편일률적인 삭막한 내부 공간과
감시 구조의 공간 배치"(김주연, 김선철, 2010: 425)에서 벗어나, 디
지털 기술의 발전에 따라 가상현실과 온라인으로 움직이고, 학습

목적에 따라 변형이 가능한 자유로운 학습 공간으로의 변화를 지향하고 있다. 신나민(2011)은 호주에서 학교 공간디자인을 개선한 사례를 분석하면서, 호주 학습 공간디자인의 특징을 유연하고 열린 커뮤니티를 지향하고, 건물 내부와 외부의 연결성, 지속 가능성과 생활 공간으로서의 쾌적함을 반영하는 것이라고 하였다. 교육기관 공간디자인에서 중요한 원칙은 유연성(flexibility)으로, 이는 "공간 구조를 교수학습 활동의 목적에 따라 변형할 수 있도록 허용하는 디자인의 특성"(신나민, 2011: 12)을 말한다. 예를 들어, 시멘트 대신 유리 슬라이딩 도어 등을 설치함으로써 팀티칭, 모둠학습, 프로젝트 학습 등 다양한 형태의 교수학습 방법을 가능하게 할 뿐 아니라 사용자가 공간을 재구성할 수 있도록 통제력을 부여할 수 있다.

이러한 공간디자인은 단순히 물리적인 변화에만 그치는 것이 아니라 학생들의 활동 흐름을 디자인하는 것이고(신나민, 2011), 19세기 후반과 20세기에 만연했던 교과목(subject)과 학년 간 구조(structure)를 강조한 교육과정에서 동질 집단으로 구성된 작은 팀으로 교수학습 실천을 변화시키는 것을 의미한다. 김주연과 김선철(2010)은 교육(과정)과 공간디자인이 별개의 문제가 아니라 밀접하게 연동되어 있다는 인식이 필요하다고 지적하였다.

학교 공간디자인에서 중요한 이슈는 디자인 과정에서 사용자의 참여다(Woolner, Hall, Wall, & Dennison, 2007). 이는 사용자 참여 디자인 혹은 참여 디자인으로 불린다(이영범, 2005; 최목화, 최병숙, 2004). 신나민(2010, 2011)은 한국의 학교 공간디자인 사업 사례 분석을 통해 디자인 프로세스를 학교주도형, 디자이너주도형, 절충형의 세 유형으로 분류하기도 하였다. 학교 공간디자인에 참여하는 것은 사용자인 학생과 교사에게 긍정적인 역할을 하는 것으로 나타났다(김주연, 김선철, 2010; 신나민, 2010; 이정훈, 2010)

지금까지 교육 연구에서 이루어진 공간디자인에 관한 논의는 미래 사회의 변화에 대응하는 미래 학교를 위한 공간 재배치 및 설계와 일부 사용자의 공간 경험에 대한 효과 탐색 정도에 그쳤으며, 실제 이러한 공간디자인이 가져오는 교육과 학습에 대한 의미 변동까지는 탐색하지 못하고 있다. 또한 이 학교 공간디자인에 관한 논의는 교실과 학교라는 제한된 장소의 구성 및 배치 등으로 교육디자인 논의가 협소하게 진행된다는 한계점을 지니고 있다.

교육학에서의 디자인에 관한 기존 논의   교육학에서의
디자인은 교수학습 체제 구축으로서의 디자인, 장애인을 포함한 모든 학습자가 차별 없이 교육을 받을 수 있도록 하는 유니버설 디자인, 물리적인 학교 공간디자인 등이다(〈표 5〉 참조). 교육학에서의 디자인에 관한 논의에서 드러난 특성을 도출하면 다음과 같다.
첫째, 교육학 분야에서의 디자인은 학습자로 하여금 새로운 가치와 지식을 구성적으로 창조하고, 그 결과 학습자 개인과 학습자

표 5 교육학에서의 디자인 논의 지형

	교수디자인	유니버설 디자인	학교 공간디자인
정의	아직은 존재하지 않는 것들을 창안하는 데 사용되는 행동양식 (Gregory, 1966)	장애의 유무에 상관없이 모든 학생이 동등하게 교육과정에 접근할 수 있게 교수자료, 활동을 디자인	학교 공간(학교 건축, 시설) 설계
원리	구성주의적 관점, 암묵적 지식, 방법적 지식, 성찰적 행위	접근성, 실용성, 적응성, 안전성 (Null, 1998)	열린 학습 공간, 참여형 공간, 자발적 참여
단위	교실(교수체제) 개인(학습자 특성)	지역(건축학 개념) 학교/교실(교수학습)	학교(공간) 교실(공간)
사례	교수체제 설계, 화면 설계, (디지털)텍스트 설계 (박양주 외, 2011)	경사로, 교실 문턱 제거, 멀티미디어 사용, 학생의 자기 수업 목표, 활동 및 수준 선택	유리 슬라이딩 도어, 교실+도서관 연결 공간

가 속해 있는 학습 집단의 바람직한 변화를 목표로 삼고 있다. 교수 디자인은 정교한 교수체제 디자인을 통해서 학습자들이 자발적이고 주도적으로 지식을 습득하고 이를 재구성하도록 촉진하고 있다. 학교 공간디자인 역시 상호작용을 통해 지식의 검증과 생성을 염두에 두고 있다. 유니버설 디자인 역시 장애학생과 비장애학생과의 학습 공동체 구성을 도움으로써 상호 이질적인 집단 간의 만남과 상호작용을 통해 장애학생과 비장애학생 모두의 변화를 촉진하고 있다.

둘째, 교육학 분야에서 사용되고 있는 디자인 개념은 공통적으로 교육 내부에 존재하고 있는 '까다로운 문제'의 해결에 초점이 맞춰져 있다. 공학적인 접근으로서의 교수체제 디자인의 경우에 개인적 특성이 모두 다른 학습자의 성취를 감안한다는 점에서 도전적인 목표를 잡고 있다고 하겠다. 마찬가지로 학교 공간디자인 역시 학습 목적에 따라 변화가 가능한 공간과 열린 커뮤니티를 지향하고 있다(신나민, 2011). 아직까지 경직된 우리 교육 문화에서 이러한 열린 공간으로의 지향은 까다로운 속성을 지니고 있다고 하겠다. 유니버설 디자인 역시 장애학생과 비장애학생이 차별받지 않는 교육과정을 구성하겠다는 목표를 지니고 있다. 이러한 목표는 이상적이나 이해 관계자들—학생, 담임교사, 특수교사, 학교 행정가, 학부모, 지역사회—이 첨예하게 대립할 수 있다는 측면에서 매우 도전적이고 까다로운 문제의 해결에 초점을 두고 있다고 볼 수 있다.

셋째, 교육학 분야에서의 디자인은 협업 내지는 참여를 촉진하고 있다. 해결해야 할 문제가 까다롭고 복잡하기에 문제를 해결하기 위해서는 각 개인의 자발적인 참여가 이루어져야 하고 집단 안에서의 교류가 활발해져야 할 것이다. 공학으로서의 교수디자인은 집단적인 협업을 촉진하는 물리적 체제 디자인에 초점을 두고 있다. 정형화된 지식의 전수가 아닌, 학습자들의 탐색과 협업을 통해 구성적인 지식의 구성을 촉진하고 있는 것이다. 학교 공간디자인 역시 상호작용을 막고 있는 경직된 공간을 새롭게 구성하는 데 초점을 두고 있다. 열린 공간을 지향한다는 것은 곧 학습자들 간의 활발한 상호작용과 주체적 참여를 지향한다고 볼 수 있다. 유니버설 디자인 역시 장애학생과 비장애학생 간의 교류와 이해, 통합을 촉진한다는 측면에서 참여와 협업을 지향하고 있다고 볼 수 있다.

넷째, 교육학에서의 디자인은 시각화를 지향하고 있다. 교육학에서의 디자인 개념은 디자인의 초기 개념이라 할 수 있는 시각적 디자인, 물리적 디자인의 개념을 반영하고 있다. 교수디자인은 교수체제를 시각화하여 보여 주는 데 초점을 두고 있고, 교육 자료의 시각화를 통해 학습자의 이해 증진을 추구하고 있다. 학교 공간디자인 역시 학습자가 생활하는 시각적이고 물리적인 공간의 창의적 구성에 초점을 두고 있다. 유니버설 디자인 역시 장애인들이 차별 없이 학습할 수 있는 공간과 자료의 재구성을 지향한다는 점에서 시각화를 담고 있는 개념임을 알 수 있다.

다섯째, 교육학에서의 디자인 개념은 문제의 해결과 그 과정에 초점을 두고 있다. 교수디자인은 개인 간의 각기 다른 학습 욕구와 특성을 감안한 교수체제의 디자인에 많은 노력을 기울이고 있다. 이러한 노력은 개인마다 특정한 답을 정해진 방식으로 도달하지 않을 것이라는 가정에 기반을 둔다고 볼 수 있다. 즉, 교수디자인의 관심은 특정한 답이 아닌 그 답을 찾아가는 과정 자체를 중시하고, 그것을 학습 경험의 중심에 두고 있는 것이다. 학교 공간디자인 역시 일제식 교수학습 과정을 통해 수동적 지식을 습득하도록 하는 것이 아니라 상호 교류를 통해 학생들 간의 정보 교환을 촉진하고 그 안에서 문제를 해결해 나가는 과정을 경험하도록 촉진하는 데 초점을 두고 있다.

디자인 개념이 미래교육 논의에 주는 시사점　　　　본 장에서는
사회의 급격한 변화와 불확실성을 반영하고 담아낼 새로운 교육
학으로서 미래교육학의 필요성을 절감하며, 미래교육의 개념을 새
롭게 규정할 한 가지 패러다임으로서 '디자인'의 개념과 의미를 살
펴보았다. 지금까지 살펴본 디자인의 개념과 교육학 내외 여러 영
역에서 이 개념이 활용되어 온 방식들에 기초하여 예비적으로나마
디자인 개념이 미래교육의 개념을 규정하고 정립하는 데에 기여할
수 있는 몇 가지 방식을 간단히 정리해 보고자 한다.

　디자인 개념은 미래교육에서 길러야 할 인재상의 정립에 특정
시사점을 준다. 다른 영역에 도입된 디자인 개념과 가치가 보여 주
듯이, 이 개념은 가시적인 것뿐 아니라 비가시적인 것을 포함하는
보다 복잡하고 까다로운 문제를 다룰 줄 아는 지적·정서적·도덕
적 능력을 포괄하는 복합적 능력의 인재, 이성적이면서도 감성적
이고 비판적이면서도 창의적인 인재 상을 요청하는 것처럼 보인
다. 미래교육의 선결 과제가 주로 다양한 이해 관계자가 얽혀서 살
아가고 있는 현대 사회에서 이전에 경험하지 못했던 새로운 유형
의 문제를 해결할 수 있는 역량뿐만 아니라 좋은 가치를 생산하는
문제를 스스로 구성해 낼 수 있는 역량을 길러 내는 것임을 암시
한다. 모바일 인터넷 체제를 통한 급격한 정보화와 이에서 파생되
는 인터넷 중독과 개인의 소외, 공동체의 위기와 학교 폭력, 다문
화 사회로의 진입, 갈수록 치열해지는 개인 및 집단 간의 경쟁 구
조, 가족의 해체와 가족 구조의 다양화, 노령 인구의 증가로 인한
평생학습에의 요구 등은 사회적으로나 개인적으로 이전에 경험해
보지 못했던 새롭고 난해한 문제들을 직면하게 한다. 디자인 개념
이 함의하는 미래 인재상은 과제를 큰 그림 속에 끊임없이 시각적
으로 구조화하는 과정을 통해, 이성과 감성이라는 요소들을 잘 결
합하여 창의적으로 문제를 해결하고 나아가 새로운 문제를 발견하

고 구성하여 배움의 가치를 함께 증진시켜 나가는 인재다. 그리하여 주어진 문제에 직면하기도 하지만 그 문제해결과정을 통해 가치를 스스로 생산하는 환경을 주도적으로 형성해 나갈 수 있는 인재, 이것이 바로 디자인 개념이 함의하는 인재상의 핵심적 특징이라고 할 수 있다.

또한 디자인 개념은 미래교육에 대한 접근 혹은 미래교육의 방법적 원리에 대하여 분야별로 특정 시사점을 준다. 특히 창의성, 시각화, 사용자(학습자)중심, 문제해결을 위한 협업, 과정중심 등의 디자인 특성에 기초한 방법적 원리를 감안한다면, 미래교육은 다음과 같이 분야별 교육디자인을 요청한다고 볼 수 있다.

첫째, '까다로운 문제'에 대한 창의적인 해결 역량을 키운다는 면에서는 '창의성 증진에 기초한 교육과정 디자인'이 요청된다. 이 교육과정 디자인의 주요 목표는 '창의적'인 문제해결형, 관계중심형, 융합형 인재를 길러 내는 것으로 확장되어야 한다. 미래 인재는 예측 불가능한 사회 속에서 만나게 되는 문제를 창의적인 시각으로 해결해야 한다. 또한 그 방법론적 역량으로서 타인과의 협력적 관계를 구성하고 이를 바탕으로 다양한 분야의 지식을 통합할 수 있는 역량을 지니고 있어야 할 것이다.

둘째, 학습자의 문제해결 능력을 극대화하고 상호 간 협업을 촉진하는 전략으로서 '스마트 학습환경 디자인'이 요청된다. 스마트 학습환경 디자인이라는 것은 개념적으로 학습자가 당면한 문제를 해결하기 위한 전략—시각화, 과정중심, 사용자중심, 협업—을 효율적으로 활용할 수 있도록 최신의 기술과 보조 도구를 디자인하는 것이다. 대표적인 스마트 학습으로서 전자도서를 들 수 있는데, 이러한 도구를 통해 교실학습 장면에서 실시간으로 필요한 추가적인 정보를 검색하고 이를 교수학습에 통합할 수 있을 것이다. 이런 차원에서 스마트 학습환경 디자인은 자기주도적이고 협력적인 스마트 학습, 그리고 학교 안과 밖의 경계가 없는 학습환경 디자인이라고 말할 수 있다.

셋째, 앞서 제기된 교육과정 디자인의 실천을 위한 하드웨어로서 '행복한 학교환경 디자인'이 요청된다. 행복한 학교환경 디자인은 학생들의 꿈을 펼칠 수 있는 시스템을 마련하여 전문성을 고양하고 교육 활동에 집중할 수 있는 학교환경을 디자인하는 것을 의미한다. 행복한 학교환경 디자인은 먼저 학생들이 능동적이고 자발적으로 꿈과 끼를 발현할 수 있는 시스템을 구축해야 한다. 다음으로, 교사들 스스로가 본인을 학교교육의 주체로서 인식하고, 교육 및 연구, 학습 활동을 주도할 수 있는 학교환경을 조성해야 한다. 마지막으로, 학부모들이 지역사회와 함께 참여할 수 있는 열린 학교환경을 디자인해야 한다.

넷째, '평생학습경로 디자인'이 요청된다. 미래교육 디자인은 학령기의 공식적인 학업과정을 넘어 전 생애에 걸쳐 다양한 평생학습 기회를 구조적이고 체계적으로 지원하는 평생학습경로 디자인이라는 관점에서 이루어져야 한다. 평생학습경로 디자인은 학습 자원의 배분과 투자에 대한 사회적 합의를 요청하므로, 교육디자인은 곧 '어떤 사회를 만들 것인가' 하는 사회디자인(social design) 논의와 결코 분리될 수 없다. 평생학습경로 디자인 속에서 학교의 위치와 역할에 대한 논의와 평생학습경로를 디자인하는 개인적 · 사회적 역량 강화에 대한 논의는 향후 미래교육 디자인에 있어 중요한 부분을 차지할 것이다.

분야별 교육디자인이 반영된 미래교육 디자인의 구조는 [그림 2]와 같다.

분야별 미래교육 디자인의 구조를 살펴보면, 먼저 '창의성 증진 교육과정 디자인'은 미래교육의 목표인 개인과 집단의 변화와 성장을 위해 '까다로운 문제'를 해결할 인재를 양성하고 문제를 해결

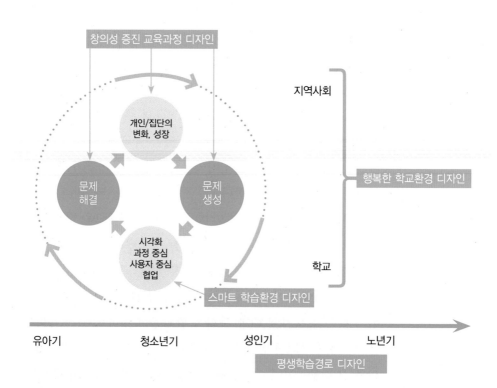

그림 2 분야별 미래교육디자인의 구조

하는 데 초점을 둔다. 다음으로, '스마트 학습환경 디자인'은 이러한 교육의 목표를 달성할 수 있는 스마트 환경을 제공하는 것이다. '행복한 학교환경 디자인'은 미래교육을 위한 이러한 활동이 학교와 지역사회를 아우를 수 있도록 학교환경을 디자인하는 것이다. 마지막으로, '평생학습경로 디자인'은 이러한 미래교육 방안이 유아기에서부터 성인과 노년기에 이를 때까지 지속적이고 순환적으로 진행될 수 있는 체제 구축에 중점을 둔다.

본 장에서 제시된 미래교육의 새 패러다임으로서 디자인 개념 및 그 교육적 시사점에 대한 논의는 지극히 예비적인 연구로서 이제 막 걸음을 뗀 걸음마쟁이의 발걸음에 불과하다. 그렇기에 교육적 관점에 기초한 지속적인 후속 논의가 필요할 것이다. '미래교육의 패러다임으로서 디자인' 개념에서 미래교육과 디자인의 관계는 아직 명확하지 않다. 다만 미래교육 담론에서 주로 쓰이는 미래교육 디자인에서 디자인은 '미래교육을 디자인하다' 혹은 '디자인된 미래교육' 등에서와 같이 아직 구체화되지 않은 미래교육의 성격을 기술하는 동사 혹은 형용사로서의 역할을 한다. 즉, 미래교육의 실체가 무엇인지는 명확하지 않더라도 미래 사회의 특성을 감안할 때 교육이 보다 능동적으로 해결되어야 할 사회적 과제들에 어떻게 반응하고 대응할 것인지에 관심을 두고 있다고 할 수 있다. 그래서 (미래를 위한) 교육을 보완하고 서술하는 동사, 형용사로서의 디자인 개념에 대한 논의가 필요할 것이다. 다음으로는 본 장의 말미에서 개괄적으로 제시된 분야별 미래교육 디자인의 모델 및 방법적 원리에 대한 타당성 검토와 메타교육으로서 미래교육학이 디자인 분야별로 어떻게 구체화되어야 할지에 대한 논의가 필요할 것이다.

교육 분야에서의 예술과 기술 간 통합 가능성 탐색

진동섭
한은정
이승호
이지혜
이영신

미래 학교에 대한 논의 　　　　　10년에서 20년 후, 미래 사회에서는 학교가 사라질 것이라고 극단적인 전망을 하는 학자들이 있다. 반면, 어떤 학자들은 학교가 단순히 학습만을 목적으로 하는 공간이 아니고 다양한 사회적 기능을 가진 공간이기에 사라지지는 않을 것이라고 주장한다. 그러나 적어도 미래 학교의 모습은 지금과 같지는 않을 것이라는 의견이 대다수다.

그 이유는 여러 가지로 생각해 볼 수 있겠지만, 학교라는 물리적 공간을 뛰어넘고 교육이라는 이상적 활동을 구현 가능하게 해 주는 기술의 발전이 주요 요인으로 작용하고 있다. 기술의 발전은 교수학습 방식의 변화, 학교 운영 및 경영 방식의 변화, 나아가 교육 체제의 변화를 가져왔다. 1990년대의 칠판을 이용한 전통적인 수업 방식, 2000년대의 컴퓨터를 활용한 ICT 교육, 현재의 스마트 교육까지 교수학습 방식은 이전에는 미처 상상하지 못했던 방식으로 발전해 왔다. 특히 최근 대두되고 있는 '스마트 교육'은 정보통신 기술과 스마트 기기를 활용하여 협력적 상호작용, 지능적 맞춤화,

---

▶ 이 장은 진동섭, 한은정, 이지혜, 이영신, 이승호(2015). 교수-학습에서 예술의 적용과 테크놀로지의 활용에 관한 연구. 한국교원교육연구, 32(2), 227-256의 '서론' 및 '선행 연구 고찰'을 기초로 확장 · 발전시켰음.

자기주도적 지식 구성이 가능한 교수학습 체제(임병노 외, 2013)이기에, 과거에 기술이 교수학습의 보조 수단으로 활용되어 온 것을 넘어, 최근에는 기술이 교수학습에서 주요한 역할을 하게 되었다. 가드너(Gardner, H., 2014)는 현재 세대를 '앱 제너레이션(App Generation)'이라 정의하고, 스마트 기기를 활용하여 위키, 페이스북, 트위터, 인스타그램 등을 이용하면서 실시간 양방향 정보 소통이 일상화된 세대라 하였다. 과거 TV, 라디오 등을 사용해서 정보를 얻었던 세대와 1990년대 컴퓨터를 활용해서 이메일, 웹서핑, 인터넷 쇼핑을 했던 세대와는 구분되는 새로운 세대인 것이다. 이 세대는 과거의 세대와 달리 기술에 종속된 '앱 의존형' 인간과 기술을 적극 활용하는 '앱 주도형' 인간으로 나뉠 수밖에 없는데, '앱 주도형' 인간이 되기 위해서는 교육이 그 역할을 제대로 수행해야 한다고 주장하였다. 이런 세대의 학생들이 다니게 될 미래 학교의 모습은 달라져야 하고 또 달라질 수밖에 없을 것이다.

미래 학교에 대한 논의에서 중요한 키워드 중 다른 하나는 예술이다. 많은 전문가가 21세기가 요구하는 역량을 창의력, 상상력, 통찰력, 직관력 등이라고 이야기한다. 미래의 학교에서도 이러한 능력을 학생들이 함양해야 할 필수적인 것으로 요구하는데, 이러한 역량들은 '예술적 사고'와 깊은 연관이 있다고 볼 수 있다. 이와 관련하여, 산업시대에 주류를 이뤘던 과학적이고 합리적인 사고가 현대 및 정보화 시대에서는 한계를 가지므로 이를 '예술교육'으로 극복하려는 움직임도 나타나고 있다(Davis, 2013). 데이비스(Davis, J. H.)는 그의 저서 『왜 학교는 예술이 필요한가?(Why our schools need the arts?)』에서 다음과 같이 주장한다. "학교 내 예술은 필수적이다. 예술은 과학이 제공하는 기반들에 빛을 비추고 방향을 제시한다. 우리가 안다고 생각하는 것, 그리고 그 위에 상상하는 것, 그것은 과학이다. 그 주어진 것을 넘어서 상상하는 것, 세우는 것,

보는 것, 그것은 예술이다." 또한 STEAM 교육에서도 이러한 움직임을 찾아볼 수 있다. 우리 정부는 창의적인 융합 인재를 양성하기 위해 초·중등 STEAM(Science, Technology, Engineering, Arts & Mathematics) 교육의 강화를 발표했다. 이는 기존의 미국의 과학기술융합교육인 STEM(과학, 기술, 공학, 수학)에 예술(A)을 추가함으로써 예술과의 통합을 시도한 것이다. 이처럼 과학·기술 분야에서 학습자들의 풍부한 창의력과 상상력 발달을 위해서는 '감성'과 '상상력'을 기반으로 하는 '예술'이 중심이 되어 다양한 분야의 융합이 필요하다는 주장이 제기되고 있다(권수미, 2012). 이렇듯 최근 교육계에서는 '스마트 교육'을 중심으로 하는 '기술'에 관한 논의와 창의성, 상상력, 직관력, 감성 등을 길러 줄 수 있는 '예술'에 관한 논의가 두 축을 이루며 활발히 논의되고 있는 것을 볼 수 있다.

한편, 예술과 기술은 각각 서로에게 영향을 주고받으며 발전하고 있다. 『예술과 기술(*Art and technics*)』(Mumford, 1999), 『예술과 테크놀로지』(고명석, 2014) 등 둘 간의 관계를 다룬 저서들에서는 이 둘의 관계에 대해 심도 있게 논의하고 있다. 또한 실제로도 영화, 연극, 건축 등 예술 분야에서 최첨단 테크놀로지를 활용하여 예술성의 깊이를 더해 가고 있고, 스마트폰과 같은 최첨단 기기에도 심미성, 예술적 철학 등을 가미하여 단순히 기계 이상의 것을 추구하고 있다. 이처럼 예술과 기술을 통합함으로써 서로에게 시너지 효과를 내는 시대의 흐름에 따라, 학자 및 실천가들은 이 둘 간의 관계에 대해 활발히 논의하고 이 둘을 적용하고 있다.

그러나 교육 영역에서 예술과 기술에 관한 논의는 각각의 영역에서 이루어지고 있다. 그동안 교육과 예술의 관계에 대한 논의 및 교육에 있어서 예술의 중요성에 관한 논의 등이 있었고, 교육과 기술에 관한 논의 또한 교육공학 분야에서 꾸준히 이루어져 왔다. 하지만 교육에서의 예술과 기술을 통합하여 함께 논의한 경우는 찾

아보기 힘들었다. 그 이유는 두 가지로 생각해 볼 수 있는데, 첫째
는 교육에서의 예술과 기술의 통합에 대한 논의의 불필요성 때문
이고, 둘째는 아직 아무도 시도해 보지 않았기 때문일 것이다. 그
런데 의료 분야, 기업경영 분야에서는 예술과 기술이 통합된 사례
를 심심치 않게 접할 수 있고, 앞에서 언급했듯이 예술과 기술은
각각의 영역에 긍정적인 영향을 미치고 있는 것으로 보아, 전자보
다는 후자일 가능성이 크다.

　따라서 본 장에서는 문헌 분석과 실제 사례를 통하여 교육에서
의 예술과 기술의 통합 가능성을 탐색하고자 한다. 먼저, 문헌 분
석을 통하여 예술과 기술이 일반적으로 어떻게 통합되어 논의되고
있는지 분석하고, 교육 분야에서 예술과 기술에 관해 어떤 논의들
과 사례들이 있었는지 살펴볼 것이다. 이를 바탕으로 교육 분야에
서 예술과 기술의 통합이 가능한지, 가능하다면 어떤 의미가 있는
지, 어떤 방향으로 나가야 할지에 대해 논의해 보고자 한다.

예술과 기술 간 통합의 실제

멈포드(Mumford, L., 1999)는
『예술과 기술』이라는 책에서 우리 시대의 가장 큰 과제가 현대인의
균형과 전체성을 회복시키는 것이라고 보면서, 예술은 인간의 개
성적 모습을 가장 충실하게 옮겨 주는 기술의 일부이고, 기술은 기
계적 과정을 촉진시키기 위해 인간성의 대부분을 배제시킨 예술의
표출이라고 보았다. 밴저민(Benjamin, F.)과 하이데거(Heidegger,
M.)는 공통적으로 기술이 인간과 자연을 지배하는 수단으로 여겨
지는 것을 비판하면서, 이런 점을 극복할 수 있는 가능성을 예술에
서 찾기도 하였다. 이들 관점은 기술이 단지 예술의 영역에서 보조
적인 수단, 방법을 제공하는 것이 아니라, 기술과 예술은 분리할 수
없으며 이들을 통합적인 관점에서 바라보아야 함을 시사해 준다.

　실제로 의료 영역에서는 예술과 기술을 융합하려는 움직임이 있

다. 외과 의사 출신으로서 애니메이션 감독이 된 정희두는 의학·의
료 정보를 환자들에게 더 쉽게 전달하기 위해 만화를 그리다가 의료
정보 애니메이션이라는 독특한 직업 세계를 개척한 바 있다. 의료 정
보 애니메이션이란 위와 같은 전문적인 의료 정보를 비전문가인 환
자나 보호자와 효과적으로 소통하기 위해서 애니메이션을 사용하는
것을 말한다. 최근에는 스마트폰이나 태블릿 PC를 통해 의료정보
애니메이션을 환자와 보호자에게 제공하는 병원도 생겨나고 있다.

　비즈니스 분야에서는 기술과 예술을 통합한 대표적인 사례로 스
마트폰을 들 수 있다. 특히 아이폰은 2007년 첫선을 보인 이후 지
금의 스마트폰 대중화 시대를 맞이하기까지 가장 큰 파급력을 보
인 스마트폰이다. 아이폰이라는 최첨단 기술에 예술성이 더해져서
새로운 패러다임을 창조하고 있다. 선미라(2014)에 의하면, 아이폰
의 공간은 시간을 초월하는 공간 개념으로 일종의 공간 매체 속의
하나의 이미지이기도 하다. 다시 말해, 혼동의 공간 속에 물리적
개념이 형성되면서 여기에 전자 물질들이 이미지를 심어서 또 다
른 공간 형성과 그 이동을 가능하게 한다는 것이다. 즉, 아이폰은
'어디에서', '언제든지'가 가능한 유비쿼터스 기능을 갖추고 있다.
아이폰에서의 예술은 전통적인 예술과는 차이가 있다. 전통적 예
술의 이미지는 공간적으로는 물질적이며 시간적으로는 지속성을
전제로 하는 데 반해, 현재의 디지털 이미지는 시간과 공간의 해체
를 나타낼 수 있다. 이러한 토대 위에 탄생한 아이폰의 예술은 이
미지를 생산하는 것으로부터 인터페이스, 의사소통, 시뮬레이션의
개념으로 변화해 간다는 것이다(선미라, 2014).

　한편, 예술과 기술은 서로의 영역에 영향을 주고받고 있다. 건축
예술 분야에서 인포그래피는 공간을 삼차원으로 시각화하고 건물
의 여러 부분을 가상으로 방문하는 기술로, 현실 공간에 앉아 가상
공간을 창조하는 방식에서 벗어나 건축의 기초 재료를 변화시키는

데 영향을 주었다. 예를 들어, 건축의 기초인 고체 형태뿐만 아니라 액체 형태까지 만들어 낼 수 있다. 또한 컴퓨터를 사용하여 미래형 도시를 설계할 수도 있는데, 미래 도시가 폐허가 될 모습 또는 도시의 건물들 사이사이에 존재할 구체적인 산의 윤곽도 예상해 낼 수 있다(Florence de Mèredieu, 2005).

연극 분야에서는 예전부터 다양한 종류의 기계 장치를 사용해왔지만, 오늘날에는 보다 수준높은 형태로 사용하고 있다. 연극에 비디오를 사용했던 선구자로는 미국의 마부 마인(Mabou Mines)이 이끄는 극단이 있다. 1981년에 실연된 〈메카순례〉라는 연극에서 여배우인 루스 말렉체크(Ruth Maleczech)가 관객들에게 등을 돌린 채 거울을 들여다보는 장면이 있다. 무대장치인 거울의 윗부분에는 일반적으로 수은이 둘러싸여 있는데, 그대신에 설치된 비디오 모니터가 여배우의 과거의 기억 및 환상, 독백을 보여 준다. 이런 무대의 극적 장치를 통해 관객들은 연극에 더 몰입하도록 유도되며 무대장치가 자아내는 매력, 모호함을 통해 가상과 현실을 넘나드는 새로운 감각을 경험하게 된다(Florence de Mèredieu, 2005).

영화 분야에서 예를 들면, 2010년에 상영된 영화 〈아바타〉는 기존의 일반적인 영화와 달리 실질적으로 등장하는 라이브 액터와 디지털 액터를 동시에 보여 주고 있다. 〈아바타〉가 적용한 이모션 캡처 방식은 배우들의 표정 및 미세한 움직임들까지 포착하였으며, 라이브 액터의 머리 위에는 매우 작은 초소형 카메라를 부착하여 전체적인 얼굴 모습을 촬영할 수 있도록 했다. 또한 3D(3차원 입체영상으로, 영상에 입체적인 시각 효과를 줌) 기술로 제작된 〈아바타〉를 관람하기 위해서는 특수하게 맞춤 제작된 3D 안경을 착용해야 한다. 여기에서 주목할 점은 3D 안경이 상영관 스크린 이외에 새롭게 등장한 또 다른 매체라는 것이다. 극장은 기존의 2D 극장과 동일한 공간이라 할지라도 3D 혹은 심지어 4D(영상 속의 상황에 따라 관객의 의자가 흔들리는 것처럼 3D 영화에 물리적인 효과를 가미함)를 경험하는 공간은 관객들에게 있어 전혀 색다른 의미를 지닌다. 3D와 4D의 등장으로 인해 관객들은 자리에 앉아 단지 스크린을 보는 것에서 벗어나 실제로 존재하는 공간에서 인간이 느끼는 다양한 감각들을 불러일으킬 수 있다(김은령, 2014).

기술이 발전함에 따라
분야 간 통합과 융합학문들이
나타나고 있다

이처럼 예술과 기술의 통합에 관한 논의들이 활발히 이루어지고 있고, 실제 사례들을 쉽게 접할 수 있다. 왜 이런 움직임들이 일어나고 있는 것인가? 21세기가 되면서 일어난 재미있는 변화 중 하나가 기존의 개별 학문 영역의 단어가 만나 생겨나는 새로운 학문 영역들의 등장과 융합학문이 대거 등장하게 된 것이다. 기술의 발전에 따라 서로 상호작용하는 영역들이 변화해 가고 있으며, 이러한 흐름 속에서 예술과 기술의 통합도 그 변화의 일부가 될 수 있을 것이다. 학문의 흐름도 이와 마찬가지로 변화하고 진화해 나가고 있다. 교육도 시간의 흐름에 따라 변화하고 있지만, 단시간에 가시적인 성과를 보이기 어려운 교육의 특수성으로 인해 그 변화를 포착하기 어려울 뿐이지 변하지 않는 것은 아니다. 서론에서 언급했듯이 최근 교육계 변화의 화두는 예술과 기술이다. 다양한 분야에서 이루어지는 예술과 기술 간 융합의 사례에서 나타난 효과는 교육 분야에서도 충분히 구현될 수 있다. 따라서 교육 분야에서의 예술과 기술, 그 각각의 관계와 이들 셋 간의 융합 가능성에 대한 논의가 이루어질 필요가 있는 것이다.

교육과 예술   교육과 예술의 관계는 교육과
예술을 어떻게 바라보는지에 따라 달라질 수 있다. 먼저, 교육의
측면에서는 교육의 범위를 무엇으로 보느냐에 따라 달라질 수 있
다. 즉, 교육은 단순히 가르치는 활동에서부터, 교실에서의 교수
학습, 교육과정, 학교 경영, 교육 시스템 등 여러 영역에서 범위를
규정 지을 수 있고, 이들 각 영역과 예술과의 관계를 논의할 수 있
다. 예술의 측면에서도 예술의 범위를 미술, 음악과 같은 예술 장
르나 '예술 과목'에 한정 지을 수도 있고, '미적인 경험'과 같이 보다
넓은 의미로 확장시켜 논의할 수도 있을 것이다.

여기서는 학교교육의 핵심이라 할 수 있는 교수학습 활동을 중
심으로 하여 예술이 갖는 의미를 살펴보고자 한다. 대부분의 선행
연구에서도 교수학습, 즉 수업과 예술의 관계에 초점을 두고 논의
가 이루어져 왔으므로, 이에 초점을 두고 교육과 예술의 관계를 논
의하도록 하겠다.

교수학습 활동으로서의 교육과 예술

교수학습 활동으로서의 교육과 예술의 관계에 대한 연구들은 크
게 두 가지로 분류할 수 있다. 하나는 교육학자가 교육 활동에서의
예술적 속성을 강조한 것이고, 다른 하나는 예술가 또는 예술교육
을 연구하는 학자들이 예술에서 교육적 의미를 찾은 것이다.

교육학의 관점에서 교육 활동의 예술적 속성을 주장한 학자로는
아이즈너(Eisner, E. W., 1979, 1985)와 슈타이너(Steiner, R., 1977)
가 대표적이다. 윤선영(2006)에 의하면, 아이즈너는 그의 저서 『교
육적 상상력(The educational imagination)』에서 '가르치는 일'이 일
종의 예술임을 천명하면서 그 이유를 다음과 같이 제시하였다. "가
르치는 일은 그 일이 예술적 경험이라는 점에서, 수업의 질에 대한
조정이 예술적 감각에 의존하고 있다는 점에서, 일상적 행위가 아

닌 창조적 행위라는 점에서, 목표가 그 과정 속에서 이루어진다는 점에서 예술이다."(Eisner, 1979: 217) 그에 따르면, "예술은 추상적이라기보다 구체적인 것, 지적이기보다는 정서적인 것, 머리보다는 손에 의한 작업, 현실적이고 실용적이기보다는 상상적인 것, 일보다는 손에 의한 작업, 일보다는 유희로 여겨졌다. 그러나 질적 관련성에 주목하고, 상상을 통해 가능성을 탐색하며, 작품의 은유적 의미를 해석하고, 그 작품 활동 중에 나타나는 예기치 못한 기회를 활용하는 이러한 예술 활동은 사고의 복잡한 인지 형태를 요구하는 것이다."(Eisner, 1985)

슈타이너(1977)는 교육은 '교육 예술'이고 교사는 '교육 예술가'이어야 한다고 주장하였다. 그는 교육 활동, 즉 교수학습 활동 자체가 예술이 될 수 있다고 했다. 그는 예술을 아름다움을 창조해 내는 인간의 활동으로, 결과물을 미적 작품으로 인식하였기 때문이다. 그에 따르면 예술과 교육의 공통점은 의미와 실행 가능성에서 찾을 수 있으며, 차이점은 그 대상이 예술은 고정적인 나무, 돌, 산 등이라는 것이고 교육은 비고정적이면서 스스로 발달하는 존재인 인간이라는 점에 있다. 또한 결과에 영향을 미치는 요소도 달라지는데, 예술에서는 오로지 예술가에게 달려 있지만, 교육은 교수자와 학습자의 상호작용에 따라 결정된다(윤선영, 2006).

한편, 예술교육학자인 리드(Read, H., 2007)는 과거에 루소(Rousseau, J. J.)가 감각적 이성(raison sensitive)과 지적 이성(raison intellectuelle)을 구별하였음을 강조하면서, 근대에 들어 이성을 항상 지성적이라고 보는 인식에 문제를 제기하였다. 그는 사물이나 현상의 관계가 무작위로 혹은 체계적으로 결합되는 양상은 우리가 통찰력이나 감수성이라고 부르는 능력을 사용해야만 패턴을 갖거나 필연적인 배치를 가질 수 있다고 주장하였다. 이와 같은 맥락에서 김연희(2007)도 1960년대 이후 지금까지 미술교육 이론들이 주

표 1 예술과 교육의 비교

구분	교수디자인	교육
의미 실행가능성	기술(技術) 과정	기술(技術) 과정
대상	나무, 돌, 산 등(고정적 존재)	인간(비고정, 스스로 발달하는 존재)
도구	물감, 붓 등의 사용법 물감, 붓, 조각칼 등	교육학적 원칙 교재와 교구 등 매체
결과	예술가에게 달려 있음	교사와 어린이와의 상호 관계 및 상호작용에 달려 있음

출처: 윤선영(2006).

표 2 예술학습의 결과

예술 작품의 속성		예술학습의 결과
구체적인 생산물	상상력	학생들이 주어진 것을 넘어서 생각하고 '어떨까?' 하고 상상하도록 만든다.
	작용주체	학생들이 유효성과 변화의 주체인 자기 자신의 중요성을 경험하게 하고 '내가 중요하다.'는 사실을 일깨워 준다.
감정에 대한 주목	표현	학생들이 자신의 감정을 인식하고 표현할 기회, 다시 말해 '이것이 내가 느끼는 방식이다.'라고 인정할 기회를 준다.
	공감	학생들이 다른 이들의 감정을 인식하고 관심을 갖도록 도와준다. 다시 말해 '이것이 당신이 느끼는 방식이다.'라고 인식하는 것을 도와준다.
모호성	해석	학생들이 같은 대상에 대해서도 다양하지만 동등한 가치를 지닌 실행 가능한 방식들이 있다는 것, 비록 그들의 시각이 다른 이들과 다르다 해도 '내가 생각하는 것이 중요하다.'는 것을 알게 한다.
	존중	학생들이 세상을 이해하는 여러 방식들을 인식하고, 그 차이에 흥미를 가지며, 그 차이를 존중하도록 돕는다. 그들은 동년배들과 의견이 맞지 않더라도 '네가 생각하는 것이 중요하다.'는 것을 알게 된다.
과정 지향	탐구	학생들에게 정보를 활용할 수 있는 질문들에 대해 가르친다. 그렇지만 옳고 그른 답을 넘어서 '나는 무엇을 알고자 하는가?'를 고찰해 보는 방향으로 가르친다.
	반성	학생들이 좋거나 나쁜 것에 대한 판단을 넘어서 '내가 어떻게 하고 있는가, 그리고 다음엔 무엇을 할 것인가?'를 잘 알고 고려해 보는 방향으로, 계속 진행 중인 자기반성과 평가 기술을 발전시키도록 돕는다.
	참여	열정과 기쁨, '나는 관심이 있다.'에 대한 발견을 포함하는 학습에 대한 태도들을 일깨워 주면서 학생들을 자극하고 사로잡는다.
연관성	책임	아이들을 학교의 담장 안과 그 너머에 있는 다른 이들에게 연결한다. 그럼으로써 사회적 책임과 행동에 대한 의미를 자각하도록 도와주며, '나는 다른 이들에게 관심이 있다.'라는 개념을 습득시킨다.

출처: Davis(2013), p. 89.

로 예술이 가진 기호적 기능이나 미적 경험이 인지 능력을 발달시키고 이것이 사회·문화적 소통 능력을 증진시키는 데 기여한다는 사실에 주목하였음을 언급한 바 있다. 그는 예술교육을 비롯한 모든 교육이 기본적으로 인간성과 삶 자체를 풍요롭게 하는 방법을 배우는 데에 궁극적인 목적이 있다고 보고, 듀이(Dewey, J.)의 미적 경험이나 아이즈너의 '마음을 창안하는 수단'으로서의 예술이 그 자체로 교육적 경험이며 가치를 갖는다고 보았다.

이러한 측면에서 데이비스(2013)는 예술이 교육의 전면과 중심에 있어야 한다고 주장한 바 있다. 예술학습을 통해 교육과정 전반에서 학생들의 경험과 성장, 생산성을 풍요롭게 하고 확장할 수 있기 때문이다(Davis, 2013: 11). 그는 예술과 과학 간의 상호 접속, 알려진 것과 보이는 것, 분명한 것과 가능한 것 간의 관계를 정리하고, 인류가 만들어 온 풍성한 은유적 표현들이 이 모호한 경계 지대에 있다고 주장하면서, 예술교육의 필요성을 역설하였다(Davis, 2013: 25). 그는 예술 작품이 갖는 특징인 구체적인 생산물, 감정에 대한 주목, 모호성, 과정 지향, 연관성 등으로 인해, 예술이 다른 학교 과목들 가운데서도 독특한 특징을 갖는다고 보았다. 이러한 특징들과 관계된 10가지 예술학습의 결과는 〈표 2〉에 제시되어 있다.

교육-예술의 실제적 논의   앞서 논의한 예술이 갖는 의미는 교육 활동 자체를 예술로 보는 관점과 예술을 통한 교육이 갖는 효과에 주목하는 관점으로 나누어 살펴볼 수 있다. 그러나 이 중 어떤 관점을 택하느냐와 관계없이, 상당수의 연구자와 교육 실천가는 예술을 통한 교육 활동과 그 가치에 주목하고 있다. 미학교육을 통한 학교 개혁을 주창해 온 아이즈너(1985)는 교육 내용과 방법에서 '심미적 유형의 지식'을 강조하였고, 그린(Greene, M., 1995)은 예술적 상상력과 미적 감수성을 아름다운 학교를 위한 조건으로 고려하였다. 한명희(2002)도 심미적 체험을 아름다운 학교 창조를 위한 중요한 요소로 주장하였다. 이러한 관점에서 미학을 교육에 적극적으로 적용하여 아름다운 교육을 하는 곳으로 알려진 학교로는, 발도르프 학교와 레지오 에밀리아 학교 등을 들수 있다. 그중에서도 발도르프 학교는 슈타이너의 철학을 근간으로 하고 있다. 그는 모든 지식은 예술적 특성을 가지고 있으며, 예술적 마음이야말로 학습자가 스스로 지식을 구성하도록 돕는 통로이며, 그 자체가 교육의 목적이라는 신념을 갖고 있었다. 이에 모든 교과목적 지식이 예술 활동을 통해 이루어지도록 하는 독특한 미학교육 과정을 가진 발도르프 학교를 건립하게 되었다(Steiner, 2000).

최근 우리나라에서도 예술의 교육적 가치에 대한 인식으로 다양한 방식의 학교 예술교육을 시도하고 있다. 2011년 제6회 미래교육공동체포럼에서 교육과학기술부는 예술교육을 "창의·인성 함양에 있어 핵심 요소이자 중요한 수단"이라 언급하고, 예술교육 활성화를 위한 사업으로 예술 분야의 전문 강사 파견, 학생 오케스트라와 예술중점학교 운영 등을 추진하고 있음을 밝혔다. 교육과학기술부에 따르면 2013년에도 예술교육 활성화를 통한 감수성 및 정서 함양에 인성교육 관련 특별교부금 780억 원 중 약 34%인 267억 원을 투자하여, 학생 오케스트라(400개교), 학생 뮤지컬(130개교), 학생 예술동아리(500개교) 등을 조직·운영하였다(한은정, 2014).

이처럼 예술교육에 대한 관심이 고조된 것은 예술교육이 인성적 측면뿐만 아니라 지적 측면에서도 가치를 지니고 있기 때문이다. 하버드 대학교 대학원 프로젝트 제로(Project Zero) 팀의 티시먼과 팔머(Tishman, S. & Palmer, P., 2006)는 미시간 주 트래버스 시 공립학교들의 협력하에 'Artful Thinking' 프로젝트를 진행하여, 예술과

타 교과 간의 연계 및 예술교육이 일반적 사고 능력과 창의성에 미치는 영향에 관한 교육 실험 연구를 수행한 바 있다. 저소득층 학생들을 위해 예술 기법을 사용한 수업이 학생들의 사고력과 창의성 등에 어떤 효과가 있는지에 대해 실험한 것이었다. 연구 결과, 예술적 사유는 특히 학생들의 호기심, 개방성, 합리적으로 사유하려는 경향 등의 '사고 기질(thinking disposition)' 형성에 크게 기여한다는 것을 발견하게 되었다.

또한 예술을 활용한 수업은 학습 내용의 이해를 향상시킬 뿐만 아니라, 학생의 가치 및 태도 측면에도 기여하는 것으로 보고되고 있다(권재원, 2004). 구민정(2013)은 예술교육이 상상력의 함양을 통해 인성교육, 민주시민 교육에 다양한 학습모형을 제공한다고 보았다. 특히 교육연극을 활용한 다양한 수업 형태는 학생들에게 학습의 즐거움과 협력적 학습 태도는 물론, 바른 언어생활과 인문학적 소양의 기초를 마련하는 데 큰 효과가 있다고 주장하였다. 그는 연극적 방법을 적극적으로 활용한 중학교의 사회과의 다양한 수업 사례를 소개하여, 경험과 협력을 중시한 수업을 통해 극심한 경쟁의 풍토에서 상처받은 학생들의 마음을 치유하는 것도 간접적으로 도모할 수 있음을 보여 주었다. 권재원(2004)은 드라마를 활용한 사회과 수업에 대한 연구에서 DIE(Drama In Education) 수업이 문화 관용성 함양에 효과가 있음을 통계적으로 검증하였다.

예술을 타 교과와 연계하여 활용하는 교수학습 사례를 구체적으로 살펴보면 다음과 같다. 모경환(2008)은 수업에서 예술을 활용하고 이를 통해 교육에서의 예술의 의미에 대해 살펴본 바 있다. 본 장에서는 예술을 활용한 사회과 수업이 학습자의 흥미와 동기를 유발하고, 참여를 촉진하며, 적극적인 지식 구성과 적용을 가능하게 하는 것으로 나타났다. 연구자는 예술을 단지 시가적 자극을 주고, 분위기 전환을 위한 것 이상으로 보고, 예술이 수업에 대한 종합적 이해를 돕는 의사소통의 양식이자 탐구의 방법으로 활용되기를 제안하였다. 다만 예술이 교수학습의 현장에서 이렇게 활용될 경우, 평가를 어떻게 해야 하는지, 수업에 어떻게 활용해야 하는지에 대해서는 좀 더 구체화될 필요가 있다고 보았다. 즉, 교수학습 활동에서 예술을 활용하기 위해서는 인지적·맥락적으로 적합하게 하고, 핵심 내용 및 주제와 연관되게 하며, 다양한 예술 양식을 보완하고, 구조적·표현적 질을 우수하게 하는 등의 과제를 해결해야 한다는 것이다.

최수형(2006)의 미술과와 사회과의 통합지도 방안 연구에서도 예술의 활용이 역사적 지식의 이해와 흥미의 향상에 기여함을 보여 준다. 한 학기에 걸쳐 프로그램을 진행한 결과 사회과와 미술과에 상호 보완적인 학습 효과가 나타났다. 학생들은 역사에 대해 이해한 지식을 직접 표현해 봄으로써 개념에 대한 이해도와 기억이 향상되었다. 학생들이 제작하는 작품의 내용 역시 일반적인 미술 수업의 경우보다 풍부해졌다. 뿐만 아니라 미술과 수업 및 사회과 수업에 대한 학습자의 흥미도가 비교적 향상된 것으로 나타났는데, 특히 고학력 학생들의 경우 미술 표현 및 창의력 신장에 발전을 보여 주었다.

박기범(2005)은 영화가 오늘날 학습자들이 일상적으로 접하는 가장 친근한 매체이자 가장 풍부한 향유 체험을 가진 예술품으로, 현재 우리 교육 현장에서 중요한 교육 자료로 폭넓게 활용되고 있다고 보았다. 그 결과 많은 사람의 공감과 지원을 받으며 영화 텍스트가 제7차 국어 교육과정과 교과서에 들어오게 되었는데, 학습자들의 작품 수용의 실제 맥락을 고려해서 시나리오뿐만 아니라 예술의 완성 형태인 영화를 문학교육의 대상 텍스트로 삼고, '담론'에 대한 학습을 확대하여 보다 폭넓고 심화된 서사교육이 될 수 있도록 해야 한다고 주장하였다.

    김옥희 등(2013)은 초등교육 현장에서 예술 교과의 역할이 단순한 기능 중심의 음악, 미술 활동을 통한 기능 습득 중심 교육이 아닌, 아동의 창조적인 표현력, 상상력, 감수성을 길러 줄 수 있는 전인적인 교과의 역할을 수행해야 한다고 보았다. 특히 창의적 글쓰기, 음악, 시각예술로 구성되는 아트프로펠(Art PROPEL)의 예술적 활동에서 활동 모델을 재구성하여 개발·적용함으로써 국어과의 수업 개선 방안을 모색하였다. 그 결과 창의적 읽기, 쓰기, 듣기, 말하기 활동이 활발히 이루어졌으며, 학생들은 집단 활동에서 이루어진 대화와 협조를 통해서 타인으로부터 배울 기회를 가질 수 있는 몰입의 경험을 갖게 되고, 학습과정을 통해 국어 교과 시간 외의 타 교과 시간에도 몰입하는 성향이 늘어났다. 더불어 학생들은 국어 교과뿐만 아니라 예술에 대해서도 관심과 흥미가 높아졌다.

    김지애(2009)는 대학교 1학년 학생들을 대상으로 색 변화 화학 반응을 이용한 그림그리기 실험을 적용하였는데, 미술 활동을 활용한 개방된 과학 실험에 대해 학생들이 흥미를 갖고 실험을 직접 설계하고 수행하는 과정이 학생들의 자기주도적 학습에 긍정적인 영향을 주고 창의적 사고력을 증진시켰다고 보았다. 이는 실생활과 연계한 상황학습을 적용한 미술 수업이 학생들의 자기주도적 학습 능력을 향상시킨다는 연구 결과(김리라, 2012)와도 맥락을 같이한다.

    박은영(2010)은 고등학생들을 대상으로 한 시각예술적 요소를 가미한 과학 실험이 창의적 사고와 특히 그것의 하위 요인인 '상상력과 환상'을 향상시키는 데 보다 효과적임을 확인하였다. 이처럼 미술 활동과 통합된 과학 실험은 학생들의 자기주도 학습 능력과 창의성을 높인다는 것을 알 수 있다(손정우, 허민영, 2013).

    이태윤 등(2010)은 도덕과는 통합적이 능력을 필요로 하는 교과로 도덕적 정서를 함양하기 위해 예술적 감수성을 촉진할 수 있는 미술과의 도움이 필요하다고 보았다. 특히 도덕과 창의·인성 교육에서 영화를 활용함에 있어 자신의 행동을 비디오로 촬영하면서 자신의 바람직한 목표 행동만을 정확하게 관찰하여 행동의 변화를 유도하는 '비디오 자기 모델링'의 방법을 적용하여 창의성의 정의적 영역을 발현시키는 방안을 제시하였다.

이렇듯 교수학습 장면에서의 예술은 예술교육 자체에서뿐만 아니라 예술을 활용한 교과교육에서 다양한 사고 기질의 형성 및 가치·태도 측면, 학습의 흥미 유발 등에 기여하고 있음을 알 수 있다.

인간과 기술, 교육과 기술

기술은 인간의 삶에서 떼어 놓고 생각하기 어렵다. 인간이 태어나서부터 죽을 때까지 기술은 인간의 다양한 행동에 필요한 수단을 제공한다. 컴퓨터나 휴대폰을 통해 정보를 검색하고, 문서를 작성하며, 쇼핑을 하고, 다양한 인간관계를 맺는 등 일상생활의 순간순간을 기술과 함께하고 있다. 이렇게 기술은 인간의 삶의 일부가 되고 있는데, 단순하게 수단적으로 사용될 뿐 아니라 인간의 사고 및 습관을 변화시키기까지 한다. 인간의 다양한 영역인 문화, 예술, 정치, 역사, 교육 등을 흡수함으로써 본래의 상징이나 가치, 의미를 새롭게 규정하고 있는 것이다. 이러한 현상을 두고 기술철학자 겔렌(Gehlen, A.)은 "기술은 현대인을 둘러싸고 있을 뿐만 아니라 현대인의 피 속에도 스며들어 있다."고 말하였으며, 매클루언(McLuhan, M.)은 "기술은 인간의 구성 자체를 바꾸고, 그런 면에서 인간의 일부"라고 보았다 (김상호, 2008).

이렇게 단순한 도구가 아닌, 세계에 대하여 이해하고 소통하는 하나의 방식으로 존재하고 있는 기술을 교육적 관점에서 살펴보아야 하는 이유는 무엇일까. 앞서 언급한 것처럼 요즘 학생들 역시 기술이 생활이며 습관이 되어 있다. 손 글씨보다 컴퓨터를 통해 글

을 쓰는 것이 익숙하며 길을 걸을 때도, 공부 중에도, 밥을 먹을 때
도 손에서 스마트폰을 놓지 않는 세대다. 인간관계나 취미생활은
스마트폰을 통해, 과제물이나 학습은 인터넷이나 컴퓨터를 통해
이루어진다. 이러한 학생과 사회환경의 변화는 교육 환경과 방법
의 변화에도 영향을 끼칠 수밖에 없다. 더 이상 전통적인 주입식 ·
전달식 교수 방식으로는 학생들을 가르치기가 힘들어진 것이다.
이러한 사회 및 교육 환경의 변화는 컴퓨터를 비롯한 첨단 정보통
신 기술의 발달과 연계하여 이해해야 한다(권성호, 임철일, 2006).
컴퓨터와 첨단 정보통신 매체의 발전은 기존의 교실 수업과는 다
른 학습 공간, 즉 시간과 공간의 제약을 받지 않는 학습 공간을 제
공해 주었고 또한 새롭고 실제적인 교수학습 방법의 도입을 촉진
시켰다. 기존의 공급자중심의 획일적 교육 방식을 탈피하여 학습
자의 특성과 요구가 반영된 맞춤식 교수학습 방법을 적용할 수 있
게 된 것이다(박성익 외, 2012).

　　최근에는 교육 문제의 해결에 있어 정보통신 기술을 활용하고
자 하는 움직임이 활발하게 일어나고 있다. 그 예로, 2012년 초 스
탠퍼드 대학교의 교수들이 시작한 온라인 대중 공개강좌(Massive
Open Online Courses: MOOC)가 대표적이다(김선영, 2013). MOOC
는 전통적인 교육 방식에 비하여 엄청난 수의 수강 인원을 감당할
수 있고 교육비를 획기적으로 낮출 수 있는 잠재력이 있어 사회적
으로 큰 관심사가 되고 있다. 또한 최진숙(2014)은 MOOC가 발전
시킨 정보 기술과 교수법은 전통적인 교육의 질적 개선에 기여할
뿐만 아니라 공개적인 특성으로 인하여 공익 증진과 효율적인 평
생교육의 수단이 될 가능성도 높다고 보았다.

　　이렇게 교육에서도 기술은 단순한 도구를 넘어서서 교육 문제의
해결에까지 영향을 끼치는 존재가 되었기에 교육과 기술의 관계를
심도 있게 살펴볼 필요가 있다. 따라서 이하에서는 기술의 기본 정

의에서부터 다양한 학자의 기술에 대한 관점을 살펴본 뒤, 교육 분야에서 기술을 어떠한 관점으로 보아야 하는지에 대해 살펴보고자 한다.

기술(technology)이라는 용어는 희랍어 techne(예술, 기예, 기술)와 logia(어휘, 연구, 지식체계)라는 두 단어를 조합한 것으로, 특정의 사물을 만들어 내는 지식이라는 의미를 담고 있다(Spector, 2012). 또한 갤브레이스(Galbraith, J. K., 1967)는 기술이란 인간 삶의 질적 '변화'를 가져올 수 있는 '실용적 목적'으로 '과학적 지식'을 '체계적'으로 적용하거나 활용하는 분야로 정의하고 있다. 이러한 학자들의 정의를 바탕으로 기술을 다양한 분야에서 광범위하게 정의할 수 있지만 본 장에서는 기술을 교육 매체로서의 기술로 보고자 한다. 교육 매체는 학습자와 학습 내용, 교수자에 대한 이해를 기본으로 하는 교육의 요소들이 제 역할을 할 수 있도록 지원하는 교육환경이다. 대표적인 교육 매체로 정보통신 기술을 들 수 있는데, 보통 컴퓨터와 인터넷 통신으로 볼 수 있다(권성호, 임철일, 2006).

기술에 대한 학자들의 관점은 크게 세 가지로 분류할 수 있다. 기술을 단순한 인간의 수단으로 보는 관점, 기술이 자율성을 가지고 인간의 사고나 삶을 결정한다고 보는 관점, 기술과 인간의 중립적 상호관계를 살펴보는 관점이 있다. 먼저, 기술을 단순한 인간의 도구나 수단으로 간주하는 관점으로 카프(Kapp, E.)와 같은 학자가 이에 해당한다. 이 관점은 기술이 인간의 생활을 위해 일정한 기능, 예컨대 자기인식의 수단, 결핍의 보완 수단, 해방의 수단과 같은 것을 제공한다고 본다(이상엽, 2009). 교육에서 생각해 보면, 인쇄술 및 영사기의 발달로 교사의 설명에 의해 지식이 주입식으로 전달되는 구술주의 교육방법의 한계를 벗고 시청각 교육이 가능해진 것은 이러한 기술의 수단적 의미로 살펴볼 수 있을 것이다.

두 번째로, 기술을 단순한 도구적 속성으로 이해하는 것을 비판

기술에 대한 세 가지 관점

❶ 기술은 인간의 수단에 지나지 않는다.
❷ 기술은 자율성을 가지고 인간의 사고와 삶을 결정한다.
❸ 기술과 인간은 중립적인 상호관계를 지닌다.

하며 기술의 자율성을 강조하는 관점이 있다. 멈포드, 엘룰(Ellul, J.), 하이데거 등의 학자들은 기술이 자율성을 가지고 인간을 지배한다는 비판적인 관점으로 바라보았다. 멈포드는 20세기 기술이 인간이 택할 수 있는 대안들을 갈수록 강하게 통제해 왔으며, 인간을 전체 기계가 설계된 방식대로 잘 작동하게 만들어 주는 부속품에 불과한 존재로 만들었다고 말했다(Gardner, 2014). 한편, 엘룰은 비판적으로 현대 기술사회의 인간이 기술에 대해 '아니'라고 말할 수 있는 자유 이외의 모든 자유를 빼앗겼다고 주장하면서도 기술에 대한 인간의 사고방식, 실천, 반응 등이 중요함을 강조하였다(손화철, 2013). 이러한 관점은 교육에서 기술이 주객 전도되어 교육의 목적 달성보다 기술의 사용이 우선시되며 교수학습에 사용되는 예로 살펴볼 수 있다. 최근 큰 관심을 받고 있는 거꾸로 교실(flipped learning)에서 인터넷을 이용한 강의를 하고자 할 때, 해당 교과나 교수학습 목표에 적합하기에 이를 적용하는 것이 아니라, 단순히 새로운 방법으로서 교수학습에 시도하기 위해 실시하게 된다면 이러한 경우는 기술이 교육을 주도하는 경우가 될 것이다.

마지막으로, 앞선 관점들과는 다르게 기술과 인간의 상호관계 속에서 중립성을 이야기하는 관점이 있다. 손화철(2013)에 의하면, 대표적인 학자인 매클루언은 이전의 관점들과 동일하게 새로운 기술들이 총체적인 사회 변화의 주체였다는 것을 인정하면서도 기술 결정론자들과 다르게 그 사실에 대한 규범적인 판단을 배제하였다. 기술이 사회·정치적 맥락을 바꾸는 힘을 가졌다고 말하면서도 그러한 상황이 개선되어야 한다고 말하지는 않는다. 매클루언은 기술은 인간 감각기관의 연장으로, 한 가지 기술이 개발되어 사용될 때마다 인간의 감각들 중 특정한 감각이 증폭되고, 그에 따라 각 감각이 사용되는 비율이 달라진다고 주장한다. 기술을 사회에 대한 외과 수술에 비유하면서 수술을 통해 전체 조직에 변화가 일어난다고 말한다. 그의 저서 중 하나인『구텐베르크 은하계(*The Gutenberg Galaxy*)』에는 알파벳과 인쇄술이 인간의 통상적인 감각의 사용에서 시각의 비율을 현저하게 높인 상황을 분석하고 있으며, 근대에 들어와서 시각화된 사회가 전자 기술을 통해 과거 부족사회의 특징인 청각, 촉각과 시각이 조화를 이루는 세상으로 변화될 것이라는 전망을 제시하였다. 또한 매클루언은 매체를 미디어로 표현하고, 미디어를 뜨거운 것과 차가운 것으로 나누었다. 뜨거운 미디어는 메시지의 수용자가 주어지는 내용에 아무런 기여를 하지 못하게 하는 미디어이고, 차가운 미디어는 수용자가 주어지는 내용을 일부나마 스스로 채워 넣게 하는 미디어다(손화철, 2013). 매클루언의 관점에 따라 교육에서의 기술을 살펴보면, 기술은 교육의 방법이나 교육에 대한 생각의 변화에 큰 영향을 준 것은 사실이다. 교육의 감각적 기능을 확대시켜 시각, 청각, 촉각 등 다양한 감각 및 사고방식을 통해 교수학습이 이루어질 수 있도록 하였다. 하지만 교육 매체가 단순한 수단으로 사용되거나 학습자나 교수자를 지배하는 형태로 존재하는 것은 아니다. 단순히 기계적으로 교수학습에 참여하게 하는 교육 매체로서의 기술도 있고 학습자 및 교수자가 능동적으로 교육 매체를 활용할 수 있도록 하는 기술이 있을 뿐이다.

인간의 삶에서와 마찬가지로 교육에서의 기술은 교육과 뗄 수 없으며 교육 그 자체일 수 있다. 교육 매체로서 정보통신 기술을 바라볼 때 앞서 살펴본 다양한 기술에 대한 관점 중 어떤 관점을 취하는 것이 바람직할까. 카프와 같이 기술을 단순한 인간의 도구로만 바라보기에는 기술로 인해 나타나는 많은 교육적 현상을 설명하기가 어렵다. 또한 기술의 자율성만을 바라보고 기술이 인간의 결정권과 창의성을 훼손하는 것으로만 파악하기도 어렵다. 엘룰이 살펴본 것처럼 기술을 대함에 있어 인간의 주체성 및 자율성을 간과해서는 안 된다. 또한 매클루언의 미디어적 관점에서 보자면 교육 매체는 뜨거운 미디어보다 차가운 미디어, 더욱 능동적으로 참여할 수 있는 교육 미디어로 보아야 한다. 즉, 철학자 겔렌이 파악했듯이 교육에서의 기술을 바라볼 때에는 기술의 본질을 심층적으로 파악하고 기술시대의 필연성을 인식하고 받아들이면서도 그 안에 매몰되지 않는 태도로 바라볼 필요가 있다(이상엽, 2009).

교육에서 정보통신 테크놀로지는 끊임없이 변화·발전하고 있으며 머지않아 오늘날의 첨단 기술도 낡은 것이 되어 버릴 것이다. 이에 따라 교육은 발달된 정보 기술 매체를 잘 이용하고 변화의 흐름을 반영할 수 있도록 노력해야 한다(안동현, 2013). 또한 교육자는 기술 변화에 대해 열린 태도를 가지고 교육 매체를 학습에 가장 효과적으로 이용할 수 있도록 준비해야 하며, 기술환경에 대한 학습자들의 태도 변화도 중요하게 고려해야 한다. 기술이 인간 중심의 교육을 가장 인간답게 실천할 수 있게 돕도록 해야 하며, 기술 주도적인 교육이 아닌 인간 주도적인 교육을 위해 기술이 어떻게 봉사할 수 있는지 그 방법적 측면에도 관심을 가져야 한다(권성호, 임철일, 2006).

교육 – 기술의 실제적 논의   계속 살펴본 바와 같이 기술의 발달은 교육에 변화를 일으켰다. 인쇄술의 발전을 시작으로 시청각 교육이 발전하였고, 교수기계의 출현 및 전자계산기의 등장으로 학습과정이나 학교 운영에 많은 변화가 나타났다. 무엇보다 소형 컴퓨터(personal computer)의 출현으로 학교나 가정 할 것 없이 학습자의 개별 학습이 가능하게 되었다. 학습 지도에 활용되는 CAI(computer assisted instruction)와 평가과정에 활용되는 CMI(computer managed instruction), CLS(computer learning simulation), 위험한 장면이나 어려운 장면을 컴퓨터가 제공하고 학

습자가 그것을 실행함으로써 학습하는 프로그램 등이 개발되었다
(김현중, 1985). 여기에 인터넷 통신까지 발달하면서 정보통신 기술
(ICT)을 활용한 교육이 교육과정 속에 들어오게 되었다. 이후에도
정보통신 기술이 발달함에 따라 이러닝, 소셜러닝, 스마트폰을 활
용한 교수학습까지 다양하게 변화하였다.

　이러한 변화 속에서 기술과 여러 교과 간에 연계하여 활용하고
자 하는 연구를 살펴보면 다음과 같다. 안동현(2013)은 글로벌 시
대에 정보통신 테크놀로지를 통한 영어교육 방향을 모색하였다.
인터넷은 일상생활에서 영어를 사용하지 않는 학습자들에게 영어
를 접할 기회를 주며, 학습자가 스스로 속도를 조절하는 학습, 평
생학습을 가능하게 한다고 보았다. 수업의 조력자로서 교사는 다
른 교사들과 자료를 공유할 수 있으며 학습 커뮤니티나 SNS 등을
통해 교사와 학생, 학생과 학생이 서로 소통할 수 있는 계기를 마
련해 주는 것으로 파악하였다. 수학교육에서 테크놀로지의 활용
가능성을 살펴본 김경미(2013)는 최근 다양한 소프트웨어의 발달
로 만들어 놓은 결과로서의 수학을 받아들이는 형태로 이루어진
교육의 문제점을 해결할 수 있게 되었고, 학생들이 수학적 개념을
이해하고 실제 상황에서 수학이 유용하다는 사실을 인식할 수 있
게 한다고 보았다. 이에 따라 계산기와 컴퓨터를 이용하여 창의성
신장을 위한 수학 학습을 하기 위한 체계적인 연구가 필요하다고
제언하였다. 김경태(2013)는 미술교육에서 사회적 틈(interstice)으
로서 테크놀로지의 역할을 제고하였다. 그는 미술교육 현장의 문
제점이 소통의 단절에서 기인함을 발견하고 이를 해결하기 위해
인간 교류의 장을 열어 주는 매개체로서 테크놀로지를 살펴보았
다. 테크놀로지의 활용은 타인과의 소통, 작품과 예술가와의 연결
을 통해 미술을 향유하고 즐길 줄 아는 인간을 육성하는 데 도움을
줄 것이라 기대하였다.

더 나아가 기술이 실제적으로 교수학습 현장에 적용되는 사례를 구체적으로 살펴보면 다음과 같다. 김재윤(2004)은 유비쿼터스 환경을 제공하는 PDA(personal digital assistants), TPC(tablet personal computer), UMPC(ultra mobile personal computer) 등의 학습 매체를 활용하여 언제 어디서나 시간과 장소에 구애받지 않고 학습을 할 수 있다고 보았다. 그 예로, 박성우 등(2010)은 유비쿼터스 환경에서 문법교육을 위한 토론 학습을 제시하였는데, 기존의 토론 수업은 주로 교실에서의 면 대 면 토론으로 이루어져 왔으나 이동성, 접근성, 내재성, 즉시성, 상호작용성 등의 특성을 갖는 유러닝 서비스를 이용하여 수업을 진행할 경우 교실 수업의 공간 및 시간의 한계, 전달 매체의 한계를 극복할 수 있다고 보았다. 또한 박경석 등(2008)은 운동장에서 대부분의 수업이 이루어지는 체육 수업에 휴대성과 이동성의 특성을 덧붙인 유비쿼터스 교육이 교수학습에 적극적으로 반영될 수 있다고 보았다.

한편, 소셜네트워크서비스(SNS), 클라우딩 컴퓨팅 등 정보 기술 발전과 스마트 기기의 급속한 확산에 따라 교육 현장에서도 개인 특성에 맞는 차별화되고 창의적인 학습 수요가 지속적으로 증가하고 있으며, 교육방법, 교육과정 등 교육체제 전반에서 많은 변화를 이끌어 내고 있다(김정랑 외, 2013). 임희석(2012)의 연구에 의하면, 스마트폰을 활용한 수업은 학생들의 참여와 학생들이 스마트 기기를 활용하여 언제 어디서나 복습과 예습이 가능함으로써 성공적인 경험적 학습이 되고 있다. 천안 중학교에는 무선 인터넷 환경, 전자칠판, 노트북 등 미래형 수업을 위한 인프라와 기자재들이 잘 갖추어져 있는 유러닝 학습실이 조성되어 있다. 이 학교는 아이패드 2를 구입하여 트위터, 카카오톡을 활용한 논쟁 수업, QR 코드를 활용한 도덕 수업 등을 적용하였다. 그 결과, 학생들은 수업을 지루해하지 않고 적극적으로 참여하면서 즐거워하는 모습을 보였다.

　　대학에서도 이와 같은 사례를 발견할 수 있다. 임걸(2010)은 K대학교 교육학과 전공 과목인 '원격교육 활용론' 수업에서 아이폰을 무상 지급하여 학생들의 수업 참여율을 높이고 참신한 의견들을 도출하였다고 보고하고 있다. 또한 수업에 참여한 학생이 교수와의 의사소통에서 어려운 점을 스마트폰을 통해 질문하면 답변이 즉각적으로 이루어져 수업이 흥미롭다고 응답했다. 또 다른 연구(임걸, 2011)에서는 학습자들의 사회적 실제감이 향상되었다고 보고하고 있다. 이에 대해 임걸 교수는 강의실 수업을 스마트폰을 활용한 수업으로 모두 대체할 수는 없지만 스마트폰이 수업에 효과적인 도구라고 말하고 있다.

　　이 외에도 클라우드, 구글, SNS, QR 코드, 웹 2.0 도구 등을 수업 시간에 적절히 활용하여 교실 수업을 개선할 수 있는 다양한 방법이 사용되고 있다(김정랑 외, 2013). 기술은 그동안 꾸준하게 발전해 온 것처럼 앞으로도 교수학습 장면에서 학습의 효과를 증대시키기 위해 다양하게 활용될 것으로 기대된다.

교육에서의 예술과 기술의 통합　　예술과 기술은 역사적으로 살펴볼 때 그 기원이 하나였으나, 중세시대 이후에 각각 분리되어 각자의 영역에서 발전되어 왔다. 그러나 현대인의 인간성 회복을 주장하는 학자들이 예술과 기술의 재통합에 대한 필요성을 제기하고 있다. 실제로도 예술과 기술의 통합 사례는 경영, 의료 영역에서 활발히 이루어지고 있고, 예술과 기술은 각각의 영역에서 서로의 장점을 도입하여 시너지 효과를 내고 있다. 그러나 교육 분야에 있어서는 예술과 기술이 각각의 영역에서 교육과의 관계를 공고히 해 왔을 뿐이다. 교육에서의 예술과 기술의 조화, 또는 이 둘 간의 융합에 관한 사례나 연구는 많지 않다. 후술하겠지만, 교수학습 장면에서 예술과 기술이 함께 구현되는 사례는 일부를 제외하고는 대부분 예술교육을 할 때 기술적 지원이 이루어지는 경우에 한정된다. 예술교육이 아닌 다른 교과에서 예술과 기술을 조화롭게 융합하고 그 효과를 도모하는 사례는 드문 것으로 보인다.

예술교육에서 기술이 조화를 이루는 사례는 다음과 같다. 박정환 등(2007)은 미술 수업 시간에 서로의 작품 평가를 전자칠판에 띄워 놓고 하고, 풍경화에 대한 과제를 모둠원이 웹 검색을 통해 조사하고 보고서를 이메일로 전송하며, 가상 미술관에서 실물 크기로 전시되어 있는 작품을 감상하는 등 유러닝이 이루어지는 다양한 교수학습 형태를 시나리오로 제시하였다. 정병흠(2013)은 미술교육에서 스마트 러닝의 일환으로 학습자들이 가장 쉽게 접할 수 있는 스마트폰 앱을 활용한 수업을 통해 학습에 대한 흥미와 제작 능력, 수업 참여도, 만족도 등의 긍정적 결과를 확인하여 학교 현장 교육에서 스마트 러닝 확대를 위한 방안을 제시하며 교육적 효용을 논하였다. 첫째, 학습자들에게 익숙한 기기를 수업에 활용함으로써 흥미와 호기심을 유발하여 학습 동기를 부여하고 수업 내용에 대한 적극적인 참여를 유도한다. 둘째, 학습자 주변의 다양한 시각 문화 환경에 자연스럽게 노출시켜 학습자가 자신을 둘러싼 세계에 대한 새로운 해석과 자발적인 참여를 통한 창조과정을 경험하게 한다. 셋째, 표현 활동에 대한 긍정적인 태도를 갖게 하여 미술 교과에 대한 흥미와 자신감, 학습 효과를 높여 준다. 이것이 미술 교과 내용 전반에 걸쳐 학습자 생활에서의 활용방법과 필요성을 일깨워 주고 교과에 대한 인식 전환의 기회가 된다. 마지막으로, 앱 활용과정에서의 자기주도 학습을 통해 다양하고 창의적인 탐구와 시도, 수정의 과정을 반복하게 함으로써, 문제해결력을 향상시킬 수 있으며 확산적이고 유연한 사고 능력을 기를 수 있다. 즉, 시각 문화에 대한 교육을 강조하는 최근의 미술교육에서 스마트폰 앱으로는 교육용 앱뿐만 아니라 일반 앱을 활용하여 다양한 표현이 가능하며 이러한 표현교육을 통해 창의적 사고와 문제해결 능력을 향상시킬 수 있는 효과가 있다고 보았다.

조성기(2014)는 스마트폰이나 모바일 기기 및 클라우드 컴퓨팅을 활용하는 유러닝 및 스마트 교육 환경에서 음악교육, 특히 음악 감상교육이 어떠해야 하는지에 대한 고민으로서 음악 감상을 위한 스마트 러닝 시스템을 설계하고 구현하는 데 목적을 두었다. 그는 감상교육을 위한 스마트 러닝 시스템에서의 감상학습 활동 내용과 방법을 설계하였으며, 그 설계를 토대로 어플리케이션(App) 및 웹사이트(Web), DB 등을 개발하고, 이들의 연동을 통한 스마트 러닝 시스템을 개발하여 구현하였다. N-스크린, 즉 다양한 단말기를 통해 장소와 시간의 제한을 받지 않고 클라우드 서버에 접근하여 학습이 이루어질 수 있도록 하는 음악 감상 학습을 위한 스마트 러닝 시스템을 개발(어플리케이션 및 웹사이트, DB 등을 개발)하였다. 이렇게 개발된 스마트 러닝 시스템은 학습자 중심의 자기주도적 학습, 음악교육의 평생학습 방법을 제시해 주는 좋은 사례로 생각해 볼 수 있다.

또한 미시간 대학의 '미디어 아트' 수업에서는 학생과 교수가 함께 아이폰을 가지고 콘서트를 함으로써, 교과에 대한 이론적 이해뿐만 아니라 학생들에게 새로운 첨단 기기 활용을 통한 성취감을 주는 효과가 나타났다(임희석, 2012).

한편, 예술교육이 아닌 교육 활동에서 다른 내용을 학습하기 위하여 예술과 기술을 조화롭게 활용한 사례도 일부 찾아볼 수 있다. 이와 관련하여 진동섭과 한은정(2013)은 S대학교 사범대학의 '교직과 교사' 강의에서 스마트폰 영화 제작 활용 교수법을 실험적으로 적용한 바 있다. 이 사례에서는 교직과 교사에 관한 심층적인 이해와 학습 내용의 내면화를 목적으로 하여, 학생들 스스로 관심 주제를 찾아 이를 구체화하여 영화로 제작하되, 스마트폰이라는 첨단 기기를 활용할 수 있도록 수업을 설계하였다. 연구 결과 이 교수법을 통해 '교직과 교사'라는 교과 내용의 학습뿐만 아니라, 창의성과 상상력, 의사소통 능력, 통찰력 등의 일반 역량과 더불어 미래 인재의 역량인 테크놀로지 활용 능력을 함양할 수 있음이 밝혀졌다. 이 사례는 영화라는 예술 장르와 교육 및 기술이 결합된 새로운 관점이 교육 활동에서 적용 가능하며, 효과가 있음을 시사하였다. 이렇게 교육 및 예술, 기술 분야가 함께 융합된 교수학습은 학문 간의 이해와 더불어 융합을 통한 시너지 효과를 기대할 수 있다(조성기, 2014).

맺음말: 통합은 가능한가

교육, 예술, 기술이 어떠한 관계를 가지고 있으며, 통합 가능성이 있는가는 우리의 미래 교육에 있어 매우 중요하다. 이 셋의 통합 가능성을 탐색하기 위해서, 교육-예술, 교육-기술의 관계를 선행 연구를 통해 분석하고, 교육을 중심으로 교육 현장에서 예술과 기술이 어떻게 구현되고 있는지 실제 사례를 통해 알아보았다.

교육에서 예술에 관한 논의는 특히 교수학습 부문 중 예술 과목을 중심으로 하여 활발하게 논의되어 왔다. 또한 실제 사례를 살펴보면 예술 교과가 아닌 다른 교과에서 미술, 음악, 영화 등을 활용하여 인성교육, 상상력 및 표현력 신장, 감수성 함양 등을 꾀하고 있는 것으로 나타났다. 사회과와 미술과의 상호 보완적 측면(최수형, 2006), 문학교육과 영화 텍스트의 조합(박기범, 2005), 글쓰기와 음악 및 시각예술의 조화로 창의적 글쓰기를 유도하는 아트프로펠 활동(김옥희, 임성규, 2013), 미술 활동을 활용한 과학 실험(김지애, 2009), 도덕과에서의 영화를 활용한 비디오 자기 모델링(이태윤, 조인실, 2010) 등이 그것이다. 이러한 예들은 예술 교과와의 접목을 통하여 '예술적 사고'를 유도하여 특정 교과에서의 창의성, 상상력,

표현력 등을 길러 준 사례라고 볼 수 있다. 위 사례들 중 일부는 예술성의 접목이 잘 이루어진 것으로 보이나, 일부는 단순히 특정 교과와 예술 교과가 함께 나열된 느낌이다. 이 차이는 특정 교과와 예술 교과를 어떻게 접목시키는가에 따라 달라질 것으로 판단된다. 이 지점에서 교과 간 심도 있는 접목을 위해서는 이에 맞는 적절한 '기술'의 사용이 필요할 것으로 생각된다. 또한 발전된 '기술'을 적용함에 따라 예술 교과의 활용도 다양하게 이루어질 수 있을 것이다.

　한편, 교육에서 기술에 관한 논의는 교수의 보조 매체로서 이루어져 왔다. 물론 시청각 교육, 가상교육, ICT 교육, 이러닝, 유러닝, 소셜 러닝, 최근의 스마트 교육까지 첨단 기술이 교수학습 현장에 제공되면서, 공급자 중심에서 사용자 중심으로 환경이 변화되고 있는 것은 고무적인 일이다. 최근 스마트 교육에서도 "학습자의 개성과 소질에 따라 암기하는 교육에서 체득하는 교육으로 변화되고, 교수자는 이에 맞게 교육과정과 교과서를 자신만의 것으로 만들어 제공하는 교육"이라는 개념(천세영 외, 2012)을 통하여 교육 체제 및 패러다임을 바꾸려는 시도를 하고 있다. 사례를 통해 살펴보면, 유비쿼터스 환경에서 문법교육을 위한 토론 수업(박성우 외, 2010), PDA(personal digital assistants)를 활용한 체육 수업(박경석 외, 2008), 트위터 및 카카오톡을 활용한 논쟁 수업, QR 코드를 활용한 도덕 수업(임희석, 2012) 등이 있다. 이러한 사례는 기술이 교육 현장에서 보조 매체를 넘어, 사용자 중심의 환경을 제공하여 교수자와 학습자 간의 의사소통 양상을 변화시키는 방향으로 바뀌어 오고 있다는 것을 보여 주고 있다. 그러나 미래 사회에서 요구되는 역량인 창의력, 상상력 등을 함양하기에는 한계가 있어 보인다. 따라서 교육 영역에서의 기술에 예술적인 요소를 부여해 주는 것이 위의 한계를 극복할 수 있는 열쇠가 될 것이라 생각한다.

다시 말하면, 교육에 있어 예술은 기술에 영혼을 불어넣고, 기술은 예술에 날개를 달아 준다. 기존의 사례에서 나타난 바와 같이 어떠한 교육 활동이냐에 따라, 교육에서 예술을 활용하거나 예술 그 자체를 교육할 수도 있고, 교육에서 구현하고자 하는 활동을 위해 기술적 지원을 활용할 수도 있다. 연구진은 어떠한 교육 상황이건 간에 반드시 교육과 예술, 기술의 삼자 간 융합이 이루어져야 한다고 주장하고자 하는 것은 아니다. 다만 교육계에서 별개의 것으로 논의되고 있는 예술적 시도와 기술적 시도들이 통합 또는 융합된다면, 다른 분야에서의 예술과 기술 간 융합의 사례에서처럼 새로운 시너지 효과가 창출될 수 있을 것으로 보는 것이다. 교육 현장에서 교수학습의 보조 수단이자 지원적 도구로 활용되어 왔던 '기술'을 교육에서의 '예술'을 실현 · 실천하는 데에 적극 활용하고 그 패러다임을 확장시킨다면, 우리 교육에서 변화가 이루어질 수 있지 않을까. 본 장은 바로 그러한 관점에서 교육에서의 예술과 기술 간의 통합 가능성을 논의하고자 하였다.

교육이 창조한 세계:
교육을 디자인한다는 일에 관하여

한숭희

지난 세기에 대한 반성 학문적 차원에서의 최초의 교육학 저술로 알려진 헤르바르트(Herbart, J. F.)의 『일반교육학』은 사실 '교수학(pedagogic)'이었다. 일찍이 코메니우스는 그의 『대교수학』에서 "교수학은 가르치는 기술을 의미한다."고 말한다 (Comenius, 1987: 8). 지금도 독일이나 북유럽에서 '페다고지'는 주로 교육과정 및 교수법에 한정하는 개념으로 사용된다. 이러한 경향은 북미에서도 예외는 아니어서, 미국에서의 초기 교육학은 '교수(teaching)'를 위한 방법론이었고, 특히 심리학과 사회학은 '가르치는 일'의 성격을 이해하기 위해 동원되는 교육기초학(foundations of education)이었다(Charles, 1965).

20세기로 넘어오면서 학교가 급속히 팽창했고, 교사훈련을 위한 방법으로서 교수학이 교육학의 중심으로 자리 잡기 시작하였다. 말하자면 당시 교육학은 교육현상 전반에 관한 사회과학이 아니라 가르치는 일에 관한 방법론이었다. 해방 이후 우리 교육학도 유럽과 북미의 흐름으로부터 크게 영향을 받았다. 교육학은 1960년대 이후 급속히 팽창하는 학교체제를 전담할 사범교육의 테두리 안에서 성장했고, 이러한 교육학은 특히 미국 유학을 경험한 교수들을 통해 들여온 미국식 교육학, 즉 '체계적으로 잘 기르칠 수 있는 기술을 경험과학적으로 탐구하고 개발하는 교수학'으로 요약되었다.

　　이러한 '교수학'으로서의 교육학은 그 본고장인 미국에서조차
도 그리 심오한 학문성을 요구하거나 첨단의 기술을 요구하는 일
로 여겨지지 않았다(Lagemann, 2000). 사범대학은 초기에는 고등
학문 공동체로서의 대학(university)의 경계 밖에 있었고 교사는 단
지 초급대학 수준의 단기교육만으로 양성될 수 있는 준전문직이었
다. 교육학은 주로 초 · 중등교사를 양성하는 일을 도맡았는데, 그
러한 교사의 일은 대학의 학문 공동체, 특히 인문학, 사회과학 그
리고 자연과학이 축적해 온 지식을 교육과정으로 하여 젊은 세대
에 전수하는 것이었다. 그리고 교육학자의 일이란 결국 대학의 기
초학문 분야가 제공하는 지식 구조를 아동 수준에서 이해할 수 있
도록 '쉽게' 해설하고 설명하며 번역하는 것이었다. 말하자면 교육
학자는 진정한 학자집단과 아동 사이에 다리를 놓는 일종의 '중간
기술자' 쯤으로 여겨졌다.

　　기술자의 역할은 주어진 디자인 그대로 제작하는 것이며, 총체
적으로 교육체계를 설계하고 교과지식의 기초를 선별하는 것은 여
전히 인문학, 사회과학 및 자연과학의 본령을 차지한 전통적 학문
공동체의 역할이라고 생각되었다. 실제로 미국교육사를 들여다보
면 중요한 교육제도의 형성과 결정 과정이 대부분 하버드, 예일 등
의 총장들에 의해서 주도된 흔적을 보게 된다. 좁은 의미에서 '사범
대학이나 교육대학원에서 교육학을 연구하는 사람들'로서의 교육
학자들에게 거시적인 교육의 경로를 읽고 그것을 디자인하는 일이
맡겨지지는 않았다. 그들은 이미 주어진 가치와 정책의 틀을 애써
정당화하고 그 실행방법을 개발하도록 요청될 뿐이었다.

　　　　1948년부터 1962년까지 하버드 교육대학원장을 지
　　　냈고 이후에는 1966년까지 연방교육감(지금의 교육부
　　　장관)을 역임한 프랜시스 케펠은 다음과 같이 말했다.

"교육은 너무도 소중하기 때문에 교육자들에게만 맡겨 둘 수 없다." 놀라운 일도 아니지만, 각 분과학문 학자들이 교육과정을 강화하기 위해 교육현장에 개입하기 시작했다(Lagemann, 2000: 161).

20세기 들어서 교육학자들이 선택한 연구방법론은 주로 경험주의에 기반을 둔 과학주의였는데, 그들에게 부과된 정책이나 방향을 탈가치론적으로 정당화하기에 '과학주의'라는 이름만큼 편리한 것은 없었다. 조금 객기 넘치게 표현하자면, 경험주의적 연구법―그것이 충분히 철학적 성찰을 동반하지 못했다는 전제하에서―은 19세기 제국주의(imperialism) 깃발을 올린 서구열강들이 그들의 세계관을 '객관화'하는 한편, 그와 다른 제3세계와 식민지, 아시아와 소수토착민들의 다양한 목소리를 억압하는 데 기가 막히게 잘 활용했던 방법론이었다고 할 수 있었다(Davis, Sumara, & Luce-Kapler, 2008: 12). 이런 차원에서 볼 때, 경험주의에 '갇혀 있는' 교육학은 어찌 보면 교육의 세계를 지배하는 권력과 자본 그리고 이념적 우월성의 목소리들을 '객관화'하고 그것을 정당화하는 역할로 자기도 모르게 스스로를 퇴화시키고 있었는지도 모른다. 이렇게 가치가 배제된 도구론으로서의 교육학은 우리나라에서도 '교육은 인간 행동의 계획적 변화'라는 슬로건을 퍼뜨리며 학자들을 아무 자책감 없이 중간기술자로 퇴화시켰으며, 그런 사이에 교육연구는 주로 정치권이 던져 주는 '계획적 변화'의 목표를 성실히 이행하고 그 효과를 숫자로 표현해 내는 기능을 충실히 수행하게 되었다. 벌써 100년 전 존 듀이가 이런 경향을 예견하고 우려의 목소리를 낸 것은 별로 놀라운 일도 아니다.

듀이는 교육연구에 있어서의 철학적 역할을 훨씬

확대하는 것과 더불어 양적 연구에 대한 의존성은 줄
이는 것이 필요하다고 보았다. 그는 당시 철학적 접
근에 대한 경시와 대칭적으로 나타났던 지나친 양적
연구의 증가 양상에 대해 심각한 우려를 표명하였으
며, 그것은 결국 교육학자들을 교육의 의미에 관해 맹
인으로 만들 가능성이 있다고 보았다. 교육은 방법이
나 특정 지식을 습득하는 것을 넘어 그 자체가 (측정
할 수 없는) 방향과 태도의 문제일 수 있기 때문이다
(Lagemann, 2000: 231).

그러나 이 말은 결코 교육철학 혹은 사변학의 비중을 높이고 교
육경험학의 비중을 낮추어야 한다는 말로 해석되어서는 안 된다.
경험과학적 방법론은 그 자체로서는 매우 세련되고 정밀한 연구의
가능성을 열어 두는 것이며, 다만 그것이 연구의 존재론적 혹은 인
식론적 관점을 포함하지 않고 순전히 도구적 합리성에만 경도될
경우 나타나게 되는 문제에 대해 경고한 것이었다. 즉, 듀이가 말
하고자 했던 요지는 교육이라는 거대한 활동과 체계의 전체를 조
망하고 교육이 가지는 목적, 의미, 가치에 관한 보다 객관적인 성
찰을 가능하게 하는 일이 지금 당장의 경험적 데이터보다 훨씬 중
요하다는 것이었다. 이러한 관점에서 본다면, 오히려 몇 가지 철학
적 조류에 목을 매면서 교육의 한 끝자락만을 붙들려고 하는 오늘
날의 교육철학자들이 오히려 비판받아야 마땅하다.

사회공학으로서의 교수학

'잘 가르치는 일'로서의
교수학은 분명히 교육학의 한 축임에 틀림없다. 이 점에서 교육학
은 일종의 '사회공학'의 성격을 갖는다. 달리 표현하면, 교육은 한
사회를 조각하는 데 필요한 특정 연장 혹은 도구로 기능한다. 때로

교육의 도구적 속성에 대해 본질적 알레르기가 있는 학자들을 보게 되는데, 필자는 '교육이 사회를 구성하는 도구'라는 생각에 크게 거부감을 가지지 않는다. 왜냐하면 교육의 내재적 가치나 내재적 기능을 갖는다는 주장은 결국 교육이 어떤 일의 도구이기 위해서 그 '내재적 원리와 기능'에 충실한 어떤 도구성을 제공한다는 뜻으로 볼 수 있기 때문이다. 말하자면 망치의 내재적 가치는 못을 박는 도구성이며 톱의 내재적 가치는 나무를 자르는 도구성이다. 톱으로 못을 박거나 망치로 나무를 자르는 일만 하지 않는다면 그리 혈압을 높일 일도 아니다.

교육은 그 본성에 충실한 도구성을 통하여 사회 구성과 역사 창조에 참여한다. 교육이라는 도구는 징벌이라는 도구 혹은 선전이라는 도구 등과는 차별적인 독특한 사회적 과정이다. 이 과정에 강조되는 사회에서는 교육이 자율적 기제로 제도화되며, 그 안에서 학교라는 독립적 테두리가 탄생한다. 물론 그런 사회가 나타나기까지 인류문명은 오랜 세월을 기다려야 했다.

사회공학이 한 사회를 직조하는 방법이라고 한다면, 그 안에는 다양한 특성의 사회기능적 도구들이 활용될 수 있다. 즉, 교육의 '어떠한 독특한 원리와 기능'을 활용하여 모종의 사회적 목적을 달성한다. 그리고 그 '독특한 원리와 기능'은 그와 유사하지만 본질적으로 다른 과정들과 차별적으로 교육안에 붙박혀 있다. 예컨대 당장 방문판매자의 성과를 올리려고 한다면 설득심리학이 최적의 도구가 될 것이며, 결코 교육은 적합한 도구라고 하기는 어렵다. 어떤 소통 상황에서 얽힌 심리적 갈등을 해결하기 위해서는 의사소통학이 도움이 될 것이며, 역시 교육은 즉시적 효과를 발휘하기 어렵다. 혹은 죄인에게 부적 강화를 줄 목적이라면 범죄학에 근거해서 감옥에 보내는 방법도 있다. 여기에서 설득심리학, 의사소통학, 범죄학, 교육학 등은 모두 인간의 학습에 모종의 영향을 주는 방식들이라는 점에서 공통점을 가지지만, 어떤 차원의 학습에 대해 어떻게 개입해 들어가는가의 방식에 있어서 차별성을 갖는다. 교육은 다른 방법들과 달리 고등수준의 학습과정에서 상징과 문자문해를 기반으로 하는 장기적이고 포괄적이며 어느 정도 구조화된 학습경험을 통해 사람의 마음을 변화시키는 특기를 가지고 있다. 모든 차원의 학습과 행동을 변화시키는 데 교육이 유용한 것은 아니며, 교육이 고유하게 잘할 수 있는 일이 과연 '톱질'인가 아니면 '망치질'인가를 판별하는 것도 교육학의 기본 가운데 하나다.

또한 교육을 일종의 도구라고 하는 것이 결코 그것이 '다루기 쉬운' 도구라는 말까지 함축하는 것은 아니다. 교육은 태생부터 '결과를 선언하기 어려운 불안정한 도구'이며, 그래서 훨씬 다루기 어려운 도구다. 말하자면 인간의 학습에 직접 개입해 들어가는 사회공학이지만 '가르치는 일'이라고 하는 것 자체가 결코 학습자의 '배우는 일'을 완전히 장악하지 못한다는 태생적 한계를 가지고 있기에 결국 교육은 본질적으로 '불완전한 도구'일 수밖에 없다. 그런데 흥미롭게도 바로 이 '불완전성' 때문에 교육은 인간의 문명사에 그 찬란한 창발성을 선물로 더해 왔다고 할 수 있다. 이미 결정된 것을 재생산하는 것이 아니라 교수와 학습 사이에 나타나는 전혀 새로운 돌연변이적 정신사의 변형들이 교육이 창조하는 세계의 모습을 훨씬 다채롭고 충격적으로 만들기도 한다. 물론 그만큼 교육이 대상으로 하는 세계는 그 복잡계적 수준이 최고조로 더해진 세계이며, 인간의 마음 및 그 변화라는 것보다 더 복잡한 것이 세상에 있을까라고 할 만큼 교육이 간여하는 세계는 복잡계적 특성을 스스로 드러낸다(한숭희, 2001, 2005).

복잡계의 특징 가운데 하나는 바로 그 복잡함 때문에 내부적으로 일종의 창발성이 추동되어 나오며, 그로 인해서 오히려 외부에서 개입할 수 없는

교육이 창조한 세계의 복잡계적 특성: 창발성, 자기참조적 자기생성체제

자기참조적 자기생성체제가 작동할 수 있다는 점이다(Davis et al., 2008). 최근 '스스로 생각하는 로봇'에 대한 논의들이 진행되고 있고, '자율 주행하는 자동차'에 대한 인식 혹은 '우주를 지배하는 복잡한 기계로서의 외계인'에 대한 논의들이 심심찮게 나오고 있는 것처럼, 복잡성이 어떤 차원을 넘으면 스스로에게 필요한 새로운 부분을 자기스스로 창조해서 장착하는 차원으로까지 발전한다. 오늘날 글로벌 교육체계는 자본주의 생산구조만큼이나 복잡한 체계로서의 존재가 되었고, 이 흐름은 교육체계를 관리하고 통제하는 입장에서 보더라도 그 변화가 만만하지 않다는 점을 절감하게 된다. 인간이 교육체계를 관리하기보다 오히려 교육체계의 관성과 자기복제성이 인간의 학습을 관리해 나간다는 느낌마저 든다. 이제 교육학자들이 마주 대하는 세상은 바로 이런 것이 되었다. 말하자면 '교수학'이 정밀하고 예측 가능한 학습결과를 생산해 낸다는 신화는 사라졌고, 오히려 학습과의 사이에 끼어 있는 동기와 우연성의 맥락들이 교육 실천과 체계로 하여금 예측하지 못하는 방향으로 전개되도록 추동하는 경향성을 보인다.

사태가 이럴수록 교육학은 '교수학적 실천성'을 넘어 그것이 놓여 진화하는 교육생태계 전체에 관한 포괄적 이해에 눈떠야 하며, 또한 그러한 세계가 인간의 궁극적 삶의 가치와 관련하여 어떻게 관리되어야 할 것인가에 관해 가감 없는 의견을 개진해야 한다. 지금까지 교육학자들이 교육이라는 복잡계적 현상의 본질을 이해하는 데 보기 좋게 실패해 왔다는 점은 다음에서 좀 더 설명하겠지만, 특히 두 번째 문제와 관련해서 볼 때 교육학자들은 지금까지 거의 교육실천에 관한 가치판단을 유보함으로써 사회적 지성적 책무를 피해 가려고 했고, 그로 인해서 더욱더 '객관성'의 그늘 아래 숨으려고 하는 중간기술자로 전락시켜 온 것 같다. 게다가 이러한 책임 회피의 저변에는 우리가 견지했던 탈가치론적 과학주의, 즉

'우리는 시키는 대로 아이들을 만들어 드리는 제조자'일 뿐 교육의
비전과 가치, 본질과 책무성 등은 우리가 결정할 문제가 아니라는
정범모류의 자의식이 자리매김하고 있었던 것 같다(정범모, 1968).

살아 있는 총체, 복잡계적 환경, 성장과 진화: 한 마리 코끼리 그리기

중간기술자의 위치를 넘어
교육 전체를 조망하고 설계하기 위해서는 앞에서 말한 두 가지 한
계를 넘어설 필요가 있다. 하나는 교육의 실체를 총체적으로 바라
볼 수 있는 거인의 어깨 위로 올라가야 하며, 또한 이를 위해서는
교육과 사회의 과거와 현재 그리고 미래를 포함하는 '좋은 교육'에
대한 가치판단, 그리고 그 연장선상에서의 '좋은 사회'에 대한 관점
을 교육학 논의의 일상 속으로 끌고 들어와야 한다.

우선, 교육 전체를 조망하기 위해서는 고대에서 시작하여 현대
에 이르는 동안 하나의 중점적인 사회체계로 형성되어 온 교육의
전말이 가지는 문명사적 의미를 세련되게 논의할 수 있는 자신감
이 필요하다. 마치 칼 마르크스가 인간 경제사의 흐름을 자본주의
의 성립 및 그 극복이라는 주제로 압축해 보여 주는 것처럼, 교육
학자들은 교육이라는 인간 행위의 사적 흐름이 가지는 핵심적인
논리구조와 가치를 압축적으로 보여 줄 수 있는 학적 언어를 개발
할 필요가 있다. 그것은 사회적이고 역사적인 교육 양상을 읽어 내
기 위한 통일적이고도 통사적인 관점을 요청한다.

반면, 오늘날 교육은 기실 그 반대 방향으로 나아가고 있다. 하
나의 살아 있는 전체로서의 교육사태를 이해하기보다 이들을 난도
질하고 조각난 부품으로 해체한다. 초등교육, 중등교육, 고등교육
혹은 성인교육으로 분리된 교육부문들은 각각 다른 목소리의 불
협화음을 내고 있고, 교육철학, 교육심리학, 교육행정학, 교육공학
등으로 나뉘어 있는 학문적 접근도 예컨대 교육체계의 순환계, 호

흡계, 신경계 등을 각기 연구할 뿐, 이들이 서로 묶여서 어떻게 살아 숨 쉬고 움직이는 생명체를 구성하는지에 대해서는 알려 주지 않는다. 지금의 교육학은 교육의 '뼈'와 '살'과 '피'를 각각 연구할 뿐 그것들이 어떤 독특한 방식으로 '관계 맺은' 총체성인지에 대해 관심을 기울이지 않는다.

반복하자면, 실제로 교육의 전체를 조망하는 눈을 잃어버린 오늘날의 교육학은 낱낱이 쪼개지며, 각각의 분절된 문제의 산발적 조합으로 이루어져버렸다. 예컨대 코끼리 한 마리를 연구하되, 뼈 따로, 근육 따로, 순환기 때로, 신경계 따로 연구하는 꼴이 되었는데, 정작, '살아 있는 코끼리 한 마리' 혹은 '살아 있는 코끼리들이 구성하는 생태계' 자체를 연구하는 힘은 퇴화하였다. 교육학 이론은 뼈, 근육, 순환기, 신경계 등을 따로 다룰 뿐, 이들이 모여서 어떻게 '살아 있는 코끼리'가 작동하는지를 보여 주지 못한다. 더욱 절망적일 수밖에 없는 점은, 교육학자들 중에 그 '코끼리'가 '살아 성장하는 하나의 생명체'일 수 있다는 생각조차 논외로 하며, 단지 코끼리 꼬리를 잘 연구하면 코끼리가 살아 움직일 것이라고 믿는 순진함 속에 빠져 있는 사람들이 있다는 것이다.

과연 '교육을 디자인한다는 것은 무엇을 말하는가?' 과연 이렇게 복잡한 체계를 여전히 분절하고, 분절된 한계 내에서 방법론을 개발하는 것이 어떤 의미를 가질 수 있을까?

이제 이쯤에서 본격적인 질문을 던져야 하겠다. 과연 '교육을 디자인한다는 것은 무엇을 말하는가? 교육의 어떤 차원을 디자인할 수 있으며, 그것은 전체적으로 볼 때 '교육체계'의 변화를 어떤 방식으로 추동할 수 있는가? 과연 이렇게 복잡한 체계를 여전히 분절하고, 분절된 한계 내에서 방법론을 개발하는 것이 어떤 의미를 가질 수 있을까?

눈을 들어 산을 보자: 교육학에 거는 새로운 기대　교육이 앞서가는 토끼라면 교육학은 늘 그 뒤를 좇는 거북이와 같다. 교육활동은 인류문명의 시작에서부터 지금까지 중단 없이 이어져 왔지만 교육학이라고 일컬어지는 학술활동은 헤르바르트까지 거슬러 올라간다고 하더라도 겨우 200년 정도밖에는 되지 않았다. 게다가 대부분의 교사는 크게 교육학의 도움 없이 그들의 역할을 제법 잘 해내고 있다. 말하자면 적어도 '잘 가르치는 방법'이라는 차원에서 지난 200년 동안 교육학이 교육실천에 준 도움의 궤적은 그리 분명하지 않다.

물론 교육학만의 문제는 아니다. 지금까지 인류가 생성해 온 모든 학문 분야가 동일한 방식의 궤적을 걸어왔다. 단지 그들 선진학문과 교육학의 차이점이 있다면, 예컨대 칼 마르크스에서부터 피케티까지 자본주의의 탄생과 원리 그리고 본질적 가치에 관한 일반 논의가 꾸준히 제기되어 온 것, 혹은 사회학과 정치학에서 국가와 민주주의 그리고 시민사회에 관한 논의들을 통해 인간 사회의 현재와 미래를 포괄적으로 조망하는 연구들이 지속적으로 출간되는 것 등과 달리 교육학은 교육이 창조한 삶의 원리와 조직, 구조와 제도, 그 효과 등이 우리가 사는 세계를 어느 방향으로 구성해 왔는지에 관해 설명하는 데 매우 부담스러워했다는 것이다. 아직도 수학성취도 향상을 위해 무엇을 할 것인가가 이보다 훨씬 중요한 문제로 인식될 뿐이다.

사실, 교육학이 창의성 기법을 개발하여 천재가 나온 것이 아니라 오히려 천재들의 뒤를 추적하면서 창의성과 영재교육의 기초를 만들어 왔다. 고등교육에 대한 설계와 연구가 먼저 있은 다음 대학이 탄생한 것이 아니라 오히려 대학이 먼저 만들어지고 나서 1000년 동안 이어져 오는 전통의 궤적을 추적하면서 고등교육학이 서서히 만들어졌다. 교육평가 이론이 있기 훨씬 전부터 성균관에서는 학생들의 능력을 측정·평가했다. 평가이론이 발달하면 할수록 입시는 더욱 골치 아프게 전락해 왔다. 학교의 공간과 시간은 결코 교육학적 원리를 반영하여 디자인되지 못했다. 수천 년 동안 교육은 생성하고 진화하고 체계화하면서 지금까지 형성되어 왔지만, 그 과정에 교육학자들의 기여는 그리 크지 않다. 그렇다면 그 나머지는 어떻게 이루어진 것인가? 우리는 얼마 되지 않은 교수법이 지나간 자리에 싹이 나고 아름드리 큰 나무로 자란 교육을 어떻게 설명해야 할까? 기독교적으로 표현해 본다면 우리가 땀 흘린 노력에 비해 훨씬 풍성하게 주시는 하나님의 은혜라고 설명해야 할까? 그 은혜는 도대체 어떻게 온 것일까?

그건 어쩌면 미네르바의 부엉이가 간파해야 할 부분일지 모른다. 헤겔의 말처럼 '미네르바의 부엉이는 황혼이 저물어야 그 날개를 편다'. 기술과 학문을 구태여 구분한다면, 기술이 낮의 일이라면 학문은 낮의 땀과 눈물이 다 지나간 밤의 일이다. 교육학은 분명히 한편에서 사회공학적 현실을 구성하는 '낮의 기술'임과 동시에 해가 저문 후 지나간 역사와 시간 속에서 교육의 신비함 및 그것이 창조한 세계의 궤적을 드러내는 '밤의 학문'이다. 지금까지 교수학이 '낮의 기술학'이었다면, 이제 우리를 기다리는 교육학은 '밤의 철학'일 필요가 있다. 교육이 창조한 세계의 흔적을 어떻게 설명하고 있는가? 그런 세계의 경계를 어떻게 파악하고 있는가? 인류 문명사에서 교육은 어떠한 세계를 창조해 왔는가?

잠시 눈을 감고 상상하자. 한 마리의 신비한 코끼리가 이끄는 숲 속 길을 따라가다 보면 어쩌면 우리는 우리가 지금까지 보지 못했던 신천지를 발견하게 될 수도 있다. 새로운 학문의 지평이며 교육학의 코끼리만이 보여 줄 수 있는 우리 사회의 또 다른 진실을 발견할지 모른다. 여기에서 '숲 속 길'은 인류와 분명이 걸어왔던 역사의 자취이며, '신천지'는 교육학이라는 독특한 차원과 관점에서

만이 관찰될 수 있는 사회현상의 층위를 말한다. 지금까지 교육학이 교과서를 만들고 교수법을 개발하며 학교를 운영하는 일에 몰두했다면, 앞으로의 교육학은 '그러한 교육이 어떻게 새로운 사회와 세계를 창조해 내는가'라는 문제에 답하게 될 것이다. 지금까지 교육학이 자신의 형상과 역할을 조망하는 데 주력하였다면, 앞으로의 교육학은 교육이라는 본원적이고 원형적인 사회공학체계가 어떻게 고대에서부터 중세 및 근대를 거쳐 현대사회의 모습을 구성하는 데 일조했으며, 그것이 어떻게 복잡한 교육생태계를 형성함으로써 우리가 사는 세계를 교육의 활동과 제도를 통해 특정하게 구현하고 있는가를 포착할 수 있어야 한다. 왜 고대에 학문이 탄생했고, 중세에 대학이 나타났으며, 근대에 공교육체계가 구축되었고, 현대에 학습사회와 평생학습이 전면화되는지를 설명하기 위해서는 교수학만으로는 안 된다.

사실, 이러한 교육학의 시대는 이제 막 도래하기 시작하였다. 학문은 시대를 타고난다. 모든 개별 학문은 그 학문의 역할을 부여하는 시대적 맥락 위에서 자기규정적으로 탄생하며, 혹은 상황 변화에 따라 그 역할이 재규정된다. 인류 역사를 돌이켜 보면, 고대는 철학과 수사학의 세기였다. 세상을 보는 포괄적 관점과 방식이 철학이라는 통합학문을 통해 탄생했고, 정치의 중심에는 수사학이 있었다. 중세가 유교나 기독교 등의 이념적 층위를 통해 사회체제의 직조에 집중했다면, 근세는 그 안에서 개별자의 존재를 발견하면서 새롭게 인문학을 등장시켰고, 건축과 예술을 통해 도시를 탄생시켰다. 또한 자연과학의 발달을 통해 세상의 하부구조를 변화시켜 나갔다. 사회학이 중세에 태어날 수 없고, 분자생물학이 화학의 발달을 건너뛸 수는 없다. 자본주의가 태어나기 이전의 경제학은 그저 정치철학의 하나였을 뿐이며, 정보기술이 탄생하기 이전의 지식경제론은 허구일 뿐이다.

르네상스 이후 인류는 사실과 구체성의 눈을 뜨기 시작했으며, 세상을 실재와 정밀성의 눈으로 묘사하기 시작했다. 이것이 종교의 흐름과 예술의 사조를 바꾸어 놓았으며, 철학과 윤리의 방향을 돌려놓았다(Burns, Lerner, & Meacham, 1994; Watson, 2009). 수학과 물리학 그리고 천문학은 인간의 물적 조건에 대한 새로운 혜안을 열었고, 우리가 발 딛고 있는 물질과 천체의 문제를 한 차원 높은 방식으로 정의하도록 요구했다. 뉴턴의 열역학 법칙은 이후 상대성 이론으로까지 연결되면서 도대체 우리가 발 딛고 사는 물리세계란 과연 어떤 존재인가에 대한 포괄적인 설명체계를 완성한다. 눈에 보이지 않는 원자에서부터 거대한 우주에 이르는 물리세계가 결국 하나의 논리 안에서 접속하는 거대한 이론구조가 완성되는 것이다. 이후 생물학의 세기가 그 뒤를 잇게 되는데, 종의 기원과 생물의 진화론을 통하여 도대체 인간 생명의 본질이란 무엇이며 어디에서 온 것인가에 관한 포괄적인 논의가 뒤따른다. 미생물학과 세포연구의 발전을 통하여 생명과학은 작게는 세포에서부터 크게는 거대생태계를 잇는 인간과 생명체계에 관한 거대한 지도를 완성하게 된다. 말하자면 물리세계 위에 발 딛고 사는 생명체들의 존재 전반에 관한 포괄적이고 통합된 이론체계를 정립하게 된다.

물리세계와 생명세계를 잇는 다음 단계의 질문은 바로 고등생명의 인식체계와 사회체계에 관한 포괄적인 구조를 간파해 내는 것이며, 실제로 최근 대두되고 있는 핵심 연구 분야는 바로 인간의 뇌, 인지, 학습, 역량, 기술 등에 관한 융합연구들이라는 점은 결코 우연이 아니다. 생명체계 가운데 고등생명은 어떻게 탄생했으며, 그러한 생명체 안에서 창발적으로 생성되는 인지세계와 사회체계의 본질을 어떻게 설명할 수 있는지가 말하자면 향후 우리에게 주어진 과제라고 할 수 있다(Jarvis, 2012). 교육학은 이러한 변화의 흐름 한가운데 놓여 있으며, 특히 교육학의 중심주제라고 할 수 있는 인간학습이라는 현상이 바로 인지체계와 사회체계를 푸는 핵심 열쇠라는 점은 부정하기 어렵다. 특히 뇌과학, 심리학, 문화학, 사회학 등이 각각의 이론적 틀 안에서 인간학습의 비밀을 풀어 가고 있는 가운데, 교육학도 이 과정에서 예외일 수 없다. 인지사회체계의 본질에 관한 거대질문과 관련해 볼 때, 교육학은 어떻게 교육이 한 시대 혹은 한 사회의 핵심구조를 창조하였으며, 그 시대의 생활과 문화, 지식과 교양, 정신과 가치를 생산하였는지에 관한 질문에 답해야 한다.

요컨대, 물리세계의 시대를 지나 생명과학의 시대를 넘어 이제 인지와 문화, 학습과 인간 역량개발의 시대로 넘어가고 있는 지금, 교육학은 인류의 문명을 '인간 성장과 학습'의 역사라는 관점으로 해석하고 설명할 수 있기를 기대받고 있다. 과거에 인류문명과 사회의 발달이 주로 기술의 발달과 자원의 착취를 통한 양적 성장 및 그에 기초한 사회조직의 대응적 변화로 설명되었다면, 이제 이 과정은 인간 사회의 역사적 학습과정 및 그로 인한 집합적 지성의 질적 도약으로 이해될 필요가 있다. 우리가 현재 성취한 민주주의, 시민사회, 자본주의, 복지사회 등의 개념들 저변에는 끊임없는 시민의식과 역사적 교양화의 작업이 뒷받침되고 있다. 인간 사회의 발전사는 교양화의 역사이며, 교육학은 이를 설명하기 위한 '일반이론(general theory)'을 전개할 필요가 있다. 이것이 교육기초학으로서의 교육철학, 교육사, 교육사회과학이 할 일들이다. 물론 함께 각개약진이 아니라 서로 결합되어서 이룰 수 있는 과제다. 요컨대, 교육기초학이 추구하는 일반이론은 교육체계의 전체 모습을 조망하고 설명할 수 있는 커다란 거울을 디자인하는 일에서 출발하며, 이를 기반으로 인류문명의 발달사 속에서

인간 사회의 발전사는 교양화의 역사이며, 교육학은 이를 설명하기 위한 '일반이론'을 전개할 필요가 있다.

인간 지성의 집단적 성장을 설명해 내는 통합교육학의 일반이론이 고유하게 드러낼 수 있는 연구문제의 생태가 존재할 수 있는지의 문제를 심각히 고민해 볼 필요가 있다.

교육학을 인간과 사회의 특성을 이해하기 위한 기초과학적 차원에서 발전시키고자 한다면 우선 교육학이 들여다보고자 하는 인간과 사회현상의 측면과 층위 그리고 차원의 양상을 분명히 규정하고 시작해야 한다. 지금까지 많은 교육연구가 사실 수많은 실험과 데이터를 통해 결과물을 남겼지만, 그 남겨진 것들 속에서 우리는 공허함과 허무함을 느낄 때가 많다. 이 많은 연구 속에서 느끼게 되는 방향감 상실은 적어도 교육연구자라면 한 번쯤 고민할 수밖에 없는 근본 문제다. 진정성 있는 성찰 안에서 개별적으로 다루어지던 각 부분이 연결되고, 서로 다른 논리들이 만나는 접점이 발견될 수 있다.

교육을 디자인하는 일은
교육 실제를 바꾸는 일에 앞서
교육이론을
디자인하는 일에서부터
출발해야 한다

교육을 디자인하기 위해서는 우선 우리가 디자인하려고 하는 교육이라는 대상의 정체를 파악해야 한다. 코끼리를 다시 디자인하기 위해서는 그 특징과 생태를 먼저 파악할 필요가 있다. 이때 '특징과 생태'라는 말은 코끼리의 뼈, 살, 피 등을 따로따로 보는 것이 아니라 그 총체적 생명성에 주목한다는 뜻이다. 교육을 디자인하는 일은 결코 각 실천영역의 부분들을 디자인하여 조합하는 것이 아니라 큰 그림을 먼저 디자인하고 그에 맞는 실제를 만들어 가는 것이다. 말하자면, '교육을 디자인하는 일은 교육 실제를 바꾸는 일에 앞서 교육이론을 디자인하는 일에서부터 출발해야 한다'는 점이 강조되어야 한다.

문명사의 흐름과 교육: 복잡계로서의 교육체계의 탄생　　교육은
인류문명의 출발에서부터 줄곧 문명발달과 복잡화의 한가운데 있
었다. 문명만 발달한 것이 아니라 그것을 가능하게 했던 교육도 체
계화되고 제도화되며 하나의 독립적인 사회조직체로 발달했다. 복
잡한 학제와 학교 시스템, 교수학습방법, 교육과 관련된 지식체계,
교사 등 전문가 집단의 탄생과 유지, 대학이라는 위대한 체계의 탄
생 등을 통해서 교육은 그 자체가 '사회적으로 복잡한 도구체계'로
서의 입지를 구축해 왔다. 필자는 교육의 이러한 모습을 복잡계적
자기생산체계(self-organizing system)로서의 특성을 갖는 '교육체계'
라고 규정한다. 교육체계는 그 자체가 복잡할뿐더러, 각 부분이 새
로운 상층구조로 복잡화하는 단계들을 통하여 과거에는 존재하지
않던 새로운 창발성을 끊임없이 상층부로 추동해 내는 형상으로
나타난다. 부분적 변화는 다음 단계에서 전혀 예측하지 못한 새로
운 변화를 자기형성해 낸다. 그러한 체계를 도구적으로 다루고 관
리한다는 것은 사실상 버거운 일일 수밖에 없다.
　　교육의 복잡성은 그 단계별 진화과정에서 나타나는 창발성에서
나오며, 창발성의 근원은 '가르치는 일'과 '배우는 일' 사이의 본질
적 불협화음에 기인한다. 교육은 학습하는 인간을 대상으로 그 학
습의 과정을 관리하는 일인데, 학습은 학습자의 자율적 과정이며,
교육은 교수(teaching)라는 과정을 통해 이 학습에 개입하려고 한
다. 그리고 교육정책은 국가와 사회의 이름으로 그러한 교수적 개
입을 체계화하기 위한 여러 조건을 영속화한다. 다시 말해서, 교육
은 자유로운 인간의 영혼을 대상으로 그의 본질적인 생명과정인
학습과정에 인위적으로 개입하여 무언가 영속적 변화를 발생시키
려고 하는 사회적이고 강제적인 과정인 반면, 인간의 학습은 마치
몸이 자율적으로 신진대사를 수행하듯 그의 정신세계가 수행하는
하나의 생명과정, 생존과정, 생활과정이며, 그 안에는 외부자에 의

해 침해될 수 없는 지적·정서적·정신적 자율성이 내재한다. 이러한 논리에서 보면, 교육은 학습을 완전한 방식으로 장악할 수 없는 불완전한 도구다. 이것은 마치 의술이 인간의 몸을 완전히 장악하지 못하지만 간접적으로 그 생명과정의 자율성에 개입해 들어감으로써 몸의 자율생명성과 타협하는 것과 유사하다. 교수과정은 인간의 학습이 드러내는 자기결정과정에 개입하여 불완전한 영향을 끼치는 과정이며, 교육정책 역시 학습이 가지는 중층적인 사회적 관계에 개입하여 부분적인 변화를 시도하는 과정이다.

교육학의 구성방식은 예컨대 생물학의 구성방식에 비교될 수 있다. 예컨대, 생물학은 우선 눈에 보이지 않는 작은 단세포에서 시작하여 그 세포들로 이루어진 조직, 조직으로 이루어진 개체, 개체들로 이루어진 군집, 또한 군집들로 이루어진 생태계, 그리고 생태계들의 복합체인 생명계 등 점층적인 체계성으로 확대된다. 이때 세포 하나를 연구하는 것도 물론 생물학의 중요한 과제이지만 그 세포는 당연히 어떤 조직의 일부분으로서의 세포로 접근되어야 한다. 말하자면 어떤 연구대상 및 그 대상이 위치한 맥락은 필연적으로 보다 넓은 차원의 대상영역으로 확장되어 간다. 고립된 연구대상은 존재하지 않는다. 그리고 모든 생명체는 가장 큰 단위에서의 생명계의 일부분이다. 교육학의 경우도 개별 학습활동을 포괄하는 학습 맥락, 그 학습 맥락을 포괄하는 교육기관, 그것을 또한 포괄하는 교육 제도 및 구조, 그 제도 및 구조를 포괄하는 국가 교육생태계 등의 차원으로 확장되어 나간다. 단계가 거듭될수록 하위 단계에서는 존재하지 않던 창발성이 새롭게 드러나며, 그렇게 드러나는 창발적 구조의 연쇄성 속에서 최종적으로 커다란 '코끼리 군집'이 관찰되는 것이다. 물론 이들의 생태를 설명할 수 있는 교육학이론은 여태까지 탄생한 적이 없다.

이러한 총체성 안에서 교육현상은 학습생태가 다양한 삶의 장면들과 연결된 뿌리에서 발생하는 기저모순들을 반영한 것이며, 그러한 거대체제는 오랜 시간을 두고 자기참조체제를 통해 일종의 체계적 복제를 수행한다. 이 과정은 분명 어떤 특정한 시대와 역사를 배경으로 하며 그 안에 이러한 자기참조체제의 흔적을 여기저기 남겨 놓는다. 그러면서 억압적인 정치·군사·경제적 지배 아래에서도 인간 지성과 학습의 조응을 통한 정신사의 발달을 가능하게 하는 틈새를 허용한다. 다시 말해서 인간의 학습은 스스로 생명성을 가지며, 그에 대한 관리와 통제 정책은 어떤 불확실성의 조건 안에서 한계적으로만 작동한다. 이것은 마치 예술정책이 문명의 흐름 속에 나타나는 예술의 발달사를 제어할 수 없으며, 로마교황청의 종교적 통제가 종교혁명 및 이후의 종교적 변화 양상을 제어할 수 없는 것과 같다. 아무리 강력한 전제정권이라 할지라도 민주화를 향한 인류 역사의 큰 물결을 막아설 수는 없으며, 개별 정치 변화가 이러한 민주화를 향한 거대 흐름을 거꾸로 돌이킬 수는 없다. 다양한 경제체제의 변화에도 과거 봉건제적 흐름이나 국가에 의한 계획경제의 형태를 부활하려는 시도는 가능하지 않다.

교육의 역사도 고대와 중세 그리고 근대와 미래를 잇는 연속선상에서 모종의 거스를 수 없는 경향성과 가치를 형성해 왔으며, 스스로의 체계적 특성을 내부적으로 구축해 왔다고 볼 충분한 근거가 있다. 그 기저를 형성하고 있는 인간의 학습생태는 삶의 목적성을 표현하는 나름의 흐름을 형성하고 공유하며, 시대정신과 의식, 시민성과 가치, 정의와 규범을 보편적인 것으로 공유하는 문명발달의 흐름을 선포한다. 교육은 이러한 인간 학습생태의 역사적 흐름 가운데 '선택된 일부분의 학습활동과 구조에 규칙적 안정성을 부여하는 제도적 장치'로 자기규정되었고, 그것은 넓은 차원에서 볼 때 학습의 일부만을 통제할 능력을 가진 것이었다. 또한 교육정책이란 근본적 학습생태계의 흐름 위에 얹혀진 불완전하고 느슨한 교육제도가 발휘하는 부분적 수정권한일 뿐이며, 이러한 '정책'을 통하여 교육문명사의 큰 흐름을 거꾸로 되돌려 놓기에는 역부족이다. 우리 앞에 놓인 '교육체계(educational system)'라는 숲은 자율적이고 자기목적적으로 작동하는 학습생태계적 순환구조에 부분적으로 개입하는 교육 제도와 정책의 불완전한 연결구조로 이루어져 있다. 교육체계가 불완전성에 기초하고 있다는 뜻은 인간의 학습생태가 삶의 지적 지평과 연결된 모든 장면에서 작동하는 포괄성을 갖는 반면, 교육제도는 그중 일부에 대해서만 규정성을 발휘할 수 있는 한계적 사회장치라는 점 때문이다. 우리가 경험하는 교육문제의 기저에는 늘 어떤 사회적 가치로 향하는 인간 학습의 적극성이 매개되어 있는데, 교육정책은 기껏 교과서, 학교, 교사 등에 대해서만 통제가 가능하다. 말하자면 문제는 포괄적인데 대책은 부분적이라는 기본 모순이 자리 잡고 있다.

교육은 문명사 속에서 인간 학습의 다양한 장면에 개입하여 이를 변형하려는 사회적 장치 및 그로 인해 진화해 온 복잡한 현상체계

이러한 자기 한계성에도 불구하고 교육체계는 나름의 목적과 자기재생구조를 갖춘 복수의 사회생태계를 구성하게 되며, 전체가 서로 유기적으로 얽혀 있을뿐더러 질긴 생명력과 자기복원력을 가지고 있기 때문에 아무리 부분을 바꾸려고 해도 다른 부분과의 관계 속에서 다시 복원되는 초안정적 생명력을 가지는 것 아닌가라는 의심이 든다. 천 년 전 생긴 대학이 그렇게 진화해 왔고, 수백 년 전 생긴 학교체계가 또한 그런 모양새다. 최근에는 성인교육과 평생학습이 또 다른 모습의 생명체로 진화하고 있다. 과연 이들을 어떻게 파악해야 할 것인가? 거꾸로, 이들은 인류의 역사를 어떻게 바꾸어 왔으며, 어떤 새로운 세계를 창조해 왔는가?

이러한 차원을 포착하기 위해 고안되는 교육학은

1부 교육디자인의 논리와 개념의 변화   090

새로운 층위에서의 교육현상, 즉 현재까지 다른 학문이 설정한 질
문체계, 이론체계, 연구방법 등으로는 밝혀지지 않고 아직까지 땅
속에 묻혀 있는 어떤 사회현상의 고유한 층위를 드러내는 일을 수
행한다. 이러한 일은 교육현상 전체를 하나의 포괄적 체계로 포착
하려는 노력에서 출발한다. 하나의 현상계는 표층적으로 드러나는
현상들과 함께 그 현상들을 생산해 내는 자기재생산적 메커니즘
을 보유한다. 어떤 현상이 지속적인 자기재생산의 메커니즘을 가
지고 있다는 것은 결국 그 현상 자체가 스스로를 재생산하며 외부
의 어떠한 변화에 대해 나름 저항하는 자기유지체계를 가지고 있
다는 것을 뜻한다. 하나의 고유한 현상계를 인식하는 데 있어서 체
계론적 이해가 필수적인 이유는 바로 이 때문이다. '참된 것은 오직
체계로만 현실적'이라는 헤겔의 명제 및 그에 충실했던 사회학자
니클라스 루만의 접근법은 이 점에서 많은 시사를 준다(Luhmann,
N., 2007). 이 명제에 의하면 모든 참된 현상은 체계적 메커니즘에
의해 생산되고 표출되는 것이며, 그 이론적 설명 또한 체계를 통해
가능하다. 만일 '교육'이라는 현상이 실재하는 하나의 고유한 현상
계라면 그것을 가능하게 하는 체계적 작동장치를 밝힘으로써 그러
한 현상계의 존재를 드러낼 수 있다.

인식론적 방법론: 낮의 기술과 밤의 학문이라는 두 개의 손   이론과
실천은 교육현상이 가진 '두 개의 손'이다. 네덜란드 미술가 에
셔(Escher, M. C.)는 1948년 발표된 작품 〈그리는 손들(Drawing
Hands)〉에서 일종의 패러독스적인 묘사를 시도한다. 2차원 종이
위에 평면적으로 그려진 손목에서 3차원적으로 묘사된 손이 올라
오며 또 다른 손목에서 다시 3차원적 손이 올라오면서 앞에서 그림
그리던 그 손목을 그리는 순환성을 묘사한다. 일종의 구성주의적
사유를 표현한 것으로 볼 수 있는 이 그림은 자신의 존재성은 결코

외부에서 주어지지 않으며—외부에 의해 조건 지워지기는 하지만—결국은 스스로의 활동과 생각 그리고 관계에 의해 생성되는 것이고, 그 외부 조건이 유지되는 한에 있어서는 그 자체가 재생산되어 유지된다고 할 수 있다.

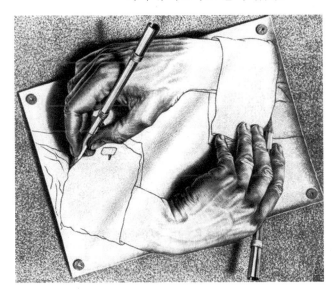

이 그림은 사실 근본생물학자인 마투라나(Maturana, H.)와 바렐라(Verela, F. J.)의 『인식의 나무(Der Baum der Erkenntnis)』에 나온다. '오토포이에시스(autopoiesis)'라는 단어에 함축되어 있는 자기형성과 자기참조체제에 관한 난해한—그러나 사람을 중독시키는—논리체계는 어떤 체계가 결코 외부의 절대자나 하부 조건에 의해 찍혀 나오지 않는다는 것을 촘촘하게 보여 준다. 이 책의 각 장 표지에는 나무열매를 먹는 도마뱀이 등장하는데, 첫 장에서는 그 모습을 모두 보여 주지 않으며, 단지 머리 부분만 드러낸다. 그러나 장이 진행될수록 점점 그 모습이 아래로 내려가며, 종국적으로는 결국 도마뱀이 먹는 열매가 다름 아닌 그의 꼬리에서 연장된 어떤 것, 즉 그 몸의 일부라는 사실을 보여 준다.

장상호 교수는 이러한 근본적 구성주의에서 출발하여 교육학과 교육이론체계를 거시적으로 구축하고자 시도했던 국내 첫 번째 학자였다. 학문의 대상영역을 이론의 세계로 한정하기는 했지만, 적어도 그것을 파악하는 교육이론체계에 대해서 철저하게 구성주의적 입장에서 출발하였고, 교육이론의 자기생성이라는 차원에 기초함으로써 외부의 어떤 것이 교육이론의 형성에 결정적인 영향

을 줄 수 없다는 것, 말하자면 에서의 손이 또 다른 손을 그리는 것
처럼 교육이론을 만드는 것은 교육이론 자신이라는 점에서 출발했
다. 이런 점에서 그는 의도적으로 마투라나와 바렐라의 도마뱀 그
림을 실제로 그의 책『학문과 교육』에 등장시키기도 하였다(장상
호, 1997, 2000).

그러나 그의 이론은 교육의 실제세계와 연동하지 못한 채 '이론
의 자기결정구조' 안에 갇혀 버렸을뿐더러, 그러한 이론의 결정과
정을 사회역사적 실제로부터 관찰하고 기술하지 못한 채 단지 연
구자의 좁은 상상과 경험 안에서 그려내는 약점을 노출하였다. 물
론 그의 이론 가운데 '교육학적 인식론'은 교육학 연구에 있어서
가장 뛰어난 발견 중 하나였지만, 그 인식론을 통해 현실을 설명하
려는 사적 · 사회적 · 문화적 시도가 뒤따르지 못하면서 이론과 실
천 사이의 고리는 결국 만들어지지 못하였다. 이에 따라 그의 뛰어
난 문제 제기 이후 뒤따른『학문과 교육』의 중권과 하권은 모두 상
권에 대한 반복에 다름 아니거나 자기주장적 이론체계 안에 갇혀
서 실제적 체계의 구성과 결합하지 못한 반쪽 세계에 머무르고 말
았다.

교육의 원리는 결코 학자의 뛰어난 머리에서 연역적으로 나오
는 것이 아니다. 학자는 단지 관찰자이며, 논리연역적 가설을 역사
사회학적 관찰을 통해 입증해 내야 한다. '교육이 창조한 세계'라는
아이콘은 그 출발점이다. 즉, 교육의 이론과 실천이 상호 구성적
교섭을 통해 만들어 낸 교육현상의 자율적 경계와 그 원리들이 실
제로 고대에서부터 현대에 이르기까지, 동양에서 서양에 이르기까
지, 형식교육에서 무형식학습에 이르기까지 어떻게 진화해 왔는지
에 대해 질문할 수 있는 사고틀을 제공한다.

역사적 궤적 안에서 새롭게 구성되는 교육세계의 특징과 그것
이 당시 사회문화 안으로 파급되어 들어가면서 경계 밖의 다른 세

계를 변화시키는 과정은 참으로 흥미롭다. 지금까지 교육은 사회문화에 의해 규정되는 수동적 존재로만 묘사되었고, 교육사의 시대구분은 거의 정확히 정치사의 시대구분에 종속되는 수난을 겪었다. 이런 판박이 접근은 이제 조용히 거부되어야 한다. 교육의 권력은 정치권력과 다르며, 교육세계의 경계는 국가의 경계를 넘어선다. 교육의 시간은 왕조의 변화와 다르며 교육의 관계논리는 어떤 힘의 논리로도 설명할 수 없다. 예컨대 중세 대학의 출현과정에서 나타난 '신적 권력(sacerdotium)'과 '정치권력(legnum)' 그리고 '학문적 권력(studium)'의 구분은 대학이 단지 교육하는 공간임을 넘어 이전에 존재하지 않던 새로운 힘의 중심을 형성해 내었다는 점을 보여 준다(Rüegg, 2003). 그런 대학이 1000년 넘게 우리 생활을 지배하면서 학습과 학문에 관련된 새로운 사회사적 변화를 가져다주었다. 또 근대국가 이후 학제라는 형태의 공교육체계와 결합하면서 사회계층과 지배구조 재생산의 근본을 바꾸어 놓았고, 최근에는 고등교육 보편화와 학습사회라는 형태를 통하여 글로벌 지식경제의 한 축을 형성하기 시작하였다. 시대가 교육을 규정하는 것도 사실이지만, 그 역도 분명히 성립한다.

교육제도의 형성을 통해서 교육활동의 각 부분들은 상호 결합된 거대체계를 형성하기 시작한다. 어찌 보면 교육제도는 교육현상의 자율적 경계의 테두리를 형성하는 역할을 하였는데, 물론 그 경계 밖에서도 교육활동은 이루어지고 있었지만 특히 그 안에서 교육은 나름의 자율적 영역을 획득한 셈이다. 교육체계(educational system)는 수천만 개의 개별 교수학습의 단순집합을 넘어 전체가 연결된 어떤 실체이며, 그 연결된 관계성은 또 다른 층위의 창발성을 특징으로 하면서 내부적 조직 혹은 외부적 조직을 새롭게 창출해 간다. 그 복잡성에 모종의 루틴을 부과하면서 천년이 지나도 여전히 존재하는 대학을 만들고, 수백 년 동안 유사한 초안정성을 유지하는 공교육체제를 만들어 내기 위해 매우 강력하고도 독특한 형태의 제도적 장치들의 연결이 필요했고, 그것을 우리는 교육제도라고 부른다. 교육제도 아래에는 실제로 학습하는 살아 숨 쉬는 자율적인 인간들이 수행하는 삶과 학습의 연결체들이 존재한다.

교육체계는 크게 보면 총체적인 학습생태에 대한 선택적 제도화이며, 그 안에서 교육은 '제도화된 학습'이라고 할 수 있다. 교육이란 집합적 개념이며, 개별자적 수준에서의 교수(teaching)와 다르다. 교육은 전체적 사회적 개념이며, 오직 전체적이고 체계적인 차원에서만 존재한다. 그것은 역사문화적으로 구성되는 것이며, 한 사회의 이데올로기적 가치체계로 합의되는 것이다. 교육제도는 그러한 추상성을 안정적으로 유지시켜 주는 법적 · 행정적 장치임과 동시에 그 안에서 교육이 학습에 대하여 그 특유의 지배력을 지속적으로 행사할 수 있게 해 주는 안정화장치다. 이제 우리는 인류 혹은 특정 문화가 어떠한 역사적 궤적을 통해서 그러한 안정화장치를 구성해 왔으며, 그러한 독특한 구조는 어떠한 요소와 관계로서 이루어졌고 이후에 끊임없이 계승되었는지를 질문하여야 한다.

특히 인간의 학습 스펙트럼 가운데 어떤 부분에 대해 인위적인 구조와 안정화장치를 붙인 '교육'이라는 학습관리장치가 적용되었는지를 밝히는 것은 교육이 가지는 여타 문화 · 예술 · 정치 · 종교 등의 유사 학습개입장치들과의 차별성을 이해하는 데 필수적이다. 교육은 역사적으로 볼 때 주로 문자와 개념을 출발점으로 그 위에 이론과 추상성을 동반하는 것이었고, 학문과 문명을 지속시키는 지렛대와 같은 것이었으며, 근대로 넘어오면서 새로운 기능들, 예컨대 사회계층화 및 역량개발이라는 임무를 부여받게 된다. 이 과정에서 등장하는 '학력사회', '학습사회' 등의 개념은 현대사회, 즉 교육이 창조한 세계의 한 단면을 읽을 수 있는 핵심어라고 할 수 있다.

이제, 이렇게 거대한 유기적 복합구조가 서로 연결되어 자기진화하는 교육체제를 '디자인'한다는 것이 과연 무엇을 의미하는지 검토해 볼 필요가 있다. 교육이란 인간의 학습생태에 대한 체계적 개입활동임과 동시에 그러한 개입활동 자체가 드러나는 사회체계로서의 실재라는 이중성을 갖는다. 이러한 이중성은 결국 이념과 실재의 섭동작용이며, 그 연동성이 창출해 내는 진화체계를 구성해 낸다고 할 수 있다. 이것은 결코 자동차를 설계하듯 디자인할 수 있는 것이 아니다. 그리고 설계된 대로 움직이지도 않는다. 교육을 디자인한다는 말은 그 기저를 구성하고 있는 인간 사회의 학습생태계에 대해 모종의 접점을 찾는 일에서부터 시작한다.

> 교육학 일반이론은 '교육이 창조한 세계'에 대한 존재론적 성찰임과 동시에 그것을 통해 나타난 세계 변화의 양상을 교육학의 눈으로 서술하는 것

이렇게 교육의 존재적 특성 및 사회구성 양식에서의 기능 전반에 관한 탐색을 나는 '교육학 일반이론'이라고 부르고자 한다. 말하자면 교육학 일반이론은 다른 것이 아닌 '교육이 창조한 세계'에 대한 존재론적 성찰임과 동시에 그것을 통해 나타난 세계 변화의 양상을 교육학의 눈으로 서술하는 것이다. 이를 위해서는 적어도 다음의 일곱 가지 질문에 나름 답할 필요가 있다.

① 교육은 어떻게 정의될 수 있는가? 교육은 학습의 사회적 과정을 다룬다. 교육은 학습체계에 대한 관리양식의 성격을 가지며, 학습체계란 인간의 마음에 대한 직접적인 작용방식뿐만 아니라 그 결과처리 및 맥락 전체를 포괄한다.

② 교육의 정의는 어떻게 스스로를 다른 현상계로부터 경계 짓는가?(교육의 사회적 가치와 관련된

질문들, 교육과 생산이 연결되는 방식 등) 과연, 앞의 정의에 의해 교육은 스스로를 경계 지을 수 있게 되는가? 무엇이 교육이고 무엇이 아닌지를 분명하게 구분 지을 수 있게 되는가?

③ 교육현상의 경계 내부에서는 어떤 일이 벌어지나? 교육이라고 판정된 현상들의 성격을 이해하기 위해서는 우선 그 내부 경계를 구성하고 있는 구조를 이해할 필요가 있다. 교육현상의 내부는 어떤 개념들을 통해 구성되는가? 그것을 '교육체계'라고 말할 수 있는가?

④ 교육체계의 구조는 어떠한가? 교육체계는 어떤 구조를 형성하고 있는가? 어떤 기능을 담당하는가?

⑤ 교육체계는 어떻게 자기확장해 가나? 사적으로 교육체계는 무형식 교육, 비형식 교육, 형식교육의 순서로 발전해 왔다. 어떻게 체계는 독립하며 자기논리를 구축하게 되었는가? 그 자체는 어떻게 팽창하는가?

⑥ 교육체계는 어떻게 외부 세계를 재구성해 가는가? 교육체계는 사회체계의 한 가지 하위 요소로서 그 사회를 지속적으로 변화시켜 간다. 교육체계는 사회의 다른 구조들을 어떻게 변화시켜 가는가?

⑦ 요컨대, 교육체계는 어떻게 새로운 세계를 창조해 가나?

후기근대 자유교육론의 개념적 가능성 탐색:
근대교육의 교육적 역설을 중심으로

곽덕주

가르치는 일에서의 교육적 역설　　　자신을 어떤 교육철학적 지향성을 가진 교육자로 이해하느냐는 우리의 교육 실천에 영향을 미친다. 필자는 학생들의 학업에의 자발성과 독립적 사고를 교육의 중요한 요소로 본다는 점에서 스스로를 진보적 교육자로 간주해 왔다. 그리고 대학에서 가르치는 동안 학생들의 자발성을 존중할 뿐 아니라 이를 자극하는 교육적 요소를 수업에 적극 포함시키려 노력하였다. 그리하여 항상 수업 중에 학생들의 질문을 독려할 뿐 아니라 일정 횟수의 학생 중심 토론이나 발표 과제를 그 학기 수업에 포함시켰다. 어느 토론 수업 날 우리는 교육의 목적으로서 (개인의) '자유'와 '사회화' 개념에 대해 조별 발표 논쟁을 하고 있었다. 토론에 참여한 한 학생이 다소 도발적으로 다음과 같이 말했다.

> "특정 주제에 대한 자유 토론 시간을 저희에게 할
> 애하시면서 교수님은 저희가 자발적으로 논의에 참여
> 하기를 기대하신다고 말씀하십니다. 그래서 저희의
> 자유를 존중하고 이를 독려하는 수업을 하시는 것처

▶ 이 장은 곽덕주(2013). 근대교육에서의 교육적 역설과 그 교육적 의의. 교육철학연구, 35(4)를 기반으로 수정 및 보완하였음.

럼 보이시지만 가만히 관찰해 보면 저희의 토론 수업
은 특정 규칙에 따르도록 되어 있고 이를 벗어나는 발
언은 허용되지 않는 식으로 구조화되어 있는 것 같습
니다. 그래서 우리는 자유로운 토론을 하는 것이 아니
라 교수님이 설정해 놓은 특정 규칙에 기초한 게임에
참여하는 것이고, 그 게임의 규칙에 사회화되고 있는
것이며, 그리하여 결과적으로 여기에 갇히는 연습을
하고 있을 뿐입니다. 선생님께서 말씀하시는 자유로
운 토론이라는 것은 허울일 뿐입니다!"

　나는 도발적이고 급작스러운 이 발언에 충격을 받고 이어 엄습
해 오는 불쾌감에 압도되어 잠시 동안 당황한 채 서 있었다. 그리
고는 얼른 자신을 수습하며 이 학생의 견해는 결과적으로 어떤 교
육적 실천도 본질상 사회화일 수밖에 없다는 교육의 '사회화 입장'
을 옹호하는 좋은 논거일 수 있다며 적당히 얼버무리고 넘어갔다.
하지만 이때 겪은 내적 충격과 당혹감은 그 수업을 떠나 한동안 내
머릿속을 맴돌며 나를 괴롭혔다.
　과연 교육은 결국 사회화일 수밖에 없는가? 학생의 독립적 사고
를 중시한다고 스스로 믿어 온 나는 그 학생의 도발적 발언에 왜
그렇게 당혹하고 또 불쾌해했을까? 여기서 나에게 진정으로 문제
가 되었던 것은 무엇일까? 나는 그 학생이 나의 교수 활동 중에 드
러난 혹은 그 강의실의 맥락 자체가 드러내 주는, '말하는 것'과 실
제 '행위하는 것' 간의 불일치를 지적했다고 본다. 교육자라면 피
하기 쉽지 않은, 교육에서의 실천적 모순의 순간을 지적한 것이다.
이런 불일치의 자각은 내가 순간적 불쾌감을 뒤로하고 이것을 진
지하게 하나의 문제로 받아들이기 시작할 때 나 자신의 교육 실천
을 점검해 보게 하고, 이를 통해 교육자로서 나의 교수 활동에 대

한 보다 나은 이해로 이끌지도 모른다. 학생들의 자발성을 존중한다고 하면서 실제 수업의 설계나 수행에서 학생들로 하여금 자발성을 '가장하도록' 하지는 않았는지, 혹은 수업의 설계 자체가 이미 부지불식간에 그러한 강요를 전제하고 만들어진 것은 아닌지 성찰하게 한다. 이렇게 나 자신의 실천에 가정되었던 것들을 점검해 보면서 나는 내가 본래 지향했던 것이 진정으로 진보적 교사상인지, 어쩌면 그것은 오히려 전통적 교사상에 더 가까운 것은 아닌지와 같은 좀 더 근본적인 질문으로 나아가게 되었다. 그리고 교사정체성에 대한 이러한 근본적 질문은 나로 하여금 필연적으로 교육에서 (교사의) '권위'와 (학생의) '자유'라는 녹록찮은 문제로 안내했다.

 필자가 본 장에서 다루고자 하는 문제는 이러한 긴 개인적 성찰의 과정 결과 부닥치게 된 문제로서, 근대교육의 목적 자체에 내재한 것으로 보이는 '교육적 역설(pedagogical paradox)'[1]의 문제다. 근대교육에서 지배적이었던 교육의 목적을 이야기할 때 우리는 보통 서로 경쟁하는 두 가지 교육 개념을 가지고 온다. 하나는 보다 전통적인 교육의 개념으로서 교육을 '문화유산에의 입문'으로 보며 넓은 의미의 사회화(socialization)를 그 목적으로 삼는 것이다. 다른 하나는 진보적인 교육의 개념으로서 교육을 '전통으로부터의 자유와 독립적 마음의 개발'로 보며 개별화(individuation)를 그 목적으로 추구하는 것이다.[2] 물론 두 개념을 각각 옹호하는 이들 간의 오랜 논쟁 끝에 우리는 이 두 교육 개념이 추구하는 교육목적 간의 대비가 우리가 생각했던 것보다 그리 첨예하지 않다는 사실을 발견한다. 왜냐하면 한편으로 개인의 자유롭고 독립적인 마음의 개발은 문화유산에의 입문 없이는 가능하지 않고, 다른 한편으로 문화유산에의 입문이 항상 개인의 독립적 마음의 개발을 보장하는 것은 아니라는 사실을 목격하게 되기 때문이다. 그리하여 이 두 교육의 목적은 개념적으로 반드시 상호 대립할 필요가 없으며 오히려 상호

연관된 방식으로 교육의 목적이 재설정될 필요가 있는 것처럼 보인다. 그러나 이때 바로 문제가 되는 것이 '교육적 역설(pedagogical paradox)', 특히 가르치는 일에서의 교육적 역설의 문제다.

　그러면 가르치는 일에서의 역설이란 무엇인가? 노르웨이의 교육철학자 로블리(Lovlie, L.)는 칸트가 기술한 교육적 역설의 한 가지 모습을 다음과 같이 표현한다.[3] "아이를 훈육시키되 그의 마음을 노예처럼 만들지는 말아야 한다. 규칙을 강요하되 그의 자유로운 판단을 허용해야 한다. 칭찬하되 자만심을 키우지는 말며, 구속하되 자신의 자유를 누리도록 내버려 두어야 한다."(Lovlie, 2007: 9) 여기에 담긴 역설은 다음과 같이 표현될 수 있다. 아이들은 아직 자율적이지 않기 때문에 교육에서 강제가 필요하다. 그러나 '강제'라는 수단을 통해 비자율적인 아이가 어떻게 자율적인 인간으로 변화될 수 있는가? 다시 말하면 비자율적으로 현존하는 아이들은 도대체 어떻게 자율적인 인간으로 성장하고 변해갈 수 있는가? 이것이 바로 앞에서 기술된 수업 사례에서 촉발된 문제이자 '교육자로서' 필자를 한동안 괴롭힌 문제로 요약될 수 있을 것이다.

　우리나라 학교교육에 근대교육의 이념이 이식된 이래로 전통적 교육 대 진보적 교육, 교사중심 교육 대 학생중심 교육이라는 논쟁 구도가 교육 담론과 교육 실천을 지배해 왔다. 이러한 대결적 담론 구도 속에서 근대교육의 개념에 내재한 '교육적 역설'의 문제가 이론적으로나 실천적으로 부각되거나 본격적으로 다루어지기는 어려웠던 것으로 보인다. 그러나 이 교육적 역설에 대한 분석과 해명은 현재 우리나라 교육 현장에서 제기되고 있는 교육의 본질적 위

교육적 역설:
'사회화' 과정을 통하여
다음 세대를 어떻게
'자기의식적
개별적 학습자'가
되도록 할 것인가?

기 문제, 예를 들어 학생 인권 문제와 교육적 권위 간의 갈등 문제, 교사와 학생 간의 교육적 관계 문제 등을 분석하고 이해하는 데 유용한 하나의 관점을 제공할지도 모른다. 이와 관련하여 필자가 특별히 관심을 가지는 문제는 오늘날 우리나라의 대다수 학생에게 문제가 되고 있는 학습의 자발성 문제다. 왜냐하면 교육적 (실천의) 역설 문제는 학습자의 학습에의 자발성과 자율성은 애초에 어떻게 생기는가 하는 문제와 밀접한 관련이 있고, 그리하여 이 역설의 이해와 실천적 수용은 필자가 보기에 학습자의 자발적이고 자율적인 학습의 가능성을 열 수 있을 것으로 보이기 때문이다.

다음에서는 전통적 인문교양교육의 대표적 이념인 자유교육론 (liberal education), 특히 오크쇼트(Oakeshot, M.)의 자유교육론을 교육적 역설 문제의 관점에서 비판적으로 살펴본다. 필자는 여기서 오크쇼트가 어떻게 이 역설을 충분히 의식하지 못하고 오직 제한적으로만 다룸으로써 자신의 자유교육론을 그리고 학습자의 자기이해로의 자발성을 이해할 수 없는 것으로 만들었는지 살펴볼 것이다.[4] 이어서 소크라테스의 대표적 가르침인 '무지의 자각'의 교육적 함의를 통해 오크쇼트가 충분히 설명하지 못한 문제, 즉 학습자의 자발성과 자기의식성의 관계를 살펴볼 것이다. 이어 교육적 역설을 새롭게 해석하는 핀란드의 교육철학자 울젠스(Uljens, M.)의 논의를 중심으로 근대교육에 내재한 교육적 역설에 대한 오크쇼트의 제한적 대응을 보완할 수 있는 보다 확장된 후기근대 자유교육의 논리를 모색해 보고자 한다.

오크쇼트의 자유교육 이념: 인간됨, 자유 그리고 학습   오크쇼트의 자유교육론을 구성하는 핵심적 아이디어는 주로 「학습의 장 (the Place of Learning)」과 「교육적 영위와 좌절(Education: the Engagement and its Frustration)」이라는 두 소고에 잘 나타나 있다.[5]

여기에 나타나 있는 오크쇼트의 자유교육론은 기본적으로 세 가지 개념의 상호 연관관계를 통해 설명된다. '인간됨', '자유' 그리고 '학습'의 개념이 그것이다. 이제 이 세 가지 개념이 어떻게 연관되어 그의 자유교육론을 구성하는지 간단히 살펴보자.

　오크쇼트에 따르면, 인간은 본질적으로 자신이 어떤 존재인지를 언술하려 하고 또 그렇게 할 수 있는 존재다. 오크쇼트는 다음과 같이 말한다.

> 　물론 인간에 관한 이러한 여러 가지 언술 하나하나에 관하여 그 뜻을 부연하고 분명하게 하려고 하면 할 수도 있을 것이다. 또 그렇게 하면서 그것이 과연 일리가 있는 말인지 아닌지를 따져 볼 수도 있을 것이다. 그 언술 하나하나가 모두 보기에 따라서는 일리가 있다는 결론이 나올 수도 있고, 아니면 정반대로 그것이 모두 그릇되다든가 도대체 그 뜻이 걷잡을 수 없이 모호하다는 결론이 나올지도 모른다. 그러나 여기서 우리가 문제 삼는 것은 그런 말이 옳은가 그른가 하는 것이 아니다. 우리에게 중요한 것은 그 하나하나의 언술 자체가 인간의 존재에 관한 인간의 이해를 표현하는 인간의 발언이라는 점, 그리고 옳건 그르건 간에 그러한 발언을 할 능력이 있다는 것은, 바로 인간이 인간 자신에 관하여 하는 온갖 말과는 다른 차원의 그 어떤 존재임을 가정한다는 점이다. 나는 그 가정을 '자유인'이라는 말로 표현하겠다(Oakeshott, 1989: 18).

　여기서 중요한 논점은 두 가지다. 첫째, 인간이 스스로에 대해 이렇게 저렇게 언술하는 것의 내용은 인간이 어떤 존재라는 객관

적 규정이라기보다는 인간이 어떤 존재인지에 대한 인간 자신의
주관적 이해를 표현한다는 점이다. 그리고 둘째, 이 사실 자체, 즉
인간이 이렇게 저렇게 자신이 어떤 존재인지에 대한 주관적 이해
를 언술로 표현한다는 사실 자체는 인간에 대한 그 언술 내용들의
진위와 상관없이, 그리고 그렇게 언술되는 인간 존재의 특징이 무
엇이든지 간에, 인간이 그 특징과 별도의 다른 존재라는 것, 즉 자
유로운 존재라는 것을 말해 준다는 것이다. 다시 풀어 말하면, 인
간은 최소한 자신이 어떤 존재인지에 대해 관심을 가지는 그러한
존재라는 것이다. 그리고 스스로가 어떤 존재인지에 관심을 가진
다는 점에서 혹은 그러한 점에서, 인간은 자유롭다는 것이다.

우리는 왜 그러한 점에서만 자유로운 것인가? 왜냐하면 오크쇼
트에 따르면, "인간은 (다른 어떤 것이 아니라) 스스로가 자신을 이
해하는 바로 그것이기 때문이다."[6] 즉, 인간은 스스로가 자신을 이
해하는바 그 이상도 그 이하도 아니기 때문에 자신이 스스로를 어
떻게 이해하느냐에 따라 인간으로서의 자신의 모습이 달라진다고
볼 수 있다. 다시 말하면, 자기이해의 정도와 깊이에 따라 내가 누
구냐가 결정된다는 의미에서 자유롭고, 그리하여 자신의 정체성이
자신의 자기이해에 의해 결정되기 때문에 자유로운 존재라고 말
할 수 있다. 그 결과 오크쇼트는 "인간은 전적으로 자신에 대한 신
념과 자신이 사는 세계에 대한 신념으로 구성되고", "인간의 삶은
자신에 대한 신념과 자신이 사는 세계에 대한 신념을 고스란히 드
러내는 수행 혹은 행위들로 구성된다."(1989: 64)고 말한다. 그러면
여기서 오크쇼트가 말하는 자유는 정확히 어떻게 이해될 수 있는
가? 자신을 더 잘 이해할수록 우리는 더 자유롭게 된다는 뜻인가?

오크쇼트는 인간이 자유롭다고 할 때 이것이 의미할 수 있는 다
양한 방식을 나열하며 자신이 의미하는 자유는 '인간됨'에 있어 본
질적인 자유라고 말한다. "만약 인간이 그것을 포기하거나 박탈당

Michael Joseph Oakeshott
(1901~1990)

하면 일시적으로 또는 영구히 인간이 되지 못할 수밖에 없다는 그런 의미에서의 자유"(1989: 18)라고 말한다. 여기서 우리는 오크쇼트가 '인간은 자신에 대해 언술할 줄 안다.'는 사실로부터 자신을 이해하는 인간으로서의 '인간됨'에 대한 정의를 선험적으로 이끌어내고 있음을 알 수 있다. 그리고 이러한 인간됨에 본질적인 자유를 "자신을 이해하거나 오해할 수 있는 능력"의 관점에서 정의한다(1989: 18). 즉, 인간은 자신이 살아가는 세계를 이해 가능한 세계로 만들 수 있는 자기 삶의 저자일 뿐 아니라 자기의식적으로 그 세계와 관계를 맺는 존재이고, 그런 의미에서 자유로운 존재라는 것이다(1989: 19). 여기서 '자기의식성(self-consciousness)'은 '자기이해(self-understanding)'를 위한 조건이자 자유를 위한 조건으로 간주된다. 인간의 자유가 자기이해 능력의 관점에서 정의될 때, 인간은 그 자체로 자신을 위해 존재하는 바로 그것이다.

> 인간에게 있어서 세계는 인간이 세계라고 이해한
> 것 바로 그것이며, 인간 자신의 존재 또한 인간이 자
> 신에 관하여 이해한 것 바로 그것이라는 사실에 있다.
> 인간이 자유롭다는 것은 인간이 '자유의지'를 가지고
> 있기 때문이 아니라, 인간이 스스로 파악하는 인간의
> 모습, 그것이 바로 인간의 본질이며 그 이외의 다른
> 것이 될 수 없기 때문이다(Oakeshott, 1989: 19)

만약 우리가 '스스로 파악하는 인간의 모습 그 이외의 다른 것이
될 수 없다면', 우리는 자신이 누구인가라는 자기이해 문제에 대해
스스로 책임을 질 수밖에 없다. 우리가 인간으로서 존엄성과 위엄
을 가지는 이유는 바로 인간으로서 자신이 누구냐 하는 것이 자기
이해에 의해 규정되기 때문이다. 그래서 자신을 이해하지 못하거
나 이해하려는 노력이 적으면 적을수록 우리는 덜 자유로운 인간
이 된다고 볼 수 있다. 오크쇼트에 따르면 이것이 바로 인간적 삶
의 조건이다. 그리고 자기이해에 기초한 '인간됨'이라는 것은 이미
주어져 있는 것이 아니라 학습해야 할 것이며, 이 '인간됨'에 본질
적인 자유는 각자의 노력에 의해 성취되어야 하는 것이다. 여기에
바로 학습의 중요성, 교육의 중요성이 있다.

오크쇼트는 말한다.

> '학습'과 '인간이 된다는 것' 사이의 이 불가분의 관
> 계야말로 우리가 우리 자신을 이해하는 데에 핵심이
> 된다. 그것은 곧 우리 가운데 아무도 날 때부터 인간
> 인 사람은 없으며, 우리는 누구나 학습을 통하여 인간
> 이 된다는 뜻이다. 또한 그것은 한 사람이 어떤 사람
> 인가 하는 것은 그가 이때까지 무엇을 어떻게 느끼고

생각하고 행동하도록 배웠는가에 달려 있다는 것, 그
리고 한 사람이 그 밖의 사람과 다르다고 말할 수 있
는 중요한 근거는 그가 이때까지 학습한 내용의 차이
에 있다는 것을 뜻한다……. 한 사람이 실지로 생각하
고 상상하고 행위하도록 학습한 것, 그것이 그의 '인
간'인 것이다……. 요컨대, '학습'과 '인간이 된다는 것'
사이의 관련이 의미하는 것은 각각의 인간은 그 자신
이 스스로 연출해 낸 '역사'라는 것이다. 만약 '인간의
본성'이라는 말이 무엇인가 의미를 가진다면, 그것은
오직 인간이라면 누구나 '학습에 의하여 인간이 된다.'
는 이 공통된 영위를 피할 수 없다는 점을 가리킨다고
보아야 할 것이다(Oakeshott, 1989: 21).

'학습하는 것'과 '인간됨'은 분리될 수 없다. 오크쇼트의 이 명제
는 다음과 같은 몇 가지 사실을 함의한다. 첫째, 인간됨은 타고나
는 것이 아니라 후천적인 배움, 학습을 통해 가능하다는 것이다.
둘째, 이때 배움 혹은 학습의 내용은 우리가 한 사람의 인간으로
서 실제로 '지각'하고 '사고'하고 '행동'하도록 배우는 그 모든 것을
말한다. 왜냐하면 인간됨을 특징짓는 것은 바로 무엇을 느끼고 생
각하고 행동하도록 배웠느냐에 있기 때문이다. 그리하여 셋째, 인
간들 간의 중요한 개별적인 차이는 그들이 실제 배워온 것에서의
차이다. 자신이 사고하고 상상하고 행위하도록 배워 온 것, 이것
이 바로 그가 인간으로서 누구인가 하는 것이기 때문에 실제 배워
온 것에서의 차이야말로 서로 대체할 수 없는 인간적 개별성의 차
이를 만드는 것이다. 이런 의미에서 한 인간이 된다는 것은 학습
을 통하여 자신을 형성하고 자신의 삶을 연출해 온 행위의 역사로
볼 수 있다. 그리하여 흥미롭게도 오크쇼트는, 인간의 본성은 바로

'학습에 의해 인간이 된다.'는 그 사실밖에 없다고 결론 맺는다. 즉, "인간은 바로 (시간을 통해 형성되는) 자기이해의 학습의 결과 바로 그것인 셈이다."[7]

지금까지 오크쇼트 자유교육론의 세 핵심 개념 간의 논리적 관계를 살펴보았다. 요약하자면, 오크쇼트는 '인간됨'의 핵심을 '자기이해'를 추구하는 존재라는 것에서 찾고, 이 자기이해 추구에 본질적인 것으로 '자유'를 말한다. 왜냐하면 자기이해 자체가 자기구성력을 갖는 것으로서 자기구성력으로서의 자유가 전제되지 않고서는 자기이해가 가능하지 않기 때문이다. 그리고 이 자기구성력으로서 자유에 핵심적인 것으로 '자기의식성'을 말하며 자기이해의 조건이 된다고 지적한다. 마지막으로 자기이해의 인간됨은 타고나는 것이 아니라 학습을 통해 가능한 것이며 이런 의미에서 학습은 인간이 되는 것의 필수조건이다. 즉, 인간은 자기이해의 존재로 태어나는 것이 아니라 자기이해의 존재가 되도록 의식적으로 배워야 한다는 것이다. 그리하여 이런 의미의 인간이 되기 위해 지불해야 할 대가가 바로 학습이다.

그러나 여기서 말하는 학습은 정확히 어떤 학습을 뜻하는가? 오크쇼트는 명백히 유기체의 환경에 대한 적응이나 단순한 정보의 전달, 관습이나 습관의 형성을 학습으로 이해하지 않는다. 학습은 자기의식과 성찰에 입각한 영위(engagement)로서, "그 내용은 우리가 이해하거나 오해하는 내용이며, 언어로 그 의미가 표현되는 내용이다."(1989: 22) 그는 인간됨의 학습이 부담스러운 이유는 "단순히 생각해야 한다든가 말이나 행동을 해야 한다는 것 이상으로, 생각하고 느끼는 일을 하되, 오랫동안, 때로는 고통스럽게 그 생각하고 느끼는 것을 '학습'하지 않으면 안 된다."(p. 20)는 데 있다고 말한다. 즉, 인간의 학습은 학습자의 사고 활동과 내적 체험이 개입된 활동이라는 것이다. 그러나 이것은 정확히 무슨 뜻인가? 어떤

유형의 학습을 의미하는가? 그리고 이것은 어떻게 가능한가? 다음
인용문은 인간됨의 자기의식적 학습이 어떻게 가능한지에 대한 실
마리를 제공한다.

> 교육은 이미 만들어진 관념이나 이미지, 감정, 신
> 념 덩어리를 습득하는 것이 아니다. 이것은 보고 듣고
> 생각하고 느끼고 믿으며 이해하고 선택하며 원망하는
> 것을 배우는 것이다. 유일하게 가능한 방식으로 스스
> 로를 한 인간으로 인식하는 것, 즉 스스로를 인간 이
> 해와 활동의 유산에 비추어 바라봄으로써, 그리하여
> 자기 표현과 자기 연출의 행위 속에 자신만의 고유한
> 인간됨을 세계에 다시 표출하는 능력을 습득하는 것
> 이다(Oakeshott, 1989: 67).

위의 설명에 따르면, 스스로를 한 인간, 즉 자기이해의 한 인간
으로 인식할 수 있는 유일한 방법은 지적 · 상상적 · 도덕적 · 정서
적 문화유산에의 입문을 통해서다. 이때 문화유산은 과거로부터
내려오는 지적 축적물나 인공물 자체를 가리키는 것이 아니라 학
습자가 이해하고 지각한 어떤 사건을 의미하는 것으로서 인간의
활동, 갈망, 정서, 이미지, 견해, 신념 그리고 이해의 양식을 포함한
다. 여기에서 주목해야 할 점은 이러한 유산들에 입문되어 그에 비
추어 스스로를 바라볼 줄 알게 되는 것은 동시에 자기만의 고유한
인간됨을 형성하는 과정이라는 것이다. 다시 말하면, 인류의 문화
유산에 비추어 본 '한 인간'으로서의 자기이해는 바로 그 자체가 자
기창조이거나 이를 가능하게 한다는 것이다. 그리하여 오크쇼트는
동일한 저서의 다른 글에서 놀랍게도 '인류 문화유산에의 입문'과
'자기실현', '지식의 습득'과 '개인의 인성 개발' 사이에는 아무런 간

극이 없다고 주장한다. 그의 말을 직접 들어 보자.

> 학생에 관하여 생각해 보면, 여기에는 오래전부터 교육과 관련하여 지적되어 온, 이미 잘 알려진 딜레마가 하나 있다. 즉, 학습은 지식의 획득인가, 아니면 학습자의 인격의 발달을 의미하는가? 교수는 학생으로 하여금 인류 공동의 유산으로 입문하도록 이끄는 일인가 아니면 학생으로 하여금 자기 자신을 최대한으로 실현하도록 도와주는 일인가? ……

> 올바른 해결책을 찾기 위하여 우리가 분명히 알아야 할 것은, 한편으로 학생이 인류 공동의 유산을 상속받는 것과, 다른 한편으로 학생이 자기 자신을 최대한으로 실현하는 것 사이에는 아무런 간극이 없다는 것이다. 인간이 자기 자신을 최대한으로 실현하는 것, 또한 '자아실현'이라는 것은 사전에 정확하게 규정된 목적이 있어서 순조로운 환경을 만나면 그 목적을 달성하게 된다는 그런 식의 것이 아니며, 또한 '자아'라는 것도 무제한의 미지(未知)의 가능성으로서 인류 공동의 유산에 의하여 가능성이 증진되거나 좌절되는 그런 것이 아니다. 수많은 인간이 나타내는 다양한 자아는 이론적 추상이 아니라, 역사 속에 존재하는 구체적인 인격체이며, 그 자체가 인류 공동의 업적으로 이루어진 이 세계의 구성 요소들이다. 인간이 자기 자신을 최대한으로 실현하는 길이 있다면, 그것은 이 인류 공동의 유산이라는 거울에 비추어 스스로의 존재를 인식하는 것을 학습하는 것, 오직 이것뿐이며, 이것 이

외에 다른 방법은 없다(Oakeshott, 1989: 46-47).

그러나 인류 문화유산에의 입문을 통한 자아실현, 이것은 어떻게 가능한가? 이 말의 의미를 잘 따져 보면 우리가 문화유산에 잘 입문되기만 하면, 주체적인 자기만의 인간됨을 창출할 줄 알게 된다는 것이다. 그리고 문화유산에 잘 입문된다는 것은 특정 지식체계를 단순히 그리고 기계적으로 전달받는 것이 아니라 인간 성취의 유산, 활동과 신념, 이미지와 정서, 견해 등을 자기의식적으로 학습한다는 것이다. 그러나 다시 본래 질문으로 돌아가 보자. 문화유산을 '자기의식적으로 학습하는 것'은 애당초 어떻게 가능한가? 혹은 우리는 어떻게 '인간 이해와 활동의 유산에 비추어' 자신을 볼수 있게 되는가? 이것 자체가 이미 자신의 자아를 그 유산과 분리시켜 바라보는 것을 전제하는 자기의식성의 성취로서 일종의 교육적 성취가 아닌가? 다시 말하면, '자기의식적 학습'을 통해서만 인간이 될 수 있는 우리는 애당초 어떻게 '자기의식적으로' 될 수 있는가? 단순하고 기계적인 문화유산에의 입문이 이것을 가능하게 하는 것으로 보이지는 않는다. 그러면 도대체 교육에서 자기의식성 혹은 개별화(individuation)의 과정은 애당초 어떻게 시작되는가?

바로 여기에 오크쇼트 자유교육론의 설명적 난제가 있다. 오크쇼트는 문화유산에의 입문과 자아실현 간의 긴장, 혹은 이 둘 간의 역설이 존재하지 않는 것처럼 말함으로써 자신의 자유교육론의 목적인 문화유산에의 입문을 통한 자기실현 혹은 자기이해가 어떻게 가능한지에 대해 설득적인 설명을 충분히 제공하지 못한다. 물론 그가 그 답을 전혀 제공하지 않는 것은 아니다. 그는 교사가 인간 성취와 이해의 양식으로서 문화유산들을 새로운 세대에

> 그러면 도대체 교육에서 자기의식성 혹은 개별화의 과정은 애당초 어떻게 시작되는가?
>
> 바로 여기에 오크쇼트 자유교육론의 설명적 난제가 있다

매개하는 것을 통해 이것이 가능하다고 보는 것 같다. 다시 말하면 자기의식적 학습을, 교사가 학생들에게 간접적으로 "무엇인가 배울 내용이 있다는 귀띔(intimation)"을 줄 때 이 귀띔을 "이해하려는 욕망 때문에 (학생이) 스스로 하게 되는 과업"(1989: 22)이라고도 하고, 학생들이 문화유산들을 직접 만남으로써 "이전에 결코 꿈꿔 본 적이 없는 탁월성과 갈망의 암시를 받고"(1989: 69) 시작하는 것이라고도 한다. 그리하여 오크쇼트에 따르면 자기이해를 위한 자유학습에서 교사의 존재는 절대적으로 필요하다. 오크쇼트는 새로운 세대를 이해와 신념의 문화유산에 입문시키는 것은 한편으로는 "지시(direction)와 구속(constraint)의 조건하에서" 수행되는 교사와의 상호작용, 다른 한편으로는 학생 자신들의 힘든 노력이 동반된 공부를 통해 가능하다고 주장한다(1989: 68). 이때 교사는 문화유산에의 입문을 통해 이미 자기의식적으로 학습을 할 줄 아는 사람으로서, 학생들을 자기의식적 학습자로 이끌어 가야 할 어떤 보이지 않는 힘을 내면화한 자다. 그리고 교사는 이것을 학생들에게 건네주어야(imparting) 한다. 그리하여 오크쇼트에게 가르친다는 것은 바로 보이지 않는 이 힘을 교사 자신의 모범을 통하여 간접적으로 혹은 '암시적으로' 건네주는 것을 의미한다. 왜냐하면 이것은 직접 건네줄 수 있는 성격의 것이 아니기 때문이다. 여기서 교사가 건네주어야 하는 것은 모종의 기술도, 물질적 이득도, 심지어 특정 모습의 인격적 완성도 아니다. 교사의 가르치는 활동은 특정한 암시를 통해 인간 이해의 양식들로서의 문화유산에 참여하도록 새로운 세대를 단지 초청하는 것이며, 학생들은 이 초청에 응함으로써 인간됨의 과정에 참여하게 되는 것이다.

학생들을 자기의식적 학습으로 이끄는 데 교사가 차지하는 역할에 대한 오크쇼트의 설명은 상당히 감동적이며, 특히 오늘날처럼 학습자중심 교육, 소비자중심 교육에 대한 수사가 넘쳐나고 교사의 전통적 권위가 추락하고 있는 교육 현실에서 우리 가슴에 울리는 공명이 크다. 하지만 다른 한편, 오크쇼트의 설명 자체가 다소 신비적이고 암시적이라, 교사의 귀띔이 정확히 어떤 방식을 통해 학생들의 학습을 자기의식적으로 이끌 수 있다는 것인지 이해하기란 쉽지 않다. 뿐만 아니라 학생들의 자기의식적 학습의 책임을 전적으로 교사에게 전가할 위험도 있어 보인다. 그러나 무엇보다도 오크쇼트의 자유교유론은 교육을 세대 간의 '상호작용'으로 보면서도 지나치게 전통과 문화유산의 역할과 가치를 강조함으로써, 그리하여 실제로는 학습자의 자기의식적 학습을 강조함에도 교육에서 학습자의 주체적이고 능동적인 태도의 역할과 가치를 충분히 인정하지도 부각하지도 못하는 결과를 초래한다. 그리하여 마치 문화유산에의 입문 자체가 필연적으로 자기이해를 가져오고, 이것이 또한 필연적으로 자기실현으로 이어진다고 보는 지나치게 보수적인 교육관으로 나아가거나 그렇게 해석될 여지를 남긴다. 물론 이것이 실제 어떻게 가능한지에 대한 깊은 의문을 남긴 채 말이다. 뿐만 아니라 교육에서 교사의 역할을 신비적으로 묘사함으로써 교사와 학생의 관계를 필요 이상으로 권위적이거나 위계적으로 보도록 유도한다. 오크쇼트의 자유교육론에서 교사와 학생의 관계는 비대칭적 성격의 것일 수는 있어도 위계적인 성격의 것일 필요는 없어 보이기 때문이다.

위에서 기술된 오크쇼트 자유교육론의 설명적 한계는, 그리고 그것에 대한 순전히 보수적인 해석의 가능성은 오크쇼트가 자신의 자유교육론에 내재한 교육적 역설의 문제를 충분히 인식하지 못했거나 심각하게 받아들이지 않는 데에 기인한 것인지도 모른다. 그리하여 오크쇼트는 인간됨이 부재한 상태에서 인간됨의 상태로 변화되어 가는 것의 교육적 중요성과 당위성, 그리고 유기체적 환경 적응으로서의 학습이 아닌 자기의식적인 학습의 중요성과 당위성을 강조함에도 불구하고, 인간됨이 부재한 상태에서 어떻게 인간됨의 상태로 나아갈 수 있는지, 유기체의 환경 적응으로서의 학습이 아닌 자기의식적인 학습이 애당초 어떻게 가능한지와 같은 교육적 계기에 대한 질문에 상대적으로 무심했는지도 모른다. 그러면 오크쇼트가 말하는 자기의식적인 학습은 도대체 어떻게 가능하고 어떻게 시작되는 것인가? 오크쇼트는 이것 또한 배워야 하는 것으로 말하고 있다. 그러나 우리는 그것을 어떻게 배우게 되는가? 문화유산에의 입문 자체가 자기의식성을 낳는가? 자기의식성은 주입이나 강요로 가능한 것이 아니라 그 의식 주체에 의한 자발적 성취의 형태로서만 가능한 것이기 때문에, 문화유산에의 입문 자체가 그것을 가능하게 한다는 주장은 앞서 논의된 것처럼 수용되기 어렵다.

자기의식적 학습을 위한 내적 조건으로서의 무지의 자각　　　필자는 플라톤의 대화편 『소크라테스의 변론(*The Apology*)』에 등장하는 소크라테스의 핵심 가르침인 '무지의 자각' 개념을 통하여 오크쇼트가 말하는 자기의식적 학습의 의미와 그 교육적 계기를 보충적으로 설명하거나 재해석해 보고자 한다. 이 시도는 오크쇼트의 자유교육론이 가진 강점과 한계를 동시에 보여 줄 것이다. 소크라테스의 가르침인 '무지의 자각'은 무엇을 의미하는가? 나라의 청년을 부패시키고 국가가 신봉하는 신을 믿지 않는다는 죄로 고소되어 법정에 선 70세의 소크라테스는 자신이 이러한 오명을 쓰게 된 이유를 다음과 같이 설명한다. 델포이 신탁에 의해 가장 지혜로운 사람으로 소문이 난 소크라테스는 자신이 그렇게 지혜롭지 않다는 것을 잘 알고 있었기에 이렇게 말한 신의 의중을 파악하기 위하여 당시 고대 아테네 사회에서 명망 높았던 지자(知者)들, 즉 정치가, 시인, 수공예자를 찾아다니며 이들의 지혜를 시험하고자 했다. 이들 한 사람 한 사람과 대화를 나눈 결과 소크라테스는, 이들이 사람들에게 지자로 여겨지고 또 스스로도 그렇게 믿고 있었지만 실제 그것은 사실과 다르다는 것을 알게 되었다. 소크라테스는 다음과 같이 고백한다.

> "이 사람보다는 내가 더 지혜가 있다. 왜냐하면 이 사람이나 나나 좋고 아름다운 것에 대하여 아무것도 모르는 것 같은데, 이 사람은 자기가 모르면서도 알고 있다고 생각하고 있지만 나는 모르고 또 모른다고 생각하고 있기 때문이다. 이 조그마한 일, 즉 내가 모르는 것을 모른다고 생각하는 점 때문에 내가 이 사람보다 더 지혜가 있는 것 같다." 그 후 저는 좀 더 지혜가 있다고 여겨지고 있는 다른 사람을 찾아갔습니다마는 똑같은 생각을 하게 되었습니다. 그리고 거기서도 그 사람과 거기 있던 다른 많은 사람의 미움을 사게 되었습니다(Plato, 최명관 역, 1975: 47).

이때 소크라테스와의 공개 대화를 통해 자신의 무지가 그 자리에 있던 많은 청중 앞에 드러난 정치가나 시인, 수공예자는 스스로가 무지했다는 것을 인정하기보다는 소크라테스가 자신들을 모욕하려는 의도로 말장난을 한 것으로 치부하였다. 그리하여 그에게 반감을 갖고 온갖 중상모략을 하여 결국 소크라테스를 법정에 서도록 도운 것이다. 다시 말하면, 이들은 결국 자신의 무지를 자각하고 인정하는 일에 실패했고, 이 실패들의 극적 결정체가 법정에 선 소크라테스이며 심지어 그의 죽음이라고까지 말할 수 있을지 모른다.

위의 묘사는 소크라테스의 가르침인 '무지의 자각'에 대해 무엇을 말해 주는가? 자신의 무지를 자각하는 인식적 상태는 어떻게 묘사될 수 있는가? 그리고 왜 많은 이가 이 자각에 실패하는가? 무지의 자각은 자신이 당연하게 알고 있다고 생각했던 사실 그 자체가 통째로 의심되는 순간, 자신의 이전 인식 상태에 대하여 총체적으로 회의할 수밖에 없는 다소 '극적인' 순간을 가리키며, 이를 자각하는 사람에게 내적 충격과 함께 당혹감을 동반하는 경향이 있다. 그러나 이것은 학습자가 이 순간을 제대로 인정하고 받아들일 경우 자신의 인식 상태에 대한 관점의 전환이 일어날 수 있는 내면적 변화의 순간이기도 하다. 그리하여 우리는 무지의 자각 상태를 다음과 같이 특징지을 수 있다. 먼저, 무지의 자각이 일어나려면 학습자는 자신이 어떤 것을 잘 알고 있다고 굳게 믿고 있어야 한다. 둘째, 어느 순간 이 굳은 믿음이 근거가 없을 수도 있다는 사실, 그리하여 실제로는 자신이 전혀 모르고 있었다는 것을 깨닫게 된다. 이것은 자신이 그 시점까지 가지고 있던 선지식에 대한 '총체적' 회의로서 그 선지식에 대한 믿음이 강하면 강할수록 그 자각은 충격적으로 다가온다. 이것을 지적 곤란의 상태, 즉 '아포리아' 상태라고 말한다. 셋째, 그러나 아포리아 상태를 거치면서 결국 자신의 무지를 인정하게 된다면, 그것은 학습자 자신만이 할 수 있는 인정으로서 주관적이고 일인칭적 성격의 깨달음이다. 어느 누구도 나를 대신하여 나의 무지를 자각하고 인정해 줄 수 없다.

　여기서 묘사되는 무지의 자각과 관련한 소크라테스의 가르침을 보다 근대교육적 관점에서 해석하자면, 우리가 일상적으로 '당연하게 받아들인 것을 의심하게' 하는 교육으로 요약할 수 있을지 모른다. 우리는 자신이 알고 있다고 굳게 믿으며 당연하게 받아들인 것을 잘 의심하지 않는다. 더구나 그 앎의 내용이 많은 사람에게 인정되는 권위가 있는 지식일 때는 더욱더 그렇다. 당연하게 받아들여진 것을 의심할 수 있기 위해서는 어떤 외적 충격, 즉 대화 상대자를 향한 소크라테스의 도발적인 발문과 같은 교육적 자극이 필요하다. 그러나 이것이 학습자의 무지의 자각을 위한 충분조건은 아니다. 앞서 등장한 명망 높은 정치가나 시인들의 경우처럼, 소크라테스와 대화한 많은 이는 그의 귀띔과 암시, 진지한 발문에도 자신의 무지를 자각하는 데 실패한 것으로 보이기 때문이다.[8] 즉, 자신의 무지를 자각하고 인정할 줄 알기 위해서는 교사가 제공하는 교육적 자극뿐만 아니라 그것을 기꺼이 받아들이고 인정할 줄 아는 학습자의 내적 용기 또한 필요한 것으로 보인다.

'무지의 자각'을 통하여 세계에 대한 지식과 맺어 온 우리 자신의 관계에 대하여 전면적으로 의식적이게 된다

그러면 당연하게 받아들인 것을 의심하게 하는 것이 교육적으로 왜 중요한가? 이것이 중요한 이유는 먼저, (내가 알고 있는 것으로) 당연하게 받아들인 그 특정 지식에 대해 내가 사실은 잘 모르고 있었다는 것을 알게 됨으로써 나는 그 지식을 제대로 알려고 하고 또 알게 되는 교육적 계기를 만나게 되기 때문이다. 즉, 제대로 된 객관적 앎에 이르게 되는 데에 의의가 있다. 그러나 이보다 더 중요한 교육적 의의가 있어 보인다. 당연하게 알고 있다고 믿은 것들을 의심하여 내가 사실은 그것을 잘 몰랐다는 것을 알게 될 때, 우리는 자신이 당연히 옳다고 믿었던 사실이나 신념이 사실은 의문의 여지가 많다는 사실에도 충격을 받지만, 자신의 인식에 좀 더 진지한 사람이라면, 당연하지 않았던 사실과 신념을 그렇게 굳게 믿고 있었던 자신의 인식 방식이나 인식 상태의 자각에 더 큰 충격을 받을 수도 있다. 즉, 내가 이제까지 습득하며 축적해 온 지식과 관계를 맺는 방식에 대해 총체적인 반성을 하기 시작한다는 것이다. 다시 말하면, 무지의 자각은 자신이 자신의 신념과 관계를 맺어 온 이전의 방식, 즉 자신의 인식 습관이나 인식 방식 일반에 대한 오

류의 자각이다. 그리하여 우리는 무지의 자각을 통하여 세계에 대한 지식과 맺어 온 우리 자신의 관계에 대하여 보다 전면적으로 의식적이게 된다. 이런 의미에서 무지의 자각은 세계에 대한 (객관적) 지식의 오류나 부재에 관한 문제라기보다는 이 지식과 내가 관계를 맺는 방식에 대한 '자기이해'의 문제, 즉 주관적 자기 앎의 문제다. 무지의 자각 이후 내가 세계에 대한 지식과 맺는 관계는 더 이상 기계적이거나 습관적일 수 없다. 우리는 학습자로서 (더 이상 오류를 저지르지 않기 위해) 자신이 받아들이는 지식에 대해 의식적으로 관여하고 개입하지 않을 수 없게 된다. 이런 의미에서 무지의 자각은 학습자로 하여금 자기의식적 학습을 시작할 수 있도록 하는 학습자의 내적 조건으로 묘사될 수 있을 것이다.

자신의 인식 상태에 대한 주관적 자각으로서의 무지의 자각이 교육적으로 의의가 있는 것은 이것이 자신의 앎에 책임을 지고자 하는 학습자의 적극적 태도를 길러 줄 수 있기 때문이다. 즉, 그것이 자신의 앎에 대한 자발성과 책임, 그리고 앎에 대한 진정한 욕구를 불러일으킬 수 있다는 점이다. 이것은 또한 자신이 받아들이게 될 지식에 대해 보다 신중하게 그리고 자기의식적으로 검토하게 하며 스스로가 관여하는 학습을 하게 된다는 뜻이기도 하다. 이제 학습자는 자신이 받아들이는 지식을 자신의 기존 신념과의 관계 속에서 그리고 자신의 삶과의 관계 속에서, 그 지식이 의미를 갖는 방식으로 그것을 검토하거나 재구성하며 수용하게 된다. 이것은 학습자로 하여금 이제까지 당연히 받아들인 자신의 신념과 가치를 전면적으로 부정하게 한다기보다는, 그 신념이나 가치에 대한 자신의 무비판적 태도를 되돌아보게 함으로써 이미 배운 것에 대해 새롭게 학습하게 하는 계기를 마련한다고 이해하는 것이 더 정확할 것이다. 이미 습득된 지식들과 보다 자기의식적인 관계를 다시 정립하도록 하는 것이다. 그리하여 오크쇼트의 말처럼, 느

끼고 생각하고 행동해야 할 것을 배우는 일에서 이러한 자기의식
적 관계는 바로 "단순히 생각해야 한다든가 말이나 행동을 해야 한
다는 것 이상으로, 생각하고 느끼는 일을 하되, 오랫동안, 때로는
고통스럽게 그 생각하고 느끼는 것을 '학습'"(Oakeshott, 1989: 20)
하는 것을 가능하게 할 것이다. 이것이 바로 오크쇼트가 말한 자기
이해를 위한 학습, 인간적 학습의 본 모습이라고 볼 수 있을 것이
다. 이제 학습자는 자신이 무엇을 하고 있는지 의식하면서 학습하
게 되는 것이다.

  오크쇼트에 따르면 인간의 학습은 반성적 참여가 동반되어야 하
며, "학습은 이미 배운 것에 대해 새롭게 보게 되는 것", 그리고 이
것은 내가 그것을 "이해하기 때문에 사용할 수 있는 것"을 습득하
는 것이다(1989: 22). 오크쇼트는 여기서 가장 중요한 것이 자기의
식성(self-consciousness)이라고 말한다. 그에게 자기의식성은 모든
인간의 지적 성취의 조건으로서 주체적 학습을 가능하게 하는 것
이다. 이것은 개인의 의식이 자신이 사는 세계에 직면하는 것, 즉
"의식의 시련을 겪는 것, 그리하여 자신을 연출하고 드러내는 것"
(1989: 23)이다. 오크쇼트에 따르면, 이것은 아직 충분히 자기의식
적이지 않은 어린 학습자가 실행하기에 쉽지 않는 것이기 때문에
"이러한 자기의식성조차도 학습을 통해 배워야 하는 것"(1989: 22)
이다. 여기서 오크쇼트가 학습자의 주체적·자기관여적·자기의
식적 학습을 얼마나 중요하게 여겼는지는 더 이상 강조할 필요가
없다. 그리고 이러한 자기의식적 학습에 필수적인 자기의식성의
획득은 앞서 묘사된 것처럼 단순히 문화유산에 입문할 때 자동적
으로 가능하게 되는 것이기보다는, 어떤 교육적 자극에 의해 우리
가 당연하게 받아들여 온 것들에 대해 의심할 수 있는 계기를 만날
때, 그리하여 이제까지 세계(혹은 세계에 관한 지식)와 맺어 온 자신
의 관계를 반성하는 다소 극적인 순간으로서의 무지의 자각을 겪

는 것을 통해 가능한 것처럼 보인다. 다시 말하면, 학습에서의 자기의식성은 자기이해를 위한 출발점으로서, 자신의 무비판적 세계인식 방식에 대한 비판적 성찰 혹은 비판적 자기이해와 불가분의 관계가 있는 것처럼 보인다. 이 단계를 거친 후 직면하는 세계는 이제 우리가 그냥 받아들이는 세계가 아니라 우리에게 의식의 시련을 주는 세계이며, 그 결과 이 세계에 비추어 나를 바라볼 수 있게 될 뿐만 아니라 그 세계에 우리 자신의 인격을 연출하고 나 자신만의 고유한 인간됨을 표출할 수 있게 되는 것이다.

후기 비트겐슈타인(Wittgenstein) 학자로 알려진 미국의 철학자 스탠리 카벨(Stanley Cavell)은 "학습하는 것, 아는 것이 왜 가치가 있는가?" 그리고 "그것이 왜 내 삶과 관련이 있는가?"라고 묻는다. 그에 따르면 여기서 학습 내용의 가치나 적합성은 일차적으로 중요한 것이 아니다. "알려고 하는 노력은 그것을 아는 것이 나에게 (혹은 내 삶에) 필수적이라고 느낄 때까지 아무 소용이 없다." (Cavell, 1976: xxviii-xxix). 그러므로 학습 활동에서 중요한 것은 알고 또 배우고 싶은 마음이 드는 것이다. 즉, 알려는 노력, 앎에의 자발적 노력은 바로 자기의식적 학습과 밀접한 관련이 있고, 무지의 자각은 바로 후자를 위한 내적 조건을 마련한다. 오크쇼트의 자유교육론이 충분히 다루지 못한 것이 바로 학습자의 학습에 대한 자발성을 낳는 자기의식성, 자기의식적 학습에 대한 설명으로서, 애당초 자기의식적 학습이 어떻게 가능한가 하는 문제다. 필자는 소크라테스의 '무지의 자각' 개념이 오크쇼트의 자유교육론이 충분히 설명하지 못하는 바로 이 문제에 대한 한 가지 답을 제공해 준다고 생각한다. 그리고 이 개념이 우리에게 상기시키는 것은 자기의식적 학습이 가능하기 위해서는 앞서 언급한 대로, 교사가 제공하는 외적·교육적 자극뿐만 아니라 학습자의 내적 용기에 기초한 학습에의 자발성이 반드시 필요하다는 것이다.

그러면 지금까지의 논의가 교육적 역설 문제에 대하여 말해 주는 것은 무엇인가? 우리는 어떻게 '강제'라는 수단을 통해 비자율적인 아이를 자율적인 인간으로 변화시킬 수 있는가? 우리는 어떻게 문화유산에의 입문을 통해 (자기의식적 학습을 매개로 한) 자기 실현적 인간으로 나아갈 수 있는가? 다음 절에서는 이 교육적 역설의 문제를 보다 명시적으로 해명하며 이 역설의 교육적 의의를 옹호하는 핀란드 교육철학자 마이클 울젠스(Michael Uljens)의 논의를 따라가며 오크쇼트 자유교론론의 한계를 보완하는 자유교론론의 가능성을 탐색할 것이다.

교육적 역설의 한 가지 해명 방식과 이 역설의 교육적 의의

이 글에서는 전통적 자유교론론을 재해석한 오크쇼트의 자유교론론을 교육 실천의 맥락에서 이치에 맞도록 이해하고 해석해 보고자 한다. 즉, 인간됨을 위한 교육, 자기의식적인 학습 그리고 자기이해로서의 자유를 위한 교육이 어떻게 가능한지 해명해 보고자 한다. 그리고 이를 위해서는 교육적 역설의 문제를 해명하는 것이 핵심적으로 보인다. 이때 교육적 역설이란 애당초 인간으로 태어나지 않은 생명체, 아직 충분히 자기의식적이지 않은 학습자, 아직 자기이해가 결여된 학습자는 어떻게 인간이 되고, 자기의식적인 학습자가 되고, 자기이해가 가능한 사람이 되는가 하는 질문에 담긴 역설이다.

울젠스는 교육적 역설의 해명은 전통적으로 교육이론의 핵심적 과제라고 말한다(Uljens, 2003: 45). 그리고 이 역설을 'being(있음)'에서 'becoming(생성됨)'으로의 전환에 내재하는 역설로 설명한다. 이것은 플라톤(Platon)의 대화편 『메논(The Meno)』에 나오는 앎의 역설과 그 논리적 구조에서 유사하다. 우리는 도대체 어떻게 알게 되는가? 만약 우리가 무엇을 찾아야 할지 알지 못하면 앎을 찾아

울젠스(2010)의 저서

나설 수 없고, 만약 무엇을 찾아야 하는지 안다면 이미 알기 때문에 그것을 더 이상 찾을 필요가 없다는 것이다.[9] 그리고 이것이 역설인 이유는, 우리가 앎에 이르기 위해서는 그 조건으로서 이미 어느 정도의 앎, 즉 지식을 가지고 있어야 한다는 것이다. 즉, 뭔가를 알기 위해 우리는 '이미' 뭔가를 알고 있어야 한다. 플라톤이 이 역설을 해결한 방식은, '상기설'로 알려져 있듯이 우리는 이미 지식을 갖고 태어난다는 것이다. 그리하여 학습자로서 우리가 해야 하는 것은 단지 이미 갖고 태어난 지식을 기억만 하면 된다는 것이다. 물론 이러한 지식론은 인간의 영혼이 불멸하다는 영혼불멸설과 밀접한 관련을 갖는다.

울젠스는 자신이 플라톤의 영혼설을 받아들이지는 않지만, 교육적 실천의 역설, 교수의 역설이 앎의 역설, 학습의 역설과 유사한 구조를 가졌다고 말한다. 그에 의하면 교육은 "자기성찰(self-reflection)을 자극하여 학습자로 하여금 스스로의 노력을 통해 '자기성찰'에 이르게 만드는 과정"(2003: 46)이다. 다시 말하면, "스스로의 힘으로 자신의 이전 능력을 넘어서도록 자극하는 일"(2003: 46)이다. 그러나 플라톤의 앎의 역설의 논리를 따른다면, 학습자가 자신의 현재 상태, 즉 아직 자기성찰적이지 않은 상태를 넘어서기 위해서 그는 이미 자기성찰적인 존재, 즉 자율적인 존재일 필요가 있다. 울젠스는 교육에서의 이러한 역설은 학습자의 주체성 문제에 관심을 갖는다고 말한다. 자율적이고 자기성찰적인 학습이 가능하기 위해서는 그 성찰을 하도록 자극받을 '누군가'도 필요하지만 그 학습자가 그 성찰을 통해 되어야 하는 '누군가'도 있어야만 한다. 즉, 전자의 '누군가'와 후자의 '누군가'는 전혀 다른 상태의 사람을 가리킨다. 이 말을 오크쇼트의 표현대로 이해하자면, 아직 인간됨이 결여된 상태의 학습자는 교육을 통해 '인간'이 된다는 것이다. 그리고 여기서 교육적 역설의 본질은, 학습자는 아직 스스로 할 수 없는 것을 하도록 자극받고 독려될 뿐만 아니라, 동시에 독려받는 바로 그것을 스스로 할 수 있는 존재로 이미 간주된다는 것이다. 즉, 학습자는 스스로 할 수 없는 것을 하도록 요청받는 존재이지만 동시에 이미 그것을 할 수 있는 존재로 가정된다는 것이다. 이러한 교육적 역설을 교사의 교수 활동의 맥락에서 표현하면 다음과 같이 재기술될 수 있다. "교육이 가능하기 위해서 학습자는 자유로워야만 한다. 동시에 학습자가 자유롭게 되기 위해서 교육은 필수적이다."(2003: 46)

그러나 교육적 역설을 이렇게 공식화하는 것은 학습자를 이미 본질적으로 자유로운 존재로 가정하는 것으로, 플라톤의 영혼불멸설처럼 형이상학적 냄새가 난다. 그리고 이것은 후기근대 교육론에 부적절한 것으로 보인다. 오히려 울젠스가 다시 제시하는 것처럼, 교육적 역설은 학습자의 '교육 가능성(Bildsamkeit)'을 인정하지만, 이때 교육 가능성은 근대의 선험적 자아관이 가정하는 "학습자의 개별적 자기형성 능력의 가능성"이 아니라 "지식을 성취함에 있어서 개인 자신의 의식적 노력의 가능성"을 가리키는 것으로 볼 수 있다(2003: 47).[10] 그리고 이러한 개인의 자기의식적 노력의 가능성은 교육자가 부여할 수 없다. 교육자는 학습자가 이 '자기초월의 과정에 참여하도록 초청 혹은 자극'할 수 있을 뿐이다. 그리고 이 두 요소, 즉 학습자의 자기의식적 학습 가능성(Bildsamkeit)과 교육자의 초청(Aufforderung)은 서로 변증법적 관계 속에 있는 것으로 이해된다. 울젠스는 이 둘 간의 관계, 즉 이 둘 간의 긴장관계가 바로 교육적 역설의 반영일지 모른다고 말한다(2003: 47). 그리하여 이 둘 간의 역설적 관계는 다시 다음과 같이 좀 더 실천과 관련되는 질문으로 표현될 수 있다. '도대체 교사의 교육적 활동, 즉 학습자로 하여금 자기의식적 학습을 하도록 요청하고 자극하고 초청하는 일이 어떻게 학습자 자신의 고유한 의미 창출 활동에 필수적인 것

으로 간주될 수 있는가?'

오크쇼트는 이 같은 가설적 질문에 대하여 아마도 교사의 역할을 (문화유산에의 입문이 곧 학습자의 자아실현과 동일하다고 말함으로써) 다소 당연한 것으로 혹은 (교사의 귀띔과 암시를 통해 가능하다고 말함으로써) 다소 신비적인 것으로 묘사하며 넘어간다고 볼 수 있을 것이다. [11] 반면, 울젠스는 이것을 '주체성(subjectivity)'과 '상호주체성(intersubjectivity)'의 개념으로 해명하고자 한다. [12] 그는 주체성과 상호주체성의 개념적 관계가 학습자의 '교육 가능성'과 교육자의 '초청'이라는 교육적 개념과 어떻게 연관되어 있는지 설명한다. 울젠스에 따르면(p. 48), 칸트(Kant, I.)나 훗설(Husserl, E.)이 이끄는 근대 관념론의 철학은 주체와 대상 간의 이원론적 관계에서 주체의 일차성이 강조되는 전통이다. 이 전통에서는 선험적 자아를 가정하여 개인은 스스로 자신과 세계를 구성할 수 있으며 상호주체성은 이러한 선험적 자아들 간의 상호작용의 결과로 생성되는 공통의 세계다. 이러한 선험적 자아에 기초한 주체성 중심의 철학은 교육에서 문제가 된다. 왜냐하면 만약 선험적 자아가 자신을 구성하는 일에서 전적으로 자유로우면 자아의 자기형성 과정은 가능하지만 교육, 즉 교사와 학생의 상호작용으로서의 교육은 그 개인을 자유롭게 하는 일에 전혀 불필요하게 되기 때문이다. 자기규정적인 자아는 타인을 통해 자신의 자유나 자율성에 이를 필요가 없다. 물론 이러한 선험적 자아 개념과 주체성 중심의 세계관은 이미 후기근대 철학에 의해 많은 비판을 받아 왔다. 그리하여 울젠스에 따르면(2003: 48), 우리에게 필요한 것은 선험적 자아 개념이 아닌 경험적 자아 개념, 즉 상호주체성에 의해 일차적으로 매개되고 형성되는 경험적 자아 개념이다. 이제 개인의 자유는 타인과의 소통 및 공동체 속에서 그 가능성이 발견되고 또 지원받는다.

이것이 교육적 맥락에서 의미할 수 있는 바를 좀 더 자세히 살펴

보자. 학습자의 교육 가능성(Bildsamkeit), 즉 자기의식적 학습의 가
능성은 비록 학습자의 관점에서 일어나는 교육적 과정의 가능성을
가정하는 것이지만, 선험적 자아관에서 간주하는 일종의 자기규제
적 활동을 통한 자기형성 과정을 가정하는 것은 아니다. 오히려 이
가능성은 경험적으로 설명될 수 있는 것으로서, 경험적으로 형성
되는 자기형성 과정과 더불어 구성되는 세계를 가정할 뿐만 아니
라 그러한 세계를 우리에게 열어 주는 가능성이다. 그리고 교사의
초청(Aufforderung), 즉 교사에 의한 학습자의 자기 성찰에의 요청
과 자극은 이러한 의미의 학습자의 자기형성에 결정적으로 중요하
다. 다만 여기서 유의해야 할 것은, 울젠스에 따르면 교사의 초청
은 학습자의 자기의식적 학습 활동의 가능성을 무시하지도 침해하
지도 않아야 한다는 것이다. 울젠스는 이런 의미의 교육적 관계를
비대칭적(asymmetrical)이라고 기술하며 다음과 같이 설명한다.

> 교사는 학습자가 교사 자신과 '동일한 꿈을 꾸도록'
> 하는 것이 아니라, 자신의 (교육적) 초청을 통해 현재
> 학습자가 배우는 지식이 무엇에 대한 답인지, 그 질문
> 을 그들 앞에 열어 놓으려고 노력한다. 교육은 삶의
> 의미가 무엇인지, 이것에 대한 답으로 학습자를 이끄
> 는 것이 아니다. 교육은 오히려 학습자로 하여금 세계
> 를 형성해 온 생활 세계, 탐구와 실천의 전통과의 관
> 계 안에서 자신만의 질문을 할 수 있도록 돕는다. 물
> 론 학습자가 어떤 질문을 선택하고 제기하느냐는 가
> 치부하적인 문제다. 그러나 '학습자의 교육 가능성'과
> '교육자의 초청' 개념은 우리에게 (교육에서) 어떤 질문
> 이 다루어져야만 하는지를 말해 주지 않는다. 다만 질
> 문이 어떻게 다루어져야 하는지를 말해 줄 뿐이다. 그

> 렇지만 이 개념들에 기초한 교육철학이 학습자의 자
> 율성과 주체성을 교육의 궁극적 목표로 받아들이는
> 것은 분명하다(Uljens, 2003: 49).

이 인용문은 교사와 학습자 간의 관계가 비대칭적인 이유와 그 관계의 구체적 특성에 대해 말하고 있다. 필자는 이것이 보다 발전된 후기근대 자유교육 이념에서 아주 중요한 교육적 논점이 되어야 한다고 생각한다. 먼저, (자유)교육에서 교사는 학생들에게 자신이 가진 것과 동일한 답을 갖도록 기대하지 않는다. 오히려 현재 다루는 지식 혹은 답이 무엇에 대한 답인지, 그 질문에 대해 생각해 보도록 해야 한다는 것이다. 그리고 학생들의 자기의식적인 학습은 삶의 의미에 대한 답을 찾기 위한 것이 아니라고 말한다. 오히려 배운 지식과 입문한 인류 문화유산과의 관계 안에서 각자가 추구해야 할 중요한 질문을 스스로 새롭게 구성해 나갈 수 있기 위한 학습이다. 마치 우리가 어떤 질문을 구성하여 추구하느냐가 우리 자신이 어떤 사람인지를 보여 줄 수 있는 것처럼 그러하다. 이때 교사는 학생들의 질문이 무엇이 되어야 하느냐에 대해서 관여하는 것이 아니라 그 질문이 어떻게 다루어져야 하는지에 대해서만 관여한다. 이것은 무슨 뜻인가? 아마도 학습자가 던지는 그 질문이 학습자 자신과 어떤 방식으로 관계를 맺으며 추구되어야 하는지에 대해서만 교육적으로 관여하는 것으로 해석할 수 있다. 그리고 이러한 방식의 교육적 개입만으로도 학습자는 충분히 가치 지향적인 질문을 추구하고 그러한 삶을 살아가도록 배울 수 있다는 교육적 믿음이 가정되는 것으로 보인다.

교육적 관계에 대한 위의 설명은 학습자의 주체성이라는 것이 교사와의 상호주체성에 의해 매개되어 형성되는 것임을 보여 주는 것이기도 하다. 사실 근대적 자아, 특히 칸트나 훗설과 같은 선험적 관념론에 기초한 주체성 중심의 자아관에 대한 비판은 최근 교육적 담론에서 상호주체성의 개념에 대한 관심을 높여 왔다(우정길, 2007). 즉, 상호주체성은 주체성을 가능하게 하는 존재론적 조건으로 간주된다(Arendt, 1998; Taylor, 1989). 그리하여 주체들 간의 상호관계, 즉 상호주체성을 통하여 주체성은 형성되고 이 상호주체적 대화를 통하여 주체는 자신의 현재 이해 상태를 초월하는 기회를 갖게 된다는 것이다. 즉, 경험적 자아는 상호주체성에 의해 정립되는 공통 세계 속에서 스스로를 구성할 뿐 아니라 또 자신을 초월할 수 있게 된다는 것이다. 그러나 울젠스는 주체성의 형성과정에서 상호주체성이 차지하는 일차성을 인정하면서도, 앞의 인용문의 마지막 문장에서 학습자의 자율성과 주체성을 교육의 궁극적 목표라고 주장하는 데서 눈치챌 수 있듯이, 주체의 개별성, 주체의 내적 세계는 상호주체성으로 전적으로 환원될 수 없고 그 자체의 독자적 위치를 인정받아야 하는 것으로 가정한다. 이것이 교육적으로 함의하는 바를 좀 더 살펴보자.

만약 주체성이 상호주체성의 매개를 통해 형성되고 그리하여 결과적으로 상호주체성에 종속된다고 한다면 교육의 출발점은 상호주체적인 공통의 세계다. 그러나 만약 이것이 사실이라면 개별 학습자가 교육적 수단이나 혹은 다른 제3의 것을 통해 이 공동의 세계로 이행한다는 것은 불가능하다. 왜냐하면 그는 처음부터 이미 그 공동의 세계 속에 있기 때문이다. 이것은 다시 개별화, 즉 자기의식적 학습이 애초에 어떻게 일어나는지를 설명하지 못한다. 그리하여 우리는 주체성의 형성은 상호주체성에 의해 '매개'되지만 주체성 자체가 상호주체성에 의해 '탄생'한다고 보기는 어렵다고 말할 수 있다. 그리하여 울젠스는 교육에서 주체성과 상호주체성은 어느 하나가 다른 하나에 우선하거나 종속된다기보다는 둘 다 일차적 범주라는 관점을 제안한다. 즉, 주체성과 상호주체성은 교육에서 두 가지 동시적 출발점이라는 것이다. 이것은 무슨 뜻인가?

울젠스는 교육 이론에서 상호주체성과 분리되는 주체성 범주의 독립성을 옹호하기 위하여 다음과 같은 이야기로 시작한다. 일상적 수준의 의미에서 우리는 태어나기 전 아홉 달 동안 산모의 자궁 속에 있으면서 아주 근본적인 성격의 일종인 '전반성적 · 신체적 상호주체성(pre-reflective and physical intersubjectivity)'을 갖게 된다(Uljens, 2003: 50). 즉, 산모와의 관계에서 이 경향성을 형성하게 된다는 것이다. 다른 한편, 세상에 태어났을 때 신생아로서의 우리는 처음부터 세계를 지향한다. 이때 신생아들의 세계를 향한 지향성은 학습의 결과나 노력의 결과가 아니다. 신생아들의 세계를 향한 자발성은 이미 주어진 것이다. 울젠스에 따르면, "이 자발성을 어떤 선험적 자아로부터 필연적으로 파생되는 것"으로 보아서는 안 된다(2003: 51). 그리고 누군가의, 산모나 유모의 요청이나 호출에 따른 것도 아니다. 신생아의 세계를 향한 자발적 지향성은 '그냥 거기에 있는 어떤 것이다.'[13] 울젠스는 이러한 유형의 자발성을 '전반성적 주체성(a pre-reflective spontaneity or subjectivity)'으로 부를 수 있다고 말한다(2003: 51). 그리고 그는 이어서 다음과 같이 말한다.

> 비록 부모는 아이가 잠재적으로 어떤 인간이 될지, 혹은 인간이 되기는 할지 확신하지 못하지만 자신의 아이를 어떤 물건이 아닌 어떤 '인간'인 것처럼 대한다. 이것 역시 교육적 역설을 반영한다. 부모가 아이를 대하는 이 방식은 그 아이가 인간으로서 반성적 반응을 할 능력이 있다는 것을 가정한다. 물론 부모는 이것이 사실일지 아직 알지 못한다고 하더라도 말이다. 이 가정이 바로 피히테(Fichte)가 인정(Anerkernnung)이라고 부

르는 것이다. 말하자면 이것은 스스로를 자유로운 개
인으로 생각할 수 있기 위해서 우리는 타인을 자유로
운 존재로 간주해야만 한다는 것이다(Uljens, 2003: 51).

아이가 아직 인간됨이 결여되어 있다고 하더라도, 그리고 오직
학습을 통해서만 인간이 된다고 하더라도, 부모는 아이를 마치 '인
간'인 것처럼 대한다. 그리하여 이러한 태도는 부모로 하여금 아이
가 자발적으로 행동하도록 요청한다. 이때 아이는 전반성적인 자
발성으로서의 주체성을 갖고 부모의 요청과 자극에 반응할 수 있
다. 오크쇼트와 마찬가지로 울젠스는 자아는 스스로 자기의식성에
도달할 수 없다고 본다. 즉, 부모나 교사의 초청과 자극에 의해서
만 이것에 도달할 수 있다. 이 초청과 자극이 바로 우리가 교육이
라고 부르는 활동의 핵심이고, 한 자아의 자유의 성취에 교육이 필
수적인 이유다. 그러나 자아는 순전히 수동적인 존재가 아니다. 전
반성적 단계에서부터 어떤 자발성의 에너지를 갖고 있다. 부모나
교사는 이 에너지가 곧 아이를 '인간됨'으로 이끌어 줄 것이라고 확
신할 수도 없고 확신해서도 안 되지만, 여전히 그 아이를 '인간이
될 수 있는 능력을 가진 존재'로 가정하게 하는 원천으로 그것을 받
아들일 필요가 있다. 마치 그들을 인간인 것처럼 대할 때, 즉 아이
들의 타고난 자발적 에너지에 어떤 신뢰를 가질 때, 그리하여 이들
의 자유로운 자기활동을 요청하고 호출할 때 아이들은 자기의식적
학습을 시작하게 된다고 말할 수 있다.

그리하여 울젠스는 교육에서 주체성과 상호주체성의 관계는 다
음과 같은 세 가지 개념을 중심으로 단계적으로 상호 관련된다고
설명한다. 첫째 단계는 '인정(Anerkennung)'의 단계다. '인정'은 교
육의 전제 조건으로서, 교사가 세계를 향한 학생의 전반성적 자발
성을 자유롭고 주체적인 인간의 원천적 에너지로 인정하고 그 가

| 주체성 | ❶ 인정 | ❷ 호출 | ❸ 교육 가능성 | 상호주체성 |

그림 1   주체성과 상호주체성의 관계

능성을 인식하는 것이다. 이것은 기본적으로 교육자가 학습자를 대할 때 취해야 하는 태도에서 드러나야 하는 것으로, 둘째 단계를 가능하게 하는 것이기도 하다. 둘째 단계는 '초청' 혹은 '호출'(Aufforderung)의 단계다. 교사가 학생의 자발적인 자기활동을 요청하고 자극하는 단계로 이해할 수 있다. 이 단계에서는 교사의 호출이 없다면 학습자는 (자유로운) 인간이 될 수 없다고 가정하기 때문에, 모든 학습자가 인간이 되도록 교육되고 학습되어야 한다는 사실을 전제한다. 그리고 이때 교사의 역할은 학습자가 자기활동에 참여할 수 있도록 요청하는 것, 자기의식적 학습을 할 수 있도록 자극하는 것이다. 이 과정을 통해 학습자에게 '세계'가 열리게 된다. 학습자는 세계와 자신을 관련지을 수 있는 가능성을 제안받게 되고, 이것은 교육적 과정에서 핵심적인 과정이다. 셋째는 '교육 가능성(Bildsamkeit)'의 단계로, 학습자의 자기참여 활동과 자기의식적 학습이 학습자의 '인간됨', 자유의 개발에 필수적인 것이라는 점을 교사가 수용하는 것이다. 이를 통해 이제 학습자는 자기의식성에 눈뜨고 자신의 자유를 의식하는 방식으로 자기이해를 추구하게 된다.

교육의 과정은 앞에서 기술한 것과 같이, 한편으로 학습자의 자발성과 능동적 활동, 다른 한편으로 교사의 교육적 자극과 초청, 이 둘 간의 '긴장' 혹은 변증법적 발전과정을 통하여 학습자의 ('전반성적 주체성'이 아닌) '문화적 주체성'을 단계적으로 형성시켜 나아가는 과정으로 볼 수 있다. 이때 형성된 주체성은 상호 주체적으로 매개된 주체성이기는 하지만 학습자의 자발적 에너지에 의해 추동된 것이기도 하다. 위에서 기술된 울젠스의 교육의 세 단계 구조는 한 가지만을 제외하고는 오크쇼트 자유교육론의 설명 구조와 동일하다. 그 한 가지는 바로 첫 번째 '인정'의 단계로서, 교사가 학습자의 자발적 에너지를 억압하거나 교육에 불필요한 것으로 간주하기보다는 존중하고 인정하여 주체적 인간됨의 원천적 동력으로 활용하는 것이다. 교사는 아직 확신할 수 없는 학습자의 자발적 에너지에 교육적 믿음을 가지고 학습자가 마치 '인간'인 것처럼 가정하여야만 이들의 자기참여적 활동을 허용하고 요청하는 교육을 시작할 수 있다. 이것은 아직 인간됨이 결여된 학습자를 자기를 의식하고 성찰하며 이해할 가능성이 있는 인간으로 다루는 것을 의미한다. 그리고 필자는 이러한 '인정'의 태도는 학생들의 문화유산에의 영위를 자극하고 초청하는 교사의 실천적 방식에 상당한 차이를 가져올 것이라고 생각한다.

교육적 역설을 해명하는 울젠스의 교육 실천의 내적 구조에 대한 설명은 오크쇼트의 자유교육론을 좀 더 이해 가능하고 실현 가능한 것으로 만든다. 왜냐하면 그의 자유교육론에 내재한 교육적 역설의 구조를 좀 더 분명하게 드러냄으로써 오크쇼트 자유교육론이 어떻게 보완될 수 있고 수정될 수 있는지 그 대안을 제시하기 때문이다. 오크쇼트의 자유교육론이 울젠스의 설명으로 보완된다면 그것은 이제까지 자주 의심받아 온 두 가지 비판으로부터 어느 정도 자유로워질 수 있을 것으로 보인다. 첫 번째 비판은 오크쇼트

의 자유교육론이 주지주의적 교육론이라는 것이다. 울젠스의 상
호주체성의 개념으로 보완된 오크쇼트의 자유교육론은 주지주의
적 성격이 다소 완화될 수 있다. 주지주의는 원래 근대의 자기규정
적 선험적 자아관에 기초하는 '인식적 자아(the knowing self)' 개념
과 밀접한 관련이 있다. 그러나 오크쇼트의 자아관은 본래 근대의
선험적 자아관에 비판적이었거니와, 그의 자기이해로서의 자유 개
념이 울젠스의 상호주체성 개념으로 보완될 때 '인식적 자아'보다
는 '윤리적 자아(the ethical self)'를 추구하는 교육론으로 적극 해석
될 수 있기 때문이다. 오크쇼트의 자유교육론에 대한 두 번째 비판
은 이것이 정치적으로나 지적으로 보수적이라는 점이다. 이 비판
또한 울젠스의 '인정'의 개념으로 보완될 때 어느 정도 자유로워질
수 있다. 왜냐하면 이제 교사는 인간됨의 교육을 위한 전제 조건으
로서 학습자의 자발적 에너지를 인정하고 이것에 어느 정도 의존
할 필요가 있기 때문이다. 즉, 학습자를 자기의식적 학습에 초청하
기 위해 이것을 교육적으로 수용하고 활용할 필요가 있기 때문이
다. 사실 교육적 역설은 교사의 교육적 실천을 통해 해소되어야 하
는 것이며, 교사의 교육적 지혜와 동력의 많은 부분은 이 해소 작
업에 집중되어야 할지도 모른다. 만약 그렇게 된다면 상호주체성
에 바탕하고 있는 세대 간의 상호작용으로서의 교육적 활동은 계
획할 수 없고 예측할 수 없는 상호작용의 역동성을 실천의 장에 많
이 허용하고 이것에 슬기롭게 대처해야 하는 성격의 문제가 될 것
이다.

교육적 역설이 후기근대 자유교육론과 그 교육적 실천에 주는 함의

글의 앞부분에서 제기된
교육적 역설 문제로 되돌아가 보자. "아이를 훈육시키되 그의 마음
을 노예처럼 만들지는 말아야 한다. 규칙을 강요하되 그의 자유로

운 판단을 허용해야 한다. 칭찬하되 자만심을 키우지는 말며, 구속하되 자신의 자유를 누리도록 내버려 두어야 한다."(Lovlie, 2007: 9) 이 문제는 결국 교사가 앞선 세대의 가치를 대표하는 문화와 기준으로의 '사회화' 과정을 통하여 다음 세대를 어떻게 '자기의식적인 개별적 학습자'가 되도록 할 것인가의 문제와 크게 다르지 않다. 이 문제가 자리하는 교육적 실천의 장에는 명백히 서로 경쟁하는 가치 간의 긴장 혹은 역설이 있다. 던(Dunne, J.)의 표현을 따르자면, "권위와 자유, 개인과 사회, 앞선 세대와 젊은 세대, 과거와 미래"(2010: 19) 간의 긴장이다. 그리고 이어지는 그의 말처럼, 좋은 교육적 실천은 이 긴장을 먹고 산다. 근대교육론이 대개 이 역설을 보지 못하거나 그 역설을 구성하는 두 축 중 한 축의 우위를 주장하며 '사회화(전통적 교육)' 혹은 '개별화(진보적 교육)'를 교육의 목적으로 주장하였다면, 후기근대 교육론은 이 둘 간의 긴장이 열어 주는 교육적 가능성에 주목할 필요가 있다. 필자는 본론에서 오크쇼트의 자유교육론이 어떻게 이 두 요소 간의 긴장과 역설을 충분히 인식하지도 해명하지도 못했는지 검토하였다. 그리고 이것을 보완할 수 있는 방법을 소크라테스의 무지의 지각 개념과 울젠스의 상호주체성의 개념을 통해 모색하고자 하였다. 이를 통해 필자는 교육적 역설을 구성하는 한 축인 학생들의 자발성과 자기의식성의 탄생에 오크쇼트의 자유교육론이 좀 더 주목할 필요가 있다고 주장하는 한편, 교육 실천에서 교사의 교육적 역할의 성격과 어려움을 드러내 보이고자 하였다. 이것은 후기근대 자유교육론에서는 교수방법적 측면에서뿐만 아니라 학생과의 상호작용에서 교사가 해야 할 구체적 역할과 방식이 주요 관심사가 되어야 하고, 이에 대한 보다 심도 깊은 개념적 이해와 경험적 연구가 요청된다는 것을 말해 준다.

> 후기근대 교육론은
> '사회화', '개별화'
> 이 둘 간의
> 긴장이 열어 주는
> 교육적 가능성에
> 주목할 필요가 있다

그러면 지금까지의 논의는 서론에 묘사된 필자의 곤경, 교육 실천에서의 곤경에 대해 무엇을 말해 주는가? 첫째, 필자가 아무리 학생들의 자발적 참여와 독립적 사고를 '의식적으로' 독려했다고 하더라도, 문제를 제기한 학생의 반박 내용에 비추어 보건대, 그 강의실의 맥락에서 나의 교육적 의도는 과장되었을 수 있다는 점이다. 그리고 필자의 수업 설계는 학생들의 자발성과 이것에 대한 신뢰에 기초한 열린 방식이 아니었을 수도 있다. 이것은 그 학생의 반박에 대한 필자의 일차적 반응이 부정적이었다는 사실에서도 그대로 드러난다. 필자가 학생들의 자발성과 독립적 사고의 독려에 진정으로 관심이 있었다면 이들의 반박이나 이견을 적극적으로 환영하지는 못할망정 이들의 비판적 반응에 어느 정도 심리적으로 준비되어 있었어야만 했다. 그렇지 못했다는 사실은 스스로 생각하는 것만큼 필자가 진보적 교육자인지 의심스럽게 한다. 둘째, 비난조로 말하기는 했지만 그 학생의 말처럼, 교육이라는 활동은 기본적으로 새로운 세대를 주어진 신념과 가치, 규칙으로 구성된 문화적 틀로 입문시키는 일을 포함하지 않을 수 없다는 사실이다. 그리고 이것은 (진보적 교육론자들이 자주 말하는 것처럼) 교육이라는 활동의 '오명'이라기보다는 중요한 '직분'이라는 점을 (전통적 교육론자들과는 다른 관점에서) 새롭게 인정할 필요가 있다는 것이다. 인류 문화유산 혹은 세계로의 입문은 그 문화유산이나 세계라는 것의 가치 자체 때문이 아니라 이것이 성인 세대와 젊은 세대가 함께 공통으로 거주해야 할 공동의 세계를 열어 주기 때문에 교육 활동의 중요한 가치로 인정될 필요가 있다는 것이다.

교육 실천의 장에서 교육적 역설에 부닥치는 것은 그리고 그것에 민감해지는 것은 실천가로서 교육자의 성장에 좋은 교육적 계기가 되는 것으로 보인다. 물론 그 역설을 진지하게 받아들이고 그것이 함의하는 긴장을 교육 현장에서 '잘 살아내는 것'이 언제나 쉬운 일은 아니다. 그러나 교육적 역설에 부닥치는 일은 후기근대의 시대를 살아가는 우리 교육자들에게는 선택의 문제라기보다는 피할 수 없는 직업적 조건의 문제가 아닌가 싶다. 그리고 부닥친 교육적 역설은 교육 실천을 통해서만 해소될 수 있는 것으로 보인다. 그러나 불행히도 교육적 역설은 한 번의 실천적 해소로 종결되는 것이 아니라 우리의 교육 실천 속에 붙박여 있는 것이기 때문에 교육 실천에 몸담고 있는 한, 그 실천가에 의한 실천을 통해 끊임없이 해소될 필요가 있는 성격의 것이기도 하다. 그러나 이것은 교사의 입장에서 보자면 전적으로 불행한 것이라고만 말할 수는 없다. 왜냐하면 앞서 말한 것처럼 실천을 통한 역설 해소의 순간은 그 교사에게 교사로서의 인간적 성숙의 순간, 배움의 순간이기도 하기 때문이다. 자신의 교육적 실천에 진지하게 헌신하는 교사들은 언제나 자기성장의 계기를 그 실천 안에 갖고 있다고 말할 수 있다. 던(2010)은 바로 이 이유 때문에 교육이라는 실천적 활동은 교사로서의 우리 개인의 삶을 좋은 삶으로 이끄는 선을 그 안에 내포하고 있다고 결론 내린다. 그리고 바로 여기에 교육적 역설의 진정한 실천적 의의가 있는지도 모른다.

미주

1) 여기서는 'pedagogical paradox'를 '교육적 역설' 혹은 '교육 실천에서의 역설'로 번역한다. 이 용어의 문자적 번역은 '교수자의 가르치는 일에서의 역설'을 의미한다고 볼 수 있지만, 본 장에서는 상이한 교육 목적을 추구하는 좀 더 광범한 범주의 교육 실천들 내에, 즉 교육이라는 이름으로 수행되는 다양한 층위와 범주의 교수학습 활동 내에 내재한 역설을 모두 포괄하는 개념으로 사용하고자 한다.

2) 이러한 구분에 대한 반론은 있을 수 있다. 예를 들어, '문화유산에의 입문'이 곧 '개인의 독립적 마음의 개발'을 방해하는 것이 아니라 오히려 이것을 목적으로 한다는 주장이 있을 수 있으며(예: R. S. 피터스의 입장), 반대로 '개인의 독립적 마음의 개발'이 곧 사회 구성원으로의 사회화와 그리 구분되지 않는다는 주장이 그것이다(예: 존 듀이의 입장). 그러나 이런 노선의 반론이 지금 맥락에서 그렇게 중요하지 않은 이유는 본 장의 핵심적 논제가 이 두 주장에 모두 내재한 교육적 역설의 문제를 다루고자 하기 때문이다. 어쩌면 본 장은 이 반론들이 암묵적으로 받아들이고 있는 대비, 즉 '사회화'와 '개별화'라는 두 가지 교육 개념의 대비는 오늘날 교육 문제를 바라보고 이해하는 데에 더 이상 그렇게 유용하지 않은 개념적 구도라고 말하고 싶은지도 모르겠다.

3) 이 교육적 역설의 문제는 독일 교육철학 전통에서는 근대교육의 오랜 교육적 문제로 다루어진 것으로 보인다. 이것을 다룬 영어 문헌과 한글 문헌은 제한되어 있지만 제한된 범위 안에서 우리나라 교육 현실의 문제를 분석하고 이해하는 하나의 개념적 도구로 활용해 보고자 한다. 한글 문헌의 경우 주로 독일 교육철학 전통에서 공부한 학자들이 소개하였다. 우정길(2007)의 경우 이 문제에 관한 독일 교육철학 담론의 전반적인 흐름을 잘 정리하여 소개하고 있고, 김상섭(2012)의 경우 칸트 교육론에서 다루어지는 교육적 역설의 문제를 심도 깊게 분석하고 있다. 본 장이 이들의 논의에 충분히 기대지 못한 점을 아쉽게 생각한다.

4) '자유교육'의 개념은 '직업교육' 개념과 대비되는 것으로, 교육의 본래적 가치를 추구하는 '교육'의 다른 이름이다. 오크쇼트의 자유교육론은 전통적인 인문교양교육론의 현대적 재해석으로서, 흥미롭게도 폴 허스트(Paul Hirst, 1965)와 같은 근대 합리주의적 교육철학자와 리처드 로티(Richard Rorty, 1979)와 같은 반정초주의 포스트모더니즘 철학자 모두가 옹호하는 교육론이다. 그만큼 오크쇼트의 현대적 자유교육론은 폭넓은 해석의 스펙트럼을 허용하는 다면적이고, 복합적이며, 심오한 생각의 층을 담고 있다. 이런 의미에서 본 논의가 오크쇼트 자유교육론에 대해 이제까지 우리나라 학자(차미란, 2000)가 주로 취해 온, 교과 지식을 정당화하는 근대적 혹은 주지주의적 경향의 해석을 넘어서서, 이를 후기근대적(late-modern) 자유교육론으로 발전시켜 나가는 데에 기여하기를 기대해 본다. 이런 방향의 해석은 우리나라 학자로는 방진하(2010)가 조심스럽게 시도한 적이 있다. 오크쇼트 자유교육론과 정치 사상이 지닌 해석의 다면성, 모호성, 복합성에 관한 논의는 데이비드 맥케이브(David McCabe, 2000)의 글과 티모시 풀러(Timothy Fuller, 1996)의 글을 참조하기 바란다.

5) 교육에 관한 오크쇼트의 소고들을 엮은 책 『자율학습의 목소리(The Voice of Liberal Learning)』(1989)에 나오는 글들이다. 그리고 본 장에서 인용되는 오크쇼트의 글은 기본적으로 이 영어판 글들의 번역이지만, 『학습의 장(The Place of Learning)』과 『교수와 학습(Teaching and Learning)』의 경우, 국내에서 번역된 차미란의 한글본(1992)을 참조했음을 밝힌다.

6) 이 문장은 다음 영어 문장을 번역한 것이다. "Human beings are what they understand themselves to be."(Oakeshott, 1989: 64)

7) 이 마지막 문장은 다음 영어 문장을 의역한 것이다. "He is what he becomes."(Oakeshott, 1989: 64)

8) 그 대표적 경우가 플라톤의 또 다른 대화편 『메논』에 나오는 '메논'이라는 인물이다.

9) 이 대화편에서 앎의 역설은 다음과 같이 표현된다. "인간은 알고 있는 것이든 모르고 있는 것이든 탐구할 수가 없다. 알고 있는 것은 이미 알고 있기 때문에 탐구할 수(필요성)가 없고, 모르고 있는 것은 무엇을 탐구해야 할지 모르기 때문에 탐구할 수(가능성)가 없다."(Plato, 김상섭 역, 2004: 13)

10) 이것은 오크쇼트의 자유교육론이 지향하는 것이기도 하다. 이 점에서 오크쇼트의 자유교육론은 후기근대적 자유교육론의 요소를 그 안에 담고 있다고 해석할 수 있다.

11) 그리하여 오크쇼트는 자신의 자유교육론에서 교육적 역설의 문제를 충분히 인식하지도 부각하지도 못한 것같이 보인다.

12) 영어 단어 'subjectivity'는 한글로 '주관성' 혹은 '주체성' 등으로 자주 번역되는데, 본 장은 학습자의 학습에의 자발성과 능동성에 기초한 주체성에 일차적 관심이 있기 때문에 '주체성'으로 번역하고자 한다. 'intersubjectivity' 또한 '상호주관성', '상호주체성' 혹은 '서로주체성' 등으로 번역되지만, 본 장에서는 교사와 학생 간의 교육적 상호작용의 성격을 밝히는 데에 관심이 있기 때문에 '상호주체성'으로 번역한다.

13) 이것은 해나 아렌트(Hannah Arendt)의 '탄생성(natality)'의 개념과 유사해 보인다. 아렌트는 '탄생성'은 '죽음'과 더불어 인간의 근본적인 실존적 조건이며, 출생에 내재하는 새로운 시작을 가리킨다. 아렌트는 이 탄생성을 인간의 정치적 행위의 원천으로 바라보며, 새로 오는 자가 어떤 새로운 것을 시작할 능력, 즉 행위의 능력을 가지는 것과 밀접한 관련이 있는 것으로 설명한다(Arendt, 2011: 57).

미래 사회 변동과 교육 시스템 디자인

미래 인재의 조건

오헌석
유상옥

미래 인재는 왜 주목받는가   교육을 통해 어떤 사람을 길러내고 있고, 어떤 사람을 길러 내고자 하는지를 아는 일은 교육의 방향과 목적을 점검하고 결정할 때 필수적이다. 교육을 가르치고 배우는 활동이라 생각하면 잘 가르치고 배우게 해서 어떤 모습의 사람이 되기를 기대하는지가 명확해야 한다. 교육을 통해 길러 내고자 하는 인재상은 현재 진행되는 교육이 올바르게 진행되고 있는지를 알게 해 주고, 앞으로의 교육 방향을 알려 주는 지표가 되기 때문이다. 초 · 중등교육뿐만 아니라 대학교육, 심지어는 성인교육의 상당 부분도 미래에 구현될 개인의 능력과 자질을 길러 주는 활동이어서 교육은 미래와 밀접하게 관련될 수밖에 없다. 교육을 백년지대계라 칭하는 것도 교육이 지니는 본래적 속성인 미래 지향적 성격 때문이다.

현재가 아닌 미래의 어떤 시점에 활용될 능력과 자질은 앞으로 다가올 미래 사회의 모습이 어떤지에 따라 달라질 수밖에 없을 것이다. 다가올 미래 사회의 특성, 산업 구조와 직업 세계의 변화를

▶ 이 장은 2012년도 한국연구재단의 Social Science Korea 사업(NRF-2e1o-330-B00218)의 지원을 받아 수행된 연구이며, 오헌석(2012). 미래 인재의 조건과 고등교육방향. 글로벌 인재포럼 자문위원회 간담회 발표자료를 기반으로 수정 및 보완하였음.

알지 못하고 미래에 어떤 인재가 필요할지를 논하는 것은 불가능한 일이다. 한 가지 간과하지 말아야 할 사실은 교육이 미래 사회의 변화에 따라 요청되는 능력과 자질을 길러 주어야 하는 활동이지만, 그렇다고 해서 앞으로의 사회에서 현재 또는 지나온 과거에 중요하게 육성되었던 능력이나 자질이 모두 무의미해지는 것은 아니라는 점이다. 시대의 변화와 관계없이 요청되는 보편적인 능력과 자질, 시대에 따라 다르게 부각되고 요청되는 능력과 자질이 무엇인지를 명확히 밝혀야 교육의 방향으로서의 인재상은 올바르게 규명될 것이다. 지금까지 미래 인재상을 밝히고자 하는 수많은 시도가 있어 왔으나 그 근거나 증거가 미약한 경우가 많았다. 근거 제시가 빈약한 담론 수준에 머물거나 직업 세계의 파편적인 변화에 주목하여 특정 능력이나 자질만을 부각한 논의가 대부분이기 때문이다.

사전적 정의에서 인재는 어떤 일을 할 수 있는 능력이나 재주를 가진 사람을 의미하나 학술적으로는 그런 능력이나 재주 자체의 의미도 포함한다. 서양에서 주로 사용되어 온 인적자원이란 단어도 개인에게 체화된 지식, 기술 및 태도의 총체를 의미한다. 이런 점에서 보면 인재란 학습이나 경험을 통해 개인에게 체화되어 사회적 부가가치를 창출할 수 있는 능력 또는 그러한 능력을 소유한 사람을 의미한다. 이러한 인재의 개념에 내포되어 있는 중요한 요소는 가치를 창조하는 능력으로서의 탁월성이다. 그 능력의 발휘 가능성, 성장 가능성 그리고 희귀성이 높을수록 사회적 가치는 더 커지기 마련이다.

인재의 개념 자체가 미래 지향적 의미를 지니고 있음에도 미래의 인재를 논하는 이유는 미래 사회의 불확실성과 비동시대성의 증가 때문이라 할 수 있다. 사회 변화의 속도가 과거와는 비교가 되지 않으며 이로 인해 미래 사회에 대한 예측 가능성이 현저히 낮아져 미래의 불확실성은 커지고 있으며, 보편적인 기준과 방법에 따른 해결책이 존재하지 않고, 시기마다 그리고 지역마다 다른 해법을 요구하는 복잡한 사회문제들이 부상하고 있어 비동시대성이 증가하고 있기 때문이다. 예컨대, 2000년의 10년 후 미래 예측과 한 세대 전인 1970년의 10년 후 미래 예측은 질적으로 큰 차이가 있었다. 1970년대 산업화 시대의 사회는 크고 작은 사건과 국지적 변화에도 미래에 대한 불안감이 높지 않았다. 그러나 밀레니엄 시대에 들어서면서 이전 사회에서는 그렇게 심각하지 않았던 문제들이 전면에 부상하기 시작하였다. 갈수록 심각해지는 환경과 대기 오염 문제, 금융위기와 경제환경의 불안정성, 출산율의 지속적 저하와 베이비붐 세대의 은퇴로 인한 산업 노동력 부족의 문제 등 변화와 불안정성의 보편화로 미래 사회의 정확한 예측은 불가능한 일이 되고 있다.

미래 사회의 불확실성과
비동시대성으로 인해
이에 걸맞은
미래 인재상이 필요하다

불확실성과 비동시대성으로 대변되는 미래 사회의 특성은 미래 사회에 필요한 인재의 조건을 달리 규명할 필요성을 제기한다. '불확실성'은 주어진 미래를 받아들이고 그에 적응하는 방식에서 미래 사회를 주도적으로 이끌고 창조해 나갈 인재상을 요구하고, '비동시대성'은 규격화된 인간을 생산하는 시대에서 개성과 감성을 극대화할 수 있는 다양화된 인간상을 요구한다. 불확실성과 비동시대성이 보편화되는 시대에 요구되는 인재상은 특정 지식이나 기술보다는 도전정신과 같은 태도가 더 중요해질 가능성이 높은 것이다.

미래 사회의
불확실성과 비동시대성을 고려할 때 미래의 인재가 갖추어야 할
조건은 [그림 1]과 같이 두 가지 관점에서 분석할 수 있다. 먼저, 미
래 대응 관점이다. 계획과 예측[1]을 통해 미래를 대비하여 적절히
대응 방안을 구상하고 실현하는 방식의 미래 인식 관점이다. 미래는
예측된 대상으로 존재하며 이에 적절히 대응하는 뛰어난 능력을 보
유한 사람이 미래 인재이며, 이러한 인재를 육성하는 일이 교육의
과제다. 소수의 현자나 집단이 예측을 하고 예측된 계획에 따라 수
많은 추종자가 일사불란하게 계획을 집행한다. 이러한 관점은 산업
화 시대에 매우 유용했다. 특히 1970년대와 1980년대에 이루어진
한국 사회의 급성장은 행정부와 산업계에 포진된 유능한 인재들의
미래 계획에 힘입은 바 크다. 정부의 경제개발 5개년계획과 기업의
중장기 미래전략 등이 대표적인 예이며, 이들 미래 계획서는 누구
나 따라야 하는 산업 발전의 바이블 역할을 했다. 산업화 시대의 성
장 전략의 요체는 이러한 미래 계획에 있었다.

이와는 달리 미래 창조 관점에서는 예측과 통제의 대상으로서의
미래는 더 이상 존재하지 않는다. 미래 사회의 모습을 예측해 볼
수는 있지만 그러한 예측을 절대적인 금과옥조로 여기지 않는다.
이 관점에서 미래 인재는 불확실한 미래를 새로운 미래로 창조하
고 변화시켜 미래 사회의 방향을 정립해 나가는 역할을 한다. 미래
는 만들어지는 것이지 대응하는 것이 아니라는 것이다. "미래를 예
측하는 가장 좋은 방법은 미래를 창조하는 것이다."라고 갈파한 피
터 드러커(Peter Drucker)의 생각도 이러한 사실을 깨닫게 해 준다.
미래 창조 관점에서 더욱 빛나는 인재의 요건은 다름 아닌 도전정
신이다. 불확실성으로 가득 찬 미래를 두드리고 열어서 새로운 세
상을 만드는 도전정신은 많은 양의 지식과 정교한 기술보다 훨씬
더 중요한 자산이다.

미래 대응 관점
계획과 예측을 통한 미래 대비
'인재 가치 창출의 원동력'

현재   人材   미래

미래 창조 관점
불확실성을 헤쳐 나가는 도전정신을 통해 미래 창조
"미래를 예측하는 가장 좋은 방법은 미래를 창조하는 것이다."
—피터 드러커—

그림 1 미래 인재에 관한 두 가지 관점

미래 창조 관점을 견지해도 우리는 미래 사회의 모습을 이해해야 한다. 그 모습을 이해하지 않고 미래를 의미 있게 창조하는 일을 기대하기는 어렵기 때문이다. 이 장에서는 미래 사회의 변화를 사회, 경제, 정치, 기술, 환경의 다섯 가지 영역에서 살펴보고, 이러한 사회 변화에서 추론되는 인재와 교육에 영향을 미치는 변화의 총체적 바탕을 인재 지도(人材 地圖)의 변화라 명명하여 분석한다. 인재 지도의 변화는 인재풀의 변화, 직업 세계의 변화, 사회적 가치의 변화로 구성된다. 이어서 미래 인재의 조건에 대한 관점을 국가발전 단계, 대학과 기업, 저명한 학자들의 관점으로 나누어 차례대로 분석한 뒤 이를 종합하여 미래 인재의 조건을 분석한다.

미래 사회 메가트렌드 '13'   미래 인재가 갖추어야 하는 조건에 영향을 미치는 사회 변화는 사회, 경제, 정치, 기술, 환경의 5개 영역에서 총 13개의 메가트렌드로 분석된다. 이러한 메가트렌드는 인재 지도를 변화시키는 사회적 원천이다.

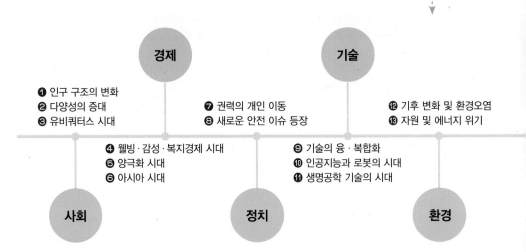

그림 2 미래 사회 메가트렌드 '13'

❶ 인구 구조의 변화

세계는 지금 인구 구조의 변화 파고를 타고 있다. 전 세계의 인구수는 증가하고 있지만 선진국들의 인구는 현 수준에서 정체되거나 감소되고 있으며 급격히 고령화가 진행되고 있다. 우리나라 역시 인구가 점차 감소할 뿐만 아니라 고령화 사회를 지나 초고령사회로 진입할 것이며, 생산가능인구(15~64세) 역시 2016년부터 감소할 것으로 예상된다. 노동력의 주축인 30~40대의 인구수는 이미 2006년부터 감소하기 시작하였고, 14세 이하는 2030년 11.2%, 2050년에는 9%로 감소할 것으로 예상하고 있다(통계청, 2012). 인구 구조의 고령화에 따라 고령화 소비 트렌드 및 고령친화 산업이 부상하고, 인생 2모작이 본격화되어서 제3기 대학, 노인대학 등이 확산될 것이다. 아울러 노년층의 의료와 복지 투자 요구에 밀려 교육 투자 규모가 축소될 가능성이 커질 것이며, 생산가능인구는 감소하는 한편, 여성의 경제활동 참여율과 서비스 산업의 비중은 증가할 것으로 예상된다(미래기획위원회, 2008; 한국정보화진흥원, 2010).

❷ 다양성의 증대

인구 구조의 변화와 동반되는 또 다른 중요한 변화가 다양성의 증대와 다문화의 보편화다. 다문화 사회는 현 사회에서 피할 수 없는 흐름으로 받아들여지고 있다. 우리나라 역시 국제결혼이 증가하고 외국인이 급증함에 따라 다문화 사회로 급속히 이행되고 있으며, 이는 사회의 갈등 및 문제가 증대될 가능성을 내포한다. 그러나 다양성, 다문화의 보편화가 사회 갈등의 원천일 수도 있지만 창조사회의 동력을 제공할 수도 있다.

다양성의 증대에는 인종의 다양화뿐만 아니라 성역할의 다양화, 세대 간의 가치관 분화도 포함된다. 여성 파워의 증대, 노령 인구의 경제 활동 참여, 세대 간 갈등과 조화 등은 사회문화의 근본 가치들을 변화시키는 동력으로 작용하고 있다.

❸ 유비쿼터스 시대

유비쿼터스(Ubiquitous) 사회가 도래하고 있다. '언제 어디서나'라는 선언은 불과 1990년대만 하더라도 불가능한 상상이었다. IT 기술의 급격한 발전은 유비쿼터스 사회를 현실로 만들고 있다. U-코리아, U-시티 등의 용어가 이미 익숙해지고 있고, 가상공간과 실생활이 융합되고 있다. U-인프라에 의해 사람과 사람, 사람과 사물, 사물과 사물 사이, 즉 세상 밖으로 확산되어 전 생활 공간이 놀이 공간으로 확대된다(한국정보화진흥원, 2006). 유비쿼터스 개념이 확산됨에 따라 교육에서도 학습 공간이 단순히 교실 공간에 머무는 것을 넘어 언제 어디서나 학습할 수 있는 진정한 의미의 평생학습, 평생교육이 가능한 시대가 열리고 있다.

❹ 웰빙 · 감성 · 복지경제 시대

경제 영역의 가장 첫 번째 트렌드는 웰빙 · 감성 · 복지경제 시대의 도래다. 고령화 사회, 소득 증대, 싱글가족의 증가는 삶의 질 향상을 위한 소비 가치를 이동시키고 있다. 미래 사회에서는 안전, 건강, 감성 중시의 소비가 더욱 확산될 전망이다(미래기획위원회, 2008). 상품 중심의 소비 형태는 웰빙 · 감성 · 복지를 중심으로, 소유에서 경험으로, 이성에서 감성으로 중심이 변화하고 있다. 실버 컨슈머, 슬로비족 등 새로운 소비층이 부상하면서 웰빙, 로하스, 하이브리드 소비 등 소비 패턴이 다양화되고 있다. 또한 사회적 책임, 이타주의, 환경 문제에 관심이 높은 실용적인 소비자인 밀레니엄 세대가 등장하면서 친환경적 · 윤리적 · 실용적 소비가 확산되고, 이들의 여가 형태 역시 변화하여 웰빙과 홀리즘(holism) 등의 지속 가능성을 추구하는 문화가 확산될 것이다(김영진, 2010; 미래

기획위원회, 2008). 이들에게 있어 여가는 삶에 있어서 빼놓을 수 없는 중요한 요소다. 아탈리(Attali, J., 2008)는 오락 산업과 미디어가 미래 사회를 지배할 것으로 전망하기도 하였다.

❺ 양극화 시대

경제 수준의 총체적 성장에도 빈부 격차는 점차 커지고 있다. 전문 지식을 보유한 지식노동자는 상층으로 편입되고 그렇지 못한 범용노동자는 하층으로 침하하는 중간층 분해 현상이 촉진되고, 개인뿐 아니라 산업/기업 간, 직종 간 양극화도 심화될 것이다. 경제적 양극화가 교육 기회의 차별화로 이어지는 악순환이 반복되는 경우 사회문화적 단절 현상이 초래될 수도 있다. 양극화는 중산층의 몰락, 계층 간 위화감 심화로 분열 조장, 공정한 교육 기회의 상실, 상대적 박탈감의 증대, 생산성의 저하, 사회 불만 세력의 확대 등 사회문제를 일으키는 가장 큰 원인으로 부각될 수 있다(박영숙 외 2011; 한국정보화진흥원, 2010).

❻ 아시아 시대

2001년의 9·11 테러, 금융위기, 유로존 붕괴에 이르기까지 미국과 유럽연합이 주도하는 시장경제가 흔들리고 있다. 일련의 사건은 미국과 유럽 중심의 세계 질서에 대한 세계인들의 생각을 극적으로 변화시키고 있다. 세계 경제의 중심축이 중국을 중심으로 한 아시아 시장으로 이동하면서 아시아가 새로운 소비의 축으로 떠오르고 있다(조용수, 2010; NIC, 2008). 막대한 인구와 경제 성장을 기반으로 아시아 지역은 과거의 단순 제조 시장에서 벗어나 새로운 가치를 창출하는 시장으로 부각되고 있다. 세계 GDP에서 아시아의 비중은 1980년 7.1%에서 2010년에는 22.8%로 이미 미국(19.7%)이나 유럽(21.4%)을 넘어서고 있다. 중국의 노동생산성

성장률은 심각한 금융위기에도 2008년 7.7%에서 2009년 9.1%, 2015년 10%로 지속적으로 향상되고 있으며, 중국 정부, 기업, 가계의 선택이 다른 나라의 정부, 기업, 근로자와 소비자의 행동에 강력한 파급 효과를 미치고 있다. 문화예술의 탈서구화와 새로운 브랜드 창출도 아시아를 중심으로 이루어지고 있다(박영숙 외, 2011).

❼ 권력의 개인 이동

국제 정세 및 사회 변화에 따라 정치 영역에서도 새로운 변화가 시작되고 있다. 기술이 발전하고 개개인의 다양성이 강조됨에 따라 권력이 점차 개인으로 이동하고 있다. 유·무선 네트워크의 발달로 자발적 참여자에 의한 정치 참여가 증가하게 되고, 권력에 대한 감시 기능이 강화될 것으로 전망된다(한국정보화진흥원, 2010). 이러한 변화를 신직접민주주의의 서곡으로 이해하기도 한다(박영숙 외, 2011). IT 기술의 발전으로 국가 내 주요 이슈에 대해 전 국민이 토론하고 정책에 국민의 목소리를 적극적으로 반영하는 참여정치가 보다 활성화될 것이다. 또한 이는 가상민주주의로 온라인 정치 활동이 활발하게 전개될 것임을 암시한다.

❽ 새로운 안전 이슈 등장

사회 및 경제 영역의 변화에서 살펴본 바와 같이 세계는 점차 다극화 체제로 전환될 것이며, 이와 같은 다극화 체제에서는 테러 위협이 증가하고 안보에 대한 수요가 확대될 것이다. 실제로 전 세계의 테러 사건은 점차 증가하고 있는 추세다. 미래학자 아탈리(2008)는 감시사회의 등장을 예견하고 있다. 미래 사회에서 감시는 개개인 수준에 머무르는 것이 아니라 역사·영토·이념 등 모든 영역으로 확대될 것이다. 예컨대, 테러, 핵무기 등과 같이 국제적 차원의 효과적 통제가 불가능한 위협 요소가 상존하게 됨에 따라 국제기구들은 글로벌 시스템이 원활하게 작동할 수 있도록 새로운 상호 감시 기능을 필요로 하게 될 것이다(한국정보화진흥원, 2008). 사이버 공간의 안전 위협 요소, 기후 변화에 따른 아열대성 질환 역시 새로운 안전 이슈를 불러일으키고 있다.

ⓔ 기술의 융·복합화

기술에 대한 사회의 요구가 점차 복잡해짐에 따라 단일 학문으로 해결할 수 없는 문제들이 증가하고 있다. 이에 따라 IT, BT, NT 분야의 융·복합은 학문, 기술, 더 나아가 산업 간 융합을 가속화하고 있다. IT+NT+BT 융합의 바이오 시장은 2008년 3,650억 달러에서 2018년 1조 2,353억 달러로 급성장할 것이다(지식경제부, 2009). 기술의 융·복합화는 기술 간, 기술-산업 간 융합을 넘어 인간과 사물의 결합, 전통 기술과 신기술의 융합에까지 이르고 있다. 인간과 IT의 결합은 미래 문화 변동의 출발점이자 원동력이 된다. 또한 기존 제조업의 전통 기술은 신기술과 결합하여 텔레매틱스, 지능형 홈, Wearable PC 등 고부가가치 제조업으로 지속적으로 발전할 것이다. 제조업, 에너지 등에서 기술 개발의 수요가 증대됨에 따라 융·복합에 따른 신기술과 신산업이 등장하게 될 것이고, 이를 위한 개방형 협업체계가 확산될 것이다. 이에 대응하여 신생 원천 기술 개발로 신산업을 창출하고 세계 시장을 선점하는 것이 매우 중요한 과제가 될 것이다(미래기획위원회, 2008).

⓾ 인공지능과 로봇의 시대

인간의 한계를 뛰어넘기 위한 기술 개발 노력이 다각도로 전개되고 있다. 인공지능과 로봇 기술이 대표적이다. 인지과학으로 대표되는 인공지능 및 인간형 로봇 기술은 뇌-기계 인터페이스, 전자 두뇌의식 등의 기술을 목표로 하고 있다(임현, 2009). 이 같은 기술은 인체 통신 기술로 확장되어 사람의 몸에 부착된 단말 장치로 통신이 되고, 사용자 인터페이스 역시 터치, 말하기, 타이핑 기능 측면에서 획기적으로 개선될 것이다. 또한 로봇 기술은 NT, IT 등과 결합되어 첨단 의료 기술로 발전하고 있고, 가정용 u-서비스 로봇 등이 주목받고 있다. 고령화 추세로 인공지능 로봇 수요가 증가하고 시장이 급성장하여 2020년에는 가정 및 개인용 로봇 시장 규모가 약 4,000억 달러에 이를 것으로 예측된다. 인공지능과 로봇의 발달은 인간과 로봇이 하나가 되는 기술로 지속적으로 성장하고 있고, 이는 단순히 인간의 직업과 가정생활을 지원하는 것에서 시작하여 인간 감성을 이해하고 이를 통해 인간 능력의 한계를 극복하는 방향으로 발전하고 있다(김정미, 2011).

⑪ 생명공학 기술의 시대

유전자 조작 기술을 중심으로 주목받기 시작한 생명공학은 고령화 사회와 웰빙의 흐름을 타고 새로운 발전을 모색하고 있다. 생명공학의 발전으로 응용 분야의 기술 구현이 가능해지면서 2020년에는 맞춤형 의약품, 유전자 조작 곤충 개발, 컴퓨터 모의 실험을 사용한 신약 설계 및 실험, 생물학적 기능을 흉내 낸 임플란트 및 보철물 등의 기술들이 실생활에 적용될 것이다(Silberglitt et al., 2006). 또한 RNA를 이용하여 질병을 유발하는 유전자를 억제함으로써 유전자 치료에 활용한다거나, 줄기세포를 이용하는 등 혁신적인 유전자 조작 기술이 개발될 것이다. 무엇보다 역분화 줄기세포는 환자 자신의 세포를 이용하기 때문에 윤리적 문제나 면역 거부 반응의 문제도 극복할 수 있다(임현, 2009). 이를 넘어서 유전자 증폭 기술인 PCR(Polymerase Chain Reaction)을 이용해 유전자를 직접 현장 검사하는 현장 진단 유전자 증폭 기술도 개발되고 있다. 이는 신종플루 이후 가장 빠르고 정확한 방법으로 각광받았고, 호흡기

질환 검사, 성병 검사, 약제내성 검사, 암 진단을 위한 체세포 돌연
변이 검사 등 적용 범위가 갈수록 확대되고 있다(손석호, 한종민, 임
현, 2011).

⓬ 기후 변화 및 환경오염

환경 변화 역시 미래 사회에 주목해야 할 영역이다. 이는 우리
삶의 각종 영역에 직간접적 영향을 미치고, 이미 가장 중요한 사회
문제로 대두되고 있다. 기후 변화의 추세는 더욱 가속화되고 있고,
환경오염을 줄이기 위한 구체적 조치를 요구하는 압력이 점차 증
대되고 있다. 한반도의 기온 예측 결과에 의하면, 2100년에는 현재
보다 평균기온이 2℃ 상승하면서 생태계에 큰 변화가 예상된다. 생
태계의 변화는 자연재난 피해가 과거보다 대형화되고 복잡해지는
것을 통해서 직접적으로 느낄 수 있다(이재은, 김겸훈, 류상일, 2005).

이와 같은 문제의식을 기반으로 국내외 각종 기술동향 보고서
에서는 이산화탄소 배출과 에너지 소비를 줄이고 환경오염 문제
를 해결하기 위한 각종 방안과 녹색 기술(Green Tech)이 제안되고
있다(김정미, 2011; 한국정보화진흥원, 2010). 국제적으로는 지구 온
난화와 국제환경 규제의 무역장벽이 강화되었고, 국제탄소거래제
도가 제안되었으며, WTO, FTA 등을 통해 환경 상품, 환경 서비
스 시장의 개방이 가속화되는 변화를 겪고 있다(한국정보화진흥원,
2010). 저탄소 녹색 성장은 개인부터 국가에 이르기까지 전 단위에
서 강조되고 있고, 기업의 사회적 책임이 기업의 지구적 책임이라
는 개념으로 확장되고 있다(박영숙 외, 2011).

⓭ 자원 및 에너지 위기

자원 및 에너지의 위기는 또 하나의 환경 영역의 메가트렌드다.
팽창하는 세계경제는 자원 수요를 더욱 증가시키고, 재생 가능 에

너지원과 수소연료 전지 등 새로운 에너지원에 대한 요구를 증대시키고 있다(한국정보화진흥원, 2008). 환경 친화적이고 지속 가능한 에너지를 개발하기 위한 노력이 세계적으로 활성화되고 있으며, 우리나라 역시 화석 연료의 고갈 위기에 따른 대체 에너지 시장이 급부상함에 따라 태양광 바이오연료, 풍력 발전 등에 대한 정부 지원을 급격히 증대시키고 있다(박영숙 외, 2011). 또한 에너지 위기를 극복하기 위한 하나의 방안으로 수소—에너지망을 통한 분산형—민주적 에너지 권력시대로의 전환이 모색되고 있다(미래기획위원회, 2008). 이와 더불어 물 부족 문제 역시 세계적인 관심사로 급부상하고 있다. 서부 스페인, 미국 대초원 지대 등 세계 주요 농경 지역을 중심으로 물 부족 문제가 심각해지면서 2025년에는 30억 명이 물 기근을 겪을 것으로 예상된다(한국정보화진흥원, 2010). 우리나라 역시 1인당 확보된 연간 강수량을 기준으로 할 때, 물 부족 국가군에 해당한다. 안전한 식수 확보를 위해서는 2015년까지 매일 34만 개 이상의 상수도 시설과 46만 개 이상의 하수도 시설이 필요할 것으로 예상된다(과학기술부, 2005).

인재 지도의 변화 사회 변화의 메가트렌드는 인재 지도(人材 地圖)를 변화시키고 있다. 사회 변화는 한 사회의 인재풀을 변화시키고 인재의 잠재력이 실현되어 사회적 가치를 창출하는 직업 세계를 변화시킨다. 인재의 개념에는 잠재적 인재로서 인재풀의 특성을 기반으로 탁월성을 개발하여 가치 창출의 실제적인 장으로서의 직업 세계에서 사회적 가치를 창출하게 되는 과정이 내포되어 있다. 따라서 본 장에서 인재풀, 직업 세계, 사회적 가치라는 세 요소로 규정된 인재 지도는 미래 사회의 변화와 결합하여 미래 인재의 조건을 도출하기 위한 기반이 된다.

인재풀의 변화

미래 사회의 변화가 인재풀의 구성과 특성에 가져오는 변화는 크게 두 가지다. 먼저, 인구 구조의 변화와 다양성 증대는 인재풀 외연의 확장과 다변화 경향을 보여 주고, 유비쿼터스 사회의 도래와 권력의 개인 이동과 같은 변화는 인재풀의 질적 특성 변화를 예고한다.

첫째, 인구 구조의 변화와 다양성 증대는 인재풀 외연의 확장과 다변화를 보여 준다. 총인구수 증가는 정체되었고 심지어 생산가능 인구는 2016년부터 감소할 것으로 예상되기도 하지만(통계청, 2012), 통계적 생산 가능성과는 별개로 생산 활동에 참여하려는 인구는 꾸준히 증가하고 있다. 수명은 늘어난 데 비해 그에 걸맞은 노후 준비는 덜 되어 있는 경우가 많기 때문이다. 또한 여성 인구의 경제 활동 참여도 꾸준히 늘어나는 추세다. 이를 통해 인재풀의 외연이 늘어나고 있다.

외연의 확장보다 더 눈여겨볼 부분은 다변화다. 여성과 고령자의 사회 활동 참여 역시 다변화 측면에서 해석 가능하다. 그리고 무엇보다 외국인 및 다문화가정, 새터민의 증가는 우리 사회의 인력 구성이 더욱 다변화되는 모습을 대변한다. 이는 직접적으로는 갈등 관리가 중요한 사회문제로 부각됨을 보여 주지만, 인재정책 측면에서도 기존의 접근과는 다른 개별화된 접근이 필요함을 보여 준다.

둘째, 외연의 확장과 다변화가 인재풀의 양적 특성을 대변한다면 유비쿼터스 사회의 도래와 권력의 개인 이동이라는 미래 사회의 변화는 인재풀의 질적 특성의 변화를 예고한다. 유비쿼터스 시대에 개인은 특별히 통제된 정보나 고도의 암묵지를 제외한 대부분의 정보에 매우 광범위하고 신속하게 접근할 수 있다. 부지런하기만 하다면 정보의 양이라는 측면에서 더 이상 약자로 남아 있을 핑계가 없다. 특히 한국의 경우 고학력화가 급속히 진행되었고 인터넷·모바일 기술이 세계 어느 나라보다 발달해 보편화되어 있기 때문에 이와 같은 특성은 두드러진다.

인터넷·모바일 기술의 발달은 개개인을 더 똑똑하게 만들어 줄 뿐만 아니라 많은 정보를 가진 개인들이 서로 소통하고 연대할 수 있는 기회도 무한히 확장하고 있다. 이들은 인터넷과 SNS를 통해 정보를 얻을 뿐만 아니라 정보와 의견을 양산하고 부지런히 공유한다. 이는 민주주의 사회의 권력의 시발점으로서 여론을 형성할 기회가 과거에 비해 훨씬 공개되어 있고 접근성이 높아졌음을 의미한다. 즉, 정보와 연결성의 증대는 곧 개인의 파워 향상으로 이어진다.

결론적으로 미래 인재풀은 과거보다 더 똑똑하고 연결되어 있으며, 사회적 파워를 형성할 수 있는 잠재력을 훨씬 풍부하게 지니고 있다. 미래 인재의 조건 탐색은 잠재적 대상의 이와 같은 특성을 전제로 이뤄져야 한다.

직업 세계의 변화

미래 사회의 변화는 인재풀의 변화와 더불어 인재가 탁월성을 개발하여 실제로 가치를 창출하는 장인 직업 세계의 변화를 가져오고 있다. 직업 세계는 특정 지역 및 산업의 부각과 함께 새로운 소비자 형태의 등장으로 요약할 수 있다. 또한 사회에서 직업 세계에 요구하는 사회적인 책임과 윤리 의식 역시 새로운 변화의 시대를 맞이하고 있다. 이 구체적인 양상은 다음과 같이 제시할 수 있다.

첫째, 산업 지형의 변화다. 미국과 유럽연합이 경제적으로 몰락하여 아시아가 새로운 경제 중심지로 부각됨에 따라 단순한 제조업을 넘어 새로운 가치를 창출하는 시장으로 주목받고 있다. 이는 단순한 지역의 변화를 넘어 소비자의 욕구와 소비 형태의 변화를 야기한다. 또한 생물공학 기술의 발달, 웰빙·감성·복지 경제의 부각은 의료·생명 산업, 기후 변화 및 환경오염, 자원/에너지 위기는 환경·에너지 산업 그리고 유비쿼터스 사회, 인공지능과 로봇의 발달은 지식창조 산업의 부상을 예견하는 근거이자 원동력이다.

둘째, 산업 지형의 변화에서 이와 같은 특정 산업의 부각도 중요하지만, 그보다 더 중요한 변화는 다양한 기술과 산업이 인간 감성과 행복을 중심으로 융합하는 데서 드러난다. 웰빙·감성·복지 경제의 부상과 기술 및 산업의 융·복합화는 이와 같은 변화를 대변하는 트렌드라 할 수 있다.

셋째, 직업 세계에서 윤리와 사회적 책임이 강조되고 있다. 개인적 차원에서의 윤리와 사회적 책임에 대한 강조는 사회적 가치 차원의 논의와는 조금 다른 양상을 띤다. 사회가 점차 전문화됨에 따라 모든 영역의 윤리가 법적·사회적 합의의 대상이 되기 어려워지면서 개인이 사회 일반의 윤리를 준수할 뿐만 아니라 자기 전문 영역에 있어 구체적 윤리를 만들어 내야 하는 상황이 펼쳐지고 있다.

사회적 가치의 변화

지금까지 살펴본 바와 같이 미래 사회의 변화에 따라 인재풀의 특성이 변화하고 직업 세계 역시 변화하였다. 이는 궁극적으로 인재에게 기대하는 사회적인 가치의 변화를 수반하고 있다. 구체적으로 미래 사회의 변화는 인재가 창출해야 할 가치라는 측면에서 크게 네 가지의 변화를 예고하고 있다.

첫째, 인간 중심 가치의 부각이다. 웰빙·감성·복지 경제의 부각이 이와 같은 변화를 직접적으로 보여 줄 뿐만 아니라 기후 변화 및 환경오염, 새로운 안전 이슈의 등장 등이 모두 인간 관점에서 중요시되는 변화임을 알 수 있다. 인공지능과 로봇, 생물공학 기술의 가치도 기술 자체의 발달이 아닌 인간의 건강과 행복 증진의 측면에서 의의를 지니며 이를 지향하고 있다.

둘째, 미래 사회의 가치 창출은 자연 친화적일 것을 요구받고 있다. 지속 가능 성장 맥락에서 기후 변화와 환경오염, 자원/에너지 위기는 개인과 기업, 국가적 차원에서 관리의 대상이다. 이는 인간 중심 가치 지향과 긴장관계를 형성한다. 인간의 편의와 행복이 자연 훼손의 변명거리로 타당성을 지니던 시대는 지나갔으며 자연 친화성에 대해 점차 도덕적 호소 차원을 넘어 법적 강제력을 강화하는 변화가 나타나고 있다.

셋째, 지식의 창조가 중요한 가치로 부상하고 있다. 유비쿼터스 사회의 도래는 정보라는 측면에서 개인을 점점 똑똑하게 만들고 있지만, 이는 역으로 정보의 상대적 가치가 하락하고 있음을 의미한다. 정보의 접근과 이해, 활용 가능성이 높은 정보일수록 상대적 가치는 하락하며 새로운 정보나 지식의 가치는 상승한다. 인공지능과 로봇의 발달은 이러한 경향을 가속화한다. 인공지능의 정보 수집 및 문제 처리 능력이 향상될수록 지식 '창조'의 상대적 가치는 부각될 것이다.

넷째, 윤리 및 사회적 책임의 강조다. 정보 접근성의 증대는 부정적 정보의 노출도 막을 수 없게 됨을 의미한다. 과거 기업 활동에 대한 도덕적 기준이 법 준수를 요구하는 정도였던 데 비해 최근에는 적극적 의미의 윤리적 책임이 강조되고 있다. 단순한 제품의 기능이나 가격이 아닌, 생산 및 유통 과정의 도덕성, 외부에서의 사회적 활동조차 제품이나 서비스 선택의 기준으로 인식되기 시작한 것이다.

미래 인재의 조건 탐색

미래 사회의 변화를 어떻게 예측하느냐에 따라 미래 인재의 조건은 다르게 규정될 수밖에 없다. 여기서는 국가발전 단계에 따른 구분, 대학과 기업, 저명한 학자나 미래학자들의 분석을 살펴본다.

국가 수준별 미래 인재상

미래 사회에서 일의 성격과 패턴은 변화될 것이다. 직업 세계에 대한 미래 예측에서 선진국일수록 창의적인 일의 비중이 크게 증가하는 반면, 반복적인 일의 비중은 크게 감소할 것이라 예측된다. 선진국의 경우 10년 또는 20년 후에는 창의적인 일의 비중이 압도적으로 커지게 될 것이다. 반면, 단순 반복적인 직업들은 기계에 의해 대체되거나 개발도상국가로 점차 이전된다. 선진국은 연구 및 개발, 디자인, 마케팅과 세일즈 전략, 공급체인의 관리 등 창의적인 일이 지배하게 될 것이다.

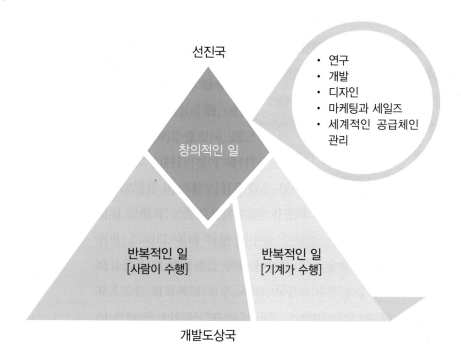

그림 3   21세기 국가수준별 일의 미래(National Center on Education and the Economy, 2007)

　　EU를 비롯한 선진국은 물론 글로벌 기업들은 최근 특히 미래
사회에서 요구되는 핵심 역량을 규명하고 이를 육성하기 위한 투
자를 늘리고 있다. 시스코, 마이크로소프트, 인텔과 같은 글로벌
기업들이 후원하고 호주, 핀란드 등 여러 국가가 참여하여 추진
된 '21세기 역량의 평가와 교육(Assessment and Teaching of 21st-
Century Skills: ATC21S, 2009) 프로젝트'에서는 사고방식, 직무방식,
직무수단, 사회생활방식의 4개 영역으로 구분하여 미래 사회의 인
재에게 요구되는 역량을 〈표 1〉과 같이 제시하고 있다. 국가 수준
에 따른 미래 인재상은 정형적인 업무보다는 비정형적인 업무를
수행하는 능력에 집중되고 있으며, 특히 선진국일수록 창의적이고
고차원적인 역량을 강조하고 있다.

표 1　ATC21S 프로젝트가 제안한 21세기 핵심 역량

범주	사고방식 (Ways of Thinking)	직무방식 (Ways of Working)	직무수단 (Tools for Working)	사회생활방식 (Ways for Living in the World)
역량	• 창의력 · 혁신능력 • 비판적 사고력 · 　문제해결력 · 　의사결정력 • 자기주도학습능력	• 의사소통력 • 협동능력(팀워크)	• 정보 문해 • ITC 문해	• 시민의식(지역/글로벌) • 인생 및 진로 개척능력 • 개인 및 사회적 책임의식

출처: Griffin et al. (2011); 최상덕(2011)에서 재인용.

대학의 미래 인재상

　　대학은 대학의 특성과 추구 이념에 따라 인재상을 설정하고 있
다. 국내 및 미국 주요 언론기관에서 발표한 대학 순위를 참조하여
국내 주요 50개 대학과 세계 100개 대학의 인재상을 조사 · 분석하여
각 대학의 인재상에서 강조하는 요건을 〈표 2〉와 같이 정리하였다.
　　국내는 주로 '창의', '창조'를 강조하는 대학이 가장 많았다. 대학
들이 산업사회에서 후기 산업사회로 변모해 가는 사회상을 반영하

표 2 국내 및 해외 주요 대학의 인재상의 요건(빈도수)

순위	국내 대학(50개)	외국 대학(100개)
1	창의, 창조(15회 이상)	Diversity, Innovativeness, Discovery(18회 이상)
2	글로벌 의식, 리더십, 책임성(10회 이상)	Leadership, Passion, Independence(15회 이상)
3	진리탐구, 지성, 지혜, 합리(7회 이상)	Creativity, Intellect, Research, justice(12회 이상)
4	도전의식, 개척의식, 열정, 성실(6회 이상)	Partnership, Relationship, Cooperation(10회 이상)
5	소통, 융합, 인성, 지덕체, 존중(4회 이상)	Role & Responsibility, commitment, contribute(8회 이상)
기타	다양성, 윤리, 예술, 봉사/헌신(3회 이상)	Respect, Serve, Sustainability, Honesty(5회 이상)

여 창의와 창조를 가장 중요한 인재상의 기준으로 설정하고 있는 것으로 이해된다. 이어서 인재상에서 강조되는 것이 글로벌 의식, 리더십, 책임성 등이다. 이들 인재상의 요건은 세계화 시대에 국제적 경쟁력과 사회의 지도자를 육성하고자 하는 대학들의 미래 구상을 표현한 것이다. 대다수의 대학에서 입학 또는 졸업 시 일정 수준의 공인영어점수를 요구하거나, 영어 강의를 늘리고 해외 우수 학생들과의 교류를 확대하는 정책을 통해 글로벌 능력을 키우고 대학의 국제적 경쟁력을 높이고자 노력하고 있다. 이어서 전통적으로 대학의 주요 기능으로 이해되어 온 진리탐구, 지성 및 합리성의 개발이 강조되고 있다. 다음으로는 도전의식, 개척정신, 성실성 등이, 이어서 소통, 융합, 인성, 존중 등의 가치가 중요한 인재상의 기준으로 설정되고 있다. 마지막으로는 다양성, 윤리, 봉사 및 헌신 등이 강조되고 있다.

외국의 주요 대학에서는 다양성, 혁신 및 탐구가 가장 강조되고 있고, 이어서 국내 대학과 마찬가지로 리더십, 지성 등이 강조되고 있다. 이에 반해 독립심과 정의, 사회공헌 등은 국내 대학에서는 크게 주목받지 못한 인재상의 요건이라 할 수 있다. 파트너십과 협력 또한 주목할 만한 인재상의 요건들이다. 미래 사회이 복잡성과 상호의존성은 나 홀로 위대한 과업이나 의미 있는 일을 완수하기 어렵게 할 것이기에 파트너십과 협력 정신과 능력을 키우는 일이 과거보다 훨씬 중요한 교육의 임무가 될 것이다. 뿐만 아니라 존중과 정직 같은 기본적인 덕목도 인재상의 중요한 요건으로 강조되고 있다.

기업의 미래 인재상

기업은 더 이상 대학에서 배출된 인재를 받아 활용하고 소비하는 인재 육성의 객체가 아니라, 인재의 선별 기준을 정함으로써 인재 육성의 방향에 영향을 미치고 선발된 인재를 키우는 인재 양성 기관의 역할을 수행하고 있다. 기업의 인재상은 기업이 미래를 이끌어 갈 비전이자 경영 전략이다. 현대 사회에서 기업은 고등교육을 비롯한 교육체제의 운영 방식과 기준에 매우 큰 영향을 미쳐 교육문화와 방식을 설정하는 주체로 부상하고 있다. 다음에서 설명하고 있는 기업의 인재상의 요건은 국내 100대 기업과 외국의 주요 기업을 대상으로 조사한 결과다. 먼저, 국내 100대 기업의 인재상의 요건은 〈표 3〉과 같다.

표 3 국내 100대 기업의 인재상의 요건(빈도수)

순위	요구역량
1	도전의식, 전문성/실력(45회 이상)
2	창의, 혁신, 변화주도(30회 이상)
3	최고지향, 고객지향, 열정, 성과창출(20회 이상)
4	협력, 신뢰, 열린마음, 글로벌의식, 책임(15회 이상)
5	꿈(비전), 자율, 노력(10회 이상)
기타	긍정, 소통, 도덕, 정직(10회 이하)

국내 기업은 주로 도전의식과 전문성 및 실력을 갖춘 인재를 가장 중시하고 있다. 기업들은 도전정신을 갖고 자기 분야에서 최고를 지향하며 최상의 성과를 창출하는 전문 인재를 원하고 있다. 창의, 혁신, 변화주도도 높은 빈도수를 기록하였는데, 창의와 혁신을 통해 기업의 변화를 주도할 수 있는 인재를 높이 평가하고 있다. 이어서 고객지향, 열정, 협력 및 신뢰, 글로벌의식, 책임 등이 강조되고 있으며 도덕 및 정직 또한 비전 및 소통능력과 함께 강조되고 있다.

〈표 4〉에서는 주요 외국 기업의 인재상의 요건을 설명하고 있는데, 국내 기업처럼 창의와 도전정신, 열정 등이 강조되고 있으나, 국내 100대 기업과의 차이는 외국 기업이 보다 문제해결력, 사고의 유연성, 리스크에 대한 책임과 모험심 등 불확실한 미래와 상황에 대한 대처능력과 해결능력을 더 강조한다는 점이다.

표 4 주요 외국 기업의 인재상

외국 기업	인재상
애플	세상을 바꾸는 것에 성취감과 행복을 느끼는 인재, 언제 어디서나 창의적인 인재, 스마트, 창의력, 도전성, 열정을 강조
구글	리더십, 전문 지식과 식견, 문제해결력, 본성에 충실한 인재
GM	열정과 에너지를 가진 인재, 동기부여 능력이 있는 인재, 집중과 결단, 최고지향을 가진 인재, 실행력을 갖춘 인재
페덱스	글로벌 마인드, 기업에 헌신, 자신의 일에 대한 열정과 공통된 비전을 가진 인재
소니	호기심, 마무리에 대한 집착, 사고의 유연성, 낙관적 자세와 업무태도, 리스크에 대한 책임성과 모험심을 가진 인재

학계의 미래 인재상

대학이나 기업뿐 아니라 미래학자나 교육학자들도 미래에 필요한 인재의 조건을 제시하고 있다. 대표적인 미래학자인 다니

엘 핑크(Daniel Pink, 2005)는 20세기는 좌뇌 주도의 생각(L-direced thinking)이 주요했다면, 21세기는 우뇌 주도의 생각(R-directed thinking)을 하는 인재의 시대라 강조하면서 디자인, 스토리, 조화, 공감, 놀이의 다섯 가지 능력을 강조하고 있다. 하이테크를 중심으로 하는 좌뇌 주도의 사고가 이성적 사고 능력이 중시되는 20세기적 사고라면, 하이컨셉트(high-concept)와 하이터치(high-touch)를 중심으로 하는 우뇌 주도의 사고는 감성 능력이 중시되는 21세기적 사고다. 하이컨셉트는 예술적이고 감성적인 미의 창조 능력, 패턴과 기회를 포착하는 능력, 이야기를 구성지게 표현하는 능력, 관련이 없을 것 같은 아이디어를 참신한 발명으로 연결할 수 있는 능력을 의미한다. 하이터치는 감정이입 능력, 인간의 미묘한 상호작용을 이해하는 능력, 일상의 무료함에서 벗어나 재미를 찾고 이를 타인에게 유도하는 능력이다. 이러한 시각은 오늘날의 교육이 주로 좌뇌형 인간을 육성하는 데 집중되어 있기에 미래의 감성사회를 대비하는 데 문제가 있다는 점을 일깨워 준다.

앨빈 토플러(Alvin Toffler)는 미래 사회의 특징을 탈대량화, 다양화, 지식기반 생산과 변화의 가속화로 규정하고 창조적 인재, 기존 사고의 틀을 깨고 넘나드는 인재, 더 열려 있고 유연한 인재, 관료주의나 기존 시스템에서 벗어나 정치, 경제, 사회를 두루 조망할 수 있는 인재에 주목하고 있다.

한편, 미국 하버드 대학의 교육 전문가인 와그너(Wagner, T., 2007)는 미국 교육이 미래 세대의 창의적 · 논리적 사고력을 신장시키지 못하고 '시험을 잘 보게 하는' 교육에 주력하고 있어 미래의 국가경쟁력 향상에 걸림돌이 되고 있다고 주장한다. 미국 교육이 학생들에게 21세기 사회에서 요구되는 기술을 올바로 가르치지 못하고 있다고 비판하면서 다음과 같은 일곱 가지 핵심 기술을 강조하고 있다. ① 비판적 사고력 및 문제해결력, ② 협동심 및 영향력 있는 리더십, ③ 적응력, ④ 이니셔티브 및 기업가 정신, ⑤ 효과적인 발표력 및 작문실력, ⑥ 유용한 정보 탐색 및 분석 능력, ⑦ 호기심과 상상력이다.

일부 학자는 미래 교육에 대한 다양한 비전을 제시하면서 미래 인재의 조건을 제시하기도 한다. 하버드 대학의 교육심리학자인 하워드 가드너(Howard Gardner, 2008)는 이종(異種)의 학문과 기술이 결합하는 미래 사회에서 요구되는 인재의 조건을 다섯 가지 마음(5 Minds for the Future)으로 제시하고 있다. ① 탐구능력(disciplinary mind), ② 종합능력(synthesizing mind), ③ 창조능력(creating mind), ④ 존중능력(respectful mind), ⑤ 윤리능력(ethical mind)이다.

미래학자인 파비엔 구-보디망(Fabienne Goux-Baudiment)은 미래 준비를 위한 새로운 교육 형태를 강조하면서 복합성, 인간다움, 창의성을 갖춘 인재, 이러한 인재를 길러 낼 수 있는 교육체제를 구축해야 한다고 주장하고 있다(신지은, 박정훈, 2007).

미래 인재의 조건

인재의 조건은 고정불변의 역사물이 아니며 시대에 따라 변하기도 한다. 과거의 인재상은 현재와 미래 사회를 어떻게 규정하느냐에 따라 달라지게 된다. 본 장에서는 미래 인재의 조건을 탐색하기 위해 미래 사회의 13가지 메가트렌드를 통해 사회의 변화를 살펴보았다. 이어서 메가트렌드에 의해 영향을 받는 인재 지도의 변화를 통해 잠재적 인재가 탁월성을 개발하여 가치창출의 실제적인 장으로서의 직업 세계에서 탁월성을 발휘하여 인재에게 기대하는 사회적 가치를 창출하는 일련의 과정에서의 변화를 미래 사회의 변화 속에서 탐색하였다. 이에 덧붙여 국가 수준별, 대학 및 기업별 인재상과 그 요건을 탐구하고, 학계에서 강조하는 미래 인재상을 알아봄으로써 미래 인재의 조건을 종합적으로 그려 볼 수 있었다.

우선, 불확실한 미래를 대비하고 상황을 예측할
수 있는 능력이 중시되는 사회에서는 주어진 문제
를 효율적으로 해결할 수 있는 합리성이 높은 인재
보다는 문제 자체를 새롭게 정의하고 발견하여 해
당 분야의 발전과 변화를 이끌어 낼 수 있는 인재를
기대한다. 이러한 인재 유형을 '문제 창조형 인재'
라 명명한다. 산업사회에서 성공한 인재가 주어진
문제를 효과적이고 효율적으로 해결하는 문제 해결
형 인재였다면, 미래 사회에서 주목받게 될 인재는
새로운 문제를 끊임없이 발견하고 기존의 문제를
재정의하여 새로운 방식으로 해결하는 문제 창조형
인재다.

또한 현재의 문제를 분석하고 해결하는 능력을 넘어 다른 사람
들이 인식하지 못하는 문제를 발생 이전에 직관적으로 감지하고
전혀 다른 분야의 전문적 지식을 결합하여 새로운 아이디어를 생
성해 혁신을 주도할 수 있는 '융합형 인재', 그리고 혼자서가 아닌
여러 다른 분야의 조직과 사람들과 어울려 소통하고 협업하여 조
화를 이루며 새로운 성과를 창출할 수 있는 '관계 성과형 인재'가
주목받고 있다. 이에 대해 다음에서 좀 더 상세히 살펴본다.

첫째는 문제 창조형 인재다. 미래 사회의 가장 큰 화두는 불확
실성이다. 불확실성이 높은 사회에서 경쟁 우위를 점하기 위해서
는 불확실한 미래를 예측하여 이를 주도해 나가야 한다. 기존의 산
업사회 혹은 오늘날의 정보화 사회에서는 주어진 과제를 효율적으
로 해결하고, 발생된 문제의 원인을 정확하게 분석 및 진단하여 최
적의 해결안을 도출하는 능력이 핵심 인재의 주요 능력이었다. 하
지만 불확실성이 급증하고 지식의 변화 속도를 예측하기 힘든 미

주어진 문제를 효율적으로
해결하는 능력을 갖춘
인재가 아닌,
'문제 창조형 인재'의
중요성

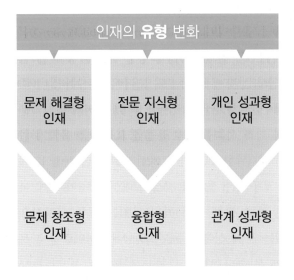

그림 4   인재의 유형 변화에 따른 미래 인재상

래 사회에서는 이미 발생한 문제에 효율적으로 대처하는 것이 점차 어려워진다. 따라서 미래 사회에서는 급속하게 변화하는 지식과 기술을 창조하고 주도하는 능력이 강조된다. 미래 인재는 스스로 불확실성을 증대시키고 지식과 기술의 변화 속도를 가속화할 수 있는 경쟁력을 갖추어야 한다. 미래 사회의 변화를 예측하는 것이 불확실성의 사회에서 주도권을 잡을 수 있는 핵심 역량이다. 이를 위해서는 미래 인재에게 문제에 대한 감지 능력과 민감성이 요구된다. 새로운 문제를 감지하는 것은 새로운 문제를 창조하기 위한 전제조건이다. 이를 기반으로 문제 창조형 인재는 다양한 경험과 자신이 가지고 있는 고유한 틀을 변화시킬 수 있는 유연한 사고를 바탕으로 불확실한 상황에서 개인 및 조직이 나아갈 방향, 즉 비전과 목표를 명확하게 구체화하여 제시할 수 있는 인재다.

불확실성 시대에서 미래 사회를 예측하는 능력을 신장시키기 위해서는 지식을 습득하기 위한 교육만이 아니라 다양한 상황 속에서 지식이 활용되고 적용되는 절차적 지식에 대한 교육이 함께 이루어져야 한다. 이는 맥락 속에 녹아 들어가 있는 암묵적 지식으로, 다양하게 변화되는 문제 상황에 유연하게 대처함으로써 높은 성과를 창출할 수 있도록 한다.

둘째는 융합형 인재다. 학문과 기술에 대한 사회의 요구가 점차 복잡해짐에 따라 단일 학문이나 기술로 해결할 수 없는 문제들이 증가하고 있다. 따라서 분과 중심의 교육 시스템이 가진 한계를 극복하고, 점차 융합을 통한 문제해결이 주목받게 된다. 여기서 융합은 두 가지 이상의 학문과 기술 간 결합과 이를 통한 새로운 학문이나 기술의 창출이라는 의미를 동시에 지닌다. 즉, 융합형 인재는 단순히 분과학문의 결합을 가능케 하는 것을 넘어 새로운 가치를 창출할 수 있는 인재다.

융합형 인재는 다양한 분야의 지식을 복합적으로 응용할 수 있어야 한다. 이는 개인의 부단한 자기혁신에 의해서 가능해질 것이다. 융합형 인재는 매우 집요하게 문제 중심의 사고를 한다. 특정 학문 공동체에서 체계적 수련과정을 거친 학자들은 문제의식이 해당 분과학문의 관점과 전통을 크게 벗어나지 않는 반면, 융합형 인재들은 특정 학문의 틀에 매이지 않는 근원적이고 중요한 문제를 해결하는 데 집착하면서 오랜 시간에 걸쳐 탐색한다. 동시에 융합형 인재는 이미 보유한 관점과 지식을 문제해결에 활용하는 과정에서 많은 학문의 경계를 넘나든다. 즉, 하나의 문제에 대한 집착이 분과학문의 경계를 허무는 동인으로 작용하는 것이다. 또한 앞서 살펴본 문제 창조형 인재와 유사하게 이들은 자신의 지식을 도구로 세상의 문제를 적극적으로 탐색하기도 한다. 하버드 대학 화학과 교수로 생존하는 화학자 중 가장 높은 h-인덱스(논문 인용지수의 하나)에 랭크된 조지 화이트사이즈(George M. Whitesides) 같은 인물이 대표적인 예라 하겠다. 그는 다양한 분야를 아우르는 자신의 연구 경력에 대해서 다음과 같이 설명한다.

> "제 연구실에서는 일반적으로 한 가지 주제를 5년 이상 연구하지 않습니다. 항상 새로운 분야를 개척하여 그 분야의 중요성과 그것이 인류의 삶에 끼칠 영향을 과학계에 인식시킨 후 또다시 새로운 문제를 찾아갑니다. (중략) 제 연구실에서는 화학을 도구로, 좀 더 세밀하게는 물리유기화학을 도구로 여러 가지 다양한 분야의 문제를 해결하고자 하는 연구를 하고 있습니다."

마지막은 관계 성과형 인재다. 미래 사회는 공동체의 구성원으로 더불어 사는 것이 강조됨과 동시에, 혼자서는 혁신적인 아이디어를 성과물로 완성할 수 없는 조직의 시대이고, 협력의 시대다.

이 사회에서는 사회성, 인성, 덕성과 같은 기본 덕목이 과거 어느 때보다도 강조된다. 이 같은 기본 덕목은 동서양의 지난 오랜 역사 속에서도 강조되어 왔으나, 협력의 시대로 대변되는 미래 사회에는 더욱 강조될 것이다. 창의적 사고 역시 개인보다는 집단 창의성이 주목받으며, 인성과 사회성은 창의적인 성과를 창출하기 위한 필수적인 능력으로 미래 인재에게 다시 한 번 강조된다. 관계 성과형 인재는 이에 주목한다. 관계 성과형 인재는 사람과 사람의 관계를 중심으로 문제를 해결해 나가고 과업을 성취하는 특성을 지닌다. 이들은 인간미와 도덕성을 기반으로 여러 사람과 조화를 이루는 데 능숙하며, 이를 바탕으로 개인 및 조직 내 문제를 해결하기 위한 의사소통 능력과 대인관계 및 협업 능력을 발휘한다. 이들은 인간중심의 가치관을 지향하기 때문에 공감 능력이 우수하고 상대방을 존중하고 배려하는 마음이 충만하여 자신을 기꺼이 헌신할 수 있는 태도를 지니고 있다. 다양성을 존중하고 배려하는 마인드 역시 이 유형의 인재가 지닌 중요한 특성이라 할 수 있다.

앞서 언급한 문제 창조형 인재나 융합형 인재가 관계 성과형 인재의 특성을 함께 지니지 않는다면, 진정한 미래 인재가 되기 어려울 것이다. 예를 들어, 학문적 성격이 다른 전문가들이 전문 지식을 공유하고 이해하기 위해서는 사람에 대한 이해, 사람에 대한 공감, 사람에 대한 존중과 배려가 있어야 진정한 융합이 이루어질 수 있다. 관계 성과형 인재는 단순히 인적 네트워크로 문제를 해결하는 것이 아니라 인적 네트워크를 기반으로 다양한 정보를 습득하고 새로운 문제를 창조하며 융합 등의 다양한 방법을 통해 이를 해결해 나간다.

이와 같이 미래 인재의 특성을 특정한 역량과 능력만으로 규정지을 수 없다는 사실을 감안하면, 문제 창조형 인재, 융합형 인재 그리고 관계 성과형 인재가 가진 특성이 조화롭게 어우러진 인재

가 바로 미래 인재라 할 수 있을 것이다. 이는 곧 불확실한 미래를
예측하여 주도할 수 있는 창조적 아이디어를 혼자가 아닌 여럿이
서 창출하고, 하나의 전문적 지식, 전공 혹은 학문이 아닌 여러 학
문적 지식을 융합하여 새로운 가치를 창출할 수 있는 인재를 의미
한다고 할 수 있다.

미래 인재 육성을 위한 교육의 방향   문제 창조형 인재,
융합형 인재, 관계 성과형 인재라는 미래 인재를 육성하기 위해 각
인재의 유형을 종합적으로 계발할 수 있는 교육적인 변화가 요구
된다. 첫째, 문제 창조형 인재는 엉뚱한 발상으로 새로운 문제를
창조할 수 있는 인재다. 이들에게는 현실을 비틀어 바라보고, 문제
에 대한 감각을 기르는 것이 강조된다. 문제 창조형 인재를 육성하
기 위해서는 그들의 세 가지 욕구인 3C를 이해해야 한다. 이는 도
전(Challenge), 변화(Change), 창조(Creativity)의 앞 글자를 딴 것으
로, 이를 충족시킬 수 있는 교육에서의 변화가 요구된다. 둘째,
융합형 인재는 다양한 분야를 아우르고 관통하는 강렬한 문제의식
이 요구된다. 이들에게는 한 분야 이상의 전문지식을 바탕으로 다
양한 분야의 문제를 탐색하는 것이 필수적이다. 궁극적으로 이런
활동이 가능하게 하기 위해서는 타 분야와의 접촉을 통한 교역지
대(Galison, 1997)를 경험하는 것이 요구된다. 마지막으로 관계 성
과형 인재는 공동체의 구성원으로서 인성과 사회성이 보다 강조
되고, 이를 기반으로 한 감성지수(emotional quotient)와 사회지수
(social quotient)를 향상시키는 것이 필수적이다. 미국 하버드 대
학의 심리학 교수인 대니얼 골만(Daniel Goleman)이 강조한 감성지
수는 자신의 감정을 적절히 조절·제어하고 어떠한 일에 실패했을
때도 좌절하지 않고 자신을 다잡으며, 타인의 감정에 공감하고,
원만한 인간관계를 구축할 수 있는 사회적 능력 등이 해당된다. 정

서적 면에서의 지성이라고 할 수 있다. 반면, 사회지수는 상대방의 감정을 잘 이해하고 타인과 잘 어울리는 것을 의미한다. 사회지수는 감성지수와 더불어 관계 성과형 인재를 육성하기 위한 핵심적인 방향성을 제시하고 있다.

미주

1) 예측의 의미를 지닌 영어 단어는 prediction과 forecasting의 두 가지가 있다. 미래학자들은 예언의 의미를 내포한 prediction이란 단어보다는 확률 정보와 개연성을 내포하는 forecasting이란 단어를 즐겨 쓴다. 틀리기 일쑤인 일기예보도 weather forecasting이지 weather prediction이 아니다. 미래는 prediction되는 것이 아니라 forecasting될 뿐이라는 것이 이들의 생각이다.

글로벌교육 의제로서 세계시민교육:
개념과 특징

유성상

들어가면서 UN 사무총장 반기문은
2012년 글로벌교육우선의제(Global Education First Initiative)를 발
표하고, 국제사회가 교육을 토대로 하는 개발협력에 적극적으로
참여할 것을 주문하였다. 이 의제 속에서 가장 눈에 띄는 것은 '세
계시민교육'을 포함시킨 것으로, 교육을 통한 국제사회의 통합과
발전을 도모하고자 했다는 것이다. UN의 개발과 교육에 대한 관
심, 그리고 세계시민교육에 대한 적극적인 개발 의제로서의 선정
과정은 2015년 이후 교육분야의 개발에 관한 다양한 논의거리를
던져 주었다. 그리고 실제로 많은 변화가 이루어졌다.

2015년 이후의 개발 의제를 설정하기 위한 논의가 2013년부터
본격적으로 시작되어 2013년 9월 UN 본회의에 1차 보고서가 제출
되었다. 2014년 가을에는 2000년 이후 15년 지속된 새천년개발목
표(MDGs)의 사업 평가와 함께 다음 15년 동안의 개발목표가 정해
졌다. UN 차원의 전 영역을 망라한 국제개발협력 목표뿐만 아니
라, 교육분야에서 논의되어 왔던 '모든 이를 위한 교육' 의제 또한
새로운 전기를 맞게 된다. 2015년 5월 한국 인천에서 세계교육포
럼(World Education Forum)이 개최되었고, 이 회의를 통하여 향후
15년 동안의 기초교육 중심의 교육개발 의제가 최종 확정·선언되
었다. 흥미롭게도 세계시민교육은 이 회의에서 미래 사회의 교육

이 개발과 연계되는 핵심 키워드로 부상했고, UN뿐만 아니라 UN 산하 국제기구들의 교육 목표로 자리 잡게 되었다.

　세계시민교육은 도대체 무엇인가? 시민교육과 민주시민교육이라는 조금은 익숙한 국내의 이론적인 담론들이 논의되어 왔고, 학교와 학교 바깥에서 '옳은' 시민성과 '효과적인' 시민교육 실천이 이루어져 왔다. 물론 무엇이 타당한 시민성이고 어떻게 하는 것이 효과적이라 정당화될 수 있는 교육방법(과정)인지에 대해서는 여전히 정답을 제시하기 어렵다. 그럼에도 시민성을, 국경을 넘는 국가 간 관계 속에 위치시키고, 세계(지구)라는 운명 공동체를 상정하여 권리와 의무를 부과하는 개념으로서 세계시민성을 논하고 있다는 점에서 지금까지의 시민성 및 시민교육 논의와 차원이 다르다.

　즉, 세계시민교육이 무엇인가를 논의하기 위하여서는 시민성, 세계시민성에 대한 개념적 논쟁을 살펴보아야 하고, 세계시민성에 포함할 수 있는 시민의 역량을 목록화하고 설명하여야 한다. 더 나아가 목록화한 시민성의 내용을 어떻게 잘 가르치고 배울 수 있는지에 관한 교육과정 및 교수학습 전략을 제시할 수 있어야 한다. 넘어야 할 산이 많고 높다.

　특히 2015년을 지나고 있는 한국 사회에서의 세계시민교육 논의는 '개발', 좀 더 좁혀서 이야기하자면 '국제개발협력'과 떼어 놓고 생각하기 어려운 주제임에 분명하다. 지금까지 세계시민교육을 명시적으로 실시하고 있는 주체(기관, 단체)들을 보면, 이는 교육부라든가 교육청, 대학 혹은 기타 공공기관은 아니었기 때문이다. UNICEF 한국지부, 월드비전, 굿네이버스 등 큰 규모의 개발 NGO에서 학생들과 일반인을 대상으로 개발교육, 상호문화교육, 국제이해교육, 인권기반 개발교육 등을 섞어 세계시민교육을 실시해 온 것이 세계시민교육의 '거의 전부'라고 해도 과언이 아니다. 최근 KOICA의 ODA 교육원에서 '세계시민교육'을 개념화하고 프

로그램으로 운영하고 있는 것은 세계시민교육과 관련된 지금까지
의 추세와 조금 다른 측면이 있다. 교사들을 대상으로 한 세계시민
교육 프로그램이 만들어지고, 이를 위한 기초 개념화 작업이 진행
되었다. 그러나 KOICA의 '세계시민교육'은 기존의 '개발교육'을 대
체하는 개념으로 국민들과 한국 시민사회를 대상으로 어떻게 '(국
제)개발협력'을 인지시킬 수 있는가라는 문제의식에서 출발하였다
는 점을 상기할 필요가 있다. 개발교육으로서의 세계시민교육은
세계시민교육의 개념과 내용으로 논의되어 온 관련 담론의 일부에
지나지 않는다는 점에서 한계가 분명하다. 그럼에도 한국의 세계
시민교육이 논의되어 온 이론적 · 실천적 영역을 돌아보면 '교육'과
'개발'이 절묘하게 만나는 논쟁 지대로서 '세계시민교육'이 기능했
다는 것을 알 수 있다.

　이 장에서는 세계시민교육이 제시되어 온 상황적 맥락과 함께,
세계시민성과 세계시민교육에 관한 이론적 · 실천적 쟁점들이 검
토되고, 세계시민교육이 국제개발협력과 어떻게 연계, 고민되어야
하는지 논의될 것이다.

세계시민사회의 등장 및 확산

세계시민사회라는
용어는 그리 새로울 것이 없다. 이미 한국에서도 1970년대에 세계
시민교육의 가능성에 대해 이야기되기 시작했다. 한 개인과 생활
이 국경을 넘어 전 지구적으로 확산되어 온 역사의 궤적을 볼 수
있게 되었고, 이를 대표하는 개념이 '세계화'다. 세계화는 시장의
전 지구적 팽창과정에서 나타나는 인적 · 물적 자원과 문화적 교류
가 더불어 팽창하는 실제적 현상을 가리킨다. 다국적 기업의 성장
과 무한히 자유로운 개인의 경제적 이익 추구가 특징으로 내세워
지면서 국경의 의미가 쇠퇴하고 국가 통제와 속박으로부터의 자유
가 특징으로 부각되었다.

그러나 세계화는 기존 국민국가의 민주적 통제를 약화시키고, 다국적 기구(WTO, WB, IMF 등)의 비민주적 지배 구조를 강화해 오는가 하면, 국가 관리하의 공공자산의 사유화를 가속화하여 소멸시키는 수준에 이르고 있다. 이는 기존의 국가체제에서 심각한 폐해로 지목되는 현상들로 세계화의 폐해라 일컬어진다. 이에 대한 하나의 대응으로 세계시민사회가 등장했다는 것은 어쩌면 역설이라 할 수 있다. 즉, 세계시민사회는 세계화가 '기존의 국가와 국가, 중심과 주변, 남과 북, 자본과 노동의 경계를 약화시키거나 변형시키면서 전 세계적인 상호연관성을 증대'시켜 온 것에 대한 반대 급부적 저항이었던 것이다. 이러한 세계화의 부작용은 환경 파괴, 시장 실패, 핵 위험 증대, 빈곤 및 빈부 격차 확대 등을 낳았고, 이는 특정한 국가가 법적 질서를 통해 해결할 수 없는 초국가적인 성격을 지닌 것들이다(홍남기, 2005: 24). 결국 세계시민사회의 등장과 확산이 중요해진다는 말의 의미는 두 가지로 해석될 수 있다. 하나는 시민사회를 둘러싼 문제가 초국가적, 즉 특정한 국가의 범위 내에서 해결되기 어렵다는 것이고, 다른 하나는 이러한 문제들을 해결하기 위하여 국가 수준의 주체가 아닌 세계적인 민간 주체들이 관여하게 된다는 것이다(구정우, 1998: 52-53).

이러한 초국가적 이슈가 등장하고, 이에 대응하는 의미의 세계시민사회가 등장하게 된 배경으로는 (세계화라는 논쟁적 개념을 차지하고) 크게 네 가지 요인으로 설명될 수 있다(구정우, 1998). 첫째, 인터넷으로 대변되는 전자 대중매체의 급속한 발달이다. 둘째, 신자유주의적 시장체제를 기반으로 한 자본주의 세계경제의 구조 변화다. 국경을 넘는 시장의 확대와 초국가적 경제기구들의 등장이 대표적이다. 셋째는 초국가적 이슈의 등장 및 확산이다. 한 국가의 힘으로는 해결하기 어려운 인구 폭발, 빈곤 및 기아 문제, 핵 문제, 환경오염 및 기후 변화, 자원 고갈, 외국인 노동자 문제, 불법 이민 등이 대표적인 예로 지목되고 있다. 넷째, 인권 담론의 확산이다. 1948년 UN에서 세계인권선언을 채택한 이후 냉전, 국지적 분쟁, 핵 확산, 난민 문제, 무분별한 개발 및 환경 문제하에서 인권은 세계시민사회 행동의 방향이자 토대가 되어 왔다.

세계화된 현상에서 한 국가의 문제는 국가의 경계를 넘어 다른 국가, 전 세계의 문제로 확대될 수 있다. 이산화탄소의 증가와 오존층의 파괴, 핵무기의 확산과 핵전쟁의 위협, 빈곤과 기아의 확대 등의 문제는 한 나라의 개별적인 사안이 될 수 없으며, 세계의 모든 사람과 관련된 문제다. 기술, 생물학적 파괴의 잠재성은 커지고 인류 전체를 위협하는 총체적인 문제가 대두된다. 이러한 문제들은 총체적인 동시에 초국가적인 성격을 지닌다(홍남기, 2005: 18).

어떻게 국민국가라는 체제에 갇혀 있던 시민사회의 담론이 국경을 넘게 되었는가를 넘어서서, 세계시민사회를 형성하고 있는 세계시민의 존재와 그 성격을 규명하는 것은 피할 수 없는 과제다. 시민으로 불리는 특정 개인 혹은 집단은 더 이상 특정 공간 속에서 생활 공동체의 독립적이고 자율적인 주체로만 기능하기 어려워졌다. 이는 개인의 의지가 아니라 개인에게 부여되는 구조적 압박이다. 결국 이들은 상호 의존적이고 서로 연결되어 있으며, 지역 공동체의 일원을 넘어 보다 큰 공동체의 주체적 참여자로 기능하기를 요구받고 있다(Appiah, 2008).

그렇다면 누가 세계시민인가? 세계시민으로 규정할 수 있는 대상이자 주체들에 대해서는 지난 시간 동안 꽤 큰 변화를 겪어 왔다. 세계시민이라 불리는 주체는 국제 시민운동가(Falk, 1994) 또는 세계시민이라는 정체성을 형성하고 있는 사람들(Keck & Sikknk, 1999)을 지칭하던 개념에서 시작되었다. 이들은 초국가적인 글로벌 이슈를 적극적으로 해결하기 위한 방법으로 국경에 국한하지 않는 전략과 방법들을 도모하였으며, 이에 참여하는 사람들 또한 특정한 국가에 한정되지 않았다. 그러나 이러한 좁은 개념적 주체로서의 세계시민은 최근 '모든 인간 개인'을 세계시민으로 규정하고 접근해야 한다는 논의(Meyer & Sandy, 2009)로 전개되고 있다. 이는 모든 인간성은 존중되어야 한다는 인권적 전제를 바탕으로, 세계시민사회를 구성하고 형성해 나가는 적극적인 주체이자 대상으로 모든 인간을 바라보아야 한다는 당위론적 접근이 강해지고 있기 때문이다.

세계시민성의 개념 및 내용   세계시민성(global citizenship)이란 무엇인가? 우리는 세계화가 진행되고, 초국가적 시민성이 강조되거나 등장하는 상태에서도 여전히 국가는 법률적 정당성이 자리하고, 시민성이 길러지고 정체화되는 가장 중요한 공간적 영역으로 위치하고 있다는 점을 인정해야 한다. 따라서 법률상으로 세계시민성에 대한 개념 정의가 국가 단위의 시민성 개념과 충돌하거나 긴장관계를 갖는 경우 권리이자 의무로서의 세계시민성의 구속력이 약해지는 상황에서 세계시민성은 그 자체로 하나의 비유 이상이라 보기 어렵다(Tawil, 2013).

그럼에도 이를 구체적인 사회 현상으로서 개념 정의를 하고자 할 때, '글로벌(global)'이라는 용어를 선택하는 것의 문제를 지적하는 경우가 있다. 이는 앞서 검토했던 것처럼, 세계화가 갖는 부정적이고 이기적인 현상에 대한 거부에서 오는 것으로 보인다. 따라서 '월드(world citizenship)'(Heater, 2004), '코즈모폴리탄(cosmopolitan citizenship)'(Delanty, 2009; Hutchings & Dannreuther, 1999), '플레네터리(planetary citizenship)'(Henderson & Ikeda, 2004; Khan, 2010; Wayne & Gruenwald, 2014) 혹은 '이콜로지컬(ecological citizenship)'(Seyfang, 2013), '멀티컬처럴(multicultural citizenship)'(Banks, 2008) 등의 다양한 용어를 끌어들이게 되었다. 세계시민성

이라 번역될 수 있는 각 개념들이 의미상 어떤 차이가 있는지 확인하고 검토하는 것은 이 지면에서 적절하지 않아 보인다. 다만 세계시민성을 개념화하기 위하여 일반적으로 사용하고 있는 '글로벌'의 한계를 분명하게 인지하고 있다는 점, 대안적으로 제시되고 있는 다양한 용어의 의미를 포괄적으로 수용하고 적용하겠다는 의미에서 세계시민성의 개념을 바라보겠다는 점을 염두에 두기 바란다.

다양한 개념 정의를 개략적으로 정리해 보면, 세계시민성은 '특정 지역/국가에 국한하지 않고 전 지구적인 문제에 대해서 자신의 권리와 책임(의무)을 행사하겠다는 소속감 혹은 정체성'을 의미한다. 전 지구적 영역에 대한 의무를 수반한 권리로서의 정체성 형성은 제도화된 체제로서의 국민국가에의 소속감의 한계가 분명히 노정되는 과정에서 나타났다. 반인권적 식민지를 주축으로 하는 제국주의 팽창과, 이념과 맞물린 국가 주도 산업자본주의 확산 속에서 국가 이데올로기 확산을 위한 도구로서의 시민성 개념은 한낱 추상적인 구성 요소로의 공민, 순종적이고 순응적인 국민을 의미하는 것 이상도 이하도 아니었다. 앞서도 언급했듯이, 이러한 한계를 새삼 의식하게 되는 것은 특정 국가 차원에서 해결하기 어려운 복잡다단한 문제가 전 지구적인 차원에서 발생하고 있다는 공감대가 드러났기 때문이었다.

그러나 세계시민성이 등장하고 확산하게 된 배경 또한 근대적인 틀에서 유지·존속되어 왔다는 비판에 직면해 있다. 세계시민성(cosmopolitan citizenship)은 19세기 서구의 문명화, 근대화의 기본 전제이자 모형이었던 지배체제가 세계화되는 과정이었다. 이러한 과정은 크게 세 흐름으로 확대되어 왔는데, 첫 번째는 제2차 세계대전 후 UN을 통하여, 두 번째는 경제 자유화를 내세운 GATT 및 이후 WTO 체제하에서의 신자유주의적 세계화를 통하여, 세 번째는 9·11 테러 이후 미국의 전략적 테러리즘 봉쇄정책을 통하여 실현되어 왔다. 결국 세계시민성의 기본 골격과 내용, 그리고 특정 지역 및 국가, 문화 영역에서 실현되는 과정은 이전 시기, 특히 19세기 서구가 비서구권에 대해 식민화와 전근대적 폭력을 동원하여 서구 근대화 모델을 이식·전수하던 방식과 크게 다르지 않다고 할 수 있다.

세계시민성의 이렇게 의심스러운 측면은 보편적이고 역사적인 과정의 산물로서 혹은 (유럽에서 시작되어 유럽-미국의 확장과 헤게모니에 의해 전 세계로 퍼져 온 문명, 근대화, 제도화, 민주화 그리고 지금은 세계화 등의) 진보에 관한 연속적 담론 아래 이루어지는 개발 단계로서 제시된다(Tully, 2008: 3).

이를 증빙할 수 있는 다양한 통계 자료가 존재한다. 가장 큰 문제로 대두되는 것은 국제사회의 민주화와 세계시민 논의가 확대되어 온 지난 100년 동안 국가 간, 국가 내 빈부 격차가 훨씬 커졌다는 것이다. 뿐만 아니라 빈곤, 무지, 질병에 대한 대응, 격차 또한 점점 커져 왔다고 할 수 있다. 즉, 세계시민성의 담론은 민주주의, 형평성, 영구적 평화를 추구하려는 의도가 아니라, 비공식적 제국주의, 의존성 심화, 불평등과 저항을 담고 있는 근대적 시민성의 세계화에 지나지 않는다(Tully, 2008: 13-17).

세계시민성은 어떤 내용으로 구성되는가? 세계시민성의 개념이 추상적인 '세계'를 영역으로 하여 정립되고 있고, 국민국가 범주에서 시민성이 전제하고 있는 법적 구속력이 존재하지 않는다는 점에서 무엇을 구성 요소로 세계시민성이 이루어져 있는가를 논하는 것 또한 난관에 부딪혀 있다고 볼 수 있다. 추상성이 높은 개념이라는 문제의식을 충분히 수용한 상황에서 이전 논문들이 제시한 세계시민성의 구성 요소들을 정리해 볼 수는 있을 것이다. 우선 세계시민성의 특성(Oxfam: 노찬욱, 2003: 116 재인용)을 정리하면 다음과 같다.

세계시민의 특성

❶ 전체 세계에 대해 잘 인식하고 있으며, 세계시민으로서 자기 역할에 대한 감각을 갖고 있다.

❷ 다양성을 존중하고 가치롭게 여긴다.

❸ 세계가 경제, 정치, 사회, 문화, 기술, 환경에 있어서 어떻게 작동하고 있는지 이해하고 있다.

❹ 전 세계적 사회 부정의에 대하여 분노할 수 있다.

❺ 지방 수준에서부터 세계 수준에 이르기까지의 다양한 공동체에 참여하여 그에 기여할 수 있어야 한다.

❻ 세계를 더 평등하고 지속 가능한 장소로 만들기 위해서 기꺼이 행위할 수 있어야 한다.

❼ 그들의 행위에 대하여 세계시민은 책임질 수 있어야 한다.

세계시민성의 구성 요소

❶ 공존의 규칙, 제도의 추구

❷ 적극적 대화를 통한 변증법적 합의

❸ 타인의 고통 감소에 대한 책임감

❹ 인권과 기본수요, 환경보전 추구

❺ 맥락 의존성, 다문화에 대한 이해

❻ 최소 보편성과 무관한 문화적 다양성에 대한 관용과 존중

세계시민성을 의미하는 다양한 하위 개념들로는 인권, 사회정의, 지속 가능한 지구환경, 다양성, 민주주의, 공공 영역의 확장 등을 들 수 있다. 이러한 용어/개념에 더하여 세계시민에게 요구되는 덕목으로서 세계시민성의 구성 요소를 다음과 같이 제시할 수 있다(노찬욱, 2003: 65-81).

세계시민교육 등장 배경

교육의 기능은 한편으로는 기능주의적으로, 다른 한편으로는 사회변혁적으로 해석된다. 기능주의적인 입장이 보수적인 지식교육과 체제 유지에 관한 전통적인 훈육에 초점을 두고 있다면, 사회변혁적인 입장은 사회의 긴장과 갈등을 해결하기 위한 구조적인 변혁과 노력에 초점을 두고 있다. 국가 내의 교육이 정치적인 현상으로 읽히고, 실제 정치적인 이해관계에 따라 요동을 치는 이유도 여기에 있다. 세계시민교육은 교육이 갖는 사회변혁적 기능을 보다 강조하면서 21세기 도전 과제를 해결하기 위한 교육적 실천으로 주목된다.

교육은 사람들이 보다 정의롭고, 평화로우며, 인내하고 통합적인 사회를 만들어 갈 수 있도록 도와주는 데 핵심적인 역할을 해야 한다. 교육은 21세기에 서로 연결되어 있는 도전 과제들을 해결하기 위한 협력에 필요한 이해, 기술 그리고 가치를 갖도록 해야 한다(UNESCO, 2013).

국제사회에서 논의되고 있는 교육 이론과 교육 실천은 현실 문제를 극복하기 위해 실재 문제

에 기반을 두고 있지만, 대체적으로 인권에 기반을 둔 당위론적 변혁 이론에 근거해 있다. 모든 이를 위한 교육(Education for All: EFA)은 대표적인 국제교육개발협력 의제로서, 1948년 UN 세계 인권선언에 토대한 '인권으로서의 교육권'을 제시하고 있다. 카라치 행동계획(1960), 좀티엔 선언(1990), 다카 선언(2000)으로 이어져 온 EFA 의제는 구성 내용의 강약에 차이가 있을지는 몰라도, 인권에 기반을 둔 기초교육 기회 확대와 질 향상에 궁극적인 목적을 두고 있다. EFA는 2000년 새천년개발목표(MDGs)에 포함된 초등교육의 기회 확대라는 목표와 맞물려 있고, 전 지구적 사회, 문화, 환경 문제에 적극 대응하고 있는 지속가능발전교육(Education for Sustainable Development: ESD)과 함께 추구되어 왔다.

세계화 속에서 공동체와 공동체 간에 상호의존성 및 연결성이 증가해 오면서, 교육과 교육 하위 영역의 특정한 목표를 달성하려는 것 자체만으로는 효과적인 교육으로 이야기하기 어렵게 되었다. 특히 전 지구적인 문제들, 기후 변화와 환경오염, 사막화, 자원 고갈 등 인간이 환경에 미치는 부정적인 영향으로 인하여 나타나는 결과와 전쟁, 테러, 이주 및 난민 등의 공동체 간 분쟁과 집단 이주 등은 단순 물자 지원이나 정치적 판단으로 해결할 수 없는 것들이다. 이러한 문제를 해결하는 가장 본질적이고 궁극적인 방법을 교육에서 찾기 위한 대화의 결과가 세계시민교육이라 볼 수 있다. UN은 2012년 사무총장을 위시하여 글로벌교육우선의제(Global Education First Initiative: GEFI)를 발표하면서, 국제사회의 제반 문제에 대한 진단 및 해결을 교육 영역에 포함된 것으로 인식하고 있음을 강조하였다.

그러나 세계시민교육이라는 용어/개념 자체가 새로울 것은 없었다. 모든 이를 위한 교육(EFA)이 인권에 기반을 둔 기초교육의 확대를 목표로 했다면, 세계시민교육의 특성과 내용을 담고 있는 유

모든 이를 위한 교육(EFA)의 세계시민교육 관련 교육 목표

❶ 국제이해교육
 Education for International
 Understanding
❷ 지속가능발전교육
 Education for
 Sustainable Development
❸ 평화교육/갈등해소
 Peace Education/
 Conflict Resolution
❹ 통합적 교육
 Inclusive Education
❺ 상호문화교육
 Intercultural Education
❻ 전 지구적 정의교육
 Education for
 Global Justice

사한 교육 목표를 내걸었던 의제들이 있다.

주제별로 하나하나 살펴보기는 어렵지만, 각 국제교육 관련 의제들은 작금에 논의되고 있는 세계시민교육의 일부 혹은 포괄하는 형식과 내용을 담고 있다. 앞에 목록화한 내용들은 아직도 적극적으로 국제사회에서 교육의 역할과 지구 공동체의 책무성을 내세운 교육적 활동을 핵심적인 위치에 놓고 있다.

세계시민교육을 세계화에 대한 대안적인 공동체 형성을 위한 중요한 수단으로 인식하는 경우, 세계시민성은 아래로부터의 세계화를 지향하는 공동체적 성격과 비판적 의식을 갖고 있으며, 이를 위한 교육 활동을 세계시민교육으로 개념화한다. 그래서 세계시민교육은 신자유주의적 세계화 현상에 대안적인 교육 활동으로 이용될 수 있다. 즉, "억압과 경계로부터 자유로운 세계적 관점은 개방적인 의사소통이나 대화를 통해 형성될 수 있다. 세계시민교육은 지구 공동체적이고 개방적인 대화 상황을 세계적 관점의 함양을 돕는 교육적 상황으로 활용할 수 있다."(홍남기, 2005: 24)

국제사회의 인권적 개발을 목표로 하든, 신자유주의적 금융자본주의를 해체하기 위한 공동체주의적 대항 담론과 비판적 시민성을 목표로 하든, 세계시민교육은 교육이 국민국가와 국경을 넘어선 개인적 수준의 권리와 의무를 천부적 인권에 토대한 교육 활동으로 전개되어 왔다.

세계시민교육의 개념과 특성   세계시민성은 '국경을 넘는(beyond borders)' 시민성, '초국가적(beyond nation-state)' 시민성, 혹은 '범지구적(cosmopolitan/planetary)' 시민성으로 불리고 있다. 앞에서도 이렇게 개념 정의하는 것에 대한 한계를 논의했지만, 비록 이렇게 세계시민성을 간단하게 정리한다고 하더라도, 다시 이러한 시민성을 어떻게 교육할 것인가 혹은 세계시민성이 교육과

표 1　세계시민교육에 대한 개념 정의들

학자	개념 정의
Merryfield (1998)	(1) 인류와 세계를 역동적이고 유기적이며, 상호 의존적인 시스템으로 이해하는 것 (2) 세계적 이슈에 대한 이해 (3) 다양한 문화와 복합적 관점을 이해 (4) 지방적, 세계적으로 선택하고 행동하는 데 필요한 책임감과 기능의 이해 (5) 시간(역사)을 통한 인류의 상호연관성 이해 (6) 간문화적 이해, 상호작용, 의사소통을 추구 (7) 편견을 제거하는 지속적 성장을 도모하고 비판적 맥락 내에서 도덕교육을 추구
Case (1993)	• 세계적 상호작용을 바라보는 적절한 개념적, 도덕적 렌즈를 발달시키는 것 • 이를 위하여 개방적 태도, 복잡성에 대한 기대, 고정관념에 대한 저항, 공감하는 성향, 광신적 애국주의로부터의 탈피 등이 필요함
Kirkwood-Turker (2004)	• 상호 연관된 체계로서의 세계이해를 증진시키는 것 • 이는 세계의 정치, 경제, 환경, 문화 등의 요인들이 상호작용을 하면서 세계체계를 구성하는 원리를 이해하는 것을 의미
김왕근	• 특수와 보편의 변증법적 상호작용에 의해 국가적 특수를 지양하면서 세계적이고 보편적인 표준을 향하는 교육적 처방 • 이때 추구해야 하는 보편적 원리는 타인배려, 상호존중 등

어떤 관계를 갖고 있고, 이를 어떻게 개념화할 수 있는가는 또 다른 문제가 된다. 이러한 시도에는 시민성, 민주성, 세계화가 갖고 있는 개념적 모호성이 그대로 존재해 있기 때문이다. 이것이 세계시민교육을 개념 정의하는 것이 어려운 이유다. 〈표 1〉에서 세계시민교육에 대하여 (시도된) 개념 정의를 제시하고자 한다.

　이 외에도, 사회과 교육에서 세계시민교육의 교과과정을 논의하려하는 홍남기(2005)는 이를 종합하여, 세계시민교육을 "세계적 관점을 지향하는 다학문적이고 다문화적인 교육과정"(p. 9)으로 정의하고 있다. 또한 뱅크스(Banks, J. A., 2008)는 다문화교육 입장에서 세계시민교육을 정의하고 있다. 즉, "시민성교육의 중요한 목적은 학생들이 글로벌 정체성을 함양하도록 지원하는 것이며, 글로벌 공동체의 시민으로서 세계의 어려운 문제들을 해결하기 위하여 행동의 필요성을 깊이 이해하도록 도와주는 것"이다(p. 51).

세계시민교육은 앞에서 열거한 다양한 개념이 종합되어 UNESCO를 통로로 확산되고 있다. UNESCO는 UN을 중심으로 한 국제개발협력 의제의 하나로 등장한 세계시민교육을 교육분야의 핵심적 목표로 설정하면서 그 개념을 다음과 같이 정의하고 있다.

세계시민교육은 변혁적인 것으로, 학습자들에게 보다 나은 세상과 미래를 만들기 위한 자신들의 권리와 의무를 실현할 수 있도록 기회를 제공하고 역량을 키우도록 한다. 세계시민교육은 다른 변혁적 교육의 과정에서 학습을 끌어내는 것으로, 인권교육, 지속발전교육, 국제교육, 상호문화교육, 국제이해교육, 평화교육을 포함한다. 따라서 세계시민교육의 목적은, 학습자들의 사회정치적 힘을 키움으로써 자신의 지역에서 그리고 전 지구적으로 다양한 문제를 해결하는 데 적극적인 역할을 담당하게 하며, 궁극적으로 보다 정의롭고, 평화로우며, 관용적이고 통합적인, 그리고 안전하고 지속 가능한 세계를 만드는 데 선도적인 공헌자들이 되게 하는 것이다(UNESCO, 2013).

세계시민교육을 둘러싼 개념상의 차이점에도 불구하고, 특징으로 부각되는 내용들의 교집합, 세계시민교육의 특성을 다음과 같이 추출해 낼 수 있을 것이다. 즉, 세계시민교육은, ① 세계화로 맞닥뜨린 중층적 삶의 영역들이 점차 상호 의존적이고 연결되어 가는 과정에서 시민성이 길러진다는 전제를 갖고 있고, ② 국내외적 수준 모두에서 사회 변화를 목적으로 시민 참여를 위한 지식, 기술, 가치 등이 복합적으로 얽혀 있는 관계를 교육 내용으로 삼고 있으며, ③ 직간접적으로 교육이 공민적·사회적·정치적 사회화라는 기능을 수행하고 있고, 궁극적으로는 다음 세대의 유-청소년들에게 상호 의존적이고 연결되어 있는 세계 속에서의 다양한 도전 과제를 해결할 수 있는 방안을 마련하도록 하는 것이다(Tawil, 2013: 5-6).

이상에서 살펴본 것처럼 세계시민교육은 하나의 독자적인 현상과 활동으로 보기보다는, 다양한 현상을 서로 다른 의도에 따라 구분되는 교육 활동으로 본다. 타윌(Tawil, S., 2013)은 UNESCO가 제시한 2015년 이후 교육개발 의제를 제시하기 위한 세계시민교육에 관한 시론적 논의에서, 세계시민교육을 유연한 세계시민교육, 비판적 세계시민교육 그리고 환경적 세계시민교육으로 구분하고 있다. 각각은 서로 다른 이론적 배경과 실천적 지향을 갖되, 이를 구체화하는 전략 또한 구분될 수밖에 없어 보인다.[1]

교육 분야 개발협력 의제로서의 세계시민교육

국제개발협력에서 교육은 주요한 관심 영역이었다. 보건, 인프라, 농촌개발, 경제정책 등과 함께 개발도상국의 인적자원 개발 및 교육 역량을 키우기 위한 필수적인 영역으로 자리 잡아 왔다. 교육분야는 흔히 하위 영역으로 구분되어 있다. OECD는 국제개발협력에 있어서 교육 분야의 하위 영역을 대략적으로 기초교육(유아교육, 초등교육, 청소년-성인문해교육), 중등교육(중·고등학교교육, 중등직업교육), 고등교육(대학 및 기술교육), 청소년-성인 평생교육, 직업기술훈련 그리고 교육정책 등 일반교육지원으로 구분하고 있다.

국가별로, 국제기구별로 국제개발협력에 있어 교육의 어느 하위 영역을 강조하고, 이를 사업화하는가에 관해서는 큰 합의가 이루어져 있지 않다. 단, UN과 UNESCO 등을 통하여 대략적으로 국제사회가 실현해야 할 '모든 이를 위한 교육(EFA)'에 관한 지침 정도가 마련되어 있는 정도다. 이는 천부적 인권으로서 동등한 교육 기회와 질 높은 교육 여건을 마련하자는 수준 이상도 이하도 아니다. 2015년을 기준으로 동등한 기회가 양적으로 (충분히) 확대되었다고 판단되어서인지, 이제는 양적인 교육 기회의 확대보다는 질 높은 교육에 대한 논의가 훨씬 진지하게 제안되고 있다. 학교에 간다고 했을 때 '어떤 학교'를 묻게 되었고, 학교에서 배운다고 했을 때 '어떤 내용을, 어떻게 배우고 최종 결과로 어떤 수준에 이르렀는지'를 묻고 있다. 당연한 과정이라고 생각하면서도, 과연 교육 기회가 충분히 접근 가능하도록 주어졌는지, 지금까지의 교육분야 개발협력의 성취에 대한 적절한 평가와 피드백이 이루어지고 있는지 찬찬히 검토해야 할 필요가 있다.

세계시민교육은 양적 접근으로서의 교육 기회보다는 질적 교육 여건과 결과로서의 교육을 강조하는 맥락에서 등장한 국제사회의 교육개발협력 의제라고 할 수 있다. 앞서 개념 정의가 까다롭고, 특성과 내용에 있어서도 모호한 영역으로 제시될 수밖에 없음에도 세계시민교육이 국제사회의 교육분야 개발협력을 위한 공동의 주제로 등장하게 된 것은 의미심장하다. 가장 중요한 이유는, 교육이 단순히 개인의 이해관계 혹은 국가 단위의 사회경제 발전을 위한 수단으로 인식되어서는 안 된다는 문제의식이 있다. 국제사회의 국가 간, 문화 간 긴장과 갈등의 문제가 안타깝게도 쉽게 해결될 것 같지 않은 상황에서 이를 해결할 수 있는 가장 근본적인 방법이자 과정이, 곧 교육이라고 보는 것이다.

포스트-2015 개발 의제를 정하는 중요한 회의가 2013년 이후 지속되는 과정에서, 세계시민교육은 가장 중요한 개념이자 핵심적인 논제로 자리 잡고 있다. 문제는 세계시민교육이 국제사회의 개발 의제로 적절한가라는 질문에 대해 아직 확신할 만한 대답이 부족하다는 점이다. 이는 ODA로 대표되고, 국가의 외교 수단으로 활용되고 있는 국제개발협력에서 '국익'과 이를 지표화할 수 있는 '평가'의 대상으로 '세계시민교육'을 보여 줄 수 있는가에 관한 문제다. 즉, '세계시민교육을 조작적으로 개념 정의할 수 있는가.' 이에 따라 '공여국과 수원국이 공히 협력할 만한 교육활동인가', '교육의 결과를 명시적인 목표로 제시할 수 있는가', '제시된 목표에 대해서 서로 합의하고 공유할 수 있는가', '제시된 목표는 측정될 수 있는가'의 질문으로 구분될 수 있다. 아직 세계시민교육이 2015년 이후의 교육개발 의제로 확정되었다고 보기 어려운 상황은 적어도 최종 결정 단계까지, 지금까지의 교육개발 의제에 대해서 질문해 왔던 방식으로 세계시민교육의 형태를 갖추도록 할 것인가 그렇지 않을 것인가에 따라 달라질 것이기 때문이다. 결국 세계시민교육을 개발 담론의 하나로 받아들일 수 있는가 그렇지 않은가는 문제의 심각성이나, 교육분야의 특수한 맥락에 의존하고 있지 않다는 것이다.

세계시민교육은 이전 시기의 교육분야 개발협력 의제와 직접 맞닿아 있다. 대표적인 것이 평화교육(Peace Education)과 지속가능발전교육(Education for Sustainable Development)이다. 평화교육은 긴장과 갈등이 사회의 문제로 대두되고 있는 지역/국가/공동체에 긴장을 완화하고 직간접적으로 갈등을 감축하도록 하려는 교육을 의미한다. 교육을 바라보는 주요 시각 중 갈등론자들에게 긴장과 갈등은 교육이 사회의 한 부분이라는 점에서 당연한 것으로 인식된다. 문제는 긴장과 갈등의 정도가 전쟁, 학살, 인종청소, 집단폭력, 명시적이고 일상적인 차별인 경우는 교육을 바라보는 시각 차이로 설명이 불가능하다. 인간의 일상적인 삶이 불가능하고, 문화정체성과 공동체 간에 높은 긴장이 일어나는 것은 정상적인 인식과 행동으로 설명되지 않기 때문이다. 평화교육은 인간 마음속의 긴장과 갈등을 단순한 문화적 차이 혹은 발전의 차이로 인식하기 이전에 인간 최소한의 존엄성을 인정하고, 인정받을 수 있도록 하기 위한 프로그램으로 구성된다. 특히 공유한 지역의 가해자와 피해자가 모두 사업의 대상이 되면서, 더불어 살아갈 수 있기 위한 마음의 태도와 지적 능력을 획득하도록 한다.

지속가능발전교육은 인간개발의 한계를 분명하게 인식하고, 세대와 세대를 아울러 지속할 수 있는 발전 모델을 갖도록 하기 위한 교육을 의미한다. 이는 천연자원의 한계, 오염으로 인한 지구환경 파괴, 공동체성의 약화로 말미암은 개인 이기주의 심화, 급속한 글로벌 자본주의 확대로 인한 인간성 말살 등을 주요 도전 과제로 제시하고, 이러한 문제를 해결하기 위한 교육적 노력을 포괄적으로 의미한다. 사실 개발이 무엇인가를 놓고 이야기할 경우, 어느 하나의 개발(혹은 발전) 방향이 정해져 있다고 보기 어렵다.[2] 지속가능발전교육은 단순히 환경보호, 환경교육을 의미하는 차원을 넘어, 지구환경 생태계의 한 구성원으로서 인간이 공동체를 이루고 살아가는 과정을 보다 유기적으로 인식하게 하고, 이를 유지, 보존 그리고 지속 가능하게 하기 위한 인간 인식/행동의 규범을 새롭게 하자는 교육적 노력이라 볼 수 있다.

세계시민교육은 국제이해교육, 평화교육, 지속가능발전교육, 그리고 UNESCO에서 제시해 왔던 통합교육(Inclusive Education; UNESCO, 2009)의 연장선에서 이해해야 한다. 세계시민교육이 국민/민족 국가를 중심으로 한 시민성교육의 확대판으로 이해되는 한, 시민성교육이 갖고 있는 한계를 그대로 노정할 수밖에 없기 때문이다. 국제사회의 문제와 갈등에서 시작한 교육적 노력은, 문화의 다양성, 공동체의 다양한 발전과정과 수준, 갈등과 긴장을 해소하고 축소하는 활동, 더불어 살기 위한 공동체의 노력이 '교육'으로 집약되고, 다시 교육에서 시작할 수 있다는 믿음, 그리고 실천적 가능성을 보여 줄 수 있을 것이다. 세계시민교육이 특정한 국가의 교육 어젠다가 아니라, 국제사회의 모든 국가가 참여해야 할 공동의 개발 의제가 되어야 하는 이유도 여기에 있다.

맺음말　세계시민교육은 여전히 논쟁이
뜨거운 주제다. 미래교육을 어떻게 만들어 갈 것인가를 논의하는
이 책에서 세계시민교육은 모든 주제와 내용을 망라하는 논쟁의
한가운데 있는 개념이라고 해도 과언이 아니다. 세계시민성이 갖
는 중요성과 국제사회에서의 의미를 탐색하는 것은 당연하면서도,
그렇기 때문에 새삼 주목을 받게 되었다는 점이 역설적이기까지
하다.

UNESCO를 중심으로 논의되어 온 교육개발 의제들은 앞서 이야
기했던 것처럼, 국제이해교육, 지속가능발전교육, 통합교육, 평화
교육 등이 있다. 그런데 왜 이러한 의제들이 우리의 학교교육에서,
그리고 미래교육의 비전에서 구체적인 교육 내용으로 정립되지 못
하고 있을까? 이는 글로벌 사회의 이슈를 자국의 문제로 인식하는
데 아직 지적·정서적 공감이 부족하고, 국가적 실익을 추구하는
국가 분위기로 당위적이고 보편적인 세계 교육 의제를 실현하기
위한 투자와 지원에 소극적이기 때문이라고 판단된다. 다문화교육
의 선도적인 학자 뱅크스는 '글로벌교육(Global Education)'을 개념
화하면서 이러한 문제의식을 다음과 같이 기술하고 있다.

> 학생들이 국제 공동체의 구성원으로서 자신을 인
> 식하기 어려운 것은 효력 있는 정부의 몸체가 없을 뿐
> 만 아니라 학생들이 글로벌 공동체와 연대감을 갖고
> 정체성을 형성하는 데 도움을 줄 영웅, 신화, 상징, 학
> 교제식이 거의 없기 때문이다(Banks, 2008: 203).

특히 우리나라의 경우 교육이라는 활동에 대한 제한되고 소극적
인 태도 그리고 경쟁적인 분위기로 인하여 세계시민성은 정말이지
남의 이야기가 되어 버리고 있다. 비록 세계시민성을 목표로 삼고

있는 세계시민교육의 원칙에 충분히 공감한다고 하더라도, 실천적인 교육 활동은 이를 실현하기 어려운 경우가 많다. 결국 세계시민교육이 아닌 세계화의 형식적인 면만 받아들이고 있는, '글로벌교육'[3] 수준에 머무르고 있기 때문이 아닌가 생각해 본다.

여기에 한 가지 더 고려해 볼 고민거리가 있다. 세계시민교육을 교육을 통한 전 지구적 문제해결을 위한 변혁적 과정으로 이해하기보다, 정부 차원의 선점된 국제개발 의제로 받아들이는 것은 아닌지에 대한 염려다. 비록 개념과 특징이 어떠하냐에 대해 논쟁이 지속된다고 하지만, 세계시민교육은 2015년의 개발 의제로 선정되면서 구체적인 목표를 향한 성취 과제로 제시될 것이고, 또한 이를 측정 · 평가하기 위한 지표가 개발 · 공유될 것이다. 얼마나 많은 재원을 투입하여 공유된 과제와 개별 지표의 목표를 성취하였는가를 검토하면서 교육이 본질적으로 갖고 있는, 미래 사회를 변혁적으로 디자인하려는 고유한 기능이 외면되지 않을까 싶다. 국가와 국가 간의 경쟁, 그리고 마치 경쟁적으로 개발된 프로그램으로 세계시민교육을 인식하는 순간, 세계시민교육은 전 지구적 문제를 다루는 구체적인 도구 이상도 이하도 아닌, 국가의 이해관계를 반영하는 수단이 되어 버릴 것이다. 즉, "구체적으로 경쟁력 함양 관점에서 출발한 국제교육이었고, 국가 간의 상호 이해와 존중을 통한 인류평화의 성취를 표방하지 않은 것은 아니지만, 기본적으로는 국제화와 세계화에 대한 자국 국민의 대처 능력을 함양하여 자국의 이익 증진에 기본적 목표를 두는 국익 지향적 접근"이라 할 수 있다(Pike, 1990: 47: 노찬욱, 2003: 88 재인용).

세계시민교육은 개인의 학업성취를 높이기 위한 교육이라고 인식해 온 편협한 방식을 타파해야 한다. "개인은 그들이 국가의 의미 있는 하나의 구성원으로 여겨질 때, 즉 그들의 개별적인 문화가 인정되고 반영되며 가치 있다고 여겨져야만 국가와 국가문화에 대한 정체성을 발달시킬 수 있으며 실행할 수 있다."(Banks, 2008: 52) 미래 사회의 교육 의제로서 세계시민교육을 대하면서, 무엇보다도 우리나라 교육 구조의 문제를 보다 반성적으로 먼저 접근할 것이 요구된다. 맥락과 지식 생산의 고리에 대한 고민/질문 없이 주어진 지식을 소비하는, 그나마 한시적으로 암기하고 폐기하는 것만 배우는 수단으로서의 교육을 성찰하고, 공동체로서의 '우리됨'을 전 지구적으로 확대 재생산할 것을 필요로 한다. 지속 가능한 공동체를 구성하려는 교육이 미래교육의 청사진으로 제시되기 위해, 세계시민교육은 우리 사회의 충분조건이 아닌 필수조건으로서 우리의 구체적인 실천을 요구하고 있다.

미주

1) 유연한(humanistic) 세계시민교육은 보편적 인간성과 세계윤리의 개념에 기초한 다양한 도덕성 학습과 관련한 것을 의미하며, 환경적(environmental) 세계시민교육은 지속 가능한 발전이라는 개념을 핵심적 토대로 삼아 교육하는 것을, 그리고 비판적(political) 세계시민교육은 사회정의를 주요한 준거로 삼아 국제사회의 규범적 틀로서 인권을 제시하게 하는 것을 의미한다(p. 5).

2) 2010년 MBC에서 방영한 〈아마존의 눈물〉에 등장하는 두 부족의 이야기는 개발의 방향이 있는 것인지, 어느 것이 더 좋은 개발인지에 대해서 정답보다는 토론의 주제를 제공해 준다고 보아야 한다. (http://ko.wikipedia.org/wiki/아마존의_눈물 참조)

3) 글로벌교육(Global Education)은 학생들이 오늘날 세계에서의 국가 간 상호의존성을 이해하고 사려 깊은 정체성을 발전시켜 나가도록 도와주는 것을 주요 목표로 삼는다. 이는 국제이해교육, 세계교육, 간문화교육, 교차문화교육, 국제교육 등을 통칭하는 용어다. 다문화교육이 국내적·역내적 형평성을 강조하는 것이라면, 글로벌교육은 국제적·역외적 형평성을 강조한다(Banks, 2008: 50).

사회적 경제의 부상과 교육장치

강대중

사회적 경제와 평생교육　　　　　이 장에서는 최근 주목받고 있는 사회적 경제의 핵심 조직인 사회적 기업과 협동조합에서 나타나는 교육 현상을 살펴본다. 거대 자본과 기업의 이윤 추구를 기초로 작동하는 주류 시장 경제와 달리 사회적 경제는 지역사회 공동체 구성원들의 자립과 자치, 지속 가능성을 도모하는 경제 활동을 추구한다. 한국 사회에서 사회적 경제에 대한 관심은 2007년과 2012년에 「사회적기업육성법」과 「협동조합기본법」이 각각 제정되면서 급속히 커졌다. 교육학의 하위 분과로 평생교육학은 지역사회 공동체에서 전개되는 다양한 교육 실천에 주목해 왔다. 따라서 사회적 경제와 관련된 여러 교육 현상은 평생교육학의 직접적인 연구 대상이라 할 수 있다. 이 장은 크게 네 부분으로 구성되어 있다. 첫 부분에서는 사회적 기업과 협동조합이라는 두 조직이 현대 한국에서 확산되어 온 과정과 법적 기반을 살펴본다. 두 번째 부분에서는 사회적 경제가 평생교육 연구와 어떤 맥락에서 연계되는지를 논의한다. 세 번째 부분에서는 교육장치라는 개념을 중심으로 사회적 기업과 협동조합의 교육 현상을 탐색한다. 마지막 부분에

▶ 이 장은 강대중(2011). 사회적 기업과 평생교육학-맥락, 현상, 미래-. 평생교육학연구, 17(1), 1-24를 기반으로 수정 및 보완하였음.

서는 사회적 경제의 전망과 향후 연구 과제를 제안한다.

한국의 사회적 경제: 사회적 기업과 협동조합
현대 한국의 사회적 경제 뿌리

해방 이후 한국 사회에서 사회적 경제는 시민사회의 자생적 공동체 운동과 깊이 연관되어 있다. 특히 1960년대 이후 강원도 원주를 중심으로 소비자협동조합과 신용협동조합이 잇따라 결성된 것이 사회적 경제가 본격적으로 주목받게 된 시초라 할 수 있다. 1966년 천주교 원주교구 지학순 주교와 장일순 선생은 가톨릭 신도 35명을 조합원으로 신용협동조합을 처음으로 결성했다. 1969년에는 천주교가 운영하는 원주 진광중학교에 학교협동조합과 협동조합연구소가 만들어졌다. 1972년에 설립되어 현재까지 운영 중인 원주밝음신용협동조합을 위시해 지난 40여 년간 원주에는 사회적 경제를 도모하는 다양한 협동조합이 지속적으로 생겨났다. 개별적으로 활동해 온 협동조합들이 연합체를 처음으로 결성한 곳도 원주다. 1990년대 말부터 시작되었던 경제위기 당시 원주 지역에서 사회적 경제를 추구하던 단체들은 거대 자본에 의존하는 주류 경제 질서에 대항해 지역의 자립적인 경제를 꿈꾸며 2003년 원주협동조합 운동협의회를 결성했다. 이 협의회에는 원주밝음신용협동조합 등 8개 단체가 참여했다. 원주협동조합 운동협의회는 2007년 제정된 「사회적기업육성법」에 따라 만들어진 지역의 사회적 기업들과 함께 2009년 원주협동사회경제네트워크로 명칭을 변경하였다. 원주협동사회경제네트워크는 2012년 12월 「협동조합기본법」이 시행되자 이듬해 강원도 최초의 사회적 협동조합으로 등록했다. 원주협동사회경제네트워크에는 2014년 현재 24개의 사회적 경제 관련 단체가 가입해 있다. 2014년 현재 시민의 약 10%인 3만여 명이 협동조합 조합원인 원주는 명실상부한 한국 협동조합운동의 대표 도시로 자리 잡았다.

한편, 지역사회 공동체 운동에서 비롯한 사회적 경제 조직으로 가장 널리 알려진 것은 생활협동조합(생협)이다. 생협은 주로 친환경 농산물과 생활용품을 유통하는데, 2013년 말 현재 143개 생협에 약 93만 4천여 명이 가입되어 있다(박주희, 김원경, 주수원, 신도욱, 김기태, 2014). 오늘날의 모습과 같은 생협은 1979년 강원도 평창군 대화면에서 결성된 신리소비자협동조합이 시초로 알려져 있다. 정은미(2006)는 1980년대 후반 이후 생협이 확산된 맥락에 따라 그 유형을 네 가지로 구분한다. 첫째는 경기도 안양의 바른생협과 같이 농촌과 도시의 신용협동조합 간 직거래에서 비롯한 유형이다. 둘째는 강원도 원주의 농민 운동가들이 1986년 서울 제기동에 직영 매장을 개설한 것이 시초인 한살림과 같이 생명 사상을 공유하는 농민 운동가들이 도시에 매장을 개설하고 소비자들을 조직한 유형이다. 셋째는 1987년 민주화 이후 종교단체, 여성단체 등 시민단체의 활동을 모체로 설립된 유형이다. 넷째는 노동운동과 학생운동 활동가들이 시작한 지역생협 유형이다. 네 유형의 생협은 모두 독자적인 상품의 유통망을 통해 영리를 추구하며, 이윤을 사회적으로 공유하는 사회적 경제의 전통을 세워 왔다. 또한 시민사회 공동체 형성을 추구한다는 정신도 공유하고 있다.

지역사회 운동이나 시민사회 운동에서 비롯한 다양한 협동조합이나 생협이 확산하기 이전에도 협동조합은 존재했다. 가장 대표적인 것인 농수산물 유통업체인 하나로마트와 농협은행으로 유명한 농업협동조합(농협)이다. 농협은 1957년 제정된 「농업협동조합법」에 근거하고 있는데, 2014년 4월 현재 전국에 1,159개의 회원 조합을 가지고 있다. 농협은 농축산업에 종사하는 조합원 수만 240만여 명에 달하며, 약 8만 5천여 명을 정규직으로 고용하고 있다. 수산업협동조합(수협)은 2013년 기준으로 92개 조합과 15만여

명의 조합원으로 구성되어 있다. 수협은 1962년 제정된 「수산업협
동조합법」에 근거하고 있다. 일반인들에게는 널리 알려지지 않았
지만 산림조합에도 2012년 말 현재 142개 조합에 49만여 명의 조
합원이 가입해 있다(박주희 외, 2014). 한국 사회에서 서민 금융기
관으로 널리 알려진 신용협동조합(신협)은 2012년 말 현재 전국
950개 회원 조합에 592만 명의 조합원이 가입해 있으며, 약 55조
원의 자산을 운용하고 있다(신협중앙회, 2013). 또 다른 서민 금융
기관인 새마을금고의 경우 2013년 말 현재 1,402개 회원 조합의 거
래 회원이 1,759만 명에 달하며, 운용 자산은 110조 8,102억 원이
다(새마을금고중앙회, 2014). 농협, 수협, 산림조합, 신협, 새마을금
고가 1차산업과 서민 금융 분야에서 활동해 온 역사는 상대적으로
오래되었지만 사회적 경제 담론을 한국 사회에 널리 확산시키는
역할을 하지는 못했다. 우선 농협, 수협, 산림조합은 시민사회 전
체의 공적 이익을 담보하는 조직이 아니라 해당 분야 생산자들의
이익단체라는 성격이 더 강했다. 신협이나 새마을금고 역시 사회
적 경제를 도모하는 조직이 아닌 은행과 같은 금융기관의 또 다른
유형으로 인식되고 있다.

「사회적기업육성법」 제정과 사회적 경제의 부상

한국 사회에서 사회적 경제는 2000년대 후반 「사회적기업육성
법」 제정 논의와 함께 주목받기 시작했다. 「사회적기업육성법」 제
정 논의는 1990년대 말 IMF 경제위기 당시 정부가 저소득 취약계
층을 보호하기 위해 도입한 공공근로사업과 관련된다. 공공근로
사업은 2000년대 들어서도 자활사업과 사회적 일자리 사업 등으
로 이름을 바꾸며 계속되었다. 시민사회에서는 이 사업들이 양질
의 일자리와 공동체 창출로 이어지지 못한다는 자성과 비판의 목
소리가 높았다. 이에 대한 한 대안으로 사회적 기업 논의가 시민사

회 일각에서 시작되었다(엄형식, 2007). 2005년에는 노동부에 사회적 일자리기획팀이 생겨나면서 사회적 기업에 대한 구체적이고 본격적인 논의가 촉발되었다. 2006년 말 국회를 통과해 2007년 7월부터 시행된「사회적기업육성법」은 시민사회에서 주도하거나 정부와 시민사회의 파트너십에 기초하기보다는, 철저하게 정부의 정책적 판단에 따라 제정된 것이라는 평가를 받고 있다(장원봉, 2008).

「사회적기업육성법」에서는 사회적 기업을 "취약계층에게 사회서비스 또는 일자리를 제공하거나 지역사회에 공헌함으로써 지역주민의 삶의 질을 높이는 등의 사회적 목적을 추구하면서 재화 및 서비스의 생산·판매 등 영업 활동을 하는 기업"으로 정의한다. 이 법에 따라 사회적 기업 인증제도가 도입되었는데, 이는 어떤 기업이 사회적 기업인지 여부를 정부의 평가로 결정한다는 것을 의미한다. 사회적 기업은 그 내용이 영어권에서 기업의 사회적 책임(Corporate Social Responsibility: CSR)이라고 불러 온 현상과도 유사한 측면이 있다. 기업의 사회적 책임은 기업이 영리 활동을 하면서도 고용한 노동자들은 물론 환경 보호, 복리 증진, 사회 공헌 등을 동시에 추구하는 것을 의미한다. 기업의 사회적 책임은 기업 경영의 중요한 부분으로 간주되고 있다. 사회적 기업과 기업의 사회적 책임 간의 경계를 내용적으로 구분하는 것은 쉽지 않지만, 한국에서는 사회적 기업 인증제도의 도입으로 어떤 기업이 사회적 기업인지 여부는 분명하게 구분할 수 있다. 「사회적기업육성법」을 주관하는 고용노동부는 인증제도 운영 외에도 사회적 기업 육성과 체계적 지원을 위한 기본계획을 5년마다 수립해야 한다. 정부는 이 법에 따라 사회적 기업에 조세 감면 혜택과 직접적 재정 지원은 물론 사회적 기업이 생산하는 재화와 서비스를 공공기관이 우선 구매하도록 독려하고 있다.

한국에서 정부 주도로 취약계층에게 일자리를 제공하기 위해

사회적 기업을 도입한 과정은 일부 유럽 국가에서
도 나타났던 현상이다. 유럽에서 사회적 기업의 정
책적 혹은 제도적 맹아는 이탈리아의 1991년 사회
적 협동조합(social cooperatives) 관련 법이다. 영국
에서는 이른바 제3의 길을 표방했던 블레어(Blair)
정부가 2002년 사회적 기업 연합(social enterprise
coalition)을 출범시키고 상공부에 사회적 기업과
(social enterprise unit)를 만들면서 정부 주도로 사
회적 기업 논의가 촉발되었다. 영국 의회는 2004년
지역사회 영리회사(community interest company) 법
안을 통과시켜 사회적 기업이 확산되는 법적인 토
대를 마련했다. 이후 유럽 각국에서는 다양한 이름
의 사회적 기업 법제화가 진행되었다(Defourny &
Nyssens, 2006). 유럽에서의 사회적 기업의 법제화
맥락을 드프르니(Defourny, J., 2001: 1)는 "여러 나라
에서의 항구적인 구조적 실업, 정부 재정 적자의 해
소, 전통적인 사회정책의 어려움 그리고 보다 적극
적인 통합정책의 필요성"으로 제시한다. 즉, 유럽식
복지 시스템의 쇠퇴와 사회적 기업의 등장은 그 맥
락을 공유한다.

사회적 기업 법제화는
취약계층이 고착되고
사회 양극화가
심화되는 상황에서
일종의 사회통합 정책이었다

　한국 정부가 사회적 기업의 법제화에 나선 맥락도 이와 유사하다.
공공복지 정책이 미비한 상황에서 겪었던 IMF 경제위기와 그 이후
취약계층이 고착되고 사회 양극화가 심화되는 상황에서 사회적 기
업 법제화는 일종의 사회통합 정책이었다. 정부는 공공 재원으로
제공하는 데 한계가 있는 다양한 사회 서비스를 취약계층의 일자
리 문제도 해결하면서 제공하려는 목적을 갖고 있었다. [그림 1]에
서는 2014년 12월 기준 국내 사회적 기업 관련 현황을 제시하였다.

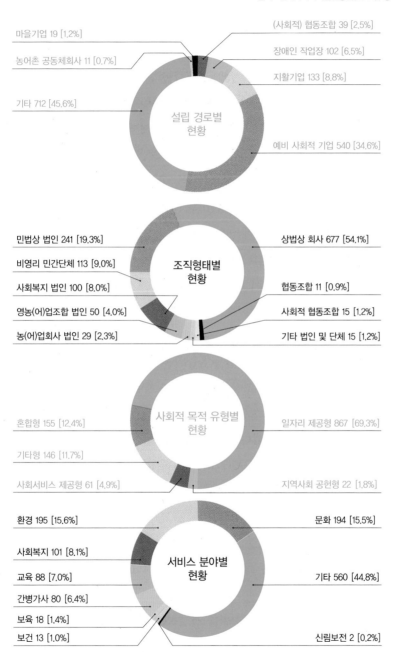

출처: 한국사회적기업진흥원(2014). 공시자료.

설립 경로별 현황
- 마을기업 19 [1.2%]
- 농어촌 공동체회사 11 [0.7%]
- 기타 712 [45.6%]
- (사회적) 협동조합 39 [2.5%]
- 장애인 작업장 102 [6.5%]
- 자활기업 133 [8.8%]
- 예비 사회적 기업 540 [34.6%]

조직형태별 현황
- 민법상 법인 241 [19.3%]
- 비영리 민간단체 113 [9.0%]
- 사회복지 법인 100 [8.0%]
- 영농(어)업조합 법인 50 [4.0%]
- 농(어)업회사 법인 29 [2.3%]
- 상법상 회사 677 [54.1%]
- 협동조합 11 [0.9%]
- 사회적 협동조합 15 [1.2%]
- 기타 법인 및 단체 15 [1.2%]

사회적 목적 유형별 현황
- 혼합형 155 [12.4%]
- 기타형 146 [11.7%]
- 사회서비스 제공형 61 [4.9%]
- 일자리 제공형 867 [69.3%]
- 지역사회 공헌형 22 [1.8%]

서비스 분야별 현황
- 환경 195 [15.6%]
- 사회복지 101 [8.1%]
- 교육 88 [7.0%]
- 간병가사 80 [6.4%]
- 보육 18 [1.4%]
- 보건 13 [1.0%]
- 문화 194 [15.5%]
- 기타 560 [44.8%]
- 산림보전 2 [0.2%]

그림 1 2014년 국내 사회적 기업 현황

「협동조합기본법」 제정과 사회적 경제 담론의 확산

2012년 12월 「협동조합기본법」의 시행은 한국 사회에 사회적 경제 담론이 본격적으로 확산되는 계기가 되었다. 「협동조합기본법」을 제정하기 이전에도 개별 협동조합에 관한 법은 존재했다. 「농업협동조합법」(1957년)을 필두로 「수산업협동조합법」(1962년), 「신용협동조합법」(1972년), 「산림조합법」(1980년), 「새마을금고법」(1982년), 「소비자생활협동조합법」(1999년)에 근거해 개별 협동조합들이 운영되어 왔다. 개별적인 협동조합 관련 법이 이미 있었지만 「협동조합기본법」이 제정된 배경은 다음 두 가지를 들 수 있다. 첫째, 2000년대 말 이후 글로벌 경제위기 확산으로 사회적 경제에 대한 국제적 관심이 높아지면서 UN은 2012년을 '세계 협동조합의 해'로 정하고 캠페인을 전개했다. 농협 등 기존의 여러 협동조합이 사회적 경제 담론과 거리가 있었기 때문에 시민사회 운동가들은 이런 국제적인 캠페인을 계기로 「협동조합기본법」 입법운동을 전개했다. 특히 2010년 국회입법조사처 발주로 수행된 연구(정재돈, 김기태, 2010)는 2012년 '세계 협동조합의 해'를 법 제정을 위한 기회로 활용하자고 제안하기도 했다. 둘째, 「협동조합기본법」은 정부와 정치권, 시민사회의 협력으로 매우 빠르게 제정되었다. 우선 정부가 2011년 서민경제 활성화 대책으로 협동조합 설립 방안을 검토하기 시작했다. 정부 검토 내용을 바탕으로 당시 여당 국회의원인 김성식 의원은 11월 2일 「협동조합기본법」을 발의했다. 당시 야당의 대표였던 손학규 의원도 그보다 앞서 2011년 10월 12일 「협동조합기본법」을 대표 발의했다. 시민사회에서도 2011년 9월 '「협동조합기본법」 제정을 위한 연대회의'를 결성하고 국회에 11월 7일 입법 청원을 했다. 이런 동시다발적인 노력으로 「협동조합기본법」은 2011년 12월 29일 제정되었다. 손학규 의원이 최초로 발의한 때로부터 불과 2개월도 걸리지 않은 것으로 이는 매우 빠른 법 제정이었다.

「협동조합기본법」은 기존의 협동조합 관련 법들이 1차산업과 금융 및 소비생활 분야로 그 영역이 국한되어 있었던 것과 달리 공업과 서비스업 전 분야로 협동조합의 활동 영역을 확대하였다.「협동조합기본법」의 주요 특징은 다음과 같다. 첫째, 모든 업종에서 5명이상이 모이면 조합을 설립할 수 있다. 둘째, 이익 배당이 가능한협동조합과 이익 배당이 불가능한 사회적 협동조합을 구분하고 있다. 협동조합은 법인으로 금융과 보험 업종을 제외한 모든 업종에서 시·도지사에게 신고하면 설립할 수 있다. 잉여금의 10%는 적립해야 하지만 나머지는 조합원에게 배당할 수도 있다. 사회적 협동조합은 비영리 법인으로 지역사회 재생, 취약계층 일자리 제공등 공익사업을 40% 이상 수행해야 한다. 잉여금은 30% 이상 적립해야 하며 조합원에게 배당할 수 없다. 협동조합과 달리 사회적 협동조합은 총 출자금 범위 안에서 소액 대출과 상호부조가 가능하다. 셋째, 조합의 의사결정 과정에서 출자금의 액수와 관계없이 조합원 1인당 1표를 행사한다. 다만 조합원은 출자한 액수만큼 책임을 진다. 넷째, 정부의 지원은 물론 감독도 최소화하고 있다.「협동조합기본법」은 제10조에 "국가 및 공공단체는 협동조합 등 및 사회적 협동조합 등의 자율성을 침해하여서는 아니 된다."고 명시한 것이다. 이 법을 소관하는 기획재정부는 협동조합의 자율적인 활동을 촉진하기 위한 기본계획을 수립해야 하며 3년마다 실태를 조사해 국회에 보고해야 한다.

한국협동조합연구소(2013)의 조사에 따르면 2012년 12월 1일 법시행 이후 2013년 11월 말까지 1년 동안 사회적 협동조합 132개를포함해 모두 3,133개의 협동조합이 설립되었다. 법 시행 이후 매주 평균 60개가량이 설립된 것이다. 업종별로는 도·소매업 940개(30%), 교육 서비스업 390개(12.5%), 농업, 어업, 임업 307개(9.8%),

제조업 288개(9.2%), 예술 스포츠 및 여가 관련 서비스업 224개
(7.2%) 순으로 많았다. 일반 사업체와 협동조합의 업종별 비율을
비교하면 뚜렷한 특징이 나타난다. 교육 서비스업 협동조합의 비
중이 12.5%로 일반 사업체 중 교육 서비스업이 4.8%에 불과한 것
과 대조적이다. 예술, 스포츠 및 여가 관련 서비스업도 일반 사업
체 중에서는 2.9%에 불과하지만 협동조합 중에는 7.2%에 달한다.
일반 사업체 중 농업, 수산업, 임업은 0.1%에 불과하지만 협동조
합 중에는 9.8%나 된다. 숙박 및 음식점업의 비율은 일반 사업체
의 18.7%이지만 협동조합에서는 3.1%에 불과하다. 도 · 소매업은
협동조합과 일반 사업체 모두에서 가장 높은 비중을 차지하고 있
는 분야다. 교육 서비스, 여가 관련 서비스, 농업 등 1차산업 분야
의 협동조합이 많은 것은 이 영역에서 사회적 경제를 도모할 수 있
는 여지가 크기 때문으로 해석된다.

사회적 경제와 평생교육

사회적 기업과
협동조합의 터전인 지역사회 공동체는 평생교육
의 오랜 연구와 실천 분야였다(김민호, 2003; 양병찬,
2007; 오혁진, 2006, 2007; 허준, 2006). 또한 취약계층
을 배려하고 공동체주의를 강화하려는 사회적 기업
과 협동조합의 취지는 교육 기회로부터 소외된 이
들을 사회적으로 포용하려는 평생교육의 인본주의
적 · 비판주의적 전통과 맥락을 공유한다. 그렇지
만 사회적 기업이나 협동조합은 사회적 경제라는
용어에 직접적으로 드러나듯 지역사회 공동체의 교
육 현상이라기보다는 경제 현상을 지칭한다. 교육
연구의 대상으로 사회적 경제를 고려하는 맥락을
다음에서는 평생교육의 학문적 개념 논의와 연결

사회적 기업과
협동조합의 터전인
지역사회 공동체는
평생교육의 오랜 연구와
실천 분야였다

지어 생각해 본다.

평생교육학의 정체성과 사회적 경제 검토 맥락

한국 학계에서 사회교육을 대체한 평생교육의 개념 논쟁과 관련된 대표적인 쟁점은 평생교육이 실천 영역을 규정하는 용어인가 여부다. 평생교육학의 학문적 정체성을 검토한 오혁진(2009)은 개념 정의의 세 가지 방식인 기술적·조작적·강령적 정의 가운데 어느 것으로도 평생교육학이 독자적인 탐구 영역과 관점을 가진 분야가 될 수 없다고 본다. 오혁진(2009: 286)은 학습 혹은 평생학습의 관점에서 교육 현상을 연구할 것을 제기한 김신일, 박부권, 한준상, 한숭희 등의 입장에 대해서도 "그것은 '평생교육학'이라기보다는 오히려 '평생학습학', '학습학', '학습생태학'이라고 부르는 것이 혼동을 피할 수 있는 방법"이라고 주장한다. 그는 사회교육학을 학교교육과 대비되는 조작적 정의, 즉 학교 외부에서 일어나는 교육이라는 의미의 사회교육을 다루는 응용 학문으로, 평생교육학을 학교교육과 사회교육의 통합과 연계를 다루는 응용학문으로, 평생학습의 관점에서 교육학을 새롭게 성립하려는 시도는 평생학습학이라는 순수학문으로 정체성을 분명히 할 것을 제안한다.

평생교육학의 정체성과 관련된 논쟁에는 조선시대 말 일본에서 수입된 사회교육 개념, 1970년대 유네스코가 제창하여 소개된 평생교육 개념, 1990년대 이후 유럽연합, 유네스코, OECD 등이 널리 전파하기 시작한 평생학습과 학습사회 개념이 실천 현장은 물론 학계에서도 개념적 경계를 뚜렷하게 설정하지 않고 통용되는 현상이 반영되어 있다. 특히 한국에서는 1999년 기존의 「사회교육법」이 「평생교육법」으로 전면 개정되면서 국가의 주요 정책 용어로 사회교육을 대신해 평생교육이 전면에 등장했다. 또한 개인의 역량 개발을 위한 평생학습의 중요성이 부각되면서 사회교육은 실천 현

장에서는 물론 학술적인 개념으로도 잘 사용되지 않고 있다. 이 점
은 한국사회교육학회가 한국평생교육학회로 명칭을 변경한 것에
서도 잘 알 수 있다.

한국에서 2000년대 들어 평생교육이 부상한 이면에는 정부의
정책적 지원과 평생교육 시장의 확대가 자리 잡고 있다. 정부는
1999년 「평생교육법」 제정 이후 평생학습도시 지정과 평생학습축
제, 각종 평생교육 프로그램 공모 지원 사업 등을 전개했다. 「평생
교육법」에 따른 다양한 민간 평생교육 기관과 학점은행제 교육기
관들은 평생교육 프로그램의 시장 공급을 증가시켰다. 제1섹터인
정부와 제2섹터인 시장에 의존한 평생교육의 확대는 사회적 경제
의 터전이자 제3섹터로 불리는 시민사회와는 일정한 거리를 가지
고 있었다. 지난 10여 년간 평생교육의 확장으로 한국의 시민사회
가 얼마나 더 성숙하였으며 평생교육과 시민사회의 관계가 어떠했
는가를 판단하는 것은 쉽지 않은 일이다. 다만 시민사회의 성숙에
평생교육 담론이 기여한 바를 논의하는 것 자체가 걸음마 수준인
것은 분명하다. 그 이전 10여 년간 한국 평생교육의 발전 결과와
앞으로의 지향점을 담고 있다고 볼 수 있는 2007년 개정 「평생교
육법」은 평생교육을 학력보완교육, 성인기초문해교육, 인문교양교
육, 직업능력향상교육, 문화예술교육, 시민참여교육의 6대 영역으
로 구분한다. 2013년 조사에 따르면 평생교육의 6대 영역별 참여
율은 학력보완교육 4.9%, 성인기초문해교육 0.3%, 직업능력향상
교육 14.9%, 인문교양교육 5.6%, 문화예술교육 10.3%, 시민참여
교육 0.9%다(교육부, 한국교육개발원, 2013). 시민참여교육의 매우
낮은 참여율은 실제로 제공되는 시민참여교육 프로그램이 그리 많
지 않다는 점을 보여 준다. 평생교육의 실천적 확대과정에서 시민
참여교육은 학문적인 탐구 영역으로도 깊이 다루어지지 못했다.
개정 「평생교육법」이 시행된 이후인 2009년 한국평생교육학회는

강원도 강릉에서 춘계학술대회를 열고 평생교육의 영역별 쟁점을 검토한 적이 있다. 이 자리에서 시민참여교육을 어떻게 개념 정의할지를 두고 논의를 거친 바 있다(김민호, 2009; 이해주, 2009). 이런 배경을 고려하면 사회적 경제 담론의 확산은 시민참여교육의 활성화는 물론 시민사회와 평생교육의 접점을 모색하는 새로운 계기를 제공하고 있다.

지역사회 공동체: 사회적 경제와 평생교육의 공유 지점

이 글은 앞에서 살펴본 평생교육 혹은 평생교육학의 정체성에 관한 논의 맥락으로부터 자유롭지 않다. 여기에서 필자는 평생교육의 본질이 무엇인가라는 질문을 일단 유보하고자 한다. 대신 사회적 경제와 평생교육의 관계를 상황 맥락의 인식에 기초한 전략 차원에서 검토하고자 한다. 본질을 규정하는 것에 찬성하건 반대하건 전략에 관한 주장은 그것이 상황, 즉 사태의 맥락과 맞아 들어가는 것인가가 중요한 판단 기준이다. 포스트식민주의 여성학자 스피박(Spivak, G. C., 2006)은 전략을 고려할 때 상황의 중요성을 강조하며 전략은 이론이 아니라고 간파한다.

> 누군가 전략을 고려하고 있다면 본질주의에 찬성하건 반대하건 어떤 주장을 할 때 집단—개개인, 개개인들 혹은 운동—이 놓여 있는 상황을 보아야 합니다. 하나의 전략은 하나의 상황과 맞아 들어가는 것이고 그것은 이론이 아니다(Spivak, 2006: 20).

상황 또는 맥락을 중시하겠다는 것은 그 자체로 본질에 충실하기를 거부한다는 의미다. 맥락이란 그때그때 달라지는 것이다. 어떤 개념을 맥락 속에 자리 잡게 하는 것은 적어도 맥락에 따른 본질의 변주와 훼손 혹은 부정을 내포한다. 흔히 자본주의 사회에서 기업이란 어쩔 수 없이 이윤의 극대화만 추구하는 존재라고 이야기된다. 이윤 추구가 기업의 본질이라는 것이다. 그런데 이 본질은 사회적 기업이라는 새로운 유형의 기업이 등장하는 맥락에서 일정 부분 훼손되거나 부정된다. 또한 기업이라는 속성을 가진 사회적 기업이 추구하는 공익성, 공공성이라는 사회적 목적 또한 시민사회가 본질적으로 추구하는 공익성, 공공성과 동일한 것이라고도 볼 수 없다. 이윤 추구, 공익성, 공공성이라는 개념은 사회적 기업의 등장이라는 맥락에서 새로운 의미를 획득한다.

　맥락을 고려하는 것과 본질주의에 대한 비판적 입장은 평생교육학의 정체성 모색에도 동일하게 적용된다. 평생교육의 본질을 무엇으로 정의하건, 혹은 그 본질을 정의하는 것 자체에 반대하건 찬성하건, 사회적 경제의 맥락에서 평생교육의 역할을 모색하는 것은 평생교육 본질의 변주 혹은 부정을 의미한다. 이는 애스핀과 챔프먼(Aspin, D. N. & Chapman, J. D., 2000)이 평생학습 시대의 평생교육 개념과 철학을 모색하며 취했던 방법과 유사하다. 그들은 "평생교육의 '본질적인', '기초적인' 또는 부정할 수 없이 명백한 정의를 찾을 수 있다고 생각하는 것은 [그리스 신화 속에 등장하는 사자의 머리, 염소의 몸, 독사의 꼬리를 지니고 불을 내뿜는 괴물] 키메라 찾기를 시도하는 것"이라며 그보다는 "평생교육을 사용하는 이들의 담론에서 이 용어가 '사용되는 방식의 고찰'"을 주장했다(Aspin & Chapman, 2000: 6). 즉, 개념의 본질을 찾기보다는 그것이 사용되는 상황과 맥락에 주목한 것이다. 이들은 이 방법을 통해 자아실현, 경제적 성장, 사회적 포용이라는 세 가지 답변을 제시한 바 있다.

　본 장에서는 한국 사회에서 사회적 경제 담론이 확산되는 맥락과 평생교육이 관계되는 양상을 탐색한다. 이를 위해 사회적 경제의 핵심 조직인 사회적 기업과 협동조합에서 가르치고 배우는 현상을 포착하고자 한다. 평생교육학은 정부정책과 교육시장에서의 평생교육 양상과 더불어 지역사회 공동체, 즉 시민사회를 중심으로 나타나는 평생교육의 실천 활동을 학문적으로 정리하고 이론화하는 작업을 적극적으로 할 필요가 있다. 뒤에서 더 논의하겠지만, 이 작업은 사회적 기업이 시민사회만의 고유한 영역이 아니라 정부와 시장이 모두 깊숙이 관여하고 있다는 점에서 평생교육학의 연구 영역 정립에 새로운 시각을 제시해 줄 수 있다.

사회적 기업과 협동조합의 교육장치

사회적 기업과 협동조합 중에는 교육 서비스 제공을 목적으로 하는 곳들이 있다. 2014년 6월 현재 교육 서비스를 업종으로 정부의 사회적 기업 인증을 받은 곳은 77개다(사회적기업진흥원 홈페이지). 교육 서비스를 주 업종으로 하는 협동조합도 2013년 11월 말 현재 390개다(한국협동조합연구소, 2013). 이들은 주로 아동과 청소년들에게 학교 외부에서 다양한 평생교육을 제공하고 있다. 그러나 교육 서비스를 주 업종으로 하지 않는 사회적 기업이나 협동조합의 내부에도 다양한 유형의 가르치고 배우는 활동이 존재한다. 대부분의 사회적 기업이 상대적으로 소규모이고 영세한 상황에서 시작하는 데다 복잡한 지식과 기술이 필요하지 않는 서비스를 제공하는 경우가 많아서, 가르치고 배우는 활동에 대한 별다른 고려가 없을 것이라고 생각할 수 있다. 그러나 매우 단순해 보이는 서비스를 제공하는 경우에도 가르치고 배우는 활동에 대한 요구는 강력하다. 취약계층과 고령자를 청소 업무에 안정적으로 고용하고 있는 '푸른환경코리아'의 정희석 대표는 "처음에는 특별히 전문 기술이 필요하지 않을 것으로 생각했다. 그러나 기술에 관해서는 생각이 바뀌었다. 지금은 전문성을 갖추기 위해 앞선 청소 기술을 배우려고 노력하고 있다."라고 말한다(안치용 외, 2010: 221-222).

이 절에서 나는 사회적 기업과 협동조합에서 배우는 활동을 촉진하는 다양한 양상을 '교육장치(educational apparatus)'라고 명명하고 그 유형을 제시하고자 한다. 교육장치라는 개념은 마르크스(Marx, K.)의 국가 이론을 발전시킨 알튀세르(Althusser, L., 2007)의 '이데올로기적 국가 장치'라는 개념에서 차용한 것이다. 알려진 대로 알튀세르는 그의 국가 이론에서 국가 장치를 억압적 국가 장치와 이데올로기적 국가 장치로 나누었다. 억압적 국가 장치는 국가 권력을 소유한 계급이 정부, 공무원 조직, 군대, 경찰, 법원, 감옥 등 물리적 폭력을 행사해 국가를 지배하는 도구를 의미한다. 알튀세르는 이데올로기적 국가 장치의 잠정적인 리스트로 학교 장치, 가족적 장치, 종교적 장치, 정치적 장치, 조합적 장치, 정보 장치를 제시하며 이를 다음과 같이 규정한다.

> 하나의 이데올로기적 국가 장치는 제도들·조직들과 이에 상응하는 규정된 실천들로 이루어진 체계다. 이 체계의 제도들·조직들·실천들에서 국가 이데올로기의 전체 혹은 부분(일반적으로 어떤 요소들의 전형적인 결합)이 구현된다. 하나의 AIE(이데올로기적 국가 장치)에서 구현된 이데올로기는 각각의 AIE에 고유한 물질적 기능들 속에 '뿌리내림'을 토대로 이 AIE의 체계적 통일성을 확보해 준다. 이 기능들은 이 이데올로기로 환원될 수 없지만 그것에 '버팀목' 역할을 해 준다(Althusser, 2007: 135-136).

교육장치는 사회적 기업과 협동조합에서 평생교육 활동을 담당하는 제도와 조직, 그리고 그에 상응하는 실천이다. 교육장치는 확립된 제도와 조직이

교육장치는 사회적 기업과 협동조합에서 평생교육 활동을 담당하는 제도와 조직, 그리고 그에 상응하는 실천이다

아닌 무형식적인 실천으로 존재할 수도 있다. 본 장에서는 교육장치라는 개념을 통해 사회적 기업과 협동조합에서의 평생교육 활동이 구현되는 현상의 일각을 드러내고자 한다. 교육장치는 사회적 기업과 협동조합의 평생교육 활동의 버팀목이며, 교육장치를 통해 그것들은 자신을 (재)생산하기 때문이다. 이 교육장치는 다른 여러 활동 장치와 결합하며 나름의 특성과 의미를 드러낸다.

아래에서는 교육장치의 여섯 가지 유형을 제시하였다. 각각의 교육장치의 사례는 사회적 기업과 협동조합의 생성과 발전 과정에서 나타난 것이다. 사례들은 사회적 기업을 소재로 한 학위논문, 사회적기업진흥원 등 관련 웹사이트, 삼성꿈장학재단의 '배움터지원사업'에 참가한 사회적 기업 현황 자료, 2009년 경향신문에 "사회적기업이 희망이다"라는 기사로 소개된 38개 사례를 출판한 『한국의 보노보들: 자본주의를 위한 가장 아름다운이야기』가 주요 출처다. 교육장치들과 각 유형의 사례로 소개하는 곳들은 해당 교육장치만 가지고 있는 것은 아니다. 경우에 따라 여섯 가지 유형을 모두 가지고 있을 수도 있고, 한두 가지만 가지고 있을 수도 있다.

사회적 기업과 협동조합의 생성과 발전 과정에서 나타난 교육장치의 여섯 가지 유형

❶ 토대 만들기와 전수 교육장치
❷ 내부 획득형 교육장치
❸ 외부 연계형 교육장치
❹ 조직정체성과 참여형 교육장치
❺ 확산형 교육장치
❻ 소비자 교육장치

❶ 토대 만들기와 전수 교육장치

사회적 기업은 관련된 지식, 기술, 가치관을 이미 보유한 개인이 시작하는 경우가 많다. 사회적 기업의 창업자들은 이 지식, 기술, 가치관을 얻기 위해 창업 이전에 '비싼' 수업료를 지불하는 경우가 적지 않다. 예를 들어, 경기도 강화에서 유기농 전통식품 제조 및 영농기업 '콩세알 나눔센터'를 창업한 서정훈 대표 역시 개인적으로 적지 않은 시행착오를 겪었다.

좋은 콩을 확보했다고 곧바로 좋은 두부가 되는 게
아니었다. 옛 맛을 내기 위해 가마솥에 끓이는 방식과

화학 첨가물을 쓰지 않는 원칙을 고집하다 보니 두부
다운 두부가 나오지 않았다. 또한 콩 속에 함유된 사
포닌 성분에 의해 속 거품이 발생하다 보니 간수를 제
대로 먹지 않았다. 가마솥을 끓여 내느라 밑부분은 까
맣게 타고 윗부분은 차가워 내다 버린 양도 엄청났다.
하루하루 미완성 두부를 버리는 일을 반복했다. 거품
을 삭이는 데는 소포제 한 방울만 떨어뜨리면 해결되
는 문제이지만, 첨가제를 쓰지 않겠다는 고집을 끝까
지 고수했다. 동네 여기저기를 돌아다니며 어르신들
에게 여쭈어 참기름도 넣어 보고 쌀겨도 넣어 보는 등
여러 방법을 시도했다. 오랜 시간이 지나 제법 수업료
를 치렀다. 이왕 첨가제를 쓰지 않기로 한 만큼 유화
제도 넣지 않았다. 대신 정제된 천연 간수로 두부를
굳혔고 식품 보전제도 뺐다. 한마디로 국산 유기농 콩
을 사용해 두부를 만들되, 어떤 인공물질도 배제한 것
이다(안치용 외, 2010: 296-297).

경기도 시흥의 '아름다운 집'은 기초생활수급자를 대상으로 한
자활센터에서 정부의 지원을 받으며 집수리 기술을 익힌 세 명이
공동 창업한 사회적 기업이다. 이들은 도배, 목공, 페인트 등 필요
한 기술을 창업 이전에 배웠다. 반면, 교육 활동을 통한 토대 만들
기에 대한 별다른 고려 없이 사업을 벌였다가 실패를 맛본 경우도
있다. 기능직 일용 건설노동자들의 협동조합 형태로 1993년 출발
했던 '나레건설'은 의사결정 과정의 비효율 문제도 겪었지만 심각
한 기술 부족으로 2년 만에 회사 문을 닫았다. 정식 기사 자격을 갖
춘 기술자가 없어 견적 산출에 실패해 손해를 보는 계약을 하는 일
까지 벌어졌기 때문이다. 이 회사 구성원들은 다른 일반 건설회사

에 입사해 현장에서 실무를 익히고 시간을 쪼개 각자가 공부하여 관련 자격증을 취득해 기술적인 토대를 갖춘 뒤 2000년에 'CNH종합건설'을 다시 열었다. 이때는 직원 여덟 명 중 경리를 제외한 전원이 관련 자격증을 한두 가지씩 가지고 있는 상태였다.

대구에서 버려진 자전거를 재활용해 중고 자전거로 만들어 보급하는 '대구YMCA 희망자전거제작소사업단'도 교육 활동에 뒤늦게 힘쓰게 된 경우다. 창업 초기에는 버려진 자전거에서 쓸 만한 부분만 골라서 조립하면 새 자전거가 될 것으로 생각했지만 그렇지 않았다. 결국 "과거 자전거 공장을 운영했던 기술자를 모셔다가 직원들을 교육해 기술 수준을 높였다"(안치용 외, 2010: 80). 자전거 부품도 80% 정도는 새것을 사용하였다. 42명의 직원 중 절반 이상이 노동부의 사회적 일자리 사업으로 취직한 고령자나 장애인인 이곳에는 숙련된 선배 기술자들이 취약계층 직원을 교육하면서 함께 일하고 있다. 선배 숙련공이 후배 신참을 가르치는 일종의 전수 교육장치를 운영하는 것이다. 어느 정도 기술력이 확보된 뒤 이 기술을 활용해 단순 반복 작업을 통해 상품을 생산하거나 서비스를 공급하는 사회적 기업들은 이렇게 현장에서 일하며 배우는 교육장치를 가지고 있는 경우가 많다.

❷ 내부 획득형 교육장치

일하면서 배우는 것은 어느 조직에서나 관찰할 수 있는 현상이지만 보다 체계적인 교육 프로그램을 조직 내부에 개설한 경우가 있다. 업무에 필요한 지식, 기술, 태도 등을 일상적인 업무와는 분리된 완성된 형태의 교육 프로그램으로 만들어 자체 운영하는 것이다. 종업원들은 이 교육 프로그램을 업무 시작 전에 이수해야만 한다.

인천의 '서해출산육아돌봄센터'는 산모 산후 관리와 베이비시터

인력을 파견하고 있다. 산후 관리 서비스는 비용이 매우 높아 저소
득층은 이용할 엄두를 못 내는 경우가 많지만 이곳에서는 소득 수
준에 따라 이용료를 차별화하고 있다. 노인들을 간병하는 요양보
호사는 국가 자격이 요구되지만, 저출산이 심각한 문제임에도 산
후 관리사는 관련 자격 인증제도가 미비했다. '서해출산육아돌봄
센터'는 산후 관리의 전문성을 담은 독자적인 교육과정을 만들고
이수자에게 수료증을 발급하는 장치를 도입했다. 부산에서 노인과
장애인들을 위해 요양, 차량이동 지원, 건강상담 등의 서비스를 제
공하는 '안심생활'도 자체 교육훈련센터에서 취약계층을 전문 인력
으로 양성하기 위해 '안심생활관리사'라는 민간자격 과정을 독자
적으로 운영한다. 교육훈련센터에서는 각종 서비스 분야별로 표준
직무와 함께 이와 관련된 교육훈련 프로그램과 교재를 개발했다.
'안심생활'에서 일하고자 하는 이들은 1개월간 240시간의 기본교
육을 받아야 한다. 교육 내용에는 간호 대상자들을 대하기 위한 이
론과 실기 외에 사회적 기업에서 일하는 사명감과 긍지를 높이는
내용이 포함되어 있다.

　수료증이나 자격증을 부여하는 교육 프로그램을 직접 운영하는
것은 아니지만 긴밀하게 연계된 내부의 교육기관에서 직무 관련
교육을 담당하는 경우도 있다. 사회복지법인 동천학원은 정신지체
등 중증 지적장애인들의 공동 생활공간인 동천의 집, 이들을 위한
학교인 동천학교, 사회적 기업 '동천'을 함께 운영하고 있다. '동천'
은 모자를 주로 생산하는 업체로 종업원의 70% 이상이 정신지체
지적장애인이다. 이들 중 동천학교 졸업생들은 학교에서 모자 만
드는 기술을 배우고 취직을 한다. 대부분 단순 반복 작업이기 때문
에 작업장에서 경험이 반복될수록 기술은 향상된다. 이 학교 출신
이 아닌 직원들의 경우에는 현장에서 반복적인 경험을 통해 기술
을 습득하는데, 이는 앞서 살핀 전수 교육장치에 해당하는 사례라

고도 할 수 있다.

내부 획득형 교육장치는 다양한 형태로 존재할 수 있다. 포천의 '나눔의 집 행복도시락'은 취약계층에게 도시락을 공급하는 사회적 기업으로 전 직원들에게 HACCP(식품위해요소 중점관리 기준)에 따라 매달 위생 및 식품안전 교육을 시켜 이 분야에서는 전문가 수준의 지식을 갖추도록 했다. 직원들이 직무 관련 지식과 기술을 반복적으로 습득하도록 하는 교육장치를 도입한 것이다. 내부 획득형 교육장치를 외부의 재정 도움으로 실시해 그 수료자들을 사회적 기업에서 계속 일하도록 한 경우도 있다. 서울 노원구의 노들장애인야학은 2007년 사회복지공동모금회로부터 중증장애인 취업 프로그램 운영을 지원받았다. 20여 명의 프로그램 수료자 중 4명이 노들장애인야학에서 만든 '노란들판'이라는 인쇄업체에서 6개월 간 추가적인 수습훈련을 마쳤고, 그중 3명은 정식 직원으로 취업했다.

❸ 외부 연계형 교육장치

독자적인 교육 프로그램을 운영하지 않는 경우 외부의 전문 교육기관들과 연계한다. 아동과 청소년을 대상으로 한 역사문화 기행 프로그램과 이와 관련된 교육 자료 개발 및 출판 사업을 하는 '우리가 만드는 미래'는 여성인력개발센터 등 직업훈련 기관에서 역사 강사와 관련된 전문교육을 110시간 이상 수료한 사람 중에서 강사를 채용했다. 강사 전문교육은 한국사를 기본으로 종교·건축·미술 등 다양한 분야와 함께 백제·신라 등 지역권을 중심으로 한 역사문화 이해과정으로 구성되어 있다. '우리가 만드는 미래'는 다른 형태의 교육장치도 운영하고 있다. 일단 채용되면 직무교육 3개월과 참관교육 3개월로 이루어진 수습교육을 받아야 한다. 이 수습교육에는 본인이 수업 시연을 보이는 과정도 포함된다. 현장에 투입된 이후에도 정기적으로 심화교육을 받는데, 주로 방학

기간을 이용해 연 2회의 직무향상교육을 40~50시간 받는다. 팀별로 정기 세미나도 주 1회 실시한다. '우리가 만드는 미래'의 교육장치들은 외부 연계형 교육장치로 시작해 앞에서 살펴본 내부 획득형 교육장치와 아래에서 살펴볼 참여형 교육장치가 복합적으로 결합된 형태라고 볼 수 있다.

　외부 전문 교육기관과 연계된 경우에는 해당 전문 교육기관이 사회적 기업의 인큐베이터 역할을 하고 있기도 하다. 서울 영등포의 대안학교인 하자센터는 '노리단'과 '오가니제이션 요리'라는 두 개의 사회적 기업을 인큐베이팅했다. '노리단'은 하자센터에서 문화예술 프로젝트로 시작되어 2006년 기업 형태로 변신한 뒤 2007년 사회적 기업 인증을 받았다. '노리단'에는 하자센터 출신만 일하는 것이 아니다. 15세에서 60세 이상의 다양한 연령층이 단원으로 활동한다. '노리단'은 공연, 교육, 디자인의 세 개 영역에서 사업을 진행한다. '오가니제이션 요리'는 하자센터에서 청소년과 이주여성 등 다양한 사회 구성원이 함께 만나는 프로젝트의 결과로 2007년에 생겨났다. 요리에 관심 있는 청소년들과 결혼이주 여성들을 대상으로 출장 요리 서비스와 급식, 요리 관련 직업 교육을 실시하는 것을 주 사업 내용으로 삼고 있다. 하자센터 내의 식당과 카페 외에도 다문화요리 전문 레스토랑 '오요리'를 창업했다.

❹ 조직정체성과 참여형 교육장치

　사회적 경제는 영리성과 공익성을 동시에 고려한다. 따라서 사회적 기업과 협동조합은 영리성과 공익성이라는 일면 충돌하는 두 가치의 조화를 도모하는 조직정체성이 필요하다. 이 조직정체성은 저절로 주어지는 것이 아니라, 내부의 교육 활동에 깃들어 있다. 앞에서 살펴본 '우리가 만드는 미래'는 영리성과 공익성을 동시에 담보하기 위해 소속 강사들이 저소득층이 주로 이용하는 지역아동

센터에서 의무적으로 강사 활동을 하도록 한다. 지역아동센터 강사 파견은 수익을 내는 것이 아니라 사회적 기업의 정체성을 분명히 하는 것이 목적이다.

재활용품을 기부받아 판매하는 '아름다운 가게'는 '공육(共育)'이라는 시스템을 운영하고 있다. 공육에는 "교육자와 피교육자가 나뉘지 않고, 서로에게 상호 소통과 상호 영향이 있으며 서로가 배우고 있다는 점을 강조하기 위해 '함께 성장해 간다.'는 의미가 내포"되어 있으며, 이를 통해 "직원들에게 비즈니스 논리와 본연의 사회적 가치 사이에서 흔들리지 않도록 분명한 명분을 심어 주는" 역할을 하고 있다(윤미희, 2010: 64). '아름다운 가게'는 핵심 구성원인 간사가 지녀야 할 네 가지 역량을 제시하고 있다. 첫째, 겸손과 섬김의 리더십 역량, 둘째, 성장과 혁신의 직무 역량, 셋째, 공익과 실천의 운동 역량, 넷째, 솔선과 참여의 공동체 역량이 그것이다. 이 역량을 지속적으로 기르는 것이 공육인데, 공육은 입사 연차에 따라 제공되는 벼리학교 프로그램과 상시적인 학습 프로그램으로 나뉜다. '아름다운 가게'는 공육을 통해 사회적 기업의 독특한 조직정체성을 견고하게 구축하고 있다.

⑤ 확산형 교육장치

지역사회 개발 혹은 지역공동체 운동에 기반을 둔 사회적 기업이나 협동조합이 성공할 경우 타 지역으로 확산을 도모하는 것은 매우 자연스러운 현상이다. 충청남도 홍성의 문당마을은 농약을 사용하지 않고 벼농사를 짓는 이른바 오리농법을 국내 최초로 도입한 곳으로 다양한 사회적 경제 조직이 잘 갖추어진 곳이다. 홍성에서 태어난 청소년의 인생을 상상하는 다음 인용문은 다양한 사회적 경제 조직들이 어떻게 생애 주기에 따라 마을 주민들의 삶에 영향을 미칠 수 있는지를 잘 보여 준다.

홍성군에서 자란 청소년이라면 아마도 이런 삶을 살지 않을까 싶다. 풀무농고에서 유기농법과 생명 사상을 학습하고 졸업한다. 대학 진학이 불필요하다고 생각한 아이들은 유기농 작목반에 소속되어 가업을 계승하거나, 생활협동조합의 도농직거래 유통업, 유기농 떡 제조나 제과제빵, 미생물연구소, 수공예공방, 목공소 등 다양한 공동체기업에서 일터를 선택할 것이다. 홍보 디자인, 장애인 공동체 농장 운영에 관심과 경험이 있다면 지역이 함께 나서서 창업을 돕는다. 결혼 시기에 부족한 주택자금은 신용협동조합에서 융통하고, 자녀는 장애통합보육이 가능한 갓골어린이집을 이용할 수 있다. 지역도서관과 시민대학을 통해 생태주의 삶과 농업의 위기를 헤쳐 나갈 집단지성을 모으며 평생교육을 받는다(안치용 외, 2010: 293).

협동조합과 공동체 기업들로 이루어진 문당마을에는 환경농업교육관이 있는데, 전국에서 수만 명이 마을의 경험을 배우기 위해 견학을 온다. 문당마을의 환경농업교육관을 중심으로 한 마을의 교육장치는 '확산형 교육장치'라고 이름 붙일 수 있다. 마을 공동체의 발전과정에서 형성된 지식과 경험을 널리 확산시키는 교육장치이기 때문이다.

문당마을이 농촌에서 확산형 교육장치를 운영하고 있다면 서울 마포의 성미산마을은 도시에서 확산형 교육장치를 가지고 있는 경우다. 성미산마을의 모태는 공동육아협동조합 어린이집이다. 지리적으로 그 경계를 구별짓는 것이 쉽지 않은 성미산마을은 교육을 중심으로 사람이 모여들고 다양한 주민의 필요에 부응하기 위해 다양한 형태의 협동조합들이 연쇄적으로 생겨나면서 형성된 도시형 마을 공동체다. 마포두레생활협동조합, 주민들의 출자로 만들어진 유기농 반찬가게와 친환경 유기농식당, 지역 화폐를 사용하는 되살림가게 등 마을 속의 여러 조직이 유명세를 타면서 국내외에서 이 마을을 찾는 이들이 크게 늘어났다. 성미산마을의 여러 조직을 네트워크하기 위해 만들어진 법인체인 '사람과 마을'은 마을 안내팀 '길눈이'를 꾸리고 체계적인 마을 설명과 안내를 하고 있으며, 이를 통해 마을의 사회적 경제 관련 조직이 다른 지역으로 확산될 수 있도록 안내하는 작업을 전담하고 있다.

❻ 소비자 교육장치

사회적 경제가 지속 가능하기 위해서는 주류 자본주의 시장경제와는 차별적인 형태의 소비를 지향하는 이들이 필요하다. 즉, 사회적 기업과 협동조합의 발전을 위해서는 투자자와 출자자 못지않게 상품과 서비스를 구매하는 소비자들이 형성되어야 한다. 이와 관련해 주목할 점은 생활협동조합의 소비자 교육장치다. 유기농 생산품을 도시 소비자에게 공급하는 '한살림'은 2013년 말 기준으로 회원이 41만 명, 매출이 3,000억 원에 달한다. 한살림은 지역별로 소비자 학습 공동체를 왕성하게 운영하고 있다. 안전한 먹거리 외에도, 아이들의 공부 지도 등 다양한 주제로 소비자들은 지속적인 공부 모임을 운영하고 있는데, 이런 학습 공동체들이 한살림을 지속 가능하게 만들고 있다. YMCA가 운영하는 등대생협은 단순히 안전한 식자재만 구입하는 통로가 아니다. 등대생협 회원들은 소규모의 학습 공동체로 조직되어 매주 생활나눔을 통해 공동체성을 다진다. 또한 이들은 지역사회 변화를 도모하고 물질 문명이 지배하는 사회 속에서 대안적 삶의 실천이 어떻게 가능한지를 적극적으로 고민하는 공동체를 지향한다. 등대생협의 학습 공동체 내에서는 독특한 고백 구조가 형성되어 있으며 이를 통해 자아성찰과

함께 일상에서 공공성 실천을 위한 다양한 행동 계획을 논의한다
(임규연, 2010; 최선주, 2005). 이는 소비자 교육장치가 사회적 경제
의 성패에 핵심적일 뿐만 아니라 삶과 문화의 개혁으로까지 이어
진다는 점을 보여 준다. 사회적 경제가 시장과 시민사회를 관통하
는 맥락에 놓여 있다는 점에서 소비자 교육장치에 대한 이해는 사
회적 경제의 교육장치와 새로운 시민정체성을 모색하는 과정이 될
수 있다.

과제와 전망

고용노동부는 2017년까지
사회적 기업을 3,000개로 늘리는 것을 목표로 '사회적기업가 아카
데미'를 개설하고 창업을 위한 행정적·재정적 지원을 계속하고
있다. 서울시 등 많은 지방자치단체는 마을 공동체와 지역 경제 활
성화를 위해 협동조합 설립을 정책적으로 지원하고 있다. 일부 대
기업도 사회적 기업에 큰 관심을 기울이고 있다. SK는 정부, 민간
단체와 협력해 사회적 기업을 육성하고 있다. 저소득층 인력을 채
용해 결식 이웃에게 무료 도시락을 제공해 사회적 일자리를 늘릴
목적으로 2006년 설립한 '행복을 나누는 도시락'은 NGO와 지방
자치단체, 고용노동부와의 협력으로 만들어졌다. SK는 사회적 기
업 설립 자금과 경영 지원을 통해 '고마운 손', '카페티모르', '실버
극장', 'Seoul Resource 센터' 등 사회적 기업 설립을 지원했다. 삼
성도 2010년부터 2013년까지 200억 원을 투자해 청년 사회적기업
가 창업 아카데미를 개설하고, 농촌형 다문화가족 지원 사회적 기
업 3개와 공부방 지도교사 파견 사회적 기업 2개를 설립했다. 이런
흐름 속에서 국회는 2014년 4월 30일 발의된 「사회적경제기본법」
제정을 논의하고 있다.

사회적 기업과 협동조합은 영리성과 공공성이라는 두 가치를 동
시에 추구한다. 현대경제연구원(2010)이 제시하는 사회적 기업의

장기적 발전을 위한 5대 과제는 영리성을 담보하는 것이 절대적으로 중요하다는 것을 강조한다. 첫째, 한국의 사회적 기업 모델은 진입 장벽이 상당히 높지만 일단 정부의 인증을 받으면 상대적으로 큰 혜택이 주어지는 형태다. 사회적 기업이 더 확산되기 위해서는 정부의 인증 기준과 혜택을 낮추어 시장 주도 모델로 바꿀 필요가 있다. 둘째, 경영대학원에 사회적 기업가 프로그램을 개설하고 사회적 기업가 양성 자체를 목표로 하는 사회적 기업 설립도 지원해야 한다. 셋째, 사회적 기업에 장기 투자하는 펀드가 필요하다. 넷째, 정부와 시장이 참여하지 않은 사회적 기업 고유의 사업 분야를 찾아내 '사회적 시장'을 만들어야 한다. 다섯째, 지방자치단체에서 사회적 기업의 신용을 보증해 주고 지역과 연계된 사회적 기업을 육성한다.

반면, 유병선(2007)은 이른바 제4섹터론에 기초한 공공성의 재구성이라는 관점에서 사회적 기업과 협동조합의 발전 전략을 제안한다. 1970년대 미국에서 등장한 제1섹터 공적 관료제(정부), 제2섹터 민간기업(시장), 제3섹터 비영리 시민단체(시민사회)의 구분은 한계에 이르렀으며, 최근 제2섹터와 제3섹터의 관계에 진화가 일어나고 있다는 것이 제4섹터론의 배경이다. 공공성에 기반을 둔 협동조합과 사회적 기업은 물론 영리기업의 특성은 유지하지만 비영리 단체의 공공성을 강화한 일종의 변종 기업 및 제4섹터 투자 집단, 그리고 이에 대한 연구를 수행하는 대학 및 연구기관 등이 새로운 사회 생태계를 구축할 수 있다는 것이다. 사회적 기업과 협동조합은 전형적인 정부, 시장, 시민사회라는 영역 구분 방식을 벗어나 있다. 이들은 "제도나 담론, 거액의 자선 행위만으로는 성취하기 힘든 구체적인 삶의 영역에서 출발해 실제 피부에 와 닿는 사회적 유익을 늘림으로써 새로운 구조와 균형을 만들어 내는 방식을 추구한다."(유병선, 2007: 248) 사회적 기업이나 협동조합은 시민사회에 그 터전을 두지만 전통적인 시민사회 단체들과는 달리 영리성 추구라는 점에서 시장과 밀접한 관계를 맺고 있다. 따라서 영리성과 공공성 사이에서 새로운 정체성을 만들어 가야 한다.

현대경제연구원(2010)이나 유병선(2009)의 제안은 각각 시장의 역할 확대나 공공성의 재구성이라는 근본적인 관점에서의 차이는 있지만, 실천 전략의 측면에서는 유사하다. 그 핵심은 사회적 경제의 발전을 위해서는 다각적인 물적 토대가 필요하다는 것이고, 그에 못지않게 중요한 것이 관련된 다양한 교육장치가 활발하게 활동하는 것이다. 이 교육장치들은 모두 평생교육의 중요한 연구와 실천 대상이다. 사회적 기업과 협동조합의 생성과 발전 과정을 평생교육의 관점에서 연구해 이를 실천 현장으로 피드백하는 노력이 학문적인 과제다. 앞 절에서 살핀 교육장치와 관련해서 다음 세 가지의 연구 과제의 심도 있는 탐색이 새로운 사회의 디자인을 위해 필요하다.

첫째, 사회적 기업과 협동조합을 인큐베이팅하는 교육 프로그램에 대한 연구다. 현재 다양한 수준에서 인큐베이팅 교육이 이루어지고 있다. 예를 들면, '함께 일하는 재단 사회적기업가 아카데미'는 일반과정과 전문과정의 프로그램을 권역별로 지원하고 있다. 프로그램들은 노동부가 제시한 지침에 맞춰 개별 운영 주체들이 개발하며, 공모를 통해 선정된다. 평생교육학의 학문적 연구분야 중 사회교육에서 평생교육으로 담론이 바뀌면서 가시적으로 크게 늘어난 부분이 평생교육 프로그램이다. 평생교육 프로그램 연구는 학교교육의 교육과정이나 평가 분야와 그 성격이 다르다. 평생교육학의 학문적 전문성이 더 축적될 수 있는 분야이기도 하다. 사회적

사회적 기업과 협동조합을 인큐베이팅하는 교육 프로그램은 어떻게 이루어지는가

경제 관련 프로그램들이 본연의 역할을 수행하는 데 충분한지, 개발 의도와 프로그램 내용과 운영은 얼마나 일치하는지, 수강생들의 만족도 조사 이상의 프로그램 성과 평가는 어떻게 가능한지 등 다양한 연구가 필요하다. 이런 연구들에 기초해 다양한 형태의 인큐베이팅 프로그램을 도출할 수 있을 것이다.

또한 인큐베이팅 프로그램은 반드시 직접 교육을 제공하는 형태가 아닐 수도 있다. 가령 교육 서비스를 주된 업종으로 삼는 경우 어떤 경로를 통해 인큐베이팅 되는지가 또 다른 연구 주제가 될 수 있다. 일례로 삼성꿈장학재단의 2010년도 배움터지원사업에는 교육 서비스 관련 사회적 기업 여덟 개가 참여했는데, 이 중 여섯 개는 노동부 사회적기업 인증을 받았으며, 나머지 두 개도 서울시와 노동부로부터 인증 사회적 기업 전 단계인 예비 사회적 기업으로 선정되었다. 이 가운데는 사회적 기업으로 인증된 뒤에 재단의 사업에 참여하는 경우도 있지만, 재단 사업에 참여하는 과정에서 사회적 기업으로 발전하는 사례들도 있었다(남춘화, 개인적 대화, 2010. 9. 3.). 인큐베이팅 연구의 연장선상에서 사회적 기업가 혹은 협동조합 경영자에 대한 연구도 시도될 수 있다. 이들은 새로운 사회를 창조하는 최전선에 있는 사상가라 할 수 있다(Bornstein, 2008). 각종 사회문제와 그 해결책을 끊임없이 탐구하는 이들이야말로 평생학습자의 전형이라 할 수 있다. 따라서 이들이 어떻게 독특한 기업가정신을 형성해 왔는지를 탐색하는 것은 매우 의미 있는 연구 주제다.

> 사회적 기업의 독특한
> 조직정체성 형성을 위한
> 교육장치가 어떤 과정을 통해
> 작동하고 있는가

둘째, 사회적 기업의 독특한 조직정체성 형성을 위한 교육장치가 어떤 과정을 통해 작동하고 있는지를 연구할 필요가 있다. 사회적 기업이 대두한 배경에는 "복지국가(welfare state)로부터 정부, 영리추구 업체, 시민사회가 효율성과 공정성이라는 엄격한 잣대하에 그 책임을 공유해야만 한다는 새로운 복지 절충 (welfare mix)으로 이행하고 있다."는 인식이 놓여 있다(Defourny, 2001: 2). 이런 인식하에 영리성과 공공성을 동시에 추구하는 사회적 기업이 출현했지만 일면 상반되는 것으로 인식되어 오던 두 가지 가치를 한 조직 내에서 동시에 추구하는 것은 때로 심각한 갈등을 일으킬 수 있다. 또 사회적 기업의 구성원들에게는 이 둘이 어떤 형태로 조화를 이루는가가 개인들의 정체성 형성에 결정적인 영향을 미칠 것이다. 대안학교 일부에서 사회적 기업 사업 참여를 모색하는 가운데 제기되는 다음의 관점은 조직정체성 형성의 중요성을 잘 보여 준다.

> 자체 수익 구조가 있어야 하는데, 전망이나 비전보다는 재정적 지원이 있으니까 하고 싶은 일을 이 재정 지원을 통해 하려고 한다. 막상 해 보면 어려움에 봉착한다. 매출과 수익을 내야 한다. 이에 익숙하지 않다. 계속 감독하는 쪽에서는 수익 매출에 무게를 두는 데 감당하기 힘들다. 그런데 감당하게 되면 비영리와의 정체성 혼란을 겪기도 한다(이치열 대안교육연대사무국장, 개인적 대화, 2010. 9. 3.).

사회적 기업의 조직정체성은 어떻게 형성되며, 그 정체성은 사회적 기업의 실천과정에서 어떻게 확인되는가? 이와 관련된 교육장치는 어떤 것인가? 비형식학습, 무형식학습이라는 전통적인 구분 방식은 사회적 기업 내에서 어떻게 관찰되는가? 본 장에서 조직정체성과 참여형 교육장치라고 명명한 현상에 대한 보다 면밀한 연구가 필요하다.

셋째, 사회적 기업과 협동조합은 새로운 형태의 소비를 요청한

소비자 교육장치의
속성은 무엇이며
어떻게
유지 · 존속되는가

다. 사회적 경제의 발전을 위해서는 이들의 상품과 서비스를 구매하는 소비자층이 형성되어야 한다. 이와 관련해 주목할 점은 생활협동조합을 중심으로 전개되어 온 소비자 교육장치다. 한살림의 사례는 소비자를 대상으로 한 교육장치가 사회적 기업과 협동조합의 성공을 여는 열쇠일 뿐만 아니라, 지역의 삶과 문화의 개혁으로까지 이어질 수 있다는 점을 보여 준다. 소비자 교육장치의 속성이 무엇이며, 이것이 어떻게 유지 · 존속되고 있는지를 이론적으로 설명할 필요가 있다. 특히 협동조합과 사회적 기업이 시장, 정부, 시민사회를 가로지르는 맥락에 놓여 있다는 점에서 이는 새로운 시민의식과 시민정체성을 모색하는 과정이 될 수 있다.

삶과 생활, 인생에 깃든 가르침과 배움의 실천은 평생교육학의 항구적인 연구 대상이다. 가르침과 배움은 인생의 어느 한 시기에만 나타나는 현상이 아니며, 학교, 가정, 사회를 가리지 않고 언제 어디서든 일어난다. 하지만 이는 매우 광범위한 현상이기 때문에 그 맥락에 따라 평생교육의 영역을 나누어 연구하는 것이 일반적인 접근법이다. 학교교육과 사회교육으로 양분하거나, 공급자 혹은 수요자를 기준으로 나누거나(가령 시민단체교육, 교도소교육, 여성교육, 농민교육, 노동자교육 등), 생애 주기에 따라 시기별로 교육에 다른 이름을 붙이는(가령 유아교육, 청소년교육, 청년교육, 성인교육, 노인교육 등) 것이다. 그런데 이러한 접근법으로 사회적 경제라는 맥락에서 나타나는 평생교육을 연구하기는 매우 어렵다. 본 장에서 제시한 사회적 기업과 협동조합에서 나타나는 교육장치들은 이런 전형적인 구분 방식을 거부한다. 사회적 기업과 협동조합을 연구하기 위해서는 새로운 개념과 기획이 필요하며, 이는 평생교

육의 연구와 실천 영역을 확장하는 계기가 될 수 있다. 교육장치라
는 개념은 사회적 경제라는 맥락에서 새로운 이론을 향한 출발점
이 될 수 있을 것이다.

미래 교육 수요와
교육재정의 새로운 구조 탐색

정동욱
이호준

우리나라가 1910년 이후 35년간의 일제강점기와 1950년 6·25 전쟁의 암흑기를 거쳐 선진국 수준으로 경제 성장과 민주화를 이루어 낼 수 있었던 주요 요인으로 교육이 주목받고 있다. 특히 경제 성장의 원동력인 경제발전계획과 연계한 교육정책의 단계적 추진이 결정적인 요인으로 제시되고 있다(이종재, 김성열, 돈 애덤스, 2010). 지금까지 교육정책과 교육재정 시스템은 교육 성과를 성공적으로 뒷받침하고 있다. 국가 재건과 국민교육을 위해 '의무교육제도'를 운영하고 그 재원을 마련하고자 1958년에는 「교육세법」이, 1959년부터는 「의무교육재정교부금법」이 제정되었다. 이후 1964년에는 지방교육행정 운영에 필요한 재원을 교부하여 지방교육의 균형 있는 발전을 도모하고자 「지방교육교부세법」이 도입되었다. 1971년부터는 「의무교육재정교부금법」과 「지방교육교부세법」을 통합한 「지방교육재정교부금법」이 도입되면서 교육에 필요한 재원을 국가가 교부하도록 하여 교육의 균형 있는 발전을 도모하고자 하였다.

그러나 최근 학령 인구가 급격히 감소하고 글로벌 경제위기 등으로 국가 재정 여건이 악화되어 교육재정 규모를 감축하려는 움직임이 나타나고 있다. 경제계에서는 초·중등학교 학생 수가 2015년 615만 명에서 2030년 531만 명 수준으로 줄어들 것을 예상

헤 지금의 40조에 달하는 지방교육재정교부금이 학생 수 감소에 따라 감축해야 한다고 주장한 반면, 교육계는 학생 수 감소가 지금까지 열악했던 학교교육 여건을 정상화할 수 있는 기회라고 보고 교육재정의 삭감에 반대하고 있다. 학령 인구 감축은 우리가 대처해야 할 미래 사회의 변화 중에 하나다. 미래교육재정 구조를 예측하고 발전 방향을 제시하기 위해서 미래 사회변화를 먼저 예상해 보고, 그에 따라 교육과 교육재정 환경의 변화를 탐색해 봐야 할 것이다. 교육정책과 교육재정 시스템을 이해하는 데 있어 정책과 제도를 둘러싼 환경과 맥락에 대한 이해가 선행되어야 하기 때문이다.

이 장에서는 우선, 미래 사회의 변화를 교육재정 환경을 중심으로 살펴보고자 한다. 첫째, 글로벌화와 새로운 국가 성장 동력 창출에 따른 새로운 교육 수요의 등장, 둘째, 사회·경제적 양극화 현상의 악화로 교육복지 수요의 급증, 셋째, 역량 중심의 사회 변화와 수요자 중심의 교육재정 구조화, 넷째, 정보통신 기술 발달에 따른 교육재정 시스템과 의사결정 구조의 과학화, 마지막으로 공공부문의 책무성 강화를 교육재정 환경의 주요 변화로 제시한다. 그리고 환경 변화에 대응하기 위한 미래 사회의 교육재정의 발전 방안으로, 첫째, 교육 목표 달성에 충분한 교육재정의 확보, 둘째, 교육복지를 수혜 대상에서 복지 내용 중심으로 재구성, 셋째, 학생 중심의 교육재정 배분 기준 재정립, 넷째, 교육재정 관리·운영의 과학화, 마지막으로 교육재정의 책무성 강화를 제시한다. 다음에서는 각각의 미래 교육재정 환경의 변화와 대응 발전 방안에 대해 고찰해 보기로 한다.

예산과 자원의 제약이라는 명목하에 교육 활동 범위 한정, 목적과 수단의 도치를 넘어서는 새로운 교육재정 구조 탐색 필요

미래 사회의 변화: 교육재정 환경을 중심으로

글로벌화 및 새로운 성장 동력 요구: 새로운 교육재정 수요 등장

오늘날 전 세계의 많은 국가는 자유무역협정, 국제금융기관, 세계무역기구 등을 통해 단일 시장으로 통합되어 가고 있다. 우리나라 정부도 2003년 이후로 새로운 시장으로 진출하고 국가 전반의 시스템을 선진화하여 경제 체질을 강화하기 위해 전 세계 47개 국가와 자유무역협정(Free Trade Agreement)을 체결하여 왔다(산업통상부, 2014). [그림 1]은 지난 20여 년간 우리나라의 국민총소득(Gross National Income, GNI) 대비 수출입 비율을 보여 주고 있는데, 지속적으로 상승해 가고 있다. 1995년 75.4% 수준이었던 GNI 대비 수출입 비율은 2014년에는 99.5%까지 확대되었다. 이는 우리나라 경제의 대외 의존도가 글로벌화와 세계 경제의 통합화로 인해 더욱 심화되고 있음을 보여 준다.

출처: e-나라지표.

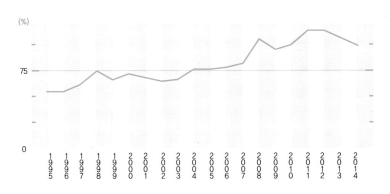

그림 1 국민총소득(GNI) 대비 수출입 비율

그러나 우리나라의 경제 상황은 글로벌 금융위기, 경제대국의 저금리정책 등으로 낙관하기 어려운 상황이다. 〈표 1〉에 따르면

향후 20여 년 동안 우리나라 잠재 성장률은 하락 추세에서 벗어나
지 못할 것으로 예측된다. 우리나라의 잠재성장률[1] 지표는 2011~
2020년에는 연평균 3.4%에서 3.8%대를 유지하나, 2031~2040년
에는 연평균 1.9%에서 2.5%로 감소하여 적게는 0.9%p에서, 많게
는 1.9%p가 하락할 것으로 예측된다.

표 1 기관별 우리나라 잠재성장률 비교　(단위: %)

연도	KDI	삼성경제연구소	LG경제연구소	OECD
2011~2020	3.8	3.6	3.4	2.7('11~'30)
2021~2030	2.9	2.8	2.8	
2031~2040	1.9	2.2	2.5	1.0('30~'60)

출처: 기획재정부(2012). 대한민국 중장기 정책과제.

　이에 대해 미래 사회에는 글로벌 사회로의 변화와 저성장 상황
등으로 인해 지속적인 성장을 이끌어 낼 수 있는 새로운 성장 동
력을 찾기 위한 노력이 지속적으로 이루어질 것으로 예상된다. 최
근 우리나라 정부는 미래 성장 동력의 중요한 패러다임으로 '균형
성장', '네트워크형 성장', '녹색성장', '혁신주도 성장'을 강조하고,
이를 실현하기 위한 노력을 기울여 왔다(최성호 외, 2011). 1980년
대 후반부터 첨단기술 산업을 육성하기 위해 '첨단산업발전 5개년
계획', '차세대 성장 동력 발전전략', '신성장동력 비전 및 발전전략'
등의 정책들을 지속적으로 추진해 왔다. 앞으로도 신성장동력 분
야의 원천 기술을 확보하고, 이런 기술력을 바탕으로 경제를 선도
해 가기 위한 국가 간 경쟁이 치열해질 것으로 보인다.
　이러한 사회·환경 변화에 대응하여 문제를 해결할 수 있는 창
의성, 융합적 사고력, 문제해결력 등을 갖춘 인재인 '융합 인재'에
대한 사회·경제적 요구와 관심이 증가하였다. 융합 인재는 통합

적 사고 능력으로 창의적인 문제해결력과 도덕성 및 인성을 갖춘 인재를 의미한다(김동일, 최선주, 김아미, 2014). 우리나라 정부는 2011년부터 Science, Technology, Engineering, Arts, Mathematics 등을 융합한 STEAM 교육을 추진해 왔다. 이를 통해 정부는 학생들의 과학기술에 대한 흥미와 이해를 높이고 융합적 사고와 문제해결력을 배양하고, 과학 · 기술 · 공학 · 수학의 학습 내용을 핵심 역량 위주로 재구조화하고 과목 간 연계를 강화하며, 예술적 기법을 접목시키고자 하였다. 향후에는 융합 인재를 육성하는 데 적합한 방향으로 교육과정, 교수학습 방법, 교육지원 시스템 등이 변화될 것으로 기대된다.

인재상의 변화는 교육 수요의 변화를 의미하며, 융합 인재에 대한 새로운 교육 수요를 충족하기 위해서는 이에 상응하는 교육재정 구조가 마련되고 재편되어야 할 필요가 있다. 새로운 교육재정은 종래 단순한 지식 전달의 교육 수요에 대한 교육재정 패러다임과 다르게 확보, 배분, 지출, 평가되어야 한다. 특히 교육재정의 충분성은 새로운 교육 수요의 효과적 대응이라는 점에서 반드시 고려되어야 한다. 앞으로 교육재정 변화의 축은 '교육 활동을 지원하는 데 국가와 지방자치단체가 필요한 재원'에 대한 교육재정의 관심에서 '융합 인재로서의 역량을 함양하는 데 필요한 교육 활동을 하는 데 충분한 재원'에 대한 관심으로 전환될 것이다.

사회 · 경제적 양극화: 교육복지 수요의 증대

경제 성장은 국민의 삶의 질을 향상시켰지만 사회계층 간 격차를 악화시켜, 사회 · 경제적 양극화가 지속적인 사회문제로 이슈화되었다. 실제 선진국과 개발도상국 간의 1인당 GDP(PPP 기준, USD)를 비교해 보면, 선진국의 경우 평균 $39,333인 반면, 개발도상국은 $6,620으로 낮아 선진국의 경제 수준이 5.94배 더 높은 것으로 나타났다. 이에 반해 국가 내 소득의 불평등은 신흥개도국(중국 0.61, 브라질 0.55 등)이 선진국(미국 0.408, 독일 0.283 등)에 비해 더 높아 신흥개도국이 선진국에 비해 국가 내 소득 불평등이 극심한 것으로 나타났다. 문제는 이런 사회계층 간 불평등은 경제의 효율성과 생산성을 약화시키고 사회 내 갈등을 증폭시켜 상당한 경제적 비용을 초래한다는 점이다(Stiglitz, 2013).

사회ㆍ경제적 격차의 고착화로 인해 유발된 사회적 갈등의 경제적 비용이 전체 국내총생산(GDP)의 27% 수준에 이르고 있다고 보고되고 있다(박준, 김용기, 이동원, 김선빈, 2009). 또한 기획재정부(2012)의 자료에 의하면, 사회ㆍ경제적 격차로 인해 계층 간 이동성도 둔화되는 양상을 보이는데, 2011년 기준, 한국의 중위소득 50% 미만 인구 비율이 15.2%로, OECD 평균 중위소득 50% 미만 인구 비율인 11.1%를 상회하고 있다.

미래 사회에는 사회ㆍ경제적 격차로 인한 여러 문제를 해결하기 위해 사회보험, 공공부조 및 보훈, 사회 서비스, 교육 서비스, 조세 지출 등의 영역에서 복지정책이 지속적으로 확대되어 추진될 것으로 예상된다(최병호, 2014). 우리나라의 국내총생산(GDP) 대비 사회복지지출 비율을 나타내는 〈표 2〉에 따르면, 2000년 이후 2012년까지 사회복지지출 비율은 5.35%에서 10.51%로 증가하여 기간 내 2배 정도 증가하였다. 정부로부터 세제상의 혜택 또는 재정적 지원을 받으며 정부의 규제를 받는 법정민간부문보다는 일반정부지출(공공부조, 사회보상, 사회복지 서비스) 및 사회보험지출(연금, 건강, 산재, 고용, 장기요양) 등의 공공부문에서 GDP 대비 사회복지지출 비율이 높게 나타났다.

표 2 GDP 대비 사회복지지출 비율   (단위: %)

구분	2000	2003	2006	2009	2012
사회복지지출(A+B)	5.35	5.69	7.56	9.53	10.51
공공부문(A)	4.53	5.06	6.94	8.67	9.06
법정민간부문(B)	0.82	0.62	0.61	0.86	1.45

출처: e-나라지표.

미래 사회에서 복지 수요의 지속적 확대는 교육 분야도 예외가 아니다. 최근 들어 선거 때마다 사회·경제적 격차의 확대를 방지하기 위해 사회적 취약계층을 위한 '무상급식' 문제 등 교육복지 정책이 이슈화되어 왔고, '교육복지우선지원사업' 등 많은 교육복지 정책이 실제 추진되어 왔다. 2013년 기준, 전체 학교 대비 무상급식 운영 학교의 비율은 초등학교 94.6%, 중학교 75.2%, 고등학교 12.8%로 전체 학교 중 72.6%가 무상급식을 운영하고 있다.

표 3 초·중·고등학교 무상급식 학교 현황(2013년 기준)

구분	초등학교		중학교		고등학교		전체	
	전체	무상급식	전체	무상급식	전체	무상급식	전체	무상급식
학교 수	5,942	5,622	3,180	2,393	2,326	300	11,448	8,315
비율(%)	94.6		75.2		12.8		72.6	

출처: 김춘진 의원 보도자료(2013. 3. 2.).

무상급식뿐만 아니라, 누리과정을 통해 유아교육에 대한 지원을 강화하여 2012년 43.5% 정도였던 유치원 취원율이 2014년에는 47%로 향상되었다(교육부, 2015). 또한 다문화 및 탈북 학생 등 취약계층의 지원을 점차 확대하여 다문화 예비학교의 수가 2012년 전국 26개교에서 2014년에는 80개교로 늘었고, 탈북

학생들에 대한 지원을 강화하여 탈북학자 학업중단율이 2008년 10.8%에서 2014년 2.5%로 8.3%p 감소하였다(교육부, 2015). 미래 사회에는 교육복지 수요가 더욱 커질 것으로 예측된다.

교육복지 수요의 급증으로 인해 현행 교육재정의 재구조화가 불가피하다. 무엇보다 기존의 교육복지 논의는 교육복지 본질에 대한 논의보다는 정치적 · 이념적 스펙트럼의 차이에 따른 가치의 논쟁과 교육재정의 확보와 효율성의 문제로 인식되어 왔다. 교육복지의 개념과 구성 요소에 대한 본격적인 논의가 필요하고 이를 기반으로 하여 교육복지 수요와 재정 구조를 재편해야 할 필요가 있다. 예를 들면, 종래 교육복지는 상대적 격차 해소의 관점에서만 이해되어 왔으나, 교육을 인권과 기본권으로 보는 보편적 가치와 절대적 개념의 최소 수준의 교육 보장이라는 관점에서도 보완적으로 이해되어야 할 필요가 있다(정동욱, 2011). 정치적 · 사회적 이념과 편의에 따라 교육복지 정책을 실행하기보다는 교육복지의 개념, 성격, 내용, 대상 등을 중심으로 교육복지를 재구성하고 이에 대한 올바른 이해를 바탕으로 정책을 설계하고 실행하는 것이 바람직하다. 그 결과에 따라 교육복지 재정의 구조 역시 재편되어야 하고 새로운 교육복지 재정 시스템이 구축될 필요가 있다.

역량 중심 사회: 수요자 중심의 교육재정 구조

최근에는 단순히 지식이나 정보를 습득하는 능력보다는 지식을 활용하고 새로운 지식을 창출하는 창의적 인재에 대한 요구가 급증하고 있다. 학령 인구의 감소 및 고령화 등 인구 구조의 변화와 창의적 인재에 대한 수요 증가 등과 같은 사회적 변화는 지식 중심에서 역량 중심 사회로의 변화를 추동하고 있다. 미래 사회에는 글로벌 네트워크형 산업 모델이 확산되고 사회의 핵심 역량이 변화하면서 과거와 같은 범용 인력의 수요는 급감하고 창의 인재에 대한 수요가 증가할 것으로 보인다.

미래 사회의 변화는 단순히 지식을 습득하는 인재가 아닌, 지식을 생산하고 적용할 수 있는 역량을 갖춘 인재에 대한 수요를 강화시킬 것이다. 미래 사회에서 요구되는 역량으로 타인과의 상생 능력, 협동 능력, 갈등조정 능력 등 다른 사람과 상호작용할 수 있는 역량과 세계관 수립 능력, 생애 계획 능력 등 주체성과 자율성을 강조하는 역량 그리고 언어 활용 능력, 지식 및 기술 활용 능력 등 지식과 기술을 활용할 수 있는 역량 등이 강조되어 왔다(이종재, 이차영, 김용, 송경오, 2015). 이에 따라 단순히 지식을 전수하는 교육에서 벗어나 타인과 협업하고 지식 및 기술을 활용할 수 있는 역량을 키워 주는 교육으로 변화될 필요가 있다(이미경, 2014).

우리나라는 문·이과 통합형 교육과정으로 기존의 교육과정을 개정하여 문·이과 칸막이 없는 교육을 통해 학생들이 인문·사회·과학 기술에 대한 기초소양을 함양함으로써 인문학적 상상력과 과학기술 창조력을 갖춘 창의·융합형 인재로 성장하도록 지원하고 있다(교육부, 2015). 뿐만 아니라 산업 수요에 부응하는 직무 역량을 제고하기 위해 산업별 인적자원개발협의체(SC) 주도의 국가직무 능력표준 학습모듈을 개발하여 특성화고, 전문대 교육과정을 현장에서 필요한 직업교육으로 개편하고 있다. 또한 정부는 다양한 직무 능력이 정당하게 인정받을 수 있도록 산업 현장의 일, 학습, 자격 등을 체계적으로 연계하는 국가역량체계(NQF)를 구축하고 있다. 역량 중심 사회로의 변화는 다양한 교육적 수요에 대한 강조와 이에 대한 차별적 교육 지원 강화를 요구하고 있다. 이에 대응하여, 미래의 교육재정 시스템은 개인의 다양한 교육적 수요를 충족하고, 그 개인의 교육 수요를 충족할 수 있도록 교육재정의 구조를 공급자 중심에서 수요자 중심으로 재편하여야 한다. 즉, 각 개인의 교육적 상황이나 교육 수준 등을 충분히 고려한 교육비

가 산출되고 이에 따라 즉시성 있게 배분되는 '수요자 중심 교육재
정 배분 시스템'이 도입·운영될 것으로 보인다.

정보통신 기술의 발전: 교육재정 시스템의 과학화

미래 사회에는 창의적 아이디어와 미래 기술이 부를 창출하는 사
회로서 핵심 기술을 선도하는 국가가 미래를 선점하게 될 것이다.
미래 기술 중 정보통신 기술의 발전은 보다 풍부한 지식 창조 및
활용을 가능하게 할 것이며, 맞춤형 행·재정 서비스를 가능하게
할 것이다. 특히 ICT 융합이 산업 전반, 사회 서비스, 노동시장 등
으로 확산되면서 경제·사회의 스마트화가 가능할 것으로 예상된
다(기획재정부, 2012). 주요 선진국은 ICT 기술이 네트워크 효과를
통해 더 큰 생산성의 증대로 이어진다는 점을 감안하여 서비스 산
업에 ICT를 활용하는 것에 적극 지원하고 있다. 이런 ICT를 활용한
글로벌 네트워크형 산업 모델이 확산될 경우 생산성이 크게 제고
될 것으로 보인다.

우리나라도 기술 발전, 특히 ICT 관련 투자를 지속적으로 확대해
왔다. 2010년부터 지식경제부 산하 R&D 전략기획단을 편성하고
소프트웨어, 네트워크, 타 산업과의 융합 등 ICT 관련 10대 핵심 기
술을 육성하기 위한 노력을 기울였다(지식경제부, 2012). 이로 인해
2014년에는 ICT 수출이 전체 수출의 30% 규모에 이르렀으며, 사상
최대의 무역 흑자를 기록하였다. 최근에 정부는 미래 유·무선 네
트워크, 차세대 디바이스 및 SW, ICT 융합 등 혁신형 신산업 육성
을 위한 미래 선도 기술을 개발하여 ICT 산업의 고도화를 위한 노
력을 제고하고 있다(미래창조과학부, 2015). [그림 1]과 [그림 2]에서
볼 수 있듯이, 2000년 이후 우리나라의 ICT 제조업 및 서비스업의
산업지수는 꾸준히 증가하고 있는 추세다.

최근 정보통신 기술의 발전은 국민 중심의 정부 서비스와 국민들

출처: 정혁(2014), pp. 2-3.

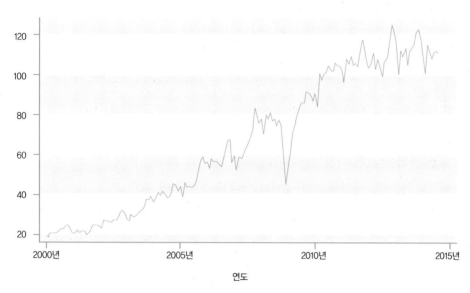

그림 1 ICT 제조업 산업지수(2010년 100)

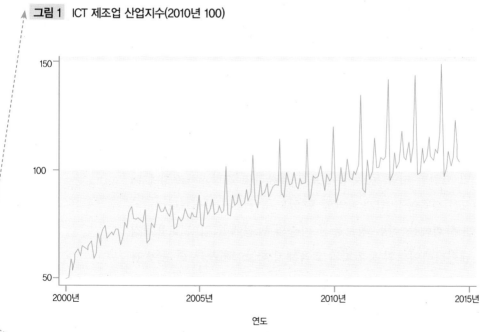

그림 2 ICT 서비스업 산업지수(2010년 100)

의 참여를 촉진하는 '정부 2.0'의 도입 및 추진으로 이어졌고, 근래에는 정부 3.0을 추진하기 위한 동인으로 작용하였다. 정부 3.0은 정부가 가지고 있는 데이터들을 개방하여 행정 운영의 투명성을 제고하고, 과제 중심의 협업체계를 바탕으로 효율적인 정부를 추구하여 국민 맞춤형 서비스를 제공할 수 있는 새로운 정부 운영 패러다임을 의미한다. 정부가 가지고 있는 다양한 원천 데이터를 가지고 정부 정책에 관한 의사결정을 추진하는 '정책의 과학화'를 추구할 원동력이 바로 정보통신 기술이라는 측면에서 이에 대한 관심이 커지고 있다.

정부 운영 시스템의 변화로 인해 교육재정 분야에서 정보통신 기술의 발전을 기반으로 한 '에듀파인 학교회계 시스템', '지방교육재정알리미' 등 교육재정 데이터베이스들이 구축되었다. 2010년부터 도입된 '에듀파인 학교회계 시스템'은 사업별 예산제도와 발생주의 및 복식부기 회계제도를 기반으로 예산, 지출, 결산 등 학교회계 업무를 일괄적으로 처리할 수 있는 학교회계 시스템이다(김용남, 2012). '에듀파인 학교회계 시스템'의 도입은 학교 회계상의 세입 및 세출에 관한 데이터를 확보하게 되었다는 점에서 의의가 있다. 또한 '지방교육재정알리미'는 17개 시·도교육청의 재원별 세입 및 사업별 지출 등 재정 정보를 제공하며 지방교육재정에 대한 주요한 항목들을 쉽게 파악할 수 있도록 구축된 사이트다.

미래 사회에는 이런 정보통신 기술의 발전에 힘입어 교육재정 관련 데이터베이스의 통합화와 교육재정 확보, 배분, 지출 등에 관해 데이터를 기반으로 한 정책 의사결정이 이루어질 것으로 예상된다. 그리고 교육재정의 확보, 배분, 지출 단계마다 정책 의사결정이 정치적 논쟁이 아닌 데이터를 기반으로 한 합리적 판단을 중심으로 이루어지는 교육재정의 과학화 시대가 도래할 것으로 보인다.

공공부문 책무성 강조: 교육재정의 책무성 확보

성과관리제도는 1980년대부터 시작된 경제 침체, 정부 서비스에 대한 국민의 불신, 국가경쟁력 강화 등에 따른 정부 개혁에 대한 요구에서 등장하였다. 이런 성과관리제도는 결과에 대한 책임을 강조하여 성과지표를 통한 관리 기제를 중시하는 신공공관리론(New Public Management)에 근거한다(반상진 외, 2014). 1990년대부터 영국과 미국 등을 중심으로 정부가 추진하는 사업에 대한 효과성 및 효율성, 정부부문의 책무성을 강조하기 위해서 성과관리제도가 도입되었다. 이는 정책사업의 결과를 예산으로 환류하여 예산 편성의 점증주의가 가지는 문제점을 개선시킬 수 있다는 의의를 가진다. 향후 미래 사회에서는 정부부문에 대한 책무성 요구가 더욱 커질 것으로 예상된다. 미국 오바마 행정부는 2010년 정부성과법(GRPA Modernization Act)을 통과시켜, 사후 평가를 통한 예산과 성과 간 연계를 넘어 재정사업에 대한 상시 모니터링과 관리체제로의 전환을 시도하였다(박노욱, 2012). 미래 사회에서도 공공부문에 대한 책무성과 투명성에 대한 요구는 더욱 커질 것으로 보이며, 성과관리제도를 기반으로 한 정부재정 혁신은 지속적으로 이루어질 것으로 예상된다.

우리나라에서도 1999년 이후 성과관리제도가 도입되기 시작한 이래, 2003년 재정사업 성과목표제도, 2005년 재정사업 자율평가제도, 2006년 재정사업 심층평가제도가 순차적으로 도입되면서 공공부문에 대한 책무성이 보다 강화되고 있는 추세다(박창균, 2013). 재정사업 성과목표제도는 성과 목표에 따른 성과지표의 달성 정도를 측정하여 목표치와 비교하여 재정사업의 성과를 비교하는 제도로서 정부 재정지출 사업의 효과성과 효율성을 제고하는 데 목적이 있다. 반면, 재정사업 자율평가제도는 각 부처의 예산편성 자율권의 확대와 더불어 그에 상응하는 부처의 사업 성과에 대한 책임성을 강화하기 위한 목적으로 도입되었다. 이에 반해 재정사업 심층평가제도는 추가적인 평가가 필요한 사업, 예산 낭비의 소지가 있는 사업, 지출 효율화가 필요한 사업 등에 대해 보다 객관적이고 과학적인 정책 검증을 통해 사업 성과를 검증하는 제도를 의미한다.

공공부문의 책무성이 강화되는 추세는 교육재정 분야에서도 예외가 아니다. 교육부문에서 국가 재정 지원 사업 평가의 대표적인 예로 '시·도교육청 평가'와 '지방교육재정 분석 및 진단' 등을 들 수 있다(반상진 외, 2014). 먼저, 1996년부터 도입된 '시·도교육청 평가'는 교육 행·재정 지원체제의 발전을 위해 자발적인 노력을 유도하고 시·도교육청의 책무성 확보와 교육 자치의 실효성 확보를 위해 도입되었다. 교육부에서 주관하는 '시·도교육청 평가'는 특별교부금 차등 지원과 우수공무원 표창 등과 연계되었다. 또한 교육부에서 주관하는 '지방교육재정 분석 및 진단' 평가는 2010년부터 도입되어 지방교육재정의 건전성과 효율성을 도모하는 데 그 운영의 목적이 있다. '지방교육재정 분석 및 진단' 평가는 평가 결과가 우수한 시·도에 특별교부금을 지원하는 데 활용되었다. 이런 변화는 교육재정에 대한 투명성을 제고하고, 교육 재원의 지출이 교육 목표 달성에 적합하였는지를 평가함으로써 교육재정에 대한 책무성을 제고하기 위한 노력이 미래 사회에는 더욱 커질 것임을 잘 보여 준다. 현행 시·도교육청의 교육비특별회계뿐만 아니라, 단위학교의 학교회계에 대한 책무성도 강조되면서 성과관리제도가 보다 강화될 것이다. 또한 일부 선진국에서 논의된 바와 같이 사후 평가와 예산을 연계하는 수준을 넘어 교육재정 사업에 대한 상시 모니터링과 관리체제로 발전할 것으로 보인다.

미래 사회 교육재정의 구조

교육 목표 달성에 충분한 교육재정 확보

지금까지 우리나라의 교육비 상당액은 「지방교육재정교부금법」 제3조에 근거하여 당해 연도의 내국세 총액의 20.27%에 해당하는 국가 교부금으로 확보되어 왔다.[2] 교육 관계 법령에 근거하여 교육에 필요한 비용을 다소 안정적으로 확보할 수 있었다는 측면에서 의의가 있다. 실제 우리나라의 교육비 총예산은 2015년 기준으로 52조 9천억 원에 이르며, 이 중에서 39조 5천억 원(74.7%)에 이르는 금액이 지방교육재정교부금으로 충당되고 있다(기획재정부, 2014). 그러나 지방교육재정교부금이 내국세 총액의 일정 비율로 되어 있어, 세금이 적게 걷히는 경기 불황의 시기에는 교부금 역시 줄어들 수밖에 없기에 안정적 재정 확보에 문제가 발생할 수 있다. 교육재정의 확보에 경기 변동의 영향을 줄이기 위해서는 내국세 총액의 일정 비율과 함께, 최소한 의무교육의 적정성 확보를 위한 교부금 하한제를 도입할 필요가 있다.

교육재정의 확보와 관련하여 법적 안정성뿐만 아니라 충분성(adequacy)에 대한 논의가 국내외 학계에서 지속적으로 이루어져 왔다. 특히 실제에 있어 5·31 교육개혁이 시행되면서 1990년대에 교육재정 GNP 5% 확보를 위한 노력을 경주해 왔다. 교육재정 규모를 GNP 대비 5% 규모로 확대할 것인지에 대한 방안을 모색하려는 논의와 함께, 확보된 교육비를 어떻게 지출할지 그 지출 계획에 대한 논의 또한 활발히 이루어졌다(송기창, 1996). 그러나 1990년대 후반부터 GNP 대비 교육비 6% 방안까지도 논의가 되었지만(공은배, 1998; 윤정일, 2000), 실제로 실현되지 못하였다. 우리나라 경제 규모 대비 교육비 비율의 변화를 GDP 대비 교육비를 통해 살펴보면, 〈표 4〉에 제시된 바와 같이 실제 우리나라의 GDP 대비 교육비는 2005년 4.3% 수준에서 2011년에는 4.9%로 증가하였다.

표 4 우리나라 GDP 대비 공교육비 비율 (단위: %)

구분	2005	2006	2007	2008	2009	2010	2011
계	7.2	7.3	7	7.6	8	7.6	7.6
정부	4.3	4.5	4.2	4.7	4.9	4.8	4.9
민간	2.9	2.9	2.8	2.8	3.1	2.8	2.8

출처: e-나라지표.

　우리나라 교육재정 구조는 교육재정의 확보에 있어, 그 절대 수준의 확대 문제 외에도 다음과 같은 이슈와 쟁점을 노정하고 있다. 첫째, 교육재정의 확보 단계부터 교육 투자로 도달하고자 하는 성취 목표가 무엇인지 분명해야 하나 현재는 그렇지 못하다는 점이다. 교육 재원은 투자의 효율성과 효과성을 전제로 해야 충분히 확보될 수 있다. 그러나 실제 교육재정 분야에서 교육 투자의 방향성에 대한 이론적·개념적 연구는 미흡한 상황이며, 교육재정 운용에 관한 일부 연구에서도 교육 투자의 방향성에 대한 정당성 논의보다는 교육재정 투자 규모, 중기 교육재정계획의 실효성 제고 방안, 교육 투자 성과 관리 등 행정적·절차적 방안을 모색하는 데 주된 관심을 가져왔다(최종덕, 2004). 둘째, 교육 목표를 달성하는 데 필요한 교육비의 규모를 정확히 산출하기 어렵다는 문제점이 있다. 실제로 교육을 통해 도달하고자 하는 성취 목표가 정해진다고 하더라도 그 목표를 성취하는 데 얼마만큼의 교육비가 필요한지 분석할 필요성이 제기된다. 최근 적정교육비에 관한 연구들이 등장하면서 비용함수 모형, 전문가판단 모형 등 다양한 방식을 활용하여 특정한 교육 목표를 달성하기 위해 얼마만큼의 교육비가 더 필요한지를 분석하려는 시도들이 있어 왔다(엄문영, 오범호, 윤홍주, 2013; 윤홍주, 2014; 홍지영, 정동욱, 2012). 비용함수 모형을 활용하는 경우만 해도 성취 목표의 구체화 및 지표화, 학교 운영의 효율성 추정, 인과적 추론에 근거한 교육비용함수 도출 등과 같은 다양한 고려 사항이 존재한다. 그러나 현재의 교육비는 학생의 교육 목표 달성에 필요한 경비보다는 교육과정 운영에 필요한 최소 필요경비로 산정되고 있다.

향후 미래 사회의 교육재정은 충분한 교육비 확보와 관련하여 다음과 같은 구조의 변화가 요구된다. 첫째, 교육을 통해 함양하고자 하는 역량과 그런 역량을 키워 가는 데 필요한 성취 목표를 구체화하고 이에 대한 교육 투자의 국민적 공감대를 형성하는 것이 필요하다. 미래 사회의 인재는 전인적인 역량과 창의성을 갖추고 남과 공공을 우선적으로 생각하는 자율적인 인재일 것이다(정범모, 2011). 미래 사회의 인재상을 반영한 교육의 성취 목표를 보다 구체화하고, 교육 목표를 달성하는 데 필요한 교육 재원을 충분히 확보하는 교육재정 시스템을 구축하는 것이 급선무다. 둘째, 미래 사회에는 교육 목표 달성에 충분한 교육비 규모를 산출하는 방식이 보다 과학적이고 정교하게 마련되어야 한다. 우리나라 교육에 필요한 비용을 보다 엄밀하게 추산하고 이에 필요한 비용을 충분히 확보하기 위한 정책적 · 제도적 노력이 요구된다. '교육 활동을 지원하는 데 국가와 지방자치단체가 필요한 재원' 중심의 교육재정에서 '융합 인재로서의 역량을 함양하는 데 필요한 교육 활동을 하는 데 충분한 재원' 중심의 교육재정으로의 변화가 이루어져야 한다. 미래 사회에는 융합 인재로서 필요한 역량을 함양하는 데 필요한 교육비용을 과학적으로 추산하고 그 필요한 만큼을 적확하게 확보할 수 있는 교육재정 시스템이 반드시 필요하다.

교육복지 재정의 패러다임 변화

교육복지에 대한 관심은 1995년 5 · 31 교육개혁 이후 지속적으로 우리나라 교육계에서 제기되어 왔다(박주호, 2014). 2004년 '참여정부 교육복지 5개년 계획'이 입안되면서 우리나라 교육복지 정책의 방향과 주요 과제들이 논의되기 시작하였다. 이후 각 정부마다 교육 격차를 해소하기 위해 사회적 소외계층을 대상으로 한 교육복지 정책을 지속적으로 추진해 왔다. 중앙정부나 시 · 도교육청 차원에서 교육복지우선지원사업, 방과후 학교사업, 돌봄교실, Wee프로젝트, 전원학교사업 등과 같은 다양한 교육복지 프로그램이 추진되어 왔다.

　교육복지 재정에 대한 관심도 커지면서 그 개념은 "교육복지와 관련된 활동을 지원하기 위해 국가와 공공단체가 필요한 재원을 확보, 배분, 지출, 평가하는 경제적 활동"으로 정의되었다(김민희, 2012). 교육복지 재정의 범위는 교육복지를 어떻게 정의하는지에 따라서 달라질 수 있다. 교육복지의 개념은 학자마다 그 정의가 다르지만, 일반적으로 교육복지를 '상대적 교육 격차 해소'로 바라보는 입장과 '최소한의 교육 수준 보장'으로 바라보는 입장으로 구분이 가능하다(정동욱, 2011). 교육복지를 바라보는 관점의 차이에 따라 교육복지 내용과 대상의 차이가 발생하며, 소요되는 교육재정의 규모 또한 달라진다. 실제 관련한 교육복지 정책들도 협의의 개념으로 교육복지를 정의하고 상대적 교육 격차를 해소하기 위한 취지하에서 운영되고 있다.

　교육복지 재정 규모는 지속적으로 증가하고 있는 추세다. 〈표 5〉에 따르면, 교육복지우선지원사업의 경우 해당 사업의 지원을 받는 학생들이 차지하는 비율이 2008년에는 전체 학생 대비 8.4% 수준이었지만, 2012년에는 24.5%로 16.1%p 증가하는 양상을 보였다. 또한 다문화교육 지원 예산의 경우 2008년 83억 원에서 2012년에는 110억 원으로 32.5% 증가한 것으로 나타났다. 뿐만 아니라 정서불안, 학교폭력, 학교 부적응 등으로 인한 위기 상태에 있는 학생들을 지원하기 위한 Wee 클래스 역시 2008년 530개에서

표 5   교육복지 관련 프로그램 운영 현황

구분	2008	2009	2010	2011	2012
교육복지우선지원사업 대상자 비율(%)	8.4	12.0	11.5	21.8	24.5
다문화 교육 지원 예산(백만 원)	8,309	18,459	18,612	29,709	110,071
Wee 클래스(개)	530	1,530	2,530	3,170	4,744

출처: 한국교육개발원(2013), 교육과학기술부(2012b), 교육과학기술부(2012a)에서 인용.

2012년에는 4,744개로 크게 증가하는 양상을 보였다.

교육복지 재정의 지속적 증가 요구에 있어 다음과 같은 이슈와 쟁점들이 제기되고 있다. 첫째, 교육복지 재정의 규모를 결정함에 있어 교육복지에 대한 개념적 합의가 필요함에도 논의가 제대로 이루어지지 못하고 있다. 기존의 교육복지에 대한 논의는 정치권을 중심으로 교육복지의 수혜 대상이 선별적이어야 하는지 혹은 보편적이어야 하는지에 대한 논의가 주를 이루었다(정동욱, 2011). 누구를 대상으로 교육복지 정책을 추진할 것인지에 대한 논의도 중요하지만, 교육복지 정책이 '무엇을 얼마만큼' 지원하도록 추진되어야 할지 교육복지의 내용에 대한 논의 역시 필요하다. 또한 기존의 교육복지에 대한 논의는 소외계층에 있는 학생들을 정책 대상으로 설정하고 교육 재원을 지원하는 '투입' 중심의 교육복지가 주로 이루어져 왔는데, 이로 인해 실제 교육이 이루어지는 과정에서 나타나는 교육 격차를 완화하는 '과정' 중심의 교육복지나 소외계층에 있는 학생들의 교육 성과에서도 최소한의 수준을 보장할 수 있는 '결과' 중심의 교육복지로까지 논의가 확대되지 못하였다는 한계를 가진다.

둘째, 교육복지 재정은 상대적인 격차를 해소하기 위한 교육복지를 실현하는 데 주로 관심을 가져왔을 뿐, 교육복지의 궁극적인 목표가 한 개인의 교육적 성장까지도 아우르고 있음을 간과해 왔다(김인희, 2011). 그러나 교육복지의 궁극적인 목표가 상대적인 교육 격차의 해소를 위한 노력과 함께 최소한의 교육수준을 보장하기 위한 노력이 병행될 때 가능하다는 사실을 고려해 볼 때, 단순히 상대적인 교육 격차의 해소만으로 교육복지의 궁극적인 목표를 달성하기 어렵다(정동욱, 2011).

미래 사회의 교육복지 재정의 구조는 다음과 같이 재조정될 필요가 있다. 첫째, 교육복지의 개념에 대한 이론적 논의를 바탕으로 사회적 합의가 도출되고 이에 따라 교육복지 재정의 패러다임이 재구조화되어야 한다. 한 개인의 교육적 성장을 보장하는 교육복지를 실현할 수 있도록 교육복지의 개념이 보다 명료하게 정립되어 '상대적 교육 격차의 해소'를 위한 교육복지를 넘어 '최소한의 교육 수준 보장'을 위한 교육복지로까지 논의가 확대될 것이다. 궁극적으로 교육복지 재정을 단순한 상대적인 교육 격차를 해소하는 재정적 지원으로 이해하는 것을 넘어 인간의 존엄성을 구현하는 제도적 기제로 이해하는 패러다임의 변화가 이어져야 한다. 둘째, 교육복지의 내용에 대한 사회적 공감대를 바탕으로 한 교육복지 재정 시스템이 마련되어야 한다. 교육복지의 개념이 보다 구체적으로 명료화되는 과정에서 교육복지 재정은 교육 투입과 관련하여 발생하는 교육 격차를 해소하는 역할뿐만 아니라 교육과정 및 교육 결과에서 나타나는 교육 격차를 해소하는 역할까지 담당하여야 한다. 뿐만 아니라 교육복지의 내용, 즉 '무엇을 어느 정도까지' 교육복지를 통해 실현할 것인지에 대한 이론적 논의를 통해 교육복지 재정의 지원 범위가 보다 명확해져야 할 것이다. 나아가 '최소한의 교육 수준의 보장'을 강조하는 교육복지 재정에 대한 논의가 활발히 이루어지면서 교육복지 재정이 단순히 학령기의 소외계층 학생들을 위해서만 지출되는 것이 아니라 최소한의 절대적 수준의 교육성취를 달성하지 못한 국민으로까지 확대되어야 할 것이다. 또한 교육복지 재정의 성격이 명료화됨에 따라 교육복지 재정의 지원 범위와 규모 등도 보다 구체화될 것이다.

학생 중심의 교육재정의 배분 기준 재정립

우리나라 교육재정의 배분 방식은 「지방교육재정교부금법」과 동법 시행령에 근거하여 이루어져 왔다. 「지방교육재정교부금법」 제3조에 따르면 교부금은 보통교부금과 특별교부금으로 구분된다. 내국세의 20.27%에 해당하는 금액과 당해 연도 「교육세법」에 의한 교육세 세입액 전액을 합산한 총액 중 100분의 96은 보통교부금으로, 나머지 100분의 4는 특별교부금으로 편성되어 배분된다.

전체 교부금 중 차지하는 비중이 96%에 이르는 보통교부금은 기준재정수요액에 미달하는 기준재정수입액만큼을 지방자치단체에 총액으로 교부한다. 먼저, 기준재정수요액은 지방교육 및 그 행정 운영에 관한 재정수요액을 의미한다. 실제 기준재정수요액을 산정할 때 사용되는 측정 항목, 측정 단위, 산정 기준 등은 「지방교육재정교부금법 시행령」에 명시되어 있다. 기준재정수요액의 주요 측정 항목으로는 교직원 인건비, 학교 교육과정 운영비, 교육 행정비, 학교 시설비, 유아 교육비, 방과후 학교 사업비 등이 있다. 각 측정 항목별로 세분화되어 있는 측정 단위의 수치에 단위비용을 곱하여 산출한 금액을 합산한 총액이 기준재정수요액이다.

다음으로, 기준재정수입액은 교육·과학·기술·체육 및 기타 학예에 관한 일체의 재정수입을 의미하며, 「지방교육재정교부금법」 제7조에 따라 재정수요액 중 지방세를 재원으로 하는 것은 「지방세기본법」 제2조에 따른 표준세율에 의하여 산정한 금액으로 하되, 산정한 금액과 결산액의 차액은 다음다음 연도의 기준재정수입액을 산정하는 때에 정산한다. 재정수입액 중 지방세 외의 수업료 및 입학금의 경우 전국의 전년도 수업료 및 입학금을 기초로 교육부장관이 산정한 지역별·학교급별·계열별·급지별 학생 1인당 연간 수업료와 입학금 기준액에 해당 학생 수를 곱한 금액의 85%를 산정한다. 다만 읍·면 지역 및 도서벽지의 학교와 특성화 고등학교의 경우 70%로 산정한다. 또한 재정수요액 중 지방세 외의 학교용지부담금의 경우 시·도의 일반회계에서 부담하도록 되어 있는 학교 용지를 확보하는 데에 드는 경비로 산정한다.

　시·도교육청의 교육비특별회계로 이전된 교부금은 각 시·도교육청의 학교운영비 배분 방식에 따라 단위학교로 배분된다. 실제 단위학교로 학교운영비를 배분하는 방식은 시·도교육청에 따라 일부 다르게 배분되고 있지만, 대부분의 시·도교육청에서 학교당, 학급당, 학생당 경비를 산정하는 과정에서 표준교육비 연구에서 제시된 단가를 활용하거나 한국교육개발원에서 사용한 틀을 주로 활용해 왔다(한국교육개발원, 2012: 422). 여기서 표준교육비는 '일정 규모의 단위학교가 그에 상응하는 표준 교육 조건을 확보한 상태에서 정상적인 교육 활동을 수행하는 데 필요한 최저 소요 경상비'를 의미하는데, 우리나라에서는 한국교육개발원에서 1988년, 1995년, 2000년, 2005년, 2011년에 각각 유·초·중등학교의 표준교육비에 관한 연구를 진행해 왔다. 2013년 기준 17개 시·도교육청의 학교기본운영비 배분 기준을 살펴보면, 〈표 6〉과 같이 각 시·도교육청마다 배분하는 기준이 다름을 확인할 수 있다. 다만 대부분의 시·도교육청에서 학교당, 학급당, 학생당 경비를 활용하여 학교기본운영비를 산출해 왔으나, 실제 표준교육비 연구 결과를 학교당, 학급당, 학생당 경비로 적용하는 양상은 각 시·도교육청마다 달랐다(한국교육개발원, 2012).

　그러나 표준교육비를 중심으로 한 공급자 중심의 교육재정 배분 방식은 다음과 같은 한계를 갖고 있다. 첫째, 기존의 학교당, 학급당, 학생당 단가를 중심으로 한 교육비 배분 방식은 단위학교의

표 6 2013년 시 · 도교육청별 학교기본운영비 배분 기준

구분	2013년 학교기본운영비 배분 기준
서울	기준재정수요액(공통경상운영비 + 개별경상운영비) − 기준재정수입액
부산	기본운영비(학교 + 학급 + 학생당) + 통합배부사업비
대구	기본운영비 + 가산금
인천	(학교 + 학급 + 학생단위 총경비) × 지수 − 학교운영지원비 + 통합배부사업비
광주	표준운영비(교당, 급당, 학생당 단가에 적용률 적용) + 가산금
대전	기준재정수요액(공통경상운영비, 개별경상운영비, 기타운영비) −기준재정수입액
울산	표준경비 + 추가 및 통합교부사업비 건물유지비 및 용역비
세종	기본운영비 ± 기본운영비 조정 + 기타사업비
경기	학교운영비 단가(교당, 급당, 학생당 경비) × 지수(%) + 총액교부사업 ± 기본경비 조정
강원	교당, 급당, 학생당 경비(표준교육비 단가 적용 산정)
충북	학교운영비 단가(교육부 단가의 98%) × 지수(%) + 기본경비 추가지원 + 목적사업 추가지원 ± 기본경비 조정
충남	기본운영비(교당, 급당, 학생당 경비) + 기타 사업비
전북	표준기본경비(교당, 급당, 학생당 경비) + 표준특성경비 + 경상목적사업비
전남	표준교과활동경비 + 창의적 체험 활동 경비 + 공통운영경비
경북	기본운영비 + 추가지원사업비
경남	교급당 경비 + 학생당 경비 + 건물유지비 + 동력사용료 + 차량유지비 + 지역중심고운영비 + 수학여행비 + 학교운영지원비 + 총액배분사업 + 신(이)설학교경비
제주	학교기본운영비[학교운영경상경비(교당+급당+학생당 경비) + 특수시설 운영 등 보정 경비)] + 총액배분사업비

출처: 한국교육개발원(2013), 교육과학기술부(2012b), 교육과학기술부(2012a)에서 인용.

개별적 교육적 여건이나 상황을 적절히 고려하기 어렵다. 일부
시·도교육청에서는 기타사업비, 가산금 등의 명목으로 단위학교
의 여건을 고려한 재정 배분을 시도해 왔으나, 자의적인 배분 기준
에 따른 방식이라는 한계를 가진다. '공급자 중심'의 재정 배분 방
식으로는 단위학교의 사회·경제적 여건에 대한 정확한 분석이나
추가적인 재정 지원이 필요한 학생들에 대한 명확한 고려가 제대
로 이루어지기 어렵다. 특히 미래 사회에서 융합 인재에 대한 요구
는 단위학교에 재학 중인 학생 및 학부모의 교육적 상황에 대해 보
다 민감하게 고려되어야 하지만 공급자 중심의 교육재정 배분 방
식으로는 대처하기 어렵다. 둘째, 종래 공급자 중심의 교육재정
배분 방식은 학생의 교육 결과인 학업성취 목표에 대한 고려가 거
의 전무한 실정이다. 교육 투자의 효과성 측면에서도 교육비를 배
분하는 과정에서 성취 목표에 대한 고려가 선행되어야 하며, 실제
도달해야 하는 성취 목표와 현재 처해 있는 교육 수준 간의 차이에
대한 고려가 반영되어야 한다. '최저 소요 경상비'의 성격을 가지는
표준교육비를 중심으로 한 학교기본운영비 배분 방식은 변화가 불
가피하다. 현재의 시·도교육청의 학교기본운영비 배분 기준 중에
서 학교교육의 성취 목표에 대한 고려를 찾아보기 어렵다.

　미래 사회 교육재정의 구조는 공급자 중심에서 수요자 중심으로
재구조화되어야 한다. 첫째, 미래 사회에는 교육 수요자의 교육 여
건과 교육의 성취 목표를 고려한 수요자 중심의 교육재정 배분 시
스템이 도입되어야 한다. 교육재정 배분 방식의 변화를 위해 교육
수요자인 학생 및 학부모의 사회·경제적 여건, 교육적 상황 등에
대해 보다 민감하게 대응할 수 있는 학교기본운영비 배분 방식이
마련될 필요가 있다. 뿐만 아니라 교육의 성취 목표와 학생의 성
취 수준 간의 차이를 고려한 재정 배분 방식이 도입되어 교육 투자
의 효과성을 제고할 수 있어야 한다. 둘째, 미래 사회에는 실제 단

위학교에 배분될 교육비를 산출하는 방식과 단위학교별로 소요될 것으로 예상되는 비용을 산출하는 방식이 일원화된 교육재정 시스템이 요구된다. 단위학교의 학교회계에 관한 빅데이터를 활용하는 시대가 도래하고 있으며, 단위학교로 배분되어야 할 교육비 규모를 산출하는 과정이 단위학교별 소요 교육비액을 산출하는 과정과 괴리되기 어려워진다. 마지막으로, 교육재정의 배분 방식이 단위학교에 다니고 있는 학생들의 특성과 교육적 수요를 반영하는 구조로 재편되어야 한다. 학생의 성별, 인종, 가정환경, 이민 여부 등 여러 가지 개인 특성에 따라 교육적 수요 역시 달라지고 이에 소요되는 교육비 역시 차별화되어야 한다. 현재의 학교당 학생 수에 따른 일률적이고 획일적인 교육재정 배분 방식보다는 학생의 특성과 교육적 수요에 따른 차등화된 교육재정 배분 방식이 도입되어야 한다.

교육재정 관리 · 운영의 과학화

정보통신 기술의 발전과 함께 정부 2.0, 정부 3.0 등 정부 운영 시스템의 점진적 변화로 인해 교육재정에서도 '에듀파인 학교회계 시스템', '지방교육재정 알리미' 등 교육재정 데이터베이스들이 구축되어 왔다. 2010년부터 도입된 '에듀파인 학교회계 시스템'은 「교육기본법」 제23조와 「초 · 중등교육법」 제30조에 근거하여 도입된 시스템이다. '에듀파인 학교회계 시스템'의 도입은 학교 회계 세입 및 세출 등에 관한 다양한 데이터를 확보하여 이루어졌다는 점에서 의의가 있다. '에듀파인 학교회계 시스템'은 다음과 같은 특징을 가진다(한국교육개발원, 2012). 첫째, 장, 관, 항, 목, 세목의 예산 구조가 정책사업, 단위사업, 세부사업 등의 구조로 변경되어 성과 지향적인 사업별 예산제도와 연계되었다는 특징을 가진다. 둘째, '에듀파인 학교회계 시스템'은 예산 및 경제적 자원을 중심으로 재정 운영 성과와 재정 상태 보고 등 체계적이고 종합적인 재무 정보를 제공하는 발생주의 및 복식부기 회계제도를 기반으로 한다. 셋째, '에듀파인 학교회계 시스템'은 예산, 지출, 결산 등 학교회계 업무를 일괄적으로 처리할 수 있는 학교회계 시스템이다. 넷째, '에듀파인 학교회계 시스템'은 예산 편성·품의·지출·결산 업무를 자동화하여 결재의 편의, 사업별 집행 현황 및 잔액 현황 파악 등에 있어 용이하다(김용남, 2012).

'에듀파인 학교회계 시스템'이 단위학교의 학교회계 시스템이라면, 지방교육재정과 관련해서는 '지방교육재정 알리미'가 있다. '지방교육재정 알리미'는 17개 시·도교육청의 2010년부터 2013년까지 4년간의 재원별 세입 및 사업별 지출 등 지방교육재정 정보를 제공하며, 지방교육재정에 대한 주요한 항목들을 쉽게 파악할 수 있도록 구축된 사이트다(지방교육재정알리미, 2015). '지방교육재정 알리미'의 경우 다음과 같은 의의가 있다. 첫째, '지방교육재정 알리미'는 기존에 각 시·도교육청 및 교육부 홈페이지 등에 흩어져 있었던 지방교육재정 세입 및 세출에 대한 정보를 한번에 파악할 수 있는 공간을 마련하였다는 의의가 있다. 둘째, '지방교육재정 알리미'는 단순히 세입 및 세출에 대한 정보만을 제공하기보다는 각 시·도교육청의 예·결산 분석 보고서, 지방교육분석 보고서 등 관련 보고서와 정책·연구 자료 및 관련 법령 정보 등을 함께 제공하여 지방교육재정에 대한 보다 전문성 있는 이해가 가능하다는 데 의의가 있다. 향후에는 '지방교육재정 알리미'는 시·도교육청 재정 운용 상황 공시를 추가로 포함할 예정이며, 시·도교육청 공시 시스템과의 연계를 통해 각 시·도교육청이 공시한 항목을 통합적으로 비교·파악할 수 있도록 개선될 예정이다.

그러나 현행 교육재정 정보시스템은 다음과 같은 문제점과 한계가 있다. 첫째, 교육재정 데이터베이스는 교육재정의 확보·배분·지출·평가의 단계가 통합적으로 관리 및 운영되어야 한다. 교육 재원의 흐름을 관리할 수 있는 통합적인 교육재정 데이터베이스 시스템이 요구된다. 현재의 교육재정 시스템은 단위학교와 시·도교육청 수준에서 분리되어 운영되고 있다. 교육 재원이 중앙정부에서 시·도교육청으로, 시·도교육청에서 단위학교로 배분되는 과정에서 나타날 수 있는 여러 가지 이슈와 쟁점들에 대한 정보를 놓치게 된다는 문제점이 있다. 둘째, 현재의 교육재정 데이터베이스는 정보 검색 기능에 초점을 맞추고 있을 뿐, 합리적인 정책 결정에 필요한 정보를 제공하지 못한다는 문제가 있다. '에듀파인 학교회계 시스템'과 '지방교육재정 알리미' 등의 교육재정 데이터베이스는 교육재정에 관한 풍부한 정보를 제공하여 수요자가 필요한 정보를 검색하여 확인하는 데 도움을 줄 수 있었다. 그러나 중앙정부, 시·도교육청, 단위학교 등의 교육기관들이 교육재정 배분 및 지출 등에 보다 합리적인 의사결정을 내릴 수 있도록 정보를 활용하고 분석할 수 있는 여건이 미흡하다.

미래 사회에서 교육재정의 구조는 다음과 같은 방향으로 개선되어야 한다. 첫째, 미래의 교육재정은 단위학교-교육청-교육부가 일런으로 통합되어 교육재정 관련 데이터베이스를 운영하여야 한다. 미래 사회에는 개인 및 다양한 기관에서 교육재정 관련 데이터의 개방 요구가 더 커지고, 중앙정부, 시·도교육청, 학교 등 다양한 교육기관 간 시스템 연계 및 통합에 대한 요구가 더욱 빈번해질 것으로 예상된다. 특히 공공 데이터를 최대한 개방하여 민간의 데이터 활용을 촉진시키겠다는 정부 3.0의 정책 방향과도 상통한다는 측면에서 교육재정 데이터베이스의 통합화는 가시화될 것이다. 또한 클라우딩 컴퓨터 환경의 변화는 교육재정 데이터베이스의 통합화를 통해 지식과 정보의 공유를 활성화할 것으로 기대된다. 둘째, 미래 사회에서 데이터를 기반으로 한 교육재정 의사결정의 과학화가 이루어질 것이다. 앞으로 교육재정 데이터베이스는 단순히 필요한 정보를 검색하는 수준에서 벗어나 데이터를 기반으로 한 교육재정 의사결정의 과학화가 이루어질 것이다. 또한 데이터 활용 및 분석 기능이 강화되어, 데이터 분석을 기반으로 과학적인 교육재정 정책의 수립 및 지원이 가능하여 전체적인 교육재정 정책의 효과성을 높일 것이다.

교육재정의 책무성 강화

1988년 「지방재정법」에 시·도 교육감이 재정보고서를 문교부 장관에게 제출하도록 하는 재정분석 규정이 추가되었고, 1994년에는 동법에 재정진단 규정이 추가되면서 '지방교육재정 분석 및 진단'의 토대가 마련되었다. 1999년 이후 우리나라에서 성과관리제도가 도입되기 시작한 이래, 재정사업 성과목표제도, 재정사업 자율평가제도, 재정사업 심층평가제도 등이 도입되면서 공공부문의 책무성 요구가 증대되었다(박창균, 2013). 성과지표를 통한 관리 기제를 중시하는 신공공관리론에 근거한 성과관리제도가 교육재정 분야에서도 도입되어, 2010년부터 「지방교육재정 분석 및 진단 규정」의 제정을 통한 '지방교육재정 분석 및 진단' 평가가 이루어졌다. '지방교육재정 분석 및 진단'은 지방교육재정 운영의 효율성·책무성 및 투명성 확보, 재정관리 제도의 제도화, 사전 재정위기 관리 기능 강화 등을 목적으로 추진되었다(한국교육개발원, 2012).

이에 따라 '지방교육재정 분석 및 진단'은 다음과 같은 절차를 통해 진행이 된다(한국교육개발원, 2012). 먼저, 교육부 및 위탁기관의 재정분석 지표 개발 및 편람 시달을 시작으로 시·도교육청에서는 자체 분석 및 보고서를 제출 및 공개한다. 교육부 및 위탁기관은 이를 바탕으로 현지 실사, 분석 및 진단, 분석 보고서 작성 등을 통해 지방교육재정 종합 분석을 실시하고, 지방교육재정분석 종합보

표 7 2015년 현재 지방교육재정 분석지표

영 역	지표명
일반현황	① 기관 현황 ② 유아교육기관 현황 ③ 평생교육기관 현황 ④ 분교장 및 복식학급 현황 ⑤ 교육취약계층 학생 현황 ⑥ 세입·세출 예·결산 현황
세입 및 채무 관리	① 자체수입 비율 ② 법정이전수입 전입 비율 ③ 지방자치단체 등 외부재원 유치 ④ 지방채무 관리의 적정성 ⑤ 채무부담 비율 ⑥ 민간투자사업(BTL) 현황
재정 관리	① 중기지방교육재정계획 반영 비율 ② 중앙 투·융자심사사업 예·결산 비율 ③ 학생수용계획과 학교 신설과의 연계성 ④ 적정규모 학교육성 ⑤ 학교의 이전 재배치
세출 관리	① 조직 및 인력관리의 적절성 ② 학교규모 관리의 적절성 ③ 경상경비 비율 ④ 시설비 편성 및 집행 비율 ⑤ 인건비 편성의 적절성 및 교직원 1인당 평균 금액 ⑥ 교육비특별회계 순세계잉여금 및 이월액 ⑦ 예산 전용 비율
학교회계 관리	① 학생 1인당 공립학교회계전출금 ② 공립학교회계전출금 중 학교운영비 비율 ③ 학교기본운영비 배분 기준 ④ 사립학교 재정결함보조금 운영의 적정성 ⑤ 사립학교 법정부담금 관리의 적정성
분야별 투자현황	① 학생 1인당 교육비 ② 유아교육 투자 ③ 특수교육 투자 ④ 교육복지 투자 ⑤ 방과후학교 투자 ⑥ 교육환경개선시설비 투자
재정 투명성	① 지방교육재정 운영 분석, 평가 및 환류 체계 ② 대국민 재정정보 제공 ③ 예산편성 및 집행과정의 투명성 제고
교육 투자 성과	① 학업성취도 평가 기초학력 미달 비율 ② 학업중단(고등학교) 비율 ③ 학생건강체력평가(PAPS) 등급 비율 ④ 학교스포츠클럽 등록률 ⑤ 특성화고 취업률 ⑥ 교과교실제 활성화 ⑦ 안전한 학교환경 조성 ⑧ 사교육비 절감 ⑨ 방과후학교 활성화 ⑩ 학부모 만족도 제고 ⑪ 청렴도

출처: 「지방교육재정 분석 및 진단 규정」.

고서를 발간한다. 분석 결과에 따라 교육부 및 시·도교육청이 제도 및 운영 방식의 개선을 도모하거나 혹은 지방교육재정 분석진단위원회의 지방교육재정 건전화계획 권고안에 따라 시·도교육청이 재정건전화 계획을 수립하고 이행한다.

실제 지방교육재정 분석 및 진단은 〈표 7〉과 같이 일반현황, 세입 및 채무 관리, 재정 관리, 세출 관리, 학교회계 관리, 분야별 투자현황, 재정 투명성, 교육 투자 성과의 8개 영역과 자체수입 비율, 법정이전수입 전입 비율 등의 49개 지표를 활용하여 이루어지고 있다. '지방교육재정 분석 및 진단' 평가는 「지방교육재정 분석 및 진단 규정」 제18조에 근거하여 평가 결과가 우수한 시·도에 특별교부금을 지원하는 데 활용된다. 이런 변화는 교육재정에 대한 투명성을 제고하고, 교육 재원의 지출이 교육 목표 달성에 적합하였는지를 평가함으로써 교육재정에 대한 책무성을 제고하기 위한 노력의 일환으로 볼 수 있다. 뿐만 아니라 교육재정의 책무성을 강화하기 위한 또 다른 정책 기제로「지방교육재정 분석 및 진단 규정」제14조를 들 수 있다. 이에 따르면 교육부장관 및 시·도 교육감은 지방교육재정의 투명성을 제고하고 시·도교육청 간 지방교육재정 상황을 상호 비교할 수 있도록 지방교육재정 분석지표 분석 결과, 재정진단 실시 결과, 건전화계획 이행결과 평가 결과, 기타 재정분석·진단과 관련하여 공개가 필요하다고 인정되는 사항 등을 공개할 수 있다.

　현행의 '지방교육재정 분석 및 진단'과 관련해서는 다음과 같은 이슈와 문제점이 제기된다. 첫째, 지방교육재정 분석 및 진단에 활용되는 지표 설정의 타당성에 대한 재검토가 필요하다. 성과지표의 설정과 관련하여 현행 체제에서 학업성취도 평가, 학교스포츠클럽 등록률, 안전한 학교환경 조성, 학부모 만족도, 청렴도 등의 교육 투자 성과를 분석지표로 제시하고 있지만, 실제로 제시된 교육 투자의 성과지표들의 교육 투자 성과로서의 적합성, 해당 지표들의 중요도를 동일하다고 가정하는 지표 간 동질화 등에 대한 문제가 있다. 둘째, 평가 방법과 관련하여 교육 투자와 교육 성과 간의 인과관계에 근거한 성과평가 체제가 부재한 상황이다. 분석에 활용된 교육 성과가 실제로 교육 재원의 투자로 인해서 발생한 성과인지를 명확하게 규명하기 어렵다. 인과성에 근거한 평가가 제대로 이루어지지 않은 상황에서 평가 결과가 우수한 시·도에 특별교부금을 지원하는 현재의 평가 방식은 합리적이지 않을 수 있다. 셋째, '지방교육재정 분석 및 진단'을 통한 성과관리 체제는 사후 평가와 예산을 연계하는 수준에 머물러 있다. 평가와 예산의 연계는 과거의 교육재정 운용의 성과로 인해서 현재 교육재정의 규

모를 확대하는 인센티브의 성격을 갖는다는 측면에서 현재 교육재
정 운용에 과정에서 필요한 정보를 면밀하게 제공하지 못한다는
한계를 가진다.

　미래 사회에서 교육재정은 건전성·효율성·투명성 등을 제고
하고 책무성을 담보하기 위해 다음과 같이 개선되어야 한다. 첫째,
교육 투자를 통해 달성해야 할 교육적 성과에 대한 사회적 합의를
바탕으로 객관적인 성과지표가 마련되어야 한다. 둘째, 교육 투자
와 교육 성과 간의 인과적 추론을 바탕으로 한 성과 평가가 선행되
어야 한다. 교육 투자와 교육 성과 간 인과적 관계를 규명하려는
노력을 바탕으로 성과가 우수한 시·도교육청에 인센티브가 제공
되는 기반이 마련된다면 성과관리 체제가 보다 합리적으로 이루어
질 것이다. 셋째, 일부 선진국에서 논의된 바와 같이 사후 평가와
예산을 연계하는 수준을 넘어 교육재정 사업에 대한 상시 모니터
링과 관리체제로 발전시켜야 할 것이다. 성과 정보의 공급에만 치
중하기보다는 교육재정 사업들의 주요 성과 목표를 상시적으로 모
니터링하고, 이를 바탕으로 교육재정 사업들의 운용과정에 대한
지속적인 관리 시스템이 마련되어야 한다. 아울러 '지방교육재정
분석 및 진단' 평가는 현행 시·도교육청의 교육비특별회계뿐만
아니라, 단위학교의 학교회계에 대한 책무성도 연계하여 운영되어
야 할 것이다.

맺음말　　　　　　　　　　지금까지 미래 사회의 변화를
교육재정 환경을 중심으로 살펴보았고, 그에 비추어 교육재정 구
조의 현황과 문제점에 대해 분석해 보았다. 또 각 분석 결과에 따
라 미래 교육재정 구조의 변화도 제시해 보았다. 각각의 교육재정
환경 변화에 따른 미래 교육재정 구조의 발전 방향을 요약해 보자
면 다음과 같다.

첫째, 미래 사회는 새로운 인재상을 요구하고 현
재와 다른 새로운 교육 수요가 창출될 것이며, 이
런 변화에 대한 교육재정의 적극적인 대응이 필요
하다. 미래 사회의 인재상은 과거 단순한 지식과 기
술의 소유자에서 문제를 해결할 수 있는 창의성과
융합적 사고력을 갖춘 인재로 변화해 가고 있다. 융
합 인재의 역량 교육 활동에 충분한 교육재정의 확
보가 관건이 될 것이다. 또한 교육을 통해 함양하
고자 하는 역량과 그런 역량을 키워 가는 데 필요한
성취 목표를 구체화하고, 목표 달성에 필요하고 충분한 교육비 규
모를 산출하려는 노력과 제도화가 필요하다. 둘째, 미래 사회에는
교육복지 재정에 대한 패러다임이 '수혜 대상' 중심에서 '복지 내
용' 중심으로 전환될 것이다. 무엇보다 복지 대상 중심의 정치적 논
란에서 벗어나 교육복지의 개념과 구성 요소에 대한 심층적 논의
가 필요하고 나아가 국민적 합의를 바탕으로 교육복지 재정을 재
구조화해야 할 것이다. 교육복지의 내용은 '상대적 차이의 해소' 관
점에서 나아가 '최소한 절대 수준의 보장'의 관점으로 확대하여 재
구성되어야 한다. 셋째, 역량 중심의 사회인 미래 사회에서는 공급
자 중심의 교육재정 구조가 수요자 중심의 교육재정 구조로 전환
될 것이다. 종래 교육재정 배분은 교육기관 외부의 의사결정자가
일정 기준에 따라 획일적 일방적으로 이루어져 왔다. 그러나 공급
자 중심의 교육재정 배분은 수요자의 역량을 강조하는 미래 인재
의 교육 활동을 지원하기엔 역부족이다. 그리하여 교육재정의 배
분 방식이 공급자 중심에서 개인의 역량 및 수요자의 요구 및 여건
에 보다 민감하게 대응할 수 있는 수요자 중심으로 바뀌어야 한다.
넷째, 미래 정보통신 기술의 발전으로 인해 교육재정 시스템과 의
사결정이 과학화될 것이다. 교육재정 관련 데이터베이스가 하나로

사회적 공감대에 바탕을 둔
교육 수요를 충족하기 위한
충분한 교육재정의 확보는
미래 교육재정 구조의 근간

통합되어 교육재정의 확보, 배분, 지출의 각 단계에 있어서 정책 의사결정이 데이터 분석 결과를 기반으로 하여 합리적으로 이루어질 것이다. 마지막으로, 미래 사회에는 공공부문의 책무성이 더욱 강화되면서 교육재정에 대한 책무성 요구가 한층 강화될 것이다. 교육 투자를 통해 달성해야 할 교육적 성과에 대한 사회적 합의를 바탕으로 성과지표가 마련되고, 교육 투자와 교육 성과 간의 인과적 추론을 바탕으로 성과 평가가 선행되어야 한다. 또한 교육재정의 성과관리체제가 사후 평가와 예산을 연계하는 수준을 넘어 교육재정 사업에 대한 상시 모니터링과 관리체제로 진화할 것이다.

앞으로 사회 제 분야에서 새로운 환경 변화에 적극적이고 주도적인 대응을 할 수 있도록 교육재정의 재구조화가 요구되고 있다. 교육재정은 본래 수단적 성격을 갖고 있어 그 본연의 역할에 충실해야 하겠지만, 지금까지의 교육재정은 예산과 자원의 제약이라는 명목하에 학교교육 활동의 범위를 한정해 왔다. 즉, 목적(교육 활동)과 수단(교육재정)이 도치되어 많은 문제점을 야기해 왔다. 이제는 교육재정이 원래 위치로 돌아가야 할 때다. 국민이 원하고 바라는 교육의 수준을 정하고, 사회적 공감대에 바탕을 둔 교육 수요를 충족하는 데 필요한 그리고 충분한 교육재정을 확보하는 것이야말로 미래 교육재정 구조의 근간이다.

미주

1) 잠재성장률은 한 국가의 경제가 도달할 수 있는 중장기 성장 수준을 의미한다.

2) 한편, 「교육세법」에 따른 교육세 세입액 전액에 해당하는 세입원 역시 교육비로 충당하고 있다.

한국 성인의 역량 수준 국제 비교와
미래 성인학습지원체제 디자인

최선주

한국 성인의 역량은 어느 정도일까   2000년대를 전후하여 대규모 국제교육성취평가 프로그램들이 본격적으로 등장하기 시작하였다. PISA, TIMSS 등을 비롯한 각종 국제성취도평가들은 각국의 교육정책에 상당한 영향을 미치면서, 글로벌 교육 거버넌스의 중심으로 부상하였다(손준종, 2014; Mahon & McBride, 2009). 기존 거너번스의 초점이 초·중등교육이었다면, 이제 거버넌스의 대상이 성인으로 본격적으로 확대 이동되고 있음을 보여 주는 것이 바로 OECD의 국제성인역량조사(Program for the International Assessment of Adult Competencies: PIAAC)다. PIAAC는 자국의 성인들의 역량 수준과 분포를 확인하고 이를 관리하고자 하는 국가 및 글로벌 자본시장의 경제적인 요구와 이를 대변하는 OECD의 발전된 통계기법과 수량화 능력이 결합된 결과다.

PIAAC는 성인판 PISA다. PISA가 의무교육이 종료되는 만 15세 청소년의 지식과 역량을 측정하였다면, PIAAC는 의무교육 종료 이후 전 성인 인구를 대상으로 언어 능력, 수리력, 컴퓨터 기반 문제해결력을 측정한 국제조사다. 2012~2013년 동안 24개 국가에서 성인 15만 7,000명을 대상으로 조사하였고, 한국의 경우 6,667명이 조사에 참여하였다. PIAAC는 OECD의 국제성인문해조사(IALS)와 성인문해 및 생애역량조사(ALL)의 후속작으로, 기존 조사에 비해 역량 측정 범위, 정확도, 국제 비교를 위한 질 관리, 참여 국가 수 등의 측면에서 보다 진화된 종합적 성인역량 조사다(OECD, 2013; Thorn, 2009). PIAAC는 실제 수행력을 평가하지 못하고, 인간의 인격적이고 총체적인 능력을 측정하고 있지 못하다는 비판도 있지만(유성상, 김용련, 정연희, 장지순, 2014), 현재로서는 기존의 단순 평생학습 참여율 조사나 자기보고식 평가에 비해 성인의 역량에 대해 보다 정확하고 풍부한 정보를 제공하고, 국제 비교를 가능하게 해 준다는 측면에서 큰 의미를 지닌다.

　그렇다면 한국 성인의 역량 수준은 어느 정도일까? PIAAC 데이터를 통해 각국 성인 역량의 순위 매기기가 가능해지면서 국가 간 순위는 큰 관심사가 되었다. PISA에서 한국의 10대 학생들은 우수한 성적을 거두어 자부심을 갖게 해 준 반면, PIAAC 성적표는 상당히 초라하였다. 이에 한국 언론들은 PIAAC 성적이 저조하다면서 '한국 성인 공부 안 한다'와 같은 기사들을 쏟아내었다.[1] 그러나 PIAAC 데이터를 단순히 국가 간 순위 경쟁으로 한 번 '소비'하고 끝내는 것은 문제가 있다. 또한 PIAAC 데이터를 개인의 역량 수준과 노동시장에서의 지위 등에 대해 분석하는 노동경제적 연구 역시 역량 담론을 개인적 차원과 경제적 성취 차원으로만 위치 짓는 한계를 지니고 있다. 중요한 것은 한국 성인들의 역량 수준과 분포는 어떠한지, 저역량을 갖춘 집단의 성격과 규모는 어떠한지, 한국 성인의 역량개발을 저해하는 사회적 조건의 특징은 무엇인지, 저역량 성인들을 위한 공공 성인학습 지원 시스템을 어떤 방식으로 구성해 나갈 것인지에 대한 진지한 탐색이다.

　역량은 사회적으로 구성되는 개념이다. 역량은 단순히 개인의 타고난 개별적 능력 차원을 넘어, 한국의 평생학습 조건을 둘러싼 사회문화적 환경 속에서 구성되고 제약받는다. 즉, 한국의 연평균 노동 시간과 노동조합 조직률, 대학 등록금과 진학률, 학습 문화

<blockquote>
역량은
사회적으로 구성되는
개념이다
한국인의 역량은
평생학습을 둘러싼
한국의 사회문화적
환경 속에서 구성된다
</blockquote>

등이 결합되어 만들어 내는 사회적 조건이 성인의 역량 수준과 분포에 영향을 미치게 된다. 본 장은 사회문화적으로 다른 조건을 지닌 국가들과의 비교를 통해, 한국 성인 역량 수준과 분포의 독특한 특징과 역량을 구성해 내는 조건의 특징을 분석하고, 미래 성인학습 지원체제 디자인의 방향을 도출하고자 한다. 구체적인 연구 질문은 다음과 같다. 한국 성인의 언어 능력과 수리력은 연령대별, 학력별, 숙련 수준별, 성별 분포가 어떠하고, OECD 국가와 비교할 때 어떤 특징이 있는가? 성인의 역량을 구성해 내는 조건으로서 학습에 대한 흥미도와 일터학습 지원 정도는 어떠한가?

한국 성인의 역량 구성 조건: 사회경제적 토대

'산업 역군'이라는 성인의 존재 양식: 과도한 노동 시간

역량은 사회적으로 구성되는 개념으로, 한국 성인의 역량을 이야기할 때는 단순히 개인의 능력 차원을 넘어, 한국 사회에서 '성인'의 존재 양식을 살펴보아야 한다. 한국에서 성인이 '학습자'로 호명되고 주체화되기 시작한 것은 불과 얼마되지 않았다. 그 전에는 많은 이들이 의무교육을 채 마치기도 전에 '여공'이 되었고, 국가의 경제 성장을 이끄는 '산업 역군'으로 불리며 열악한 노동환경 속에서 일에 매달리며 살았다.

산업사회로 접어들면서 도시로 이동이 가속화하던 흐름을 타고 우리 가족은 상경하여 판잣집을 전전했다. 그리고 나는 '여공'이 될 수밖에 없었다. 어린 소녀에게 평화시장 공장 생활은 정신적·육체적 고통을

이겨 내기에 너무 벅찬 노동 강도와 조건이었지만, 어
린 소녀가 끔찍한 공장 생활을 빠져나갈 수 있는 방법
은 어디에도 없었다(신순애, 2014: 60).

신순애의 생애에서 보듯이, 한국의 50대 이상 성인들 중에는 의
무교육의 혜택마저 제대로 누리지 못한 경우도 많았다. 한국에서
성인의 주요 존재 양식의 코드는 '근로자'였다. 국가경제, 가정경제
를 떠받치는 경제적 주체로서 저임금과 과도한 노동 시간을 인내
해야 하였다. 자신의 존재 가치를 탐색하고 자유로운 정신을 추구
하는 개인이나 공적인 담론과 공동체에 참여하는 시민으로서 존재
할 수 있는 공간은 매우 협소하였다(Han & Choi, 2014). 문제는 지
금도 크게 달라진 게 없다는 것이다.

2012년 기준 한국 취업자의 1인당 연간 노동 시간은 2,163시간으
로 멕시코를 제외하고 OECD 국가 중에서 노동 시간이 가장 길었
다. 한국의 취업자들은 OECD 평균보다 연간 390시간을 더 일하는

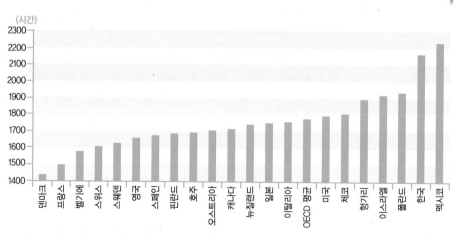

그림 1 2012년 취업자 1인당 연간 평균 노동 시간[2)]

것으로 나타났다. 노동집약적 산업에서 지식기반사회로 전환되었지만 여전히 한국 경제는 많은 노동 투입량으로 버티려 하고 있고, 한국의 성인들은 과도한 노동 시간에 시달리느라 평생학습을 위해 시간과 마음을 쏟을 여력이 거의 없다. 과도한 노동 시간은 한국 성인들이 평생학습을 통해 지속적인 역량을 개발하는 것을 저해하는 열악한 사회적 조건이다. 한국 성인의 역량은 이러한 노동 시간을 둘러싼 사회적 구조와 조건 속에서 재구성되고 변화해 가는 것이다.

저조한 노동조합 조직률과 공공 사회지출

성인들의 역량개발은 일터에서 누리는 학습의 기회 구조와 직결되고, 이러한 학습 기회는 **노동조합 조직률**과 연결되어 있다. 북유럽 국가들은 노동조합 조직률이 높으며, 노동조합에서 고용주와 단체협상을 통해 학습권을 보장하는 장치들을 강화해 왔다. 비록 북유럽 국가들의 경우 2000년대 이후 조직률이 낮아지고 있지만, 한국의 조직률과 비교하면 여전히 높은 수치다. 한국의 노동조합

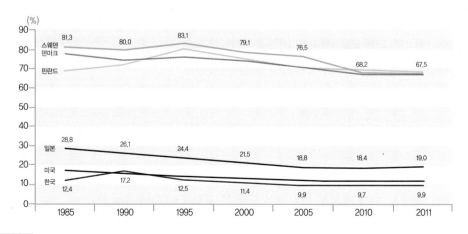

그림 2 주요국 노동조합 조직률 추이

조직률은 10%대에 머물다가 2000년 이후에는 그나마 10% 미만으로 떨어졌고, 일터에서 학습권 확보를 위한 조직적 토대는 계속해서 매우 빈약한 상태에 놓여 있다.

2013년 OECD 국가의 평균 공공 사회지출 비중은 GDP의 21.7%인 데 비해, 한국은 10.2%에 그쳤다(OECD, 2014a). 한국은 직업훈련에 대한 공공지출의 GDP 대비 비중이 OECD 국가 중에서 가장 낮고, GDP 대비 공공 사회지출 역시 최하위 수준이다. 요약하면, 한국은 성인들이 직무와 관련하여 역량개발을 할 수 있는 공공적 장치와 토대를 제대로 갖추고 있지 못하다.

고등교육 공적재원 부족

고등교육에의 접근성은 성인이 높은 수준의 역량을 갖추고 지속적으로 개발하는 데 중요한 변수다. 문제는 한국 고등교육의 공공적 기반이 취약하여, 성인들이 실제로 고등교육에 진입 및 재진입하기가 결코 쉽지 않다는 점이다. 2009학년도를 기준으로 한국의 등록금은 사립대학교와 국·공립대학교 모두 OECD 국가 중 미국 다음으로 비쌌다(OECD, 2011). 한국의 고등교육 재원은 대부분 민간 재원으로 충당되고 있다. 한국의 고등교육에 대한 공공부담률은 2011년 기준으로 OECD 국가 중 칠레를 제외하고 가장 저조하다.

표 1

정부와 민간의 고등교육 공교육비 부담 비중

	정부 재원	민간 재원
핀란드	95.9 %	4.1 %
EU21 평균	78.6 %	21.4 %
OECD 평균	69.2 %	30.8 %
한국	27.0 %	73.0 %

출처: OECD(2014), p. 245

연구방법　　　　　　　　한국 성인의 역량 수준과 분포의 특징을 국제 비교로 파악하기 위해 본 장은 OECD에서 공개한 PIAAC 1차 조사 원자료(Public Use Files: PUF)[3]를 분석하였다. PIAAC 1차 조사는 총 24개국[4]에서 2011년 8월부터 2012년 5월까지 이루어졌고, 국적 및 언어와 상관없이 조사 시점 당시 각국에 거주하는 만 16~65세 성인들을 대상으로 전체 약 15만 7천여 명이 참여하였다(한국직업능력개발원, 2013). 한국의 경우 6,667명이 조사에 참여하였다.[5] PIAAC에서 역량 변수들은 PISA나 TIMSS처럼 다중대체 방식을 바탕으로 10개의 측정유의값(Plausible Values)으로 제공되고 있다. 분석을 위해 IDB Analyzer(version 3.1)와 OECD 웹 기반 분석 프로그램인 Data Explore를 활용하여[6] 집단 간 평균과 집단 간 평균의 통계적 차이 검증을 실시하였다. 해당 국가 내국인의 역량을 보다 정확하게 확인하기 위하여 해외 출생자를 분석에서 제외하였다.[7] 결측 자료는 사례별로 지우기(listwise deletion) 방법을 사용하였고, 구체적인 연구 변수는 미주에서 제시하였다.[8]

PIAAC에서 언어 능력은 "사회참여, 목표 달성, 개인의 지식과 잠재력 개발을 목적으로 문서화된 글을 이해, 평가, 활용, 소통하는 능력"으로, 수리력은 "성인 생활의 다양한 상황에서 발생하는 수학적 요구에 적극적으로 반응하고 이를 관리하기 위해 수학적 정보와 아이디어에 접근하고 이를 활용, 해석, 의사소통하는 능력"으로 정의한다(OECD, 2012: 34). PIAAC는 이러한 언어 능력과 수리력 점수(0~500점 사이)뿐만 아니라, 사전에 정의된 기준에 따라

PIAAC 3수준: 지식경제사회에서 요구되는 최소한의 적정 역량

5개 수준으로 구분하고 있다. 1수준이 최하위 수준이고 5수준이 최상위 수준이다. 3수준[9](276점 이상 326점 미만)은 비교적 길고 복잡한 지문의 전체적 의미와 수사학적 구조를 파악하는 것인데, 이는 지식경제사회에서 요구되는 최소한의 적정 역량이라고 할 수 있다(OECD, 2013). 3수준의 역량은 노동시장뿐만 아니라 일반적인 사회생활과 시민사회에 원활하게 참여하기 위해 요청되는 기본 역량이다. 3수

준의 역량은 보통의 역량, 2수준 이하의 역량은 낮은 역량, 4수준 이상의 역량은 높은 역량으로 구분된다.

한국 성인: 저역량의 그늘   한국 성인 전체의 역량 수준은 다른 국가와 비교하면 어느 정도일까? 성적은 중하위권이었다. 언어 능력의 경우 273점으로 OECD 평균과 통계적으로 차이가 없고, 수리력의 경우는 263점으로 OECD 평균보다 통계적으로 낮게 나타났다. [그림 3]에서 16~65세 전체 인구의 언어 능력 수준 분포를 살펴보면 한국은 성인의 48.6%가 2수준 이하의 낮은 언어 역량을 보였고, 높은 수준의 역량인 4/5수준의 경우는 8.7%에 그쳤다. 즉, 한국 성인의 절반 가까이 지식기반사회를 살아가기 위해 필요한 최소한의 적정 역량을 갖추지 못한 채 저역량의 그늘 속에서 살고 있다. 반면, 일본 성인의 절반 가까이 3수준의 역량을 갖추고 있고, 4수준 이상이 역량을 갖춘 성인도 23.8%나 되었다. 일본, 핀란드, 스웨덴과 비교할 때, 한국은 높은 수준의 역량을 갖춘 성인은 적고 저역량 성인 비율은 높은 특징을 보인다.

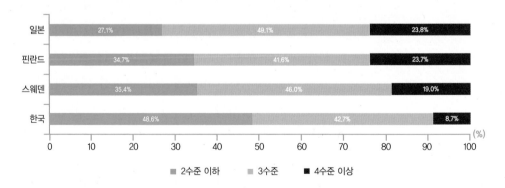

그림 3 성인들의 역량 수준 분포 국제 비교

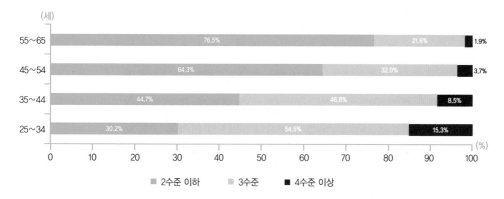

그림 4 한국 성인 연령대별 언어 능력 수준 분포

16~65세 전체 분포뿐만 아니라, 연령대별로 한국 성인의 역량 분포를 살펴보면 [그림 4]와 같다. 25~34세 연령집단의 54.5%가 3수준의 역량을 가지고 있고, 이 젊은 층에서도 32% 넘는 성인들이 저역량 상태다. 35~44세로 넘어가면, 저역량 성인의 비중은 급격히 증가하여 44.7%에 이른다. 55~65세 집단에서는 무려 76.5% 성인들이 2수준 이하의 저역량 상태이고, 4수준 이상은 1.8%에 그치고 있다.

PIAAC의 결과는 한국 성인들이 저역량의 그늘 속에 갇혀 있음을 보여 주고 있다. 생각했던 것보다, 3수준에 도달하지 못한 성인들의 비중이 매우 높았으며, 이는 이들이 현재 지식기반사회가 요청하는 최소 적정 역량인 3수준에 도달할 수 있도록 성인교육·훈련이 강화되어야 함을 시사한다.

'10대 집중형 역량 분포'
일본, 핀란드, 스웨덴에 비해
한국의 30, 40대 역량 저조

10대 집중형 역량 분포 곡선

연령에 따른 역량 분포 곡선은 어떻게 나타날까? 16~65세 사이 연령에 따른 역량 분포를 국제 비교해 보면, 한국의 경우 역량 감소가 20대 초반부터 나타났다. 일본, 핀란드, 스웨덴의 경우 20대 후반으로 가면서

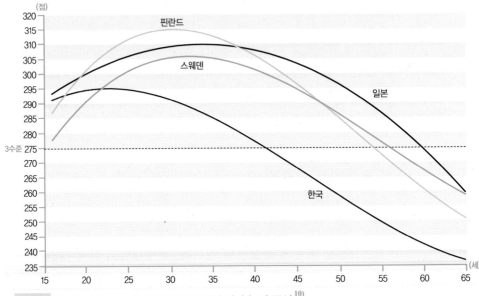

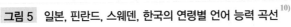

그림 5   일본, 핀란드, 스웨덴, 한국의 연령별 언어 능력 곡선[10]

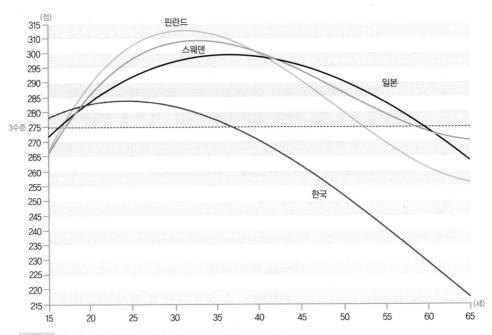

그림 6   일본, 핀란드, 스웨덴, 한국의 연령별 수리력 곡선

계속 역량 수준이 올라가고, 30~35세 사이에 최고점을 기록하며, 이후 비교적 완만하게 역량 감소가 일어난다. 즉, 이들 국가에서 30대가 가장 높은 역량을 갖춘 집단이라면, 한국에서 가장 역량이 높은 집단은 10대 후반에서 20대 초반이다. 10대 후반과 20대 초반의 점수 증가폭이 크지 않고, 20대 초중반부터 역량이 감소하는 패턴을 볼 때, 한국인의 역량은 10대 학습에 의존하고 이후 역량 유지 및 개발이 제대로 되지 않는 '10대 집중형 역량 분포'을 그린다고 볼 수 있다. 일본, 핀란드, 스웨덴에 비해 한국의 30대와 40대 역량 수준이 상당히 낮다. 또한 일본의 경우, 60대 초반까지 언어 능력과 수리력에서 3수준이 유지되어 고령층이 상당히 높은 수준의 역량을 보여 주고 있어, 이는 2수준 이하의 저역량 상태의 한국 고령층과 대비된다.

질 낮은 고등교육: 대졸자의 저조한 역량

한국은 25~34세 고등교육 이수율이 가장 높은 나라다. 1990년대 급격한 양적인 팽창을 거치면서 대학교육을 받은 사람들의 비율이 높아졌다. 그렇다면 고등교육의 양적 규모가 아닌 교육의 질은 어느 정도일까? 한국의 4년제 대졸자의 역량은 다른 나라와 비교하면 어느 정도일까? 생각보다 결과는 심각하다. 우리나라 대졸자의 언어 능력 점수는 297점으로 OECD 평균 306.7점보다 10점 가까이 낮았다. 유의 수준 0.05에서 한국보다 언어 능력 평균 점수가 유의하게 낮은 국가는 이탈리아와 스페인 두 나라에 불과하였고, 대부분의 OECD 국가의 대졸자는 한국의 대졸자보다 통계적으로 높은 역량을 갖추고 있다.

표 2　4년제 대학졸업자[11]의 언어 능력 국가 간 차이

한국보다 통계적으로 높은 나라	호주, 오스트리아, 캐나다, 체코, 덴마크, 에스토니아, 핀란드, 프랑스, 독일, 아일랜드, 일본, 네덜란드, 노르웨이, 스웨덴, 미국
한국과 통계적 차이가 없는 국가	폴란드, 슬로바키아
한국보다 통계적으로 낮은 국가	이탈리아, 스페인

$(p < .05)$

　일본, 핀란드, 스웨덴의 대졸자들과 언어 역량의 연령별 분포를 살펴보면, 한국은 모든 연령에서 역량 수준이 상대적으로 낮게 나타난다. 핀란드와 일본의 경우 25세부터 40대 중반까지 대졸자들의 평균 언어 능력이 4수준에 도달하여 고등교육의 질적 수준이 높음을 보여 준다. 반면, 한국은 대학교육을 받은 지 얼마 되지 않은 25~34세 젊은 연령층도 4수준에 근접하지도 못하고 있다. 이를

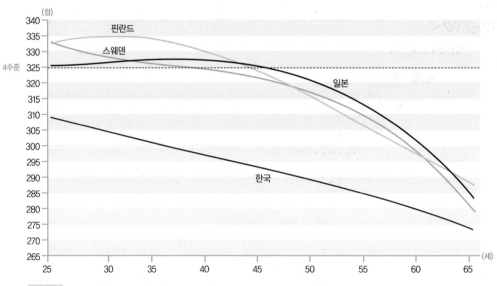

그림 7　일본, 핀란드, 스웨덴, 한국의 4년제 대학졸업자의 연령별 언어 능력 곡선

볼 때, 한국 고등교육의 질은 결코 높지 않으며, 대학교육이 상당히 부실한 형태로 이루어지고 있음을 시사한다.

한국은 미국 다음으로 등록금이 비싸지만 대졸자의 역량은 국제적으로 상당히 낮은 구조적 문제를 안고 있다. 질 낮은 고등교육, 대학의 교육력이 문제다. 한국의 학생들은 대학 입학을 위해 10대 입시 공부에 매여 있는데, 정작 대학은 학생들이 대학에서 질 높은 학습을 통해 높은 수준의 역량을 갖추도록 하는 데 제대로 된 역할을 하지 못하고 있는 것이다.

학습에 대한 흥미 저조: 한국 성인 학습자의 슬픈 자화상

학업성취도는 세계적 수준이지만, 학습에 대한 흥미도는 가장 저조한 국가, 이것이 초등학생과 중학생 학업성취도 국제 비교 연구에서 드러난 한국의 모습이다. 2011년 수학·과학 성취도 추이 변화 국제 비교(TIMSS) 조사 결과, 우리나라 초등학생들은 수학과 과학 학습에 대한 흥미도에서 조사국 50개국 중 최하위를 기록하였다(한국교육과정평가원, 2013). 그렇다면 입시와 제도권 교육에서 일차적으로 벗어나 있는 한국 성인의 학습에 대한 흥미 정도는 어떨까? 안타깝게도 성인들의 학습 흥미도 역시 조사국 중에 가장 낮게 나타났다. '나는 새로운 것 배우기를 좋아한다'(I_Q04d) 문항 (5점 척도)에서 한국은 PIAAC 참여 국가 중 가장 낮은 점수를 보였다. [그림 8]에서 보듯이 미국과 핀란드, 덴마크, 스웨덴 등의 북유럽 국가들에서 학습 흥미도가 높게 나타났다.

스웨덴, 핀란드, 미국의 경우 전 연령대에서 학습에 대한 흥미가 높게 나타난 반면, 한국은 대체로 흥미도 낮고 55세 이상에서는 3점('보통이다') 이하로 내려간다. 새로운 것을 배우는 것을 별로 좋아하지 않는 한국 성인들의 비율이 높은 것이다.

'나는 새로운 것 배우기를 좋아한다'에 대한 응답은 학습에 대한

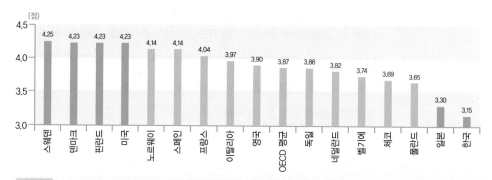

그림 8 성인의 학습 흥미도 국가별 비교

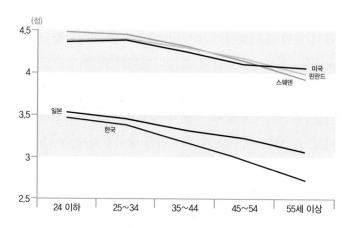

그림 9 연령대별 학습 흥미도 정도 비교

흥미뿐만 아니라 학습에 대한 인식, 학습자로서의 긍정적인 자기 정체성 문제와도 연결되어 있다. 미국과 북유럽에서 학습 흥미도가 높게 나타나고, 한국에서 저조하게 나타나는 것은 한국 성인의 학습자로서의 자기평가나 학습에 대한 이미지가 상대적으로 부정적임을 시사한다.

세대 간 극심한
역량 격차:
고령층의 저역량과
학습 소외로 인한
'어두운 승리'

세대 간 극심한 역량 격차   한국 성인의 역량 분포에서 두드러진 특징은 세대별 역량의 극심한 격차다. [그림 10]에서 보듯이 한국은 연령별 역량 차이가 가장 크게 벌어지는 나라다. 언어 능력의 경우 16~24세 292.94점, 55~65세 244.1점으로 두 세대 간에 48.8점 차이가 나타났다. 이는 OECD 평균의 2배 가까운 점수로, 한국은 점수 차이가 거의 없는 영국이나 10점 전후인 미국, 노르웨이, 캐나다 등의 국가와 뚜렷한 대조를 이룬다.

55세 이상 고령층의 역량 수준이 현저하게 낮다는 것은, 이들이 사회의 주요 담론에 대한 비판적

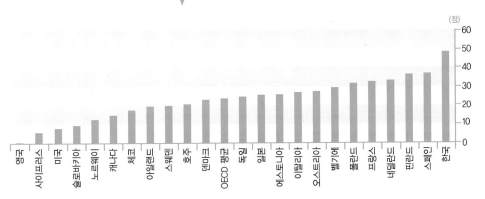

그림 10 16~24세와 55~65세의 언어 능력 점수 차이 국가별 비교

이해력과 담론 형성 능력에서 있어 상당한 한계를 지닐 수밖에 없음을 시사한다. 세대 간 역량 격차는 세대 간 단절과 세대 갈등의 원인으로 볼 수 있다(한숭희, 2013).

　　학교교육이 성인의 기초적인 역량을 구성하는 중요한 토대가 된다는 점을 감안하면, 두 세대 간의 역량 격차는 두 세대의 교육 기회의 차이에서 발생한다고 볼 수 있다. 한국의 경우 25~34세 청년층의 고등교육 이수율이 64%로 OECD 국가 중 최고를 기록했다. 젊은 세대에서 고등교육을 받는 인구 비율이 가장 높은 것이다. 그러나 55~65세 고령층의 고등교육 이수율은 13%에 그쳤다. 차이는 무려 52%로, 한국은 고등교육 이수율의 세대 간 격차가 가장 큰 국가다. 고등교육의 팽창은 성인 학습자를 배제한 형태로 이루어졌고, 학령기에 교육 기회에서 소외됐던 1960대 이전 출생 세대는 성인기에서도 학습 기회로부터 계속 소외되어 왔다. 55세 이상 집단의 교육에의 접근성을 높이고, 기초적인 역량 수준을 끌어올려 세대 간 역량 격차를 줄이는 일은 미래 한국 사회 디자인에서 중요한 교육적 과제다.

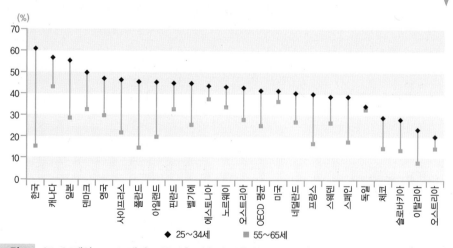

그림 11　25~34세와 55~65세의 고등교육 이수자 비율 국가별 비교(OECD, 2013: 57)

소진형 일터 학습문화

학습의 기회가 배제된 일자리는 경험의 성장과 재구성이 일어나지 않고, 단순한 기계처럼 소모된다는 점에서 교육학적으로 볼 때 '나쁜 일자리'다. 학교에서 직장으로 이행한 이후, 한국 성인들의 학습과 역량개발은 우리 사회가 어떤 일자리를 제공하고 있는가, 성인의 일-학습을 어떤 관점에서 접근하고 있는가에 상당한 영향을 받게 된다. 우리 사회는 학습 친화적 일터 문화를 가지고 있을까?

PIAAC 데이터는 한국이 소진형 일터 학습문화를 가지고 있음을 보여 준다. [그림 12]에서 보듯, 한국 취업자 중에서 직무와 관련하여 형식학습에 참여하는 비율은 3.2%에 불과하였으며 일본과 이탈리아를 제외하고 가장 낮았다. 취업자들이 자신의 직무와 관련하여 정규 교육기관에 다니면서 역량을 높이는 것은 100명 중 3명에게만 해당하는 특별한 일인 셈이다. 이렇게 참여율이 낮은 이유는 무엇일까? [그림 13]은 취업자가 정규 교육기관을 다닐 때, 근무 시간 외에만 참여한 비율을 나타내고 있다. 한국은 73.8%로, OECD 평균 56.6%보다 훨씬 높았다. 정규 교육기관에 다닐 경우 전적으로 근무 시간을 이용하거나 혹은 대부분 근무 시간 동안에 교육에 참여하는 비율이 덴마크는 43.8%, 프랑스는 56.7%로 높았던 반면, 한국은 11.7%에 그쳤다. 한국은 형식학습 참여를 위한 고용주의 비용 지원 비율 역시 OECD 평균보다 낮았다. 이는 한국에서 '일-학습 병행'에 대한 사회적 책임과 지원, 공공성에 대한 인식이 낮고, 이를 철저히 개인이 근무 시간 외에 알아서 하는 문제, 사적인 투자의 영역으로만 간주하고 있음을 보여 준다. 한편으로, 대학을 비롯한 기존의 형식교육 기관들이 여전히 경직된 제도와 높은 학비의 장벽을 치고, 성인 계속교육 기관으로서의 중심 역할을 제대로 하지 못하고 있음을 시사한다. 한국의 성인들은 학교를 떠나 한 번 취업을 하면 건널 수 없는 강을 건너온 것과 같다.

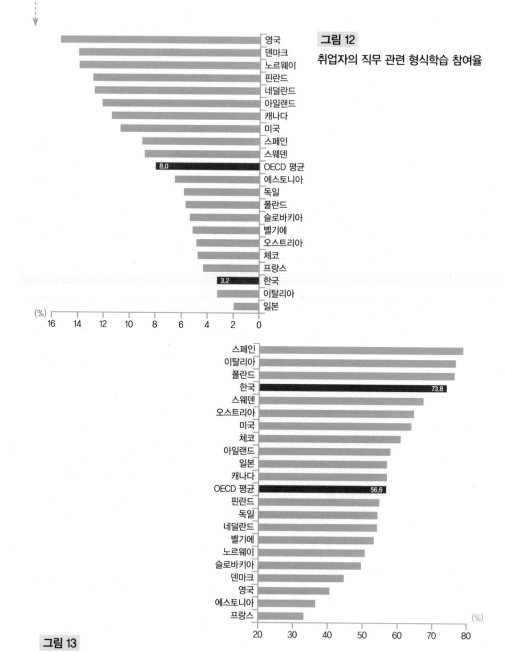

그림 12

취업자의 직무 관련 형식학습 참여율

영국
덴마크
노르웨이
핀란드
네덜란드
아일랜드
캐나다
미국
스페인
스웨덴
OECD 평균 8.0
에스토니아
독일
폴란드
슬로바키아
벨기에
오스트리아
체코
프랑스
한국 3.2
이탈리아
일본

(%)
16 14 12 10 8 6 4 2 0

스페인
이탈리아
폴란드
한국 73.8
스웨덴
오스트리아
미국
체코
아일랜드
일본
캐나다
OECD 평균 56.6
핀란드
독일
네덜란드
벨기에
노르웨이
슬로바키아
덴마크
영국
에스토니아
프랑스

(%)
20 30 40 50 60 70 80

그림 13

직무 관련 형식학습 참여 시, 근무 시간 외에만 참여한 비율

그렇다면 학교에 다니는 것이 아닌 일터 내에서의 비형식학습의 경우는 어떠할까? 한국 취업자 중 PIAAC 조사 이전 비형식학습에 참여한 경험이 있는 사람의 비율은 55.9%로 OECD 평균 54.7%와 유사하다. 단순한 참여 비율이 아니라, 일터에서 비형식학습 기회가 제공되는 방식과 구조에 대해서 좀 더 살펴볼 필요가 있다. [그림 14]에서 보면 한국은 고용주가 비형식학습 비용을 지원한 비율은 55.7%로 OECD 국가 중에서 최하위를 기록하였다. 덴마크는 87.9%, 프랑스 86.5%에 이른다. 지원을 받게 되는 경우에도 전액 지원을 받는 비율은 한국은 74.1%로 OECD 평균 92.4%를 크게 밑돈다. 핀란드, 벨기에, 네덜란드, 영국, 덴마크, 독일, 프랑스, 노르웨이, 스웨덴의 경우 전액지원 비율이 95%를 넘는다. 또한 한국의 경우 이러닝이나 원격 강좌, 세미나나 워크숍, OJT, 기타 강의 및 개인 교습 등 비형식학습에 참여할 때, 전적으로 혹은 주로 근무 시간 동안 이루어진 비율은 51.8%로 OECD 평균 69.3%보다 낮았다.

한국의 '소진형 일터 학습문화'와 노르딕 국가의 '충전형 일터학습문화'

근무 시간 중 비형식학습 참여율과 고용주의 학습비 지원율을 OECD 평균을 기준으로 살펴보면, 덴마크, 노르웨이, 핀란드 등의 국가는 일터에서 학습 기회가 구조적으로 잘 보장되는 '충전형 일터 학습문화'를 가지고 있다. 반면, 한국은 상대적으로 사람을 고용하여 일을 시키기에 바쁘고, 근로자의 학습 참여를 위해 시간과 비용을 투자하는 데 인색하여 학습 기회가 적은 '소진형 일터 학습문화'를 가지고 있다.

노르딕 국가에서는 성인교육 훈련이 노동자의 권리로 인식되고, 정부와 기업이 적극적으로 참여하여 비용을 부담하며, 학습 기회가 보다 공공적이고 보편화된 형태로 공급된다. 반면, 한국의 학습 기

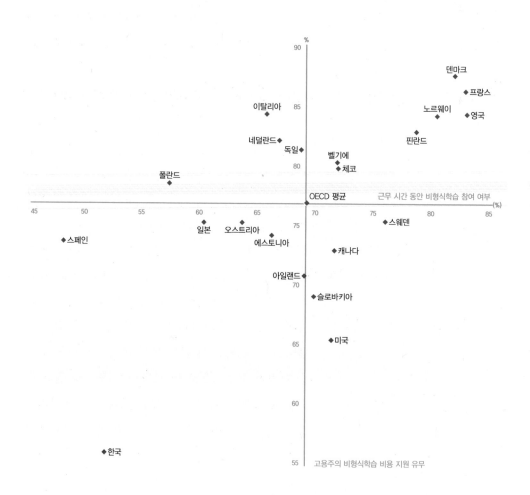

그림 14 근무 시간 중 비형식학습 참여율과 고용주의 학습비 지원 국제 비교[12)]

회는 주로 자신의 비용으로 근무 시간 외에 사적인 투자 방식으로 이루어지고, 개인 간 교육 참여 시간 편차가 크게 벌어지는 형태로 공급되고 있다.

불평등하게 구조화된 학습 기회: 저역량 성인의 지속적 배제

어떤 사회에 공공 평생학습 시스템이 작동하고 있다면, 저역량 집단에 속하는 사람들을 찾아내고 학습에 실질적으로 참여할 수 있는 구조적 기회를 제공하여, 저역량으로 인한 각종 불이익이 생애 전반에 걸쳐 계속 누적되는 현상을 최소화하게 된다. 한국에서 가장 낮은 역량을 가지고 있는 취약 집단은 누구이고, 이들은 평생학습에 얼마나 참여하고 있을까? [그림 15]는 55세 이상 비숙련 생산직과 단순노무직에 종사하는 성인들이 약 80~90%가 저역량 상태에 놓여 있는 성인학습 취약 집단임을 보여 주고 있다. 이 중에서 특히 단순노무직에 종사하는 55세 이상 여성이 우리 사회에서 가장 역량이 낮은 취약 집단임을 알 수 있다. 이 집단의 경우 2수준 이하 언어 능력을 가진 비율이 무려 90%가 넘는다.

그림 15 55~65세 성별에 따른 비숙련생산직/단순노무직별 언어 능력 수준 분포

　불평등의 문제에서 직면하게 되는 중요한 이슈가 성별 격차다. 한국의 '성인 여성'은 역량개발 관점에서 이중의 소외집단이다. 한국 '성인'들이 교육 기회의 팽창에서 소외되었다면, 성인 중에서 '여성'은 다시 소외와 차별을 겪었다. 34세까지는 언어 능력에서의 성별 차이가 통계적으로 유의하지 않지만, 35세 이상부터는 연령이 높아질수록 여성이 남성보다 역량 수준이 통계적으로 유의하게 낮았다. 45세 이상 장년층에서 역량의 성별 격차는 어느 사회에서나 나타나는 보편적 현상일까? [그림 16]과 [그림 17]은 그렇지 않다는 것을 보여 준다.

　핀란드와 일본의 경우 44~65세 언어 능력의 성별 점수 차이가 통계적으로 유의하지 않았지만, 한국은 성별 점수 차이가 통계적으로 유의하게 나타났다(p<.05). 한국의 44~54세 연령집단에서 여성은 남성보다 8점, 55~65세에서는 여성이 남성보다 무려 15점이나 언어 능력 점수가 낮았다. OECD의 평균 성별 격차와 비교할 때, 한국은 성별 격차가 매우 큰 나라임을 알 수 있다. 1960~1970년대의 급격한 산업화 속에서, 초등학교도 채 마치지도 못했거나 중졸 이하의 수많은 어린 여성이 공장에서 밤낮 없이 일하면서 가족들의 생활비와 오빠나 남동생의 학비를 마련하였다. 저역량의 그늘에서 벗어날 수 있도록 돕는 공공 성인교육 시스템은 제대로 작동하고 있지 않았고, 역량의 성별 격차는 좁혀지지 못했다.

　[그림 18]은 언어 능력에서 최저 역량을 가진 집단의 성인교육 훈련 참여 비율을 국가 간 비교한 것이다. 노르웨이의 경우 1수준 이하의 저역량 성인들의 교육훈련 참여율은 50%가 넘는 반면, 한국은 14.6%에 불과하였다. 1수준 집단의 참여율 역시 OECD 평균에 훨씬 못 미쳤다. 한국은 학교교육의 불평등이 생애에 걸쳐 재생산되기 쉬운 구조를 가

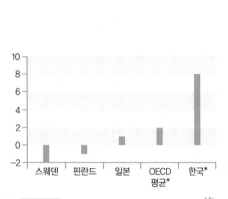

그림 16 45~54세 언어 능력 성별 차이[13]

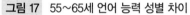

그림 17 55~65세 언어 능력 성별 차이

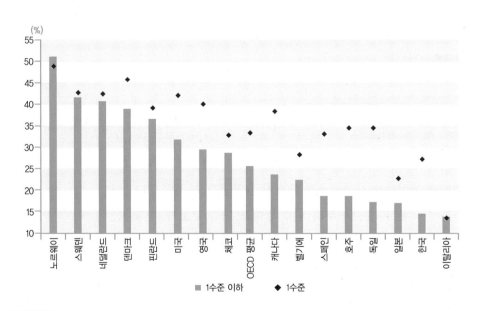

그림 18 최저 역량 집단의 성인교육 훈련 참여율

지고 있다. 스웨덴의 경우, 코뮌 성인고등학교(KomVux)가 초·중
등교육에 해당하는 공교육을 성인에게 무상으로 제공하여, 학령기
에 학교교육의 기회를 놓친 경우에도 누구나 최소한 고등학교까
지 교육을 이수할 수 있도록 지원하는 공공 성인교육 시스템이 작
동하고 있다.

　이렇듯 한국은 학교교육을 제대로 받지 못한 저역량 집단이 성
인학습 기회에서 다시 소외되고 있고, 이 학습 소외는 단순한 학습
기회의 불평등을 넘어 삶의 또 다른 불평등의 문제로 확대 재생산
된다는 점이 문제다. 저역량 성인들에게 직업훈련을 포함한 성인
교육 기회가 제대로 공급되지 않으면, 취업 기회가 차단되거나 저
숙련 일자리에서 벗어날 기회를 얻기 어렵다. 경제적 소외에 더하
여, 자신의 삶을 둘러싼 사회경제적 구조와 사회적 담론을 비판적
으로 이해할 수 있는 역량을 제대로 갖추지 못할 때 시민으로서의
주체적인 삶에서도 소외된다.

미래 평생학습체제 디자인의 방향: 한국인의 학습생애 경로

　　　　　　　　　　　　　　　　　　이 연구는 PIAAC
국제 비교를 통해 한국 성인들의 역량 수준과 분포의 특징, 그리
고 역량을 구성하는 사회구조적 특징이 무엇인가 분석하였다. 연
구 결과 한국은 20대 초반부터 연령에 따른 역량 감소가 나타나는
'10대 집중형 역량분포 곡선'을 그리고 세대 간의 역량 차이가 가장
큰 것으로 나타났다. 또한 대졸자의 역량이 가장 낮은 그룹에 속
해 고등교육의 질이 낮은 것으로 나타났다. 학습 흥미도는 가장 낮
게 나타났고, 저역량의 성인들을 위한 교육의 공공성이 취약하며,
'소진형 일터 학습문화'를 가지고 있는 것으로 나타났다. 이러한 결
과는 그동안 PISA에서 OECD 국가 중 한국 학생들이 최상위라는
뛰어난 성취에 가려져 있던 한국 성인교육의 어두운 그늘을 가시

적으로 드러내 보여 주고 있다. PISA 결과를 이야기할 때에 비해, PIAAC의 결과에 대해 성찰을 하는 일은 그다지 유쾌하지 않다. 김경동(1984: 298)의 표현대로 성찰은 "어둡고 미흡하며 때로는 보기 싫은 곳을 들추어내는 일마저 포함한다. 틀림없이 그 경험은 쓰리고, 아프며, 안타까운 것"이기도 하지만, PISA의 성취 혹은 PIAAC에서 그래도 16~24세 청년들은 상위권을 차지했다는 점을 부각하며 위안을 찾고자 하기보다, 우리 사회가 가지고 있는 성인교육의 문제점에 대한 깊은 성찰과 이를 해결하기 위한 방안들에 대해 구조적이고 면밀한 탐색으로 나아가야 한다. 2000년 들어 성인학습 지원체제가 계속 발전되어 왔지만, 우리는 아직도 가야 할 길이 멀고 그 길 위에서의 명상이 필요하다. 이를 위해 몇 가지 제안을 하면 다음과 같다.

첫째, 저역량 성인을 위한 성인학습 지원체제의 공공성 강화다. 저역량 성인들은 불평등하게 구조화된 학습 기회 속에서 지속적으로 배제되어 왔다. 한국에서 가장 저역량을 보이는 집단은 55세 이상 비숙련직에 종사하는 여성이다. 고연령, 여성, 비숙련직이라는 불리한 조건들이 학습 기회의 불이익으로 연결되고, 학습 기회의 불평등이 삶의 여러 불이익과 불평등으로 다시 연결되는 악순환이 이루어지고 있다.

> 더욱이 20~30년을 미싱을 하다가 이제 노환으로 시력이 나빠져 건물 청소를 하러 다니고 있으며 일밖에 모르는 50~60대 여성들이 아직도 내 집 하나 없이 살아가고 있는 게 현실인데, 이들이 과연 근면하지 않아서 이렇게 어렵게 살고 있는 것일까?(신순애, 2014: 108)

이미 교육을 많이 받은 사람들이 다시 성인교육에서도 혜택을 누리고, 반대로 기존 학교교육에서 소외되었던 사람들은 계속해서 성인교육에서도 배제되는 불평등의 누적 현상, 즉 '마태 효과(Matthew effect)'(Pallas, 2003)가 한국에서 심각하게 나타나고 있다.

이 마태 효과를 대폭 완화시키고 구조적으로 차단하고자 하는 노력이 필요하며, 구체적으로 저역량 성인 학습자들이 3수준 이상으로 역량을 높일 수 있도록 양질의 실질적인 학습 기회가 보장되어야 한다. 특히 55세 이상 성인들이 지역사회 평생학습센터 등 접근성이 높은 학습 기회를 통해 역량을 강화할 수 있도록 지원하고, 세대 간 역량 격차를 줄이기 위해 노력해야 한다. 사회적 안전망이 취약한 한국에서는 저역량 취약 집단에 대한 기능적 문해나 단순 취업 역량 높이기를 넘어 시민으로서의 총체적 역량 증대를 지향하는 공공 성인교육지원체제가 강화되어야 한다.

둘째, '충전형 일터 학습문화' 만들기의 과제다. 한국은 고용주의 학습비 지원이나 근무 시간 내 비형식학습 참여율 비중이 가장 낮은 나라다. 덴마크로 대변되는 노르딕 모델(Nordic Model)과 한국 평생학습 모델(Korean Model)의 차이는 단순히 개별 회사의 문제가 아니라, 기업, 노동조합, 정부와 시민사회 등이 형성해 온 사회적 합의의 역사 등 거시적인 사회문화적 차이에서 기인한다. 성인의 역량을 강화하기 위해서는 고용주의 성인 직업훈련에 대한 의무를 강화하고, 노동조합 교육조직의 역량을 강화해야 한다. 성인교육·훈련을 성인 개인의 사적 영역이 아닌 공공의 영역으로 확장하고 충전형 일터 학습문화로의 전환을 시도해야 한다.[14]

우리 사회는 여전히 '노동사회'에 갇혀 있다. OECD 평균보다 연간 390시간 더 일하는데, 이 390시간을 학습 시간으로 전환할 수 있다면 우리는 다른 사회에서 살아가게 될 것이다. 성인의 존재양식이 근로자에서 학습자로 계속 확장되어 나갈 것이다.

셋째, 고등교육의 질 강화와 참여 세대 간 교육 격차의 완화다. 우리는 한국의 대학들이 정말 제대로 충실히 가르치고 있는가를 진지하게 물어야 한다. 대졸자들의 역량이 다른 국가와 비교할 때 현저히 낮고, 4년의 대학교육을 받은 지 얼마 안 된 25~34세 집단도 평균적으로 4수준에 도달하지 못하는 현상에 대해 그 원인을 면밀히 분석해야 한다. 한국의 고등교육은 대학 입시에 매여 있던 10대에게 20대 후반 이후 자기주도적 평생학습자로 살아갈 수 있는 핵심역량을 키워 주는 역할을 제대로 수행할 필요가 있다.

또한 대학은 성인의 지속적인 역량 강화를 위해 쉽게 접근할 수 있는 제도적 장치로 적극적으로 자리매김될 필요가 있다. 한국 고등교육은 이미 1990년대 초에 보편화 단계에 진입했지만(남신동, 2012), 학교교육의 기회에서 배제되었던 장년 이상 성인 학습자들의 고등교육에 대한 접근은 여전히 여러 장벽에 갇혀 있다. 고등교육 공교육비에 대한 정부 부담 비중을 대폭 강화하고, 성인 학습자를 위한 유연한 입학 및 학사운영제도를 통해 성인들이 높은 수준의 역량을 갖출 수 있도록 제2, 제3의 학습 기회가 주어져야 한다.

넷째, 긍정적인 학습자 정체성 구성의 문제가 놓여 있다. 한국의 경우 PISA뿐만 아니라 PIAAC에서도 학습에 대한 흥미와 자신감이 낮은 것으로 나타났다. 학습 자체와 학습자로서의 자신에 대한 부정적인 인식은 성인기의 적극적 학습 참여에 장애 요인으로 작용하게 된다(Martin, 2013). 성인기의 학습은 학습 기회를 둘러싼 사회구조의 문제뿐만 아니라 성인의 학습에 대한 태도와 학습자 정체성이라는 주관적 요인이 결합되어 있어, 학습에 대한 흥미를 낮추는 요인에 대한 구조적인 분석이 필요하다. 시험 중심의 타율적 학습 관리 경험과 '너는 반에서 몇 등 하니?'와 같은 타인과의 끊임없는 비교 속에서 자신의 위치와 정체성을 규정하는 상대평가가 한국인의 학습 생애 전반에 미치는 부정적인 영향에 대해 진지한

탐색이 필요하다. 학령기 학습자로서의 긍정적인 정체성 형성뿐만
아니라 성인들이 학습에 대한 관점과 정체성을 새롭게 재구축할
수 있는 학습 경험을 제공하는 것은 미래 한국 성인학습지원체제
디자인에서 중요한 과제다.

　마지막으로, 본 장에서는 자세히 다루지 못했지만 글로벌 경제
가 가속화되면서 내국인과 이민자의 역량 차이 문제는 여러 국가
에서 심각한 사회적 문제로 부상하게 될 것이다. 이민자들의 낮은
역량의 문제와 이들에게 질 높은 교육·훈련 기회를 보장하기 위
한 재정투자를 누가, 어느 정도까지 해야 하는가의 문제는 기존의
국민국가식 접근으로는 해결하기가 어렵다. 한국에 거주하는 이민
자들의 역량 강화를 위한 사회적 지원을 둘러싼 논의 역시 향후 본
격화될 필요가 있다.

미주

1) "한국 성인 수리력·컴퓨터 능력 OECD 평균에 미달"(연합뉴스, 2013. 10. 8.), "한국 어른들 공부 너무 안 한다."(매일경제, 2013. 10. 8.), "한국인 학교 졸업 후 공부 안 한다."(동아일보, 2013. 10. 9.) 등

2) OECD StatExtracts

3) PIAAC 원자료(raw data)는 http://vs-web-fs-1.oecd.org/piaac/puf-data에서 다운로드 가능

4) 호주, 오스트리아, 캐나다, 사이프러스, 체코, 덴마크, 영국, 에스토니아, 핀란드, 벨기에, 프랑스, 독일, 아일랜드, 이탈리아, 일본, 한국, 네덜란드, 노르웨이, 폴란드, 러시아, 슬로바키아, 스페인, 스웨덴, 미국

5) "표본 추출은 총 3단계로 이루어졌는데, 1단계에서는 2010년 인구주택총조사를 기준으로 883개의 조사 구를 추출하고, 2단계에서는 조사구 내에서 8,830개의 가구를 추출하는 확률비례계통추출법을 사용하였으며, 마지막 3단계에서는 kish grid 방법을 활용하여 추출된 가구 내에서 1명의 가구원을 임의 추출하였다."(최윤정, 2015: 49)

6) OECD의 Data Explorer. http://piaacdataexplorer.oecd.org/ide/idepiaac/

7) 변수코드 'J_Q04'에서 조사국가에서 출생한 경우로 응답한 사례만 분석에 포함하였다.

8) 변수 설명은 다음과 같다.

연구 변수	변수 코드	변수 설명
언어능력	pvlit	10 plausible values (pvlit부터 pvlit10까지 사용)
수리력	pvnum	10 plausilbe values (pvlit부터 pvlit10까지 사용)
취업자	C_D05	현재 고용상태가 취업자(C_D05=1)인 경우만 산출
성별	Gender_R	남자 1, 여자 2
연령	Age_R	16~65세 사이 응답자의 연령
연령대	AGEG10LFS	10세 단위 연령대(16~24세, 25~34세, 35~44세, 45~54세, 55~65세)
학습에 대한 흥미	I_Q04d	나는 새로운 것 배우기를 좋아한다(5점 척도).
고용주의 비형식학습비 지원	B_Q16	"고용주 혹은 예비 고용주로부터 학비나 등록금, 시험 응시료, 교재비 혹은 기타 학습 활동과 관련된 비용을 지원받았습니까?"(1, 전액 지원, 2 일부 지원, 3 전혀 지원 받지 않았음, 4 소요비용 없음, 5 고용주 혹은 예비 고용주 없었음). 1번과 2번을 학습비 지원으로 코딩
고용주의 형식학습비 지원	B_Q11	형식학위 취득을 위한 고용주부터 지원
평생학습 참여	FNFAET12	본 조사 이전 12개월 동안 형식 또는 비형식 성인교육 훈련(AET)에 참여했는지
직업관련 평생학습 참여	FNFE12JR	본 조사 이전 12개월 동안 직업 관련 이유로 형식 또는 비형식 교육과정에 참여했는지

근무 시간 농안 비형식학습 참여 여부	B_Q15b	지난 12개월 간 근무 시간 동안 비형식학습(이러닝, 체계적 OJT, 세미나, 워크숍, 기타 강좌, 개인교습 등)에 언제 참여했습니까?(1 근무 시간 동안에만, 2 대부분 근무 시간 동안, 3 대부분 근무 시간 외에, 4, 근무 시간 외에만). 1번과 2번을 근무 시간 동안 비형식학습 참여로 코딩함
근무 시간 동안 형식학습 참여 여부	B_Q10b	B_Q15b와 동일. 형식학습 참여 시 근무 시간 외에만 참여 비율 확인을 위해 (B_Q10b=4) 경우만 산출
직무관련형식 학습 참여	FAET12JR	본 조사 이전 12개월 동안 직업 관련 이유로 형식 성인교육 훈련에 참여한 (FAET12JR=1) 경우만 산출(파생변수)
숙련여부	ISCOSKIL4	단순노무직, 비숙련생산직, 비숙련사무직의 전문직의 네 가지로 분류

9) 3수준의 언어 능력: "이 수준에서 지문은 연속적/비연속적/혼합/다수의 지문을 포함해 길고 복잡함. 지문과 수사학적 구조를 이해하는 것이 과제를 수행할 때 점점 더 중요해지며, 특히 복잡한 디지털 텍스트에서 중요함. 응답자는 하나 이상의 정보를 확인/해석/평가하는 과제를 수행하며, 다양한 수준의 추론이 필요할 때도 있음. 응답을 위해서 응답자들은 지문의 전체적 의미를 구성하거나 다양한 단계를 거쳐야 하고, 때로는 부적절한 지문을 무시해야 하기도 함. 상충되는 정보가 제시되기는 하지만 영향이 크지 않음."(한국직업능력개발원, 2013: 18)

10) 다항식 3차 추세선. 그림 6, 7도 동일

11) UNESCO의 ISCED 1997 기준으로 학력을 여섯 가지로 분류한 변수(EDCAT6)를 활용하여, 전문학사 (ISCED 5B)를 제외하고 4년제 학사학위(ISCED 5A) 이상을 고등교육 이수로 보았다. 학사학위 이상인 4~7번을 대졸자로 재코딩

12) 고용주의 비형식 학습비 지원(B_Q16)에서 '소요비용 없음'과 '고용주 혹은 예비고용주가 없었음' 제외하고 백분율 계산

13) *는 성별에 따른 언어 능력 차이가 통계적으로 의미가 있는 경우($p < .05$)

14) 2000년대부터 '정규직-비정규직'으로 노동시장 이원화 구조가 강화되면서 비정규직과 소규모 사업장에 일하는 성인들의 학습권 보장에 대한 사회적 논의가 없는 상태에서 이루어지는 일터 학습 기회 확대 정책은 이미 안정된 일자리에서 학습 기회를 누리고 있는 사람들이 더 많은 혜택을 누리는 평생학습의 '부익부빈익빈' 현상을 가중시킨다는 점을 염두해 두어야 한다.

3부

미래 학교를 위한 교수학습 디자인

미래 학교교육을 위한 교육과정 디자인

소경희

> '교육과정'에 대한 여러 정의는 교육과정과 관련된 문
> 제들을 해결해 주는 것이 아니라 그러한 문제들을 보는
> 관점을 제시하는 것이다(Lawrence Stenhouse, 1975: 1).

교육과정의 혁신이 미래의 학교교육을 바꿀 수 있는가? 답은 'Yes!'일 수 있다. 그렇다면 어떤 교육과정 혁신이 필요한가? 이 지점에서 풍부한 교육과정 상상력이 필요하다. 이때 주의할 것은 위에 인용된 말을 상기하는 것이다. 여러 가능한 교육과정을 상상해 본다는 것은 특정 문제에 대한 구체적이거나 정확한 답을 제공하기 위한 것이 아니다. 오히려 어느 편인가 하면 그것은 교육과정을 디자인하기 위한 다양한 관점을 제공하기 위한 것으로, 이는 문제 해결의 답, 즉 구체적 장면의 교육과정 디자인은 그 장면에 놓여 있는 당사자가 직접 탐색하기를 기대하는 것이다. 본 장은 미래 학교교육과 관련하여 한편으로는 독자들의 교육과정 상상력을 펼치는 데 도움을 주기 위한 것이요, 다른 한편으로는 필자가 그려 보고 싶은 교육과정의 미래를 제안하기 위한 것이다.

올해 태어난 아이가 성년이 되어 살아갈 20년 후 우리의 미래는 어떤 모습일 것인가? 미래를 전망하는 일은 그 성격상 매우 불확실한 작업이라고 할 수 있다. 왜냐하면 이 일은 어느 것 하나 결

코 손에 쥘 수 있는 사실이 없는 채로 수행되어야 하기 때문이다. 학교교육에 대한 미래 전망도 쉽지 않다. 그럼에도 많은 사람은 향후 가능한 교육적 미래를 전망하는 데에 관심을 둔다. '미래 전망 (futures thinking)'이 흔히 취하는 방식은, 향후의 글로벌한 사회 변화를 예측한 뒤 현행의 학교체제가 이러한 사회 변화와 어떻게 부조화(mismatch)되는지를 규명함으로써 학교교육이 향후 나아가야 할 방향을 제시해 주는 것이다. 이러한 접근에서는 특정의 사회 변화가 불가피할 뿐만 아니라 우리의 삶에 긍정적인 기여를 할 것이라고 전제하고, 미래의 학교교육이 이러한 글로벌한 변화 흐름을 따라야만 한다고 본다(Young & Muller, 2010). 더군다나 학교교육의 이러한 사회 변화 '따라잡기'는 당연한 것으로 간주되는 경향이 있다. 그러나 잠깐, 우리는 여기서 멈추어 서서 질문을 할 필요가 있다. 학교교육이 글로벌한 사회 변화를 추종하는 것에 문제는 없는 것인가? 도대체 학교교육이 사회 변화와 무관하게 견지할 수 있는 그 자체의 정당한 목적은 없는 것인가? 이러한 급변하는 사회 속에서 학교교육의 핵심인 교육과정은 어떻게 디자인될 수 있는 것인가? 본 장에서는 우리가 맞닥뜨리게 될 글로벌한 사회 변화와 그 속에 놓여 있는 학교체제를 상상하면서, 미래 학교교육을 위한 교육과정은 어떻게 디자인될 수 있는지를 탐색해 본다.

사회 변화와 학교교육 간의 관계: '구조적' 보수주의를 지향하며
우리 사회의 글로벌화가 가속화됨에 따라 학교교육도 글로벌한 흐름을 따라가는 경향이 있다. 학교교육의 글로벌한 흐름은 학교교육이 유지해 왔던 전통적인 틀을 '보수주의'라는 이름하에 무너뜨리고 학교 밖의 변화들에 유연해지고 개방되는 쪽으로 나아가는 것이다. 학교교육을 둘러싸고 설정되어 왔던 각종 교육적 경계를 허물기 위한 지속적인 시도들은 이러한 흐름을 반영한 것이라고 할 수 있다. 그러나 학교교육이 계속해서 이러한 추세로 나아간다면 학교는 점차 그것의 고유한 역할과 기능을 상실함으로써 사회의 다른 기관과 별반 차이가 없는 곳이 될 수도 있을 것이다. 말하자면 학교교육이 점차 그것의 존재 이유 혹은 정당한 목적이 없는 채로 표류할 가능성이 있는 것이다.

　학교교육의 초점을 '교육과정'으로 국한시켜 보면, 최근의 전 세계 여러 나라의 교육과정 개혁 흐름에서 공통적으로 발견할 수 있는 것은 학습자들의 '학습'이나 '역량'을 강조하는 교육적 레토릭(rhetoric)이 범람하고 있다는 점이다(Biesta & Priestley, 2013; Sinnema & Aitken, 2013). '학습'이나 '역량'에 대한 최근의 관심은 전통적으로 강조되어 왔던 '교수'나 '내용'과의 대비를 통해 교육과정에 대한 진보주의적 접근으로 이해되고 있다. 그러나 학교교육을 통해 기대되는 학습은 학습되어야 할 것, 즉 내용을 전제하지 않고는 불가능하며, 발달시키고자 하는 역량 또한 그것을 기를 수 있는 특정 내용이 없다면 공허할 것이라는 점에서 여전히 내용, 즉 무엇을 가르쳐야 할 것인가의 문제는 학교 교육과정의 핵심적인 관심사라고 할 수 있다. '학습'이나 '역량'이라는 교육적 레토릭은, 학습자를 고려하지 않은 채 특정 내용이나 지식을 전달하는 데에 관심을 두어 온 기존 학교교육의 대항마로 등장한 것이다. 따라서 이 레토릭은 학교교육에 불만족해 왔던 많은 대중의 정서에 쉽게 호소할 수 있으며, 이로 인해 정치인들에게 인기 있는 교육개혁을 위한 구호로 활용되고 있다. 그러나 이러한 교육적 레토릭이나 구호가 학교교육에서 내용이나 지식 '대신에' 학습이나 역량을 다루어야 하는 것으로 이해된다면, 학교교육은 앞서 언급한 바와 같이 그것의 고유한 존재 이유를 갖기 어려울 것이다. 학교교육에서 가르쳐야 할 내용이나 지식을 규정할 필요가 없다면 도대체 학교의 교육과정은 어떠한 역할을 해야 할 것인가?

이 지점에서 우리는 미래 사회에도 학교교육이 존재하려면, 그리고 이를 위한 교육과정이 필요하다면, 학교라는 기관은 그 나름의 고유한 역할을 견지할 필요가 있음을 알 수 있다. 말하자면 미래의 글로벌한 흐름이 어떻게 변화되든지 간에 학교교육이 그 나름의 존재 이유를 갖기 위해서는 학교라는 기관에 대해 기대하는 고유한 역할은 유지될 필요가 있는 것이다. 학교교육이 갖는 고유한 역할은 다른 무엇보다도 한 세대에서 다른 세대로의 지식이나 문화의 전달과 관련된 것이라고 할 수 있다. 빠르게 변화하는 오늘날의 사회 속에서도 학교교육의 이러한 역할은 지속되어야 할 것이며, 다만 향후의 변화된 사회에서 어떤 성격의 지식을 전달해야 하는지, 학교교육이 어떻게 이러한 역할을 수행해야 할 것인지가 고민되어야 할 것이다. 학교가 미래에도 하나의 중요한 사회기관으로서의 고유한 역할을 수행할 필요가 있다고 할 때, 학교가 전통적으로 수행해 온 세대 간의 지식이나 문화의 전달이라는 역할을 벗어던지기는 어렵다. 물론 학교교육의 이러한 역할은 급진주의자들의 눈에 보수주의적인 것으로 비춰질 가능성이 있다. 그러나 학교교육이 갖는 보수주의적 특성은 학교라는 기관의 역할이 갖는 성격과 관련된 것으로 '구조적' 보수주의라고 할 수 있으며, 이것은 권력 집단의 힘과 특권을 보호하려는 경향을 의미하는 '사회적' 보수주의와는 구분될 필요가 있다(Young & Muller, 2010).

학교교육이 '구조적' 보수주의의 특성을 가질 필요가 있다는 점은, 학교라는 기관이 그것의 역할 측면에서 학교 밖의 다른 기관, 예컨대 가정, 일터, 공동체 등과는 차별화된 고유한 기능을 가져야 한다는 점을 함의한다. 학교교육의 이러한 차별성은 학교에서 다루어지는 지식이 학교 밖의 일상적인 지식과는 다른 성격을 갖게 될 때 극대화된다. 물론

> 학교의 '구조적' 보수주의는 학교가 지니는 고유한 기능에서부터 비롯된다

학교가 학교 밖의 기관, 그리고 학교 지식이 학교 밖의 일상적인 지식과 연계될 필요는 있을 것이다. 그러나 학교와 학교 밖, 그리고 학교 지식과 일상적 지식 간의 경계 넘기는 양자 간의 경계 설정이 우선되어야 함을 전제할 필요가 있다. 이러한 경계의 설정이 미래의 글로벌한 변화 속에서 살아갈 학습자들에게 강력한 지식을 획득하기 위한 조건이 될 수 있기 때문이다. 말하자면 학습자들이 다른 기관을 통해서는 획득하기 어려운 지식을 학교교육을 통해서 습득할 수 있어야 하며, 그 지식은 학습자들이 미래 사회에 적응하기 위한 것만이 아니라 미래 사회를 이끌 수 있는 성격의 것이 되어야 할 것이다. 학교교육을 통해 우리는 '지식이 이끄는' 미래 사회를 만나 보길 기대하는 것이다.

미래 학교교육에 대한 상상: OECD가 그려 낸 시나리오   미래에 대한 전망은 결코 확실한 것이 될 수 없기 때문에 몇 가지 가능한 그림이 '시나리오' 형태로 제시되곤 한다. 특히 학교교육과 관련하여 제안된 여러 시나리오는 여러 변인을 한데 모아 향후의 가능한 변화에 대한 큰 그림(big picture)을 제공해 줌으로써 미래의 학교교육의 모습을 그려 보는 데 매우 유용하게 활용할 수 있다. 그러나 이들 시나리오는 미래에 얼마나 실현 가능한 것인지의 측면에서뿐만 아니라 얼마나 바람직한 것인지의 측면에서도 검토되고 해석될 필요가 있다. 여러 가능한 미래 시나리오를 검토하는 작업의 의의는 더 바람직한 것을 더 실현 가능할 수 있도록 학교교육을 디자인하기 위함이라고 할 수 있기 때문이다.

OECD는 1997년부터 10년에 걸쳐 진행한 〈내일을 위한 학교교육(Schooling for Tomorrow)〉'이라는 프로젝트를 통해 변화하는 사회적 환경과 미래 사회의 요구에 대비하기 위한 초·중등학교교육의 발전 방향을 탐색한 바 있다. 그리고 그 결과로 OECD는 15~20년

후의 학교교육을 전망하면서 미래 학교교육에 대한 6개의 시나리오를 제시하였다(OECD, 2001, 2006, 2007). 이 시나리오는 출판 시기에 따라 다소간의 차이가 있으나 거의 대동소이하며, 2001년과 2007년에 제시된 것을 제시하면 〈표 1〉과 같다. o- - - - - - - - - - - - - -

표 1 OECD가 그려 낸 미래 학교교육에 대한 시나리오

2001년에 제시된 시나리오		2007년에 제시된 시나리오	
현 상태 유지 (status quo)	시나리오 1: 강력한 관료주의적 학교체제	관료주의 체제 (bureaucratic system)	시나리오 1: 관료주의 체제로의 복귀
	시나리오 2: 시장 모델의 확대		시나리오 2: 핵심적인 학습기관으로서의 학교
학교교육 재구조화 (re-schooling)	시나리오 3: 핵심적인 사회 센터로서의 학교	학교교육 재구조화 (re-schooling)	시나리오 3: 핵심적인 사회 센터로서의 학교
	시나리오 4: 핵심적인 학습기관으로서의 학교		시나리오 4: 핵심적인 학습기관으로서의 학교
탈학교교육 (de-schooling)	시나리오 5: 학습자 네트워크와 네트워크 사회	탈학교교육 (de-schooling)	시나리오 5: 네트워크를 통한 학습
	시나리오 6: 교사 이탈-'붕괴'		시나리오 6: 교사 이탈과 체제 붕괴

출처: OECD(2001), p. 21에서 재구성.　　　　　　　출처: OECD(2007), p. 33에서 재구성.

이 표에서 볼 수 있는 바와 같이, OECD(2007)는 미래 학교교육의 모습을 '공고한 관료주의 체제'로부터 '체제 붕괴'에 이르기까지 여러 가지 양상으로 그려 보고 있다. 이에 따르면 학교는 이전보다 강한 관료주의적 체제를 유지할 수도 있고, 사회의 중요한 기관으로서 새로운 역할을 떠안는 방식으로 재구조화될 수도 있으며, 고유한 역할이 사라지거나 체제 자체가 붕괴될 수도 있다. OECD가 제시한 것에 토대를 두고 미래의 학교교육의 모습을 6가지 시나리오로 구성해 보면 다음과 같다.

6가지 미래 학교교육 시나리오

❶ 학교가 획일화된 관료주의 체제로 복귀한다.
❷ 학교가 핵심적인 학습기관으로 거듭난다.
❸ 학교가 지역사회의 핵심 센터가 된다.
❹ 학교교육에 시장 모델이 확대된다.
❺ 네트워크를 통한 학습이 학교를 대체한다.
❻ 교사 이탈과 함께 학교체제 자체가 붕괴된다.

미래 학교교육 시나리오 1: 학교가 획일화된 관료주의 체제로 복귀한다

학교 바깥은 사회적 변화나 흐름에 따라 여러 형태의 개혁이 이루어지나, 학교는 변하지 않을 것이며 오히려 변화에 저항하기 위해 이전보다 더 강력한 관료주의 체제로 되돌아갈 수도 있다. 학교의 이러한 모습에 대해 많은 비판이 있을 수 있으나, 그럼에도 모든 학생이 동일한 공공교육을 받아야 한다는 것에 대한 압박감과 변화에 대한 두려움이 이러한 관료주의 체제를 유지하도록 한다. 학교교육은 중앙집권화된 통치 및 위계적인 의사결정에 의존한다. 따라서 학교체제는 상의 하달식(top-down) 행정체제에 따라 과거에 행해 오던 방식대로 학교, 교실, 교사 등의 단위로 구분되어 규정되며, 이러한 구조 속에서 학교 외부의 사람들은 학교에 거의 영향력을 행사할 수 없다. 비형식적인 학습이 이루어진다거나 지역사회와 상호작용할 수 있는 여지가 거의 없으며, 평생학습에 대한 인식도 없다. 변화된 사회환경에 따라 가정이나 지역사회에서 문제가 발생하게 되면, 정부는 재정적·인적 지원과 함께 학교에 이 문제를 떠안도록 부가적인 과제와 책임을 지운다.

미래 학교교육 시나리오 2: 학교가 핵심적인 학습기관으로 거듭난다

학교가 학교 바깥의 지식경제사회의 요구에 적극적으로 반응하여 다양한 실험과 혁신을 추구하는 학습기관으로 거듭나게 된다. 즉, 학교는 사회의 글로벌한 경제의 흐름, 연구와 개발에 기반을 둔 지식사회의 성장, 평생학습에 대한 요구, 정보화시대의 기술공학적 진보 등에 대응하여 지식을 습득하고 평생학습을 위한 견고한 기초를 쌓는 기관으로서의 역할을 한다. 특히 이 과정에서 학교는 여러 가지 실험과 혁신을 통해 모든 학생이 자신들의 적성과 재능에 부합한 학습을 할 수 있도록 한다. 학교는 학교 밖과의 연계에도 관심을 갖게 되어 고등교육 기관이나 매체 혹은 디지털 테크놀로지 관련 회사와의 연계나 네트워크 구축도 활발하게 이루어진다. 또한 학습에서 ICT가 중시되며, 소규모 학습 집단이나 팀 작업이 선호된다. 사회적으로 학교는 새로운 지식을 습득하고 개발하는 핵심 기관으로서 지지와 신뢰를 얻게 된다.

미래 학교교육 시나리오 3: 학교가 지역사회의 핵심 센터가 된다

학교가 지역사회에 문을 활짝 열고 벽을 과감히 낮춤으로써 지역사회의 다른 기관과 함께 지역사회의 책임을 공유하게 된다. 학습이 공식적인 학교만이 아니라 지역사회의 여러 유형의 조직에서도 가능할 수 있으나, 학교가 핵심 센터로서의 역할을 한다. 학교교육이 지역사회를 발달시키고 사회 통합을 향상시키는 데 초점을 두고 지역의 기업, 고등교육, 종교단체, 은퇴자 등 여러 자원의 헌신적인 전문성에 의존하게 된다. 비형식적인 학습, 집단적이고 공동체적인 과제, 세대 상호 간의 학습 등이 강조되며, ICT가 교사와 학생 간의 상호작용, 학교와 부모/지역사회와의 상호작용, 동료 간 및 국가 간의 네트워킹 등을 위해 널리 활용된다. 이에 따라 학교에서의 학습과 학교 밖의 여러 다양한 학습 간의 경계가 흐려지고, 사회 모든 연령층의 모든 사람에게 평생학습 기회가 열려 있다.

미래 학교교육 시나리오 4: 학교교육에 시장 모델이 확대된다

정부가 학교교육 운영에 대한 관여를 줄이게 되고, 대신에 소비자의 다양한 욕구를 충족해 줄 수 있는 학습시장이 발달하게 된다. 다양한 서비스와 민간 사업자가 등장하게 되며, 이에 따라 교육이 시장의 성격을 지니게 된다. 학교는 사라지지 않으나 여러 민간 업체와 함께 다양한 교육체제 속의 하나의 구성 요소로 자리할 뿐이다. 교육시장이 다양한 배경을 가진 전문가들을 끌어들이게 되면서 교직의 구성원들이 다양화되고, ICT가 학습에 강력하고 필수적인 것으로 자리 잡게 될 뿐만 아니라 일부 전통적인 교육적 과업을 대신하게 된다. 많은 학생이 민간 업자들이 생성한 교육시장을 통해 제공하는 교육을 받게 되며, 평생학습이 지식경제를 위해 필수적인 것으로 간주된다.

#미래 학교교육 시나리오 5: 네트워크를 통한 학습이 학교를 대체한다

전통적인 학교 자체가 사라지며, 이를 학습 네트워크가 대체하게 된다. 따라서 학교교육은 고도로 발달된 네트워크 사회의 학습 네트워크를 통해 이루어진다. 학교의 포기는 학교교육에 대한 대중의 불만족과 더불어 새로운 학습 매체에 접근할 수 있는 기회가 확대되기 때문이다. 학교교육에 대한 정부의 관여가 줄고 학부모와 학생들이 교육에 더 많은 책임을 지게 된다. 다양한 문화적·종교적·지역사회적 관심에 기반을 둔 네트워크가 여러 다양한 형태의 공식적이고 비형식적인 학습 네트워크를 창출하며, 홈스쿨링도 이에 포함된다. ICT가 이러한 혁신적인 학습에 적극적으로 활용된다. 학교의 종말과 함께 교사가 사라지고 새로운 학습 전문가가 출현하며, 주요 미디어와 ICT 회사 등이 학습 네트워크를 중재하는 데 적극적인 역할을 한다.

#미래 학교교육 시나리오 6: 교사 이탈과 함께 학교체제 자체가 붕괴된다

학교체제가 가르칠 사람, 즉 교사의 부족으로 인해 붕괴하게 된다. 학교교육에 대한 신뢰의 추락, 불만족스러운 근로환경, 더 매력적인 직업의 활성화 등으로 인해 교사들이 대거 학교를 이탈하고, 은퇴한 교사의 수를 충족할 만한 신임 교사의 충원이 이루어지지 않아 학교는 교사 부족의 위기를 맞게 된다. 이에 따라 ICT가 점차 더 중요한 역할을 하게 되어 교사들이 전통적으로 담당해 온 기능의 상당 부분을 수행하게 된다. 예컨대 가상현실에서의 학습, 원격학습, 온라인 학습, 상호작용적 텔레비전을 통한 학습 등이 활성화된다.

　OECD가 제시한 이상의 6개 시나리오는 미래 학교교육의 모습을 여러 가지 형태로 그려 봄으로써 미래 학교교육의 주요 방향과 선택 가능한 전략을 명료화하는 데 도움을 준다. 시나리오 1은 학교가 외부의 흐름이나 개혁의 영향을 받지 않고 오히려 더 강력한 관료주의 체제가 될 것이라고 본다. 시나리오 2와 3은 학교가 모든 사람을 위한 형평성의 추구 측면에서 더욱 강화되고 역동적인 기관으로 재구조화될 것이라고 본다. 시나리오 4와 5는 학교교육이 공식적으로 제도화된 체제를 벗어나 민영화되고 비공식적인 형태로 변화하면서 학교 자체가 사라질 수도 있다고 본다. 시나리오 6은 정부가 교사의 대량적인 이탈을 막을 수 없게 됨에 따라 학교체제 자체가 붕괴되는 위기를 맞게 될 것이라고 본다.

　OECD가 제시한 6개의 시나리오 가운데 어느 것이 향후 우리나라 학교교육의 모습이 될 것인지를 정확히 전망하기는 어렵다. 더군다나 실제 미래의 학교교육은 6개 시나리오 가운데 어느 하나가 지배적이기보다는 각 시나리오의 일부 모습이 동시에 존재하는 형태일 가능성이 많다. 그럼에도 '실현 가능한 것'보다는 '바람직한 것'을 염두에 두고 미래 학교교육에 대한 전망을 꼽는다고 한다면, '시나리오 2'가 가장 선호될 가능성이 있다. 시나리오 2에서는 학교의 고유한 역할을 여전히 강조하되, 미래 사회에 적절한 방향으로 학교교육을 재구조화하는 모습을 보여 주고 있기 때문이다. 실제로 우리나라 맥락에서 미래 학교교육을 위한 바람직한 시나리오에 대해 시나리오 2를 지적한다거나(소경희, 이화진, 2001), 시나리오 2와 3을 결합한 형태에 대한 전문가들의 선호를 보여 주는(곽영순, 2015) 연구가 있기도 하다.

강력한 관료주의 체제로의 복귀를 전망하는 시나리오 1을 제외하고, OECD가 제시한 시나리오에서는 정도의 차이가 있긴 하나 미래 학교교육에 대한 다음 몇 가지 공통적인 흐름을 발견할 수 있으며, 이러한 흐름은 이미 부분적으로는 현재도 진행되고 있다고 할 수 있다. 첫째, 학습의 장이 학교라는 울타리 안으로 한정되지 않을 것이다. 학교의 벽이 낮아지고 그 문이 지역사회에 활짝 개방됨으로써 학교 안과 밖 간의 경계가 헐거워지고, 학교 밖에서도 다양한 형태의 학습이 이루어지며 그러한 학습은 온당하게 인정받게 될 것이다. 둘째, 학교교육에 대한 정부의 개입이나 규제가 완화되면서 학교 교육과정에 대한 지역 수준의 의사결정권이 확대될 것이다. 이 경우 학교 수준의 교육과정에 지역사회 및 민간 기업에서 생성해 낸 다양한 형태의 선택 가능한 프로그램들이 들어올 가능성이 확대되며, ICT가 학습의 주요 도구로서 적극적으로 활용될 것이다. 마지막으로, 평생학습에 대한 인식이 확대되면서 학교교육은 평생학습을 위한 견고한 기초를 제공하는 역할을 하게 될 것이다. 이에 따라 학교교육에서 이루어지는 학습은 그 초점을 내용 지식의 단순한 습득을 넘어서서 평생학습에 필요한 역량을 발달시키는 데에 두게 될 것이다.

OECD가 주장한 시나리오 가운데 '시나리오 2', 즉 미래 사회 변화에 대응하여 학교가 핵심적인 학습기관으로 거듭나는 것이 바람직하다는 것은 학교교육의 공공성이 여전히 추구되어야 할 중요한 가치임을 상기시키는 것이다. 여기에는 학교교육을 학습시장이나 민간 업체의 자유 경쟁에 맡김으로써 교육의 공공성이 사라지는 것에 대한 우려가 함의되어 있다. 그러나 미래 사회에서는 교육 소비자의 다양한 수요와 관심에 따른 학습조직의 유연성과 개방성 또한 공공성 못지않게 중요하게 요구될 것이다. 따라서 미래 사회에서는 학교가 교육의 공공성 확보 차원에서 나름의 고유한 역할을 담당하되, 여러 시나리오에서 공통적으로 드러나는 미래 학교교육의 가능한 흐름을 전망하면서 그에 적절한 교육과정을 설계할 필요가 있다.

미래 학교교육을 위한 교육과정 시나리오

미래 전망은 학교교육이라는 커다란 교육체제에 대해서만이 아니라 그 범위를 좁혀 학교교육에서 다루어질 '교육과정'에 대해서도 이루어질 수 있다. 이 경우 교육과정에 대한 미래 전망은 학교교육을 염두에 두고 이루어지기 때문에, 향후에도 학교체제가 여전히 유지될 것임을 전제한다. 즉, 미래의 상황을 상상하면서 그러한 상황에 놓여 있는 학교의 교육과정은 어떠한 것이 될 수 있는지를 그려 보는 것이다. 이와 관련하여 영과 뮬러(Young, M. & Muller, J., 2010)는 20~30년 후의 미래를 염두에 두고 3가지 가능한 교육과정 시나리오를 제시한 바 있다. 이들 시나리오는 교육적 경계, 예컨대 학교와 타 기관 간, 학교 지식과 일상적인 지식 간, 엘리트 지식과 일반 지식 간, 교과와 교과 간, 전문가와 초보 학습자 간의 경계를 어떻게 볼 것인가에 따라 구분된 것이다. 영과 뮬러가 그려 본 것 (Young, 2011; Young & Muller, 2010)에 토대를 두고 미래 학교교육을 위한 교육과정 시나리오를 구성해 보면 다음과 같다.

> **미래 교육과정 시나리오**
>
> ❶ 교육적 경계가 고수되며, 사회 변화와 무관한 절대적 지식이 강조된다.
> ❷ 교육적 경계가 사라지고, 사회 변화에 즉각적으로 반응하는 상대적/도구적 지식이 강조된다.
> ❸ 교육적 경계가 유지되며, 전문가 공동체가 생산한 객관적 지식이 강조된다.

미래 교육과정 시나리오 1: 교육적 경계가 고수되며, 사회 변화와 무관한 절대적 지식이 강조된다

모든 사람이 학교교육을 이용할 수 있을 것이나 학교교육은 과거의 엘리트 체제를 유지하고자 한다. 과거 선택받은 소수의 사람을 위한 엘리트주의적 지식 전통이 학교 교과의 범위와 지식을 규정하며, 교육과정의 핵심 목적은 바로 이러한 엘리주의적 지식 전통을 학습자들에게 제공하는 것이다. 그러나 이러한 지식 전통은 엘리트라는 특권 계층의 문화에 그 경계가 한정되어 있는 것으로서 사회 변화와 무관하게 매우 정적인 성격을 띤다. 물론 학교교육 기회의 확대, 지식의 폭발적 팽창, 노동시장의 변화 등으로 인해 학교교육이 엘리트주의적 지식 전통을 고수하는 것에 불만이 제기될 수 있다. 그러나 이 한계를 극복하는 방식은 대안적인 지식을 모색함으로써가 아니라 사회계층에 따라 층화된 트랙 시스템의 도입을 통해서다. 즉, 학교교육의 트랙을 엘리트, 대중, 직업 등을 위한 것으로 나누고, 엘리트를 위한 트랙에서는 엄격한 전통적 지식을 제공하고 그 이외의 트랙에서는 엘리트주의적 지식을 좀 더 쉽게 단순화한 지식이나 직업화되고 실용적인 지식을 제공한다. 예컨대 수학적 소양, 의사소통, 실용과학 등은 전자를 위한 것이라기보다는 후자를 위한 지식이라고 할 수 있다.

이 시나리오에서는 엘리트와 엘리트가 아닌 것 간의 경계, 그리고 교과의 범위와 지식을 규정하는 영역이 주어진 것이라고 가정하며, 엘리트주의적 문화나 지식이 사회 변화나 조건과 무관하게 절대적인 가치를 지니고 있다고 본다. 미래에도 이러한 모습이 순수한 형태로는 아니라 할지라도 여전히 가능할 수 있으며, 일부 학자는 이러한 시나리오의 많은 요소가 여러 나라의 현 교육체제에 남아 있으며, 미래에도 남아 있을 가능성이 높다고 지적한다(Fitz, Davies, & Evans, 2006). 이 시나리오에서는 분과적인 교과 내용 중심의 교육과정이 지배적이 될 것이다.

미래 교육과정 시나리오 2: 교육적 경계가 사라지고, 사회 변화에 즉각적으로 반응하는 상대적/도구적 지식이 강조된다

교육적 경계가 약화되면서 학교와 다른 기관 간, 그리고 학교에서 다루어지는 지식과 학교 밖의 일상적 지식 간의 차별성이 사라진다. 학교 교육과정으로서의 지식은 주어지기보다는 사회적으로 구성되며, 특히 변화하는 사회적·경제적 요구에 반응하여 결정된다. 디지털 기술의 활용이 활발해지고 학습자 중심 교육의 흐름이 지지되면서 모든 수준의 교육에서 탈전문화 현상이 나타난다. 학습은 학생들의 선택에 따라 이루어지며, 이러한 선택의 편의를 위해 교육과정은 모듈화된 형태로 제공된다. 학교 지식과 일상적 지식 간의 경계뿐 아니라 지식 영역들 간이나 교과들 간의 경계가 약화되면서 다양한 형태의 통합적 접근이 활성화되며, 그 결과 교육과정은 분과적인 교과보다는 일반적인 기능이나 결과 측면에서 규정된다.

이 시나리오에서는 교육적 경계들이 주어진 것이라거나 절대적인 것이라기보다는 필요에 따라 와해될 수 있는 임의적인 것이라고 보며, 전문적 권위를 지닌 지식이 누려 온 기득권을 부정하고 모든 형태의 문화나 지식을 동등한 것으로 봄으로써 지식에 대한 상대주의적 관점을 취한다. 따라서 여기서는 명문화된 내용 중심의 교육과정이나 기계적인 암기학습을 철저히 반대하고, 이에 대한 대안으로 기능(skill) 중심의 교육과정을 강조함으로써 교육과정의 우선순위를 내용 중심으로부터 기능 중심으로 옮긴다.

미래 교육과정 시나리오 3: 교육적 경계가 유지되며, 전문가 공동체가 생산한 객관적 지식이 강조된다

학교가 사회의 타 기관과는 차별화된 역할을 수행하며, 학교의 교육과정은 여러 분야의 전문가 공동체가 규정한 지식으로 구성된다. 학교 지식은 학교 밖의 일상적 지식과는 구분되는 것으로 학습자들이 학교 밖에서는 경험할 수 없는 강력한 힘을 지닌 것이다. 학교 교육과정의 주된 목표는 학습자들에게 그들의 경험 이상의 지식을 배울 수 있도록 하는 것이다. 이때 학교 지식을 생산하고 획득하기 위한 조건은, 주어진다거나 임의적인 것이 아니라 사회적인 것이다. 교과의 구분은 유지되나 교과에 담겨진 지식은 특정 지식 전통으로부터 주어진 것이라기보다는 각 분야의 전문가 공동체가 엄격하게 규정한 개념들로 구성된다. 따라서 교과에 담겨진 지식은 객관성과 더불어 어느 정도의 안정성을 지닌다. 학교 지식이 갖는 객관성은 틀릴 수도 있고 변화 가능성도 있으나, 이러한 변화는 임의적이거나 정치적 압력에 따른 것이라기보다는 각 분야 전문가 공동체의 인식론적 규칙 내에서 일어난다. 학교는 통합적 접근을 포함하여 다양한 교수법을 동원할 수 있으나, 교과 간의 경계 넘기는 교과 간의 경계를 전제한 상태에서 이루어지며, 학습자들이 각 교과에 표현된 개념들을 획득하는 데에 초점을 둔다.

이 시나리오에서는 교육적 경계라는 것이 사회적으로 형성된 것으로서 쉽게 와해될 수 없다고 보고, 학교를 학교 밖의 기관, 그리고 학교 지식을 일상적 지식과 구분 지우는 것의 중요성을 강조한다. 특히 이 시나리오에서는 각 분야의 전문가 공동체가 사회적으로 구성한 지식을 학교 지식으로 간주함으로써 지식의 '사회적' 객관성을 강조하며, 교과가 바로 이러한 객관적 지식을 잘 담아낸다고 본다. 따라서 여기서는 학교 교육과정이 교과를 기반으로 하되, 교과 지식이 전문가 공동체가 규명한 개념 중심으로 구성되고 명문화되어야 함을 강조한다.

이상에서 제시한 미래 학교 교육과정에 대한 3가지 시나리오는 학교교육을 둘러싸고 설정된 각종 교육적 경계를 어떻게 볼 것인가에 따라 구분한 것이다. 시나리오 1은 경계의 고수를 통해서 차별성을 추구하고, 시나리오 2는 경계의 약화 혹은 해체를 가정함으로써 탈차별성을 추구하며, 시나리오 3은 경계의 유지를 통해 차별성을 추구하되 경계의 가변성을 허용한다.

이러한 시나리오 가운데 어떤 것이 더 바람직한 것인가를 판단하기는 쉽지 않다. 이 시나리오를 만드는 데 참여한 학자 가운데 한 명인 영(2011)은 '시나리오 3'이 좀 더 바람직한 교육과정 미래일 수 있다고 본다. 그 이유는 그가 지적한 시나리오 1과 2에 대한 다음과 같은 비판에서 드러난다. 시나리오 1은 과거의 엘리트주의적인 지식에 빠져 있을 뿐만 아니라 그러한 지식을 '주어진' 것으로 봄으로써 미래를 위한 기반이 되기 어렵다. 왜냐하면 이러한 성격의 지식은 미래 지식경제의 잠재적 동력이 될 새로운 지식을 생산하는 데에 적절히 기능하기 어려우며, 극단적인 경우 기억과 암기 학습에 지나지 않은 것을 조장하기 때문이다. 다른 한편으로 시나리오 2는 지식이 조직되는 방식을 임의적인 것으로 보기 때문에 학교 지식을 선정할 수 있는 어떠한 객관적인 방식을 제공하기 어렵다. 특히 이 시나리오는 지식과 경험 간의 경계를 흐리게 함으로써 지식의 '힘'을 인정하지 않으려 한다는 점에서 미래 사회에 적절하지 않다.

앞에서 OECD가 그려 낸 미래 학교교육에 대한 여러 시나리오 가운데, 학교가 미래 사회의 핵심적인 학습기관으로 거듭날 것임을 전망하는 시나리오가 학교의 고유한 역할을 강조한다는 점에서 가장 바람직할 수 있다고 보았다. 미래 학교교육에 대한 이러한 시나리오를 염두에 둘 때, 교육과정에 대한 미래 시나리오는 영이 주장한 바와 같이 '시나리오 3'을 지향해야 할 것으로 보인다. 즉, 학교가 다른 기관과는 차별화된 고유한 역할을 가져야 하며, 그 고유한 역할로서 학교 밖에서는 획득하기 어려운 '힘 있는 지식'을 학교 교육과정에 담아내야 할 필요가 있다. 그러나 미래 사회에 '힘 있는 지식'이 어떤 성격의 것이 되어야 하는가에 대해서는 좀 더 진지한 고민이 필요하다.

사회변화를
'따라잡는 지식'이 아닌
'선도하는 지식',
'힘에 의해 규정되는
지식'이 아닌
'힘이 되어 주는 지식'이
필요하다

'더 나은' 미래를 위한 학교 교육과정 디자인의 방향

미래에 가능한 학교교육의 모습은 여러 가지일 수 있다. 앞에서 검토한 여러 시나리오는 이를 보여 준다. 그러나 미래를 위한 학교교육, 그리고 이를 위한 교육과정이 미래 사회 변화에 대한 단순한 반응, 달리 말하면 '따라잡기(following)'에 그쳐서는 안 될 것이다. 학교교육이 추구하는 중요한 가치 가운데 하나가 '더 나은' 혹은 '바람직한' 상태로의 변화에 있다는 점을 염두에 둔다면, 어떻게 하면 학교교육이 여러 가능한 것 가운데 더 나은 미래를 '선도(leading)'할 수 있을 것인가에 관심을 가질 필요가 있다.

오늘날 우리는 이미 학교 밖의 학습시장이 확대되고 있는 모습을 볼 수 있다. 이러한 학습시장의 확대는 향후에 더욱 가속화될 가능성이 있다. 따라서 학교교육에 대한 학교 밖의 기관이나 민간 업체들의 영향은 피할 수 없을 것이다. 그러나 학교 밖에서 이루어지는 학습이 대개는 선택에 따른 것이라고 할 때 그 선택은 모두가 누릴 수 있는 것은 아닐 수 있다. 선택할 수 있는 양이나 선택된 학습의 질에 따라 학습자들의 학습 경험의 질은 상당히 다를 수 있으며, 이는 사회 전반의 불평등의 문제를 심화시킬 수도 있다. 바로 이 지점에서 학교교육의 공공성이 강하게 요청된다. 즉, 학교교육을 통해 누구나가 질 높은 학습을 경험할 수 있어야 하는 것이다. 따라서 더 나은 혹은 바람직한 미래를 위해서는 학교교육이 학교 밖의 기관에서는 경험하기 어려운 지식을 모든 학습자에게 제공할 수 있도록 그 교육과정을 설계할 필요가 있다.

그러나 미래의 글로벌한 흐름을 고려할 때, 학교의 교육과정을 통해 제공해야 하는 지식은 어떤 성격의 것이어야 하는가? 이와 관런하여 영(2011)은 '강력한 지식(powerful knowledge)'을 제공해야 한다고 주장한다. 여기서 강력한 지식이란 용어는, 힘을 가진 사람들에 의해 규정된 지식을 지칭하기보다는 지식이 가져다주는 힘을 나타내는 것으로, 지식이 그에 접근하는 사람들에게 주는 설명적 힘이나 이해의 힘을 뜻한다. 다시 말하면, 강력한 지식이란 그 지식을 배우는 학습자들에게 미래의 세상을 이해하고 살아가는 데에 힘이 되어 주는 성격의 것이다.

학교에서 다루어지는 지식이 학습자들에게 강력한 것이 되기 위해서는 몇 가지 조건이 있을 수 있는바, 이를 영이 제시한 바 있는 미래 교육과정 시나리오 3에서 상정한 것에 토대를 두고 간략히 정리해 보면 다음과 같다(소경희, 2015). 첫째, 학교 지식이 학교 밖 지식과는 차별화된 성격을 가져야 한다. 학교에서 학생들이 습득해야 할 지식은 그들이 학교에 가져오는 일상적 지식과는 달라야 한다. 학교 지식은 특정한 사례 및 삶과 결부되지 않은 개념적 지식의 성격을 갖는 것으로, 구체적인 맥락을 넘어서 보편성과 일반화를 위한 기초를 제공할 수 있어야 한다. 즉, 학교에서 다루는 지식은 학생들이 자신의 삶에서 경험하는 것 이상으로 세계를 이해할 수 있는 힘을 제공하는 것이 되어야 한다. 둘째, 학교 지식은 사회적 객관성을 필수적 조건으로 갖추어야 한다. 여기서 객관성은 절대성과는 다른 것으로, 지식을 주어진 것 혹은 불변하는 것으로 보는 것이 아니라 사회적이며 변화할 수 있는 것으로 보는 것이다. 지식이 사회적 기초를 가지면서도 객관적일 수 있는 것은 지식이 그 분야의 연구자 전문 공동체에 의해 오랜 시간에 걸친 검토와 비판의 절차를 거쳐 만들어지기 때문이다. 셋째, 학교 지식은 개념적으로 조직되어야 한다. 학교 지식을 학습자가 학교에 가져오는 일상적 지식과 구분하고, 학습자들에게 자신들의 경험을 넘어설 수 있도록 하는 방식을 제공하는 것은 바로 각 교과의 개념, 그리고 개념들 간의 상호관계라고 할 수 있다. 따라서 학교 지식은 개념적인 조직이 되어야 하며, 개념이 먼저 규명된 뒤 이들의 의미를 구체화하는 내용 및 이들을 획득하는 데 관련된 기능들과의 연계가 탐색되어야 한다.

이상에서 본 바와 같이, 영은 미래의 학교 지식이 학교 밖 지식과 차별화되고, 사회적 객관성을 확보하며, 개념적으로 조직되어야 비로소 강력한 것이 될 수 있다고 보았다. 이러한 영의 주장은 미래 학교교육의 고유한 역할을 강력한 지식을 제공하는 것으로 재인식시켜 주고 있다는 점에서 그 의의가 있다. 그러나 영의 주장은 학교 지식을 학교 밖의 지식과 연계한다든지, 개념적 지식을 이를 획득하고 적용하기 위한 내용 및 기능과 연계하는 문제를 미래 학교의 교육과정 설계를 위한 문제로 진지하게 탐색하고 있지 않다는 점에서 한계가 있다(소경희, 2015). 미래 사회에서는 경계 지움 못지않게 경계 넘기 혹은 연계가 필수적으로 요구될 것이기 때문이다. 더군다나 영이 주장하는 강력한 지식이 본래 학습자를 겨냥한 것, 즉 학습자에게 강력한 힘이 되는 지식을 주장한 것이라고 한다면, 지식이 학습자에 의해 획득되고 적용되는 과정에 대해서도 그의 상상력을 펼칠 필요가 있었을 것이다.

영이 말한 '강력한 지식'이 그 본래 의도하는바, 즉 학습자들에게 강력한 힘을 주는 것이 되기 위해서는 앞에서 제시한 강력한 지식이 되기 위한 조건에 한 가지가 더 추가될 필요가 있다. 그것은 학교 지식이 역량적 접근을 취해야 한다는 점이다. 영이 말한 개념적 지식이 학습자들에게 좀 더 강력한 것이 되기 위해서는 촉진제가 필요하며, 역량적 접근이 이 역할을 할 수 있다(소경희, 2015). 역량적 접근은 개념적 지식을 실제로 작동시킬 수 있는 기능과의 연계에 관심을 두기 때문이다. 학습자들이 배운 개념적 지식이 그들에게 강력한 것이 되려면, 그 지식이 그들의 몸에 체화되도록 절차화의 과정을 거칠 필요가 있다. 이것은 절차적 지식의 중요성을 말해 주는 것으로, 절차적 지식이란 어떤 것을 실행할 때 필요한 것으로 서 실행이나 적용 시에 의식적인 재구성이 필요 없으며, 몸에 밴 움직임의 패턴과 사고 흐름을 통해 자동적으로 기능하게 하는 지 식을 말한다. 학습자들은 학교교육을 통해 이와 같이 지식이 기능 으로 변환되는 경험을 할 필요가 있다. 역량적 접근은 지식과 기능 을 연결하는 과제가 '학교 밖' 상황으로 연기되어서는 안 된다고 보 는 입장이며, 오히려 지식이 잠재적으로 적용될 수 있는 다양한 상 황이 그 지식을 획득하는 과정에 반영되어야 한다고 본다(Klieme et al., 2004: 70). 이렇게 볼 때 학교 지식에 대한 역량적 접근은 지 식이 학습자에게 좀 더 강력한 것이 될 수 있도록 하기 위한 시도 라고 볼 수 있는 것으로, 학교 교육과정 설계 시에 개념적 지식만 이 아니라 절차적 지식도 중요하게 고려해야 함을 시사하는 것이 라고 할 수 있다.

학교 교육과정이 '힘 있는 사람의 지식'이 아니라 모든 학습자 에게 '힘이 되는 지식'으로 구성될 수 있다면 본 장의 서두에서 확 신한 바와 같이 교육과정 혁신을 통해 미래의 학교교육, 나아가 미 래 사회를 바람직한 방향으로 변화시킬 수 있을 것이다. 닥쳐 올 미래 혹은 사회 변화를 그냥 받아들이고 추종하는 것이 아니라, 우 리가 바라는 더 나은 미래를 학교교육을 통해 만들어 갈 수도 있는 것이다.

고등사고력 증진을 위한
미래 학교교육의 원칙 및 제언

신종호
민지연
김수향
권수진

왜 '고등사고력'에 주목해야 하는가 학교란 개인의
자아실현의 장(場)임과 동시에 성공적인 삶을 영위하기 위한 기본
적인 능력을 갖추도록 도와주는 곳이다. 지식사회에서 창의사회로
변화되는 미래 사회에서 요구되는 것은 기존의 정보와 지식을 단
순히 수용하는 것을 넘어서서 새로운 지식과 정보를 창출하고 기
존의 지식들을 분석 · 종합하고 이를 응용할 수 있는 고차원적인
사고 능력일 것이다. 이는 단순한 학습 능력을 넘어서 무엇이 문제
인지 새롭고 다양한 시각에서 접근하고 이를 비판적으로 사고하며
당면한 문제를 가장 적절하고 합리적으로 해결할 수 있는 창의적
문제해결력을 포함하는 능력이라 할 수 있다. 따라서 학교가 창의
인재, 융합 인재와 같은 미래 인재 양성을 위한 새로운 미래교육을
디자인할 때 깊이 있는 사고 능력인 고등사고력 증진을 위한 노력
이 반드시 포함되어야 한다.

그러나 고등사고력의 중요성과 필요성에도 불구하고 학교에서
의 고등사고력 교육은 아직까지 제대로 실시되지 못하고 있으며
(이신동, 이경숙, 2009; 최석민, 2009), 그동안의 연구들은 고등사고

▶ 이 장은 신종호 외(2013). 학교 현장 적용을 위한 고등사고력 교육의 원칙 및 제
한점. 사고개발, 9(2), 71-98를 기반으로 수정 및 보완하였음.

력의 필요성을 강조하는 데에만 치우쳐 있어 학교에서 창의적 사고 및 논리 · 비판적 사고와 같은 고등사고력을 계발하기 위한 교육이 실제 어떻게 실시되고 있으며 교육의 방향과 방식이 적절한지에 대한 심도 깊은 성찰이 제대로 이루어지지 않고 있다는 문제가 있다.

이 장에서는 고등사고력 교육이 향후 나아가야 할 방향을 제시하기 위해 먼저 문헌 분석을 통해 고등사고력의 개념과 특성을 다시 한 번 고찰해 보고, 고등사고력 증진을 위한 환경적 특성과 기존에 실시되고 있는 교육 프로그램의 구성 요소들을 면밀히 살펴보고자 한다. 이와 함께 현재 학교 현장에서 고등사고력 교육을 실시하는 데 있어 반드시 충족되어야 할 원칙들과 학교 현장에서 발생되는 여러 어려움을 확인함으로써 미래 학교교육에서 고등사고력 증진을 위해 지향해야 할 방향들을 제안하고자 한다. 이러한 노력은 미래 인재의 핵심 역량을 증진시키기 위한 미래교육 환경 디자인에 도움을 줄 것으로 기대한다.

고등사고력의 정의

교육 분야에서는 합리적으로 문제를 해결하기 위한 고등사고력에 많은 관심을 보여 왔다. 문제를 해결한다는 것은 현재 상태에서 문제를 인식하고 목표 상태에 도달하기 위해 일련의 인지적 처리 및 사고 활동을 하는 것을 의미한다. 특히 복잡한 문제를 효율적으로 해결하기 위해서는 정보를 수집하여 비교 · 분석하고 통합 · 추론하여 문제를 해결하는 과정을 포함하는 논리 · 비판적이며 창의적인 문제해결력이 요구된다 (김영채, 2002).

블룸(Bloom, B. S.)의 교육목표 분류체계를 보완

> 고등사고력이란
> 창의적 사고와
> 논리 · 비판적 사고를 통해
> 합리적으로 문제를
> 해결하기 위한
> 사고능력이다

한 앤더슨(Anderson, L. W.)과 크래스월(Krathwohl, D. R.)의 분류표에 따르면 분석하기(analyze), 평가하기(evaluate), 창안하기(create)와 같이 자료를 구성 부분으로 나누고, 그 부분들 간의 관계나 전체 구조나 목적과의 관계가 어떻게 되어 있는가를 결정하고, 준거와 기준을 바탕으로 판단하며 새로운 것을 창출해 내는 능력을 고등사고력으로 구분하고 있다.

그러나 고등사고력은 복잡한 사고의 사슬로 연결되어 있어 이를 명확히 구분하고 이해하기는 쉽지 않다(허경철, 김홍원, 조영태, 임성하, 1990). 많은 연구에서 비판적 사고, 논리적 사고, 분석적 사고, 합리적 사고, 반성적 사고, 문제해결력 등의 다양한 개념이 서로 혼재되어 사용되고 있으며, 각 심리적 구인 간의 관계가 명확히 정의되지 않은 것이 사실이다. 고등사고력의 하위 요소들의 관계가 명확하게 구분되지 않는 이유는 각 사고에 대한 심리적 하위 구인들이 서로 중첩되며, 관점에 따라 이들을 광의적인 혹은 협소한 범위로 다르게 정의할 수 있기 때문이다. 또한 문제를 해결해 가는 체계적인 과정에는 추론적·직관적·창의적 사고 요소 등이 서로 긴밀하게 상호작용하는 것이 요구되기 때문이다(성일제 외, 1987).

이에 본 장에서는 고등사고력을 합리적으로 문제를 해결하기 위한 사고 능력으로 정의하고, 하위 요소를 창의적 사고와 논리·비판적 사고로 구분하였다. 문제해결 과정은 습득된 지식을 상황에 적절히 적용하여 결론을 내리는 과정이다. 이를 위해서는 습득된 지식의 적절성, 진실성, 왜곡성에 대해 깊게 따져 보는 논리·비판적 사고와 지식을 다양한 각도에서 새롭고 독창적으로 사용하는 창의적 사고가 필요하다(김영채, 2002). 창의적 사고가 어떤 문제에 부딪히거나 새로운 상황에 직면했을 때에 과거와는 다른 방법으로 문제를 해결하거나 상황을 변화시키려고 하는 지적인 사고라면, 논리·비판적 사고는 최선의 해결책을 선택하기 위한 반성적이고 추론적인 사고라고 할 수 있다(Paul, Elder, & Bartell, 1997).

고등사고력 프로그램의 소개
창의적 사고를 강조하는 프로그램

학교 현장에서 사용되는 대부분의 창의적 사고 프로그램은 창의성의 인지적 요소인 사고 기법에 초점을 맞추어 유창성, 융통성, 독창성, 정교성과 같은 인지적 능력 혹은 기술 획득을 중요시한다(최석민, 2006). 창의적 사고 프로그램으로 코트(Cort) 프로그램, 생산적 사고 프로그램(Productive Thinking Program: PTP), 퍼듀(Purdue) 창의적 사고 프로그램 등이 대표적으로 알려져 있다(Cropley, 2001). 그러나 이러한 프로그램은 수업 시간에 바로 적용하여 활용할 수 있는 것이 아니라 재량활동 시간이나 방과 후 시간 등 별도의 시간을 할애하여 적용해야 한다는 제약이 있다. 이에 교과에 직접 적용 가능한 수업모형(CPS 모형, 시네틱스 모형, Williams 모형)이나 창의적 사고 기법들이 제시되었고, 많은 연구가 이러한 사고 기법을 활용한 프로그램을 개발하고 그 효과를 검증하고자 노력하였다(김영채, 전헌선, 박권생, 2002; 서혜애, 조석희, 김홍원, 2002)

가장 많이 활용되는 수업모형은 오스본-파네스(Osborn-Parnes)의 CPS(Creative Problem Solving) 모형과 PBL(Problem Based Learning) 모형이며, 표준화된 창의적 사고 기법으로는 가장 널리 알려진 브레인스토밍을 비롯해 강제 결합법, 마인드 맵, PMI(Plus, Minus, Interesting), SCAMPER, 육색 사고모 기법, 속성열거법, 평가행렬법 등이 있다. 국내에서는 CPS 모형에 기반을 둔 김영채 등(2002)의 창의적 문제해결 프로그램(CPS-K), 서혜애 등(2002)의 창의성 프로그램 모형, 이경화, 최유현과 황선욱(2011)의 팀 프로젝트 중심 창의적 문제해결 프로그램 등이 있다.

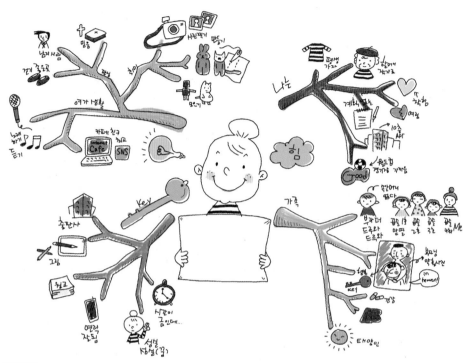

그림 1 마인드 맵 예시

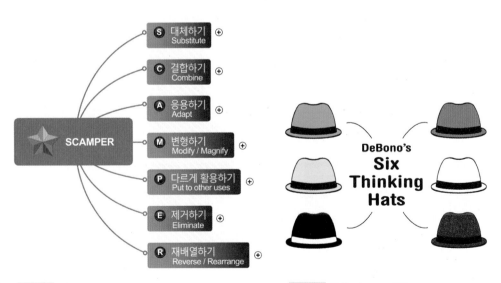

그림 2 SCAMPER

그림 3 육색 사고모 기법

논리 · 비판적 사고를 강조하는 프로그램

논리 · 비판적 사고 프로그램들은 논리 · 비판적 사고의 요소를 내용으로 하며, 이들 사고 요소의 평가 방법을 포함하고 있다(인문사회연구회, 2002). 논리 · 비판적 사고력 교육은 사물이나 의견 등에 대한 판단을 통해 사물과 상황들을 이해하고 평가할 수 있는 능력을 기르기 위한 교육이라 할 수 있다. 사물 및 의견을 이해하고 평가하는 것은 주로 읽기나 쓰기의 교육 상황에서 이루어지므로 대부분 이를 위주로 해서 연구가 이루어져 왔다. 텍스트에 대한 이해는 자료의 구조에 대한 이해와 내용에 대한 이해로 이루어지며, 일반적으로 추리, 분석, 종합 및 평가 부분으로 구분된다.

논리 · 비판적 사고 프로그램으로는 중학교 3학년에서 고등학교 3학년까지의 학생을 대상으로 문제 분석 시 비판적 사고의 규칙(문제 구체화, 비판적 영역 확인, 평가)을 적용하기 위한 박선환(1999)의 사고 프로그램, 초등학교 5학년을 대상으로 논리적 사고력(연역적 사고, 귀납적 사고, 오류 발견)과 비판적 사고력(사실과 의견 구분하기, 타당하고 충분한 근거를 들어 의견 주장하기, 다양한 관점으로 조망하기)을 증진시키기 위한 립만(Lipman)의 철학교육 프로그램(배제현, 정경용, 2005), 한국교육개발원에서 개발한 사고력 프로그램(허경철 외, 1991), 판단과 논리를 사용하여 비판적 사고를 증진하기 위한 에니스(Ennis) 모형(1996) 등이 있다.

고등사고력 교육의 주요 환경적 요소   고등사고력 계발에 중요한 영향을 미치는 환경은 크게 가정과 학교로 구분할 수 있다. 학생들이 학교에서 대부분의 시간을 보낸다는 점을 고려하여 고등사고력 교육에 영향을 미치는 학교환경, 즉 학교 특성과 교사 특성을 중점적으로 살펴보았다.

고등사고력 계발에 영향을 미치는 주요 학교 특성을 살펴보면,

지식 전달 위주의 수업 방식, 단편적 지식만을 평가하는 획일화된 평가 방식, 성적 중심의 보상 시스템 등은 고등사고력을 저해하는 요인들이었다(Sternberg & Lubart, 1991). 특히 학교에서의 보상 시스템은 창의성 발현에 매우 중요한 역할을 하는데(Amabile, 1989), 평가를 받는다는 것 자체가 학생들의 자유로운 사고를 방해하며 보상 그 자체가 공부의 목표가 되면 높은 성과를 내는 것에만 초점을 맞추게 되어 질적인 학습보다는 양적인 학습에 몰두하기 쉬워진다. 우리나라의 경우 그동안 지나친 지식 위주와 입시 위주의 교육만을 강조하여 기존과 다른 새로운 생각을 할 수 있는 창의적 사고를 증진시키는 데 긍정적인 영향을 주지 못하고 고등사고력 교육의 실질적인 성과를 거두는 데 어려움을 겪고 있는 것으로 보인다.

다음으로 고등사고력을 향상시키는 데 성공적인 교사들은 격식을 차리지 않고 다른 의견도 수용하며 학생들에게 과제 선택의 기회를 제공하고 자신이 하고 있는 일에 대한 열정을 표현하며 수업 이외에도 학생들과 상호작용을 많이 한다는 특성이 있다(Chamber, 1973). 학생들을 각각 개별적인 존재로 대하고 독립심을 격려하며 자기 자신이 모범이 되어 행동하는 교사들이 학생들의 고등사고력을 촉진하는 반면, 학생들이 새로운 아이디어를 내는 것을 차단하고 기계적 암기에 따른 학습을 강조하며 자신감이 없고 완고한 교사들은 학생들의 고등사고력을 저해하는 것으로 나타났다.

교사의 개인 특성뿐만 아니라 교사가 학생들에게 피드백을 주는 방식 또한 고등사고력에 중요한 영향을 미친다. 학습 목표에 도달할 수 있도록 학생들에게 구체적이고(Fairweather & Cramon, 2010) 긍정적인 피드백을 제공하는 것(Beghetto, 2006)은 학생들의 고등사고력에 긍정적인 영향을 미치는데, 이러한 피드백은 경쟁적이 아닌 상호 협력적이고 타인의 의견을 존중하는 분위기를 조성하고 학생들의 잠재력을 자극하는 등의 역할을 수행하기 때문이다.

마지막으로 교사 발문은 담화를 통하여 개념적 이해를 가능하게 해 주고 학생들의 사고 확장에 발판 역할을 하는 긍정적 요소다(Chin, 2007). 교사의 탐색적 질문은 학생들의 논리·비판적 사고를 기르는 데 효과적이며, 교사의 개방적이고 판단 유보적인 질문과 반응적인 태도는 창의적 사고를 촉진하는 역할을 한다(Kurfiss, 1988).

고등사고력 증진을 위한 원칙　　　고등사고력에 대한 정의와 특성, 그리고 현재 실시되고 있는 여러 고등사고 프로그램을 살펴본 결과, 고등사고력은 개방적이고 존중받으며 자신이 발전할 수 있다는 믿음이 지켜질 때 올바르게 계발될 수 있는 것으로 여겨진다. 여러 문헌을 바탕으로 한 고등사고력 증진을 위한 원칙들은 다음과 같다.

고등사고력 증진을 위한 원칙
1. 지식 전달 중심의 수업이 아닌 활동·탐구 중심의 수업
2. 다양한 생각이 가능한 허용적 환경
3. 사고 능력과 사고 성향의 동반적 향상
4. 응용·적용을 넘어서는 창출 중심의 교육 결과 지향
5. 통합적 교육

❶ 지식 전달 중심의 수업이 아닌 활동·탐구 중심의 수업

창의적 사고, 논리·비판적 사고, 문제해결력과 같은 고등사고력의 함양은 활동·탐구 중심의 교육을 통해 비로소 가능하다. 활동·탐구 중심의 교육은 일종의 문제해결 과정으로 학생이 직접 학습 활동을 선택하고 질문하며 그 질문의 답을 찾기 위해 자료들을 수집·분석하여 최상의 해결책을 제시하고 그 결과를 평가하도록 한다. 이때 새로운 아이디어를 찾기 위해 창의적 사고가 필요하며, 적합한 자료를 선택·평가하기 위해 논리·비판적 사고가 요구되기 때문에 이 과정에서 자연스레 고등사고력이 신장될 수 있는 것이다. 이러한 경험은 학생들이 일상생활에서 겪는 사건들에 관심을 가지고 이를 해결하기 위해 문제점과 배운 것을 연결하여 사고하도록 만든다는 점에서 주목해야 한다. 활동·탐구 중심의 교육을 실시하기 위해서는 먼저 학생이 직접 경험할 수 있는 상

황을 구성해 주어야 하며, 그 경험은 학생이 흥미를 가지는 지속적인 활동이어야 한다(Dewey, 2007). 또한 개인 혹은 소그룹 단위로 소규모 활동을 하거나 토론식 수업을 실시하여 타인의 다양한 생각의 방식을 접할 수 있도록 하고, 함께 공부하는 과정을 통해 참여에의 즐거움을 느낄 수 있도록 해 주는 것이 필요하다(Barrows, 1996; 박민정 외, 2010)

❷ 다양한 생각이 가능한 허용적 환경

고차원적인 사고를 촉진하기 위해서는 자유로운 의견 표현과 자발적 규칙 설정이 가능한 분위기가 필수적이다

고차원적인 사고를 촉진하기 위해서는 허용적인 분위기, 즉 자유롭게 의견을 말할 수 있고 교실 내 규칙이나 참여방법 등을 스스로 만들 수 있는 분위기가 필수적이다. 허용적인 분위기를 만들기 위해서는 첫째, 학생들이 자유로이 생각을 이야기할 수 있고 의견이 다소 엉뚱하더라도 이를 충분히 경청해 주는 분위기가 조성되어야 한다. 이때 교사가 학생의 의견에 대해 즉각적으로 평가적 피드백을 주거나 독특한 의견을 배척하지 않는 것이 중요하다. 둘째, 토론식 수업이나 소그룹 활동 등을 활용해 학생들의 의사소통이 활발히 이루어지도록 해야 한다. 소이어(Sawyer, R. K., 2010), 사미엔토와 스탈(Sarmiento, J. W. & Stahl, G., 2008)은 수업 시간 중 활발한 상호작용과 충분한 의사소통이 이루어지는 환경이 창의성 발현에 큰 도움이 된다고 주장하였다. 셋째, 학생들이 시간이나 성적의 압박을 덜 느낄 수 있도록 해야 한다. 심리적 압박감이 낮아야 수렴적 사고와 확산적 사고가 활발히 일어날 수 있다(Wallach & Kogan, 1965).

❸ 사고 능력과 사고 성향의 동반적 향상

고등사고력이 올바르게 계발되기 위해서는 이를 이끌어 낼 수 있는 사고 성향이 함께 필요하다(Facione, 1990; Halpern, 1993). 만일 문제해결에 필요한 사고 능력을 충분히 가지고 있다 해도 이를 활용하려는 사고 성향이 부족하다면 능력을 충분히 발휘할 수 없을 것이다. 따라서 사고 능력뿐 아니라 사고 성향도 함께 강화하는 것이 필요하다. 창의적 사고 성향에는 자발성, 독립성, 민감성, 호기심, 개방성 등이 있고, 논리 · 비판적 사고 성향에는 건전한 회의성, 지적 정직, 객관성, 정확성, 체계성, 철저성(속단의 유보) 등이 있다(이신동, 이경숙, 2009; 허경철 외, 1990). 이러한 사고 성향을 촉진시키기 위해 교사는 다양한 학습경험을 제공해야 한다. 예를 들면, 호기심을 자극하기 위한 '왜 그럴까?' 또는 '무슨 일일까?'와 같은 질문을 아이들에게 의식적으로 던진다든지, 타당하고 충분한 근거가 확보될 때까지 결론짓기를 보류하려는 성향인 철저성을 높이기 위해 성급한 결론 때문에 피해를 보거나 결론짓기를 유보하여 바람직한 결과를 얻은 경험을 찾아보게 하는 등의 방법이 있다(허경철 외, 1990).

❹ 응용 · 적용을 넘어서는 창출 중심의 교육 결과 지향

진정한 의미의 고등사고력 교육을 위해서는 주어진 사실이나 지식을 활용하는 일반적 문제해결에서 나아가 새로운 아이디어를 산출 · 활용하는 창의적 문제해결을 유도해야 한다. 이를 위해서는 다수의 해결 방안이 가능하고 실제 생활과 관련된 문제를 활용해야 한다. 예를 들어, 내일까지 완료해야 하는 숙제와 가장 좋아하는 가수의 공연 중 어떤 것을 선택해야 하는 상황은 다양한 해결 방안이 존재하며 일상생활에서 충분히 겪을 수 있는 일이다. 이러한 딜레마 상황을 만들 때는 산출되는 아이디어가 어느 한쪽으로 치우치지 않도록 수행 과제를 선정해야 한다. 즉, 딜레마의 내용이 균형적이어서 두 입장 모두에서 생각해 볼 수 있고, 다양한 해결 방안이 도출될 수 있도록 안내되어야 한다. 이러한 과정에서 새로운 지식을 창출하는 창의적 문제해결력이 발달될 수 있을 것이다.

❺ 통합적 교육

고등사고력 향상을 위해서는 단순한 교과 지식 습득을 넘어 그것이 활용되는 맥락을 고려하고 실제 활용해 보는 활동을 통합적으로 실시해야 한다. 충분한 지식 없이 새로운 생각이 만들어질 수 없기 때문에(MePeck, 1981), 먼저 교과 지식을 충분히 습득하도록 하는 것이 중요하다. 그러나 상당한 양의 교과 지식을 습득해야 하는 우리나라의 교육과정 특성상 고등사고력은 독립된 교과로 가르치기보다는 교과 내에서 영역 특수적으로 이루어지는 것이 효과적이다. 또한 사고력이란 일상적 문제해결 및 의사결정 과정에서 발휘되기 때문에 사고력 교육 프로그램은 현실 맥락을 반영한 내용으로 구성되어야 한다. 따라서 사고력을 계발하기 위해서는 교과 지식과 실제 생활을 통합한 활동 중심의 교육을 실시해야 한다. "우리가 흔히 사용하는 컴퓨터 모니터(LCD) 화면의 가로와 세로의 길이의 비는 4:3이며 컴퓨터 모니터의 크기는 화면의 대각선의 길이로 나타낸다. 22인치 컴퓨터 모니터 화면의 가로, 세로의 길이는 각각 몇 인치인가?"와 같이 중학교 수학 교과의 '피타고라스의 정리' 단원 내용과 고등사고력의 요소를 통합한 문제를 활용하는 것(표용수, 이지원, 2007)이 그 예라고 할 수 있다.

현재 학교교육에서의 문제점   앞서 언급했듯이 고등사고력 교육의 현재는 충분히 만족스럽지 못하며 고등사고력 교육의 성과는 그리 크지 않다. 왜 이러한 결과가 초래되었는가? 여기에는 여러 원인이 있다.

❶ 고등사고력과 관련된 프로그램 개발 연구 부족

아직까지 고등사고력에 대한 개념적 정의가 모호하여 이와 관련된 능력을 길러 주기 위한 프로그램의 개발은 상당히 저조한 수준에 머무르고 있는 데다가, 우리나라에서 이루어진 고등사고력 연구들은 창의성 연구에 치우친 경향이 있어서 다른 고등사고력 영역과의 균형적인 연구가 미비하여 고등사고력이 제대로 계발되지 못하고 있다(최석민, 2009). 창의성에 대한 전 사회적인 관심으로 창의적 사고를 향상시키기 위한 노력은 점점 증가하는 추세다. 제7차 교육과정에서 창의적 문제해결력을 강조한 이래로 창의성을 위한 교육 프로그램이 다수 개발되었고, 창의적 재량활동과 같은 창의적 교육을 위한 교육과정 개정 등이 상당수 진행되었다. 그러나 문제해결력이나 비판적 사고에 관한 연구들은 2000년대에 들어서는 거의 이루어지지 않고 있다. 최근 연구들은 대부분 확산적 사고로 대표되는 창의적 사고를 중심으로 이루어졌으며, 비판적 사고나 문제해결력은 창의성의 하위 요소로만 구분하고 있다. 실제로 어떤 것이 더 우선하거나 상위 수준에 있다기보다는 두 사고가 동등한 수준에서 상호작용할 때 주어진 문제를 올바르게 해결할 수 있기 때문에 사고력 교육이 어느 한쪽에 치우치는 것은 바람직하지 않다고 할 수 있다.

❷ 현재의 교육적 접근 및 학교 시스템의 구조적 문제

우리나라의 학교교육은 많은 양의 교과 지식을 습득하는 것이 강조되어(조연순, 2001), 제한된 기간 내에 사실적 지식을 정확하게 그리고 많이 기억하는 것이 매우 중요하게 여겨진다. 따라서 단순히 지식을 암기하는 것을 넘어서 정보를 비교·분석하고 자기만의 방식으로 문제를 해결해 나가는 고등사고력은 상대적으로 주목받지 못한 경향이 있다. 게다가 성적 중심의 보상 시스템과 개별성이 아닌 보편성을 추구하는 학교 풍토로 인해 학생들의 동기가 크게 저하된 상태라는 점이다. 내재적 동기는 창의성과 같은 고등사고력 발현과 매우 밀접한 관련이 있다(Amabile, 1983; Collins & Amabile, 1999). 그러나 성적 중심의 학교 풍토는 학생들 간의 경쟁을 부추기고 시간이나 정확한 수행에 대해 상당한 압박을 느끼게 하기 때문에 도전심이나 호기심과 같은 내재적 동기를 저하시키는 결과를 가져오게 만든다(Amabile, 1989).

또 하나 중요하게 생각해야 할 것이 바로 표준화된 평가 시스템(예: 정기고사)이다. 표준화된 평가 시스템에서는 시험에 대비한 단순 암기학습만을 학생들에게 강요하게 되며, 이러한 평가 상황에서는 사고 능력의 증진보다 내용 지식의 습득을 위한 지식 전달 위주의 수업이 이루어질 수밖에 없다. 그러나 시험에 대비한 교재의 단순 반복, 암기, 기억은 창의성 발달의 큰 저해 요인으로 알려져 있다(Jeon, 2000; Kim & Michael, 1995). 따라서 교사들이 고등사고력 교육의 중요성 및 필요성에 대해 높은 공감을 하더라도 현재 실시되고 있는 표준화된 평가 시스템하에서는 고등사고력 계발을 위한 교사들의 교육적 실천이 부족할 수밖에 없다.

학교 풍토의 경직성 또한 교사가 고등사고력 교육을 실시하는 것을 방해했을 가능성이 높다. 고등사고력 교육을 위해서는 교사가 기존의 교육을 일정 부분 새롭게 해석하고 적용하는 과정이 필요하지만, 경직된 학교 풍토하에서는 고등사고력 교육을 위한 교사의 재량권이 제한되고 교사들 간에 활발한 의사소통이 어렵기 때문에 고등사고력 교육이 원활히 이루어지기 어렵다.

❸ 고등사고력 교육에 대한 교사의 지식·역량 부재

고등사고력 교육에 대한 교사의 이론적 지식이 부족하며, 고등 사고력 교육을 실시할 교사 역량이 부재하다(이동원, 2004). 일선 학교에서 교사들은 일반적으로 수업 시간에 활용하는 관찰 평가 나 수업 활동을 통해 산출된 결과물을 평가하는 방법을 주로 선호할 뿐, 학생들의 정확한 사고 능력 수준을 측정하기 위한 표준화된 검사도구나 논리적 또는 비판적 사고를 잘 나타낼 수 있는 논술(글쓰기) 평가 방식은 잘 활용하지 않고 있다. 이는 고등사고력을 어떻게 바라보고 평가해야 하는지에 대한 교사들의 평가적 인식이 부족함에 기인한 결과다. 게다가 교사들이 생각하는 고등사고력 교육의 효과 는 사고 능력의 함양에 국한되어 있을 뿐 사고력 교육의 평가적 측면에 대한 다양성을 충분히 고려하지 못하고 있다. 고등사고력 교육의 필요성이 충분히 공유되고 고등사고력 향상을 위한 프로그램이 다수 개발되어 있을지라도 교사들이 고등사고력의 개념이나 교육방법에 대해 충분히 알지 못하거나 이를 위한 역량이 부족하다면 고등사고력 교육이 제대로 이루어지는 것은 불가능하다.

❹ 고등사고력 교육을 위한 교사 지원 시스템 미비

현재 학교에서 교사들이 수업 시간에 활용하거나 참고할 만한 사고 프로그램의 개발 및 보급이 현저히 부족한 편이다. 학생들의 고등사고력 증진을 위한 학교교육을 실시하는 데 있어 가장 필수적인 것은 바로 수업시간에 교사가 손쉽게 활용할 수 있는 교육 프로그램이다. 그러나 우리나라에서는 한국교육개발원(KEDI)이 1987년 부터 1991년까지 5년 동안 수행한 사고력 교육 프로그램 모형개발 연구를 제외하고는 체계적이고 표준화된 연구가 이루어지지 않고 있다. 이와 관련하여 한국교육과정평가원(KICE)에서는 2001년도 와 2002년도에 비판적 사고력 검사 개발 연구를 수행한 바 있지만,

이를 제외하고는 체계적인 사고 프로그램 개발을 위한 연구가 상당히 부족한 실정이라고 할 수 있다(이신동, 이경숙, 2009).

게다가 사고력 수업을 위한 활동 시간, 물리적 환경 및 학습 자료 확보 등에 따른 어려움도 있다. 몇몇 연구에서 다양한 교과를 아우르면서 진행되는 통합교과 프로그램을 제안하고 있지만(강현석, 이운발, 2004; 최석민, 2006), 이러한 프로그램들을 실제 학교 수업에 적용하는 일은 간단치 않다. 다양한 교과를 아우르기 위해서는 먼저 교사의 수업 방식에 많은 변화가 필요하며, 통합된 프로그램을 정규 교육과정에 적용하여 가르치기 위해서는 추가적인 활동 시간이나 물리적 환경 및 학습 자료의 확보 등이 전제되어야 한다. 그러나 오히려 이러한 전제 조건들이 교육과정 운영 및 평가의 부담으로 연결되어 고등사고력 수업을 저해하는 요인이 되고 있다.

새로운 고등사고력 교육을 위한 제언

마지막으로 고등사고력 계발과 관련된 이론적 원칙과 학교 현장 사이의 괴리를 해결하고 미래 학교교육이 나아가야 할 고등사고력 교육의 방향을 내용, 운영, 교육과정, 평가 측면에서 제안하고자 한다.

❶ 내용적 측면

내용적 측면에서 가장 선행되어야 하는 것은 바로 고등사고력의 구체적인 개념 정의다. 아직까지 고등사고력의 주요 요소인 창의적 사고와 논리·비판적 사고의 개념을 구분하는 기준이 모호하며, 고등사고력의 하위 요소들도 학자들마다 다르게 제시하고 있어 올바른 고등사고력 교육을 실시하는 데 많은 어려움이 존재한다. 예를 들어, 창의성의 대표적 하위 요소 중 하나인 정교성은 다듬어지지 않은 기존의 아이디어를 보다 치밀하게 발전시키는 것으로 정의되는데, 이는 확산적 사고보다는 수렴적 사고에 가까워 오

히려 논리·비판적 사고의 하위 요소처럼 보인다(최석민, 2009). 본
장에서 고등사고력 교육의 내용을 구체적으로 구성하기 위해서 고
등사고력을 문제해결력으로 정의하고 하위 요소로 창의적 사고와
논리·비판적 사고로 구분한 것처럼 이들 개념에 대한 합의를 도
출하고 정의를 명확하게 할 필요가 있다.

두 번째로 내용 지식의 습득에서 나아가 이를 응용·적용하는
사고 능력을 향상시켜야 한다. 사고 능력은 기존의 정보를 재인출
하는 단순한 사고부터 정보를 재조합하고 새로운 구조를 형성하는
등의 고차원적 사고까지 다양하게 나타날 수 있다. 이때 새로운 지
식을 습득하고 인출하는 단계에서는 고차원적 사고가 일어나기 어
려우며, 창의적 사고와 같은 고등사고력이 발현되기 위해서는 교
과 내용(지식)을 충실히 습득하고 이를 내면화하는 과정이 전제되
어야 한다. 그러나 내용 지식을 습득시키는 것만으로 고등사고력이
자연스럽게 함양되는 것은 아니다. 내용 지식을 기반으로 하여 다
양한 분야를 탐색하도록 하고 질문 및 논의 등의 경험을 충분히 제
공해주는 것이 중요하다. 즉, 지식을 단순히 습득하는 차원을 넘어
서 지식을 점검하고 재해석하여 이를 실생활에 적용하게 하는 등
의 보다 높은 차원의 사고 활동으로 나아갈 수 있도록 해야 한다.

마지막으로 고등사고력 교육의 초점을 '생각을 왜 키워야 하는
지'에 맞추어야 한다. 고등사고력 교육의 목적은 '어떻게 생각해야
하느냐'의 방법적 접근보다 '왜 생각하는 힘을 키워야 하느냐'의 가
치적 접근에 초점을 맞추어야 한다. 학교가 추구해야 하는 올바른
고등사고력 교육이란 사회에서 요구하는 지식의 전달에서 그치는
것이 아니라, 다양한 상황에 지식과 경험을 적절히 활용할 수 있는
사고 능력을 길러 주는 것이다. 이때 단순히 사고 기법을 가르치는
것을 넘어서 학생들로 하여금 생각하는 힘이 왜 중요한지를 깨닫
도록 해야 한다. 이를 통해 자신을 성찰하고 적절한 목표를 세우며

자신과 사회의 발전에 기여할 수 있도록 도와주어야 한다.

❷ 운영 측면

운영 측면에서 미래 학교교육에서 고등사고력 교육이 성공적으로 실시되기 위해서는 지금의 경직된 학교 풍토가 반드시 변화되어야 한다. 최석민(2009)은 경직적인 학교 풍토와 고등사고력 교육에 대한 교사의 비지성적 접근, 즉 고등사고력이 교사를 배제하고도 길러질 수 있다고 여기는 접근의 문제가 해결되지 않고서는 올바른 고등사고력 교육이 실현되기 어렵다고 지적한 바 있다. 성적 중심의 경쟁적 학교 풍토에서 교사는 다양한 수업 방식을 시도하거나 창의적으로 수업을 운영하기보다 가능한 한 많은 내용을 습득시키기 위한 지식 전달 위주의 수업 방식을 선호한다. 학생 입장에서도 마찬가지다. 이러한 경직된 분위기 속에서는 사고의 확장이 이루어지기가 어렵다. 따라서 지나친 경쟁과 평가를 지양하고 자율적이고 개별성을 존중하는 학교 풍토로 변화시키려는 노력이 필요하다.

교사는 수업을 직접 준비하고 운영하고 성찰하는 사람으로 교사의 고등사고력과 관련된 능력은 바로 수업의 질과 직결된다. 따라서 교사에게 온전한 수업 재량권을 부여해 주어야 하며, 교사에게도 학생과 마찬가지로 고등사고력 향상을 위한 교육의 기회를 충분히 제공해 줄 필요가 있다. 뿐만 아니라 교사들이 양질의 수업 자료들에 쉽게 접근할 수 있도록 제도적 장치가 마련되어야 한다. 많은 교사가 고등사고력 수업을 준비하기 위해 주로 교사 커뮤니티에서 공유된 자료를 활용하거나 또는 자료를 직접 제작한다. 이들이 고등사고력에 관한 논문이나 연구보고서 등과 같은 자료를 참고하는 일은 드물다. 이러한 현상은 교육자와 연구자 서로 간의 교류가 제대로 이루어지지 않고 있음을 반증한다. 이는 교사 개인의 문제라기보다는 이들이 현실적으로 활용 가능한 자료의 부재에서 비롯된 것일 가능성이 높다. 기존의 많은 연구 자료가 실제 수업 장면에 활용하기에 적절하지 않거나 교사가 사용하기에 어렵게 구성되었을 수 있기 때문이다. 게다가 교사가 다양한 연구 자료에 어떻게 접근해야 하는지 그 방법을 몰랐을 가능성 또한 크다. 따라서 고등사고력 수업 자료를 개발할 때 교사 경력을 가진 사람을 반드시 참여시킬 필요가 있다. 경험이 충분한 교사가 참여할 때 비로소 현장과 이론이 자연스럽게 연계될 수 있기 때문이다. 교사들이 수업에 쉽게 적용할 수 있는 형태로의 자료 개발이 많이 이루어져야 하며 교과교육연구회나 수업지원단, 교육청과의 연계 등을 통해 교사들이 쉽게 자료에 접근할 수 있도록 하는 노력이 필요하다.

교사들에게 학생들의 고등사고력 계발을 위한 올바른 교사의 역할에 대한 인식을 고취시켜 줄 필요가 있다. 개방적인 학교 풍토와 양질의 수업 자료보다 학생에게 더욱 직접적인 영향을 미치는 변인은 '교사'일 것이다. 그러나 경직적이고 고등사고력 교육에서 교사의 역할이 크지 않다고 믿는 지금의 학교 풍토 속에서 교사들은 학생들의 사고를 확장시켜 주기 위해 수업 시간에 끊임없이 질문을 하거나 다양한 수업 방식을 시도해 보는 등 적극적으로 방법을 모색하기보다는 개방적인 수업분위기 형성과 같은 상대적으로 소극적이고 간접적인 역할에 그치기 쉽다. 교사는 교육 주체로서의 중요성을 인식하고 보다 적극적인 촉진자 역할을 수행할 필요가 있다. 따라서 고등사고력 교육을 위해 교사는 능동적으로 관련 자료들을 탐색해 보는 자세를 가지고 학생들의 사고력 향상에 도움이 되는 발문을 하고, 피드백을 부여하며, 다양한 주제로 소그룹 활동이나 토론식 수업을 진행하는 등의 적극적인 태도를 가져야 함을 일깨워 주어야 한다.

❸ 교육과정 측면

교육과정 측면에서 살펴보면, 첫 번째로 고등사고력 증진을 위한 교육 프로그램 개발 시 실제 수업 장면을 반드시 반영해야 한다. 실제적 측면에서 고등사고력 교육이 제대로 실시되기 위해서는 현실을 반영한 프로그램 개발이 가장 중요하다. 학생의 발달 특성과 교육과정에의 적합성을 고려해 프로그램을 구성하여 교실에서 즉각적인 활용이 가능하고 교사에게 구체적인 지침이 될 수 있도록 해야 한다. 이를 위해서는 단순히 특정 기법의 효과와 방법을 제시하기보다는 교과 기반 수업 장면에 적용한 사례를 소개하는 등 교사들이 수업에 쉽게 활용할 수 있는 형태로 제시하는 것이 중요하다. 예를 들어, 한 차시 수업에 창의적, 논리·비판적 사고 기법이나 프로그램을 적용한 지도안과 수업 자료를 다양하게 제공하고 교사들이 적절한 방법을 취사선택하도록 하는 것이 하나의 방법이 될 수 있다. 수업개선 연구 교사가 이러한 자료를 활용한 수업을 진행하고 이를 성공적 사례로 제공하는 것도 적절할 것이다.

두 번째로 창의성만이 아닌 통합적 사고 교육이 이루어져야 한다. 앞서 지적했듯이 우리나라의 고등사고력 교육은 창의성에 치중되어 있다는 문제점이 있다(최석민, 2006). 게다가 주로 재량활동 시간을 활용하여 교육 프로그램을 투입하거나 프로그램의 일부분을 학습지로 학생들에게 제공하는 정도에 국한되어 있어서(최석민, 2009), 고등사고력 수업의 대부분은 브레인스토밍이나 PMI 등과 같은 확산적 사고에 도움이 되는 사고 기법을 가르치는 것에 그치고 있다. 그러나 실제 생활에서의 문제 해결을 위해서는 다양한 아이디어를 생성하는 것뿐만 아니라 각각의 아이디어를 평가할 수 있는 기준을 설정하고 이를 직접 평가해 보는 과정이 반드시 필요하다. 따라서 고등사고력의 하위 요소인 창의적 사고와 논리·비판적 사고를 균형적으로 향상시키고 이들을 융합하기 위한 추가적인 노력이 필요하다.

세 번째로 교사 역량을 충분히 발휘할 수 있도록 교육 접근이 변화되어야 한다. 현재 개발된 교육 프로그램의 수업 활용도는 극히 미미한 실정이다. 수업의 맥락 특수성을 반영하지 못하는 수업 자료는 그 내용이 아무리 우수하더라도 현장에서 외면당하게 된다. 그러나 교실에서의 수업은 교사의 수만큼이나 다양하기 때문에 수업의 맥락을 완벽하게 반영한 프로그램의 제시는 현실적으로 불가능하다. 그렇기 때문에 교사가 수업 준비 단계나 수업 중에 자율적으로 프로그램을 수정하여 사용할 수 있도록 교사의 역량을 계발하는 것이 더 중요하다. 이때 교사의 역량은 다양한 자료 중 적절한 것을 판단하여 선택하고 이를 수업에 적용하는 능력을 말한다. 만일 교사의 역량이 충분히 확보되지 않는다면 아무리 체계적인 교육과정이라도 그 효과를 얻기 어렵다. 서혜애 등(2001)은 창의성 교육에 대한 과학교사의 역량 부족으로 인해 창의성을 신장시키는 과학수업이 거의 수행되지 못함을 지적한 바 있다. 따라서 교사들이 자신의 교수 역량을 계발할 수 있도록 교사들의 요구를 반영한 교사연수를 충분히 제공하는 것이 필요하며, 이는 일회성이 아닌 지속적인 교육훈련이어야 한다.

❹ 평가적 측면

마지막으로 평가적 측면에서 교사의 재량권을 늘려 다양한 평가 방법을 활용할 수 있도록 해야 한다. 고등사고력 교육이 효과적으로 이루어지기 위해서는 양질의 교수학습 프로그램 개발과 더불어 적절한 평가 방식이 병행되어야 한다. 적절한 평가는 교수학습 활동의 방향을 제시할 수 있고 반성적 성찰을 통한 교수학습 활동의 개선도 기대할 수 있기 때문이다. 또한 학생들의 사고 능력을 주기적으로 점검하는 것은 고등사고력 계발에 상당한 도움이 된다. 그러나 현재 학교에서는 매우 경직되고 표준화된 형태로 평가가 이루어지고 있다. 수업 방식은 교사마다 다른 반면에 평가방법은 학년별로 동일한 형태를 나타내는 것이 그 예다. 이는 교사의 주관성을 배제하고 동등한 평가 기준을 제공하기 위함이지만 고등사고력이 발휘되는 역동적인 과정을 평가하기에는 제한적이다. 따라서 고등사고력의 체계적인 평가를 위해서는 교사가 다양한 평가방법을 활용할 수 있도록 재량권을 확대하고, 학생들의 사고력을 올바르게 평가할 수 있도록 교사 역량을 강화시키는 교사 교육이 이루어져야 한다. 또한 사고력 계발과 관련된 학습목표를 체계적으로 제시하여 이와 관련된 평가를 자연스럽게 유도해야 할 것이다.

전문가들의 창의적 문제발견과
해결 유형 및 교육적 시사점

민지연
이선영

미래 사회와 창의성 창의성은 미래 사회에서 요구하는 가장 중요한 역량 중 하나다. 지식과 정보가 끊임없이 변화하며 넘쳐나는 지식정보화 사회에서 특히 다른 이보다 쉽게 정보를 접하고 지속적으로 유용한 정보를 찾아내고 다양한 정보 사이에서 새로운 정보를 창출할 수 있는 사람이 미래 인재상으로 제시되고 있다. 이러한 상황에서 창의성은 현대인이 갖추어야 할 핵심 역량으로 강조되고 있으며 영재교육에서도 중요하게 다뤄지고 있다(전경남, 2011)

전통적으로 창의성은 주어진 환경에서 유용성을 갖춘 새로운 산출물을 생산해 내는 능력이라는 새로움과 유용성 측면에서 이해되어 왔다(Amabile, 1996; Feist, 1998). 새로움과 유용성은 다양한 영역에서 창의성이 발현되기 위해 필요한 공통적으로 언급되는 요소로, 이러한 정의를 기반으로 한 연구들은 창의성이 발현되는 영역과 과제의 특수성을 가정하지 않고 영역 일반적인 관점에서 창의성을 연구해 온 경향이 있다.

▶ 이 장은 2013년 정부(교육부)의 재원으로 한국연구재단의 지원을 받아 수행된 연구이며(NRF-2013S1A3A2055007), (사)창의공학연구원에 의해 자료가 수집되었음.

그러나 창의성 발현에 영역의 특수성은 매우 중요하게 작용한
다(Baer, 1994). 실제로 새로움과 유용성은 창의성을 구성하는 일
반적인 요소이지만 무엇이 새롭고 유용한가에 대한 판단은 영역
특수적인 성격을 지닌다. 또한 창의성을 정의하는 데 있어 두 요
소의 상대적인 중요성은 영역에 따라 다르게 나타날 뿐만 아니라
동일한 영역 안에서도 과제에 따라 다른 양상을 보인다(Lubart &
Guignard, 2004). 예술과 과학 영역을 살펴보면, 예술에서의 창의성
은 예술적 표현력, 상상력, 독창성이 보다 더 중요한 속성인 반면,
과학에서는 지식, 이론적 사고력, 독창성이 필수 능력으로 언급된
다(김왕동, 2012). 구체적으로 예술에서의 새로움이란 예술 자체의
가치를 결정짓는 미적인 요소와 관련되지만, 발명에서의 새로움이
란 소비를 떠나서 정의될 수 없으며 시장의 소비자가 구매를 결정
하는 데 고려하는 많은 요소 중 하나에 불과하다. 또한 예술에서의
유용성은 중요하게 여겨지지 않지만, 발명에서의 유용성은 예술에
비해 상대적으로 더 중요하게 인식된다(Henderson, 2004).

창의성의 발현: 문제의 발견과 해결   창의성에 대한 다른
관점으로 창의성을 확산적 사고를 통해서 인식하려는 방식이 있다.
창의성을 확산적 사고의 관점에서 바라본 대표적인 연구자인 토랜
스(Torrance, E., 1974)는 창의적 성취에 작용하는 개인의 일반적인
정신 능력으로서 확산적 사고의 중요성을 강조하며 TTCT(Torrance
Tests of Creative Thinking)를 개발한 바 있다. 이러한 관점은 새로
운 문제를 생성할 수 있는 문제발견적 사고를 강조한 반면, 적합한
해결책을 찾아내는 문제해결 과정에는 상대적으로 적은 관심을 보
인다는 점에서 한계가 있다.

그러나 창의성의 발현에는 기존의 관습에서 벗어나 새롭고 다양
한 문제를 발견하는 능력뿐만 아니라 실생활에 적용 가능한 해결

책을 제시하는 능력 역시 중요하게 작용한다. 따라서 문제발견만
이 단독으로 창의성의 발현에 영향을 미치는 것이 아니라 문제해
결 또한 창의성과 밀접한 관련성을 지닌다고 할 수 있다. 물론 기
존 연구들이 창의성의 발현에서 문제해결의 중요성을 무조건적으
로 간과한 것은 아니다. 확산적 사고를 강조한 토랜스(1990) 역시
창의성을 현재의 어려움을 확인하고 이에 대한 해결책을 탐구하여
최종적으로 얻은 해결책을 다른 사람들과 소통하는 과정으로 정의
하고 있으며, 이는 문제를 발견하고 해결하는 일련의 창의적 문제
해결 과정에 따른 것으로 '과정 정의(process definition)'라 부르기
도 한다. 아이작센, 도르발과 트레핑거(Isaksen, S., Dorval, K. B., &
Treffinger, D. J., 2011)는 창의적 문제해결(Creative Problem Solving:
CPS) 모형을 개발하면서 문제발견뿐만 아니라 창의적 과정에서의
문제해결에도 관심을 가졌다. CPS 모형의 주요 요소는 문제를 찾
고, 즉 문제를 발견하고 이에 대한 다양한 아이디어와 해결 방안을
찾는 것이다.

이처럼 창의성의 발현은 문제를 발견하고 해결하는 일련의 과정
으로 이해될 수 있다. 문제발견이란 특정 상황에서 문제를 부여하
거나 창조하는 행동으로 문제해결의 시작일 뿐만 아니라 문제해결
을 보다 창의적으로 이끄는 중요한 과정이다. 이때 문제발견은 누
구나 쉽게 발견할 수 있는 문제(discovered problem)와 이전에 존재
하지 않았던 문제를 찾아 확인하는 문제(created problem)로 구분
하는 경우가 많다(Dillon, 1982; Getzels, 1982). 이와 유사한 구분으
로 칙센트미하이와 게젤스(Csikszentmihalyi, M. &
Getzels, J. W., 1970)는 제시(presented)되는 문제와
발견(discovered)되는 문제로 구분하였다.

문제발견과
문제를 해결하는 방식은
창의성의 다양한 측면과
관련성이 있다

여러 선행 연구에서 문제발견과 창의성 간에 밀
접한 관련이 있음을 보고하고 있다. 룬코와 오쿠

타(Runco, M. A. & Okuda, S. M., 1988)는 청소년을 대상으로 확산적 사고검사를 실시하여 문제발견과의 관련성을 살펴본 결과, 문제발견과 창의적 성취 간에 정적인 관련이 있음을 밝혔다. 유사하게, 중학생을 대상으로 문제발견과 최종 산출물의 독창성 간의 관계를 살펴본 연구에서 무어(Moore, T. R., 1985)는 사물을 좀 더 많이 만지고 조작을 하는 등 문제발견 행동을 보인 학생들이 그렇지 않은 학생들에 비해 작문에서의 독창성 점수가 더 높게 나타남을 확인하였다. 칙센트미하이와 게젤스(1971)가 31명의 예술 전공 학생을 대상으로 문제발견 능력과 드로잉 작품 간의 관련성을 살펴보기 위해 진행한 연구에 따르면, 사용한 사물의 수와 사물을 탐색하는 데 드는 시간, 그리고 사용한 자극의 독특성 여부를 바탕으로 드로잉을 평가하였을 때 문제발견 유형에 속한 학생들은 드로잉에서 높은 창의성과 심미성 그리고 기교를 보이는 것으로 나타났다.

한편, 문제해결은 발견 혹은 창조된 문제를 해결하는 것을 의미한다. 셀비와 동료들(Selby et al., 2004)은 문제해결을 "아이디어를 생산하거나 행위를 준비하기 위하여 활동을 생성하고 수렴하는 것을 계획하고 실행할 때 선호하는 방식에서의 일관성 있는 개인차"로 정의하고 있다. 이러한 문제해결은 영역 일반적 지식과 영역 특수적 지식 그리고 동기적인 요인을 토대로 창의성 발현에 밀접한 관련성을 보이며 확산적 사고와 비판적 사고가 역동적으로 상호작용하여 새로운 산출물을 만들어 낼 때 매우 중요한 역할을 담당하게 된다(강이철, 신정규, 2003). 문제발견과 마찬가지로 문제해결도 여러 유형으로 구분되는데, 커튼(Kirton, M. J., 1976, 1989)은 직업 장면에서 문제를 해결하는 과정에서 사람들이 변화를 의도할 때 선호하는 방식에 따라 혁신적(innovative) 유형과 적응적(adaptive) 유형으로 구분하였다. 혁신적 유형은 흔히 기존의 구조에 도전하며 과거 관습을 별로 존중하지 않고 혁신적인 변화와 문제를 재정 의하는 것을 선호하여 문제를 해결하려고 시도하는 유형인 반면, 적응적 유형은 기존의 구조를 가능하면 건드리지 않고 점진적인 개선과 효율성을 가지고 더 나은 방향으로 문제를 해결하고자 노 력하는 유형이다. 유사하게, 마르틴센과 카우프만(Martinsen, O. & Kaufman, G., 1999)은 창의력에 대한 선호를 하나의 연속선에서 각 기 동화자-탐구자(assimilator-explorer) 유형으로 구분하고 있다.

트레핑거와 동료들(Isaksen, Dorval, & Treffinger, 2011; Isaksen & Treffinger, 1985, 1987)의 CPS 모형에서도 문제해결 유형을 구분 하는 데 확산적 및 수렴적 사고를 한 축으로, 새로운 문제를 발견 하고 혁신적으로 해결하는 것과 현재 존재하고 있는 문제를 이해 하고 적응적인 해결책을 제시하는 것을 다른 축으로 구분하였다 (Brophy, 1998). CPS 모형의 집단 1은 확산적 사고를 지니고 혁신 적으로 문제를 해결하는 집단이며, 새로운 문제에 대해 다양한 해 결책을 생산하고 문제를 정의, 발견 및 재정의함으로써 새로운 해 결책을 내는 특성이 있다. 반면, 적응적인 해결책을 내는 집단 3은 지식을 활용하여 현존하는 문제를 발전적으로 해결하려는 특성이 있다. 이는 동일하게 확산적 사고 성향을 갖고 있어도 문제해결의 특성에 차이가 있을 수 있음을 보여 준다.

이처럼 창의성의 발현과 계발에는 문제발견과 문제해결이 모두 중요한 영향을 미친다. 웨이크필드(Wakefield, J. F., 1985)가 초등 학교 5학년을 대상으로 도형 그리기 과제를 통해 실시한 연구에서 는 창의성 발현에서 문제발견과 문제해결 간에 밀접한 관련이 있 는 것으로 밝혀졌다. 그의 연구에서 도형 그리기 과제는 주어진 도 형(line figure)을 바탕으로 만들 수 있는 모든 형태를 생성해야 하 는 과제와 스스로 도형을 그리고 도형에 대한 아이디어를 생성해 야 하는 과제로 분류하였다. 전자는 문제의 정의가 주어진 채로 문제의 해결책을 생성하는 과제였으며, 후자는 문제를 스스로 정의하고 해결책을 만들어 내야 하는 과제였다. 연구 결과, 문제의 정의가 주어진 채로 문제를 해결하는 것보다 문제를 스스로 정의하고 해결책을 산출할 때 창의성 점수와 이들이 만들어 내는 아이디어의 개수 간에 높은 상관이 있는 것으로 드러났다. 코솔라스와 메가(Kousoulas, F. & Mega, G., 2007)는 학생들에게 생소한 글을 제공하고 글을 이해하기 위한 질문을 생성하도록 하고, 동일한 글에 대한 결론을 가능한 한 많이 적도록 하여 문제발견 및 해결 능력을 측정하였다. 그 결과, 문제발견의 하위 요소들과 문제해결의 하위 요소들 간의 상관이 .32~.46 정도로 유의하게 나타났다. 이는 창의성 발현에서 문제발견과 문제해결 간에 밀접한 관련성이 있음을 보여 주고 있다.

기업 조직은 특히 문제발견과 문제해결을 동시에 요구하는 대표적인 영역이라고 할 수 있다. 기업이라는 분야는 다양한 사람들이 함께 협력을 하면서 문제를 해결해 나가기 때문에 어떻게 문제를 해결하는 것을 선호하는지와 같은 개인의 문제해결 유형이 특히 중요하다. 그럼에도 영역이나 과제 특수적인 관점에서 이루어진 창의성 연구들은 예술이나 과학 분야에서 주로 이루어져 왔고, 확산적 사고의 관점에서 창의성을 정의하여 문제발견만 강조해 온 측면이 있다(Runco & Okuda, 1988). 기업을 대상으로 한 연구들은 최고경영자나 유명한 기업가들(예: Lee Iacocca, Steve Jobs, Dave Packard, Bill Hewlett)만을 대상으로 할 뿐이며(Henderson, 2004), 기업 조직 구성원들을 모두 고려한 연구가 진행된 경우는 적었다(이선영, 민지연, 최차현, 2014).

연구소개   우리는 연구를 통해 영역 특수적 관점에서 문제발견 및 해결 유형이 전문가들의 창의성과 그들을 둘러싼 조직 특성에 따라 어떠한 관련성을 갖는지를 살펴보고자 하였다. 이를 위해 '문제발견 및 해결 유형에 따라 전문가들의 창의적 특성은 어떠한 차이를 보이는가?', '기업 및 비기업 영역에서 전문가들의 문제발견 및 해결 유형과 창의적 특성은 어떠한 차이를 보이는가?'의 두 가지 연구 문제를 설정하였고, 2009년도부터 2013년까지 창의성 교육 프로그램(창의성 아카데미, CDNA)에 참여한 각 분야 전문가 168명을 대상으로 연구를 실시하였다. 이들의 창의적 특성을 확인하기 위해 토랜스(1966)에 의해 개발된 TTCT 도형검사 A형과 B형을 사용하였다. TTCT는 창의성 측정방법 중 가장 널리 사용되고 있는 확산적 사고 검사다. 창의성 평가는 유창성, 독창성, 제목의 추상성, 정교성 및 성급한 종결에 대한 저항이라는 다섯 가지 하위 요소로 이루어지며, 각 하위 요소들의 표준 점수에다가 창의적 강점 점수를 합한 창의성 지수(Creativity Index: CI)와 상대적 위치를 나타내주는 백분위 점수(Percentile Rank: PR)를 가지고 연구 참여자들의 창의적 특성을 비교하였다. 그리고 연구 참여자들에게 업무나 일상생활에서 창의적으로 문제를 해결했던 경험과 미래에 창의적으로 문제를 해결해야 할 문제가 무엇인지에 대해 자유롭게 기술하도록 하고 응답한 내용을 바탕으로 이들의 문제발견 및 해결 유형을 구분하였다.

문제발견(Dillon, 1982; Getzels, 1982)은 누구나 쉽게 발견할 수 있는 발견된 문제(discovered problem) 유형과 이전에 존재하지 않았던 문제를 찾아 확인하는 창조된 문제(created problem) 유형으로 구분하고, 문제해결(Selby et al., 2004)은 도전적이고 변화를 요구하는 새로운 문제를 해결해 갈 때 어떤 접근법을 선호하는지에 따라 개혁지향적(expolorer) 유형과 발전지향적(developer) 유형으로 구분하였다.

구체적으로 문제발견 유형에서는 현재 본인이 처한 상황에서 발생하는 문제 상황을 인식하고 그것을 수정하고 발전시키고자 할 때 '발견된 유형'(예: 적재적소 연구인력순환제도를 통한 연구 생산성 향상)으로 코딩하였고, 현재 상황에서 문제로 인식되는 요소가 없더라도 넓은 시야를 가지고 새로운 문제를 창조하고자 할 때 '창조된 유형'(예: 아동, 청소년, 성인의 나눔 문화를 위한 '나눔교육' 계발)으로 분류하였다. 한편, 문제해결 유형에서는 기존의 문제해결 방식을 수정·보완하여 보다 발전적인 형태의 해결책을 제시할 경우 '발전지향적 유형'(예: '열판매 손실 절감을 통한 수익 증대' 과제 수행을 위해 다양한 출처-팀별 의견 취합/국내외 연구기관 보고서/전문가 자문 등을 통해 개선안을 도출하고 이를 지속적으로 보완해 나감)으로, 기존의 문제해결 방식에서 벗어나 개혁적인 관점에서 새로운 문제해결책이 제시되었을 때 '개혁지향적 유형'(예: 사람들에게 연료전지가 전기와 열을 만드는 장치라는 인식을 주기 위해 연료전지를 통해 발생된 전기와 열을 활용하여 실제 생활에서의 요리를 시연)으로 구분하였다.

문제발견 및 해결 유형에 따른 창의적 특성

문제발견 유형과 문제해결 유형에 따라 전반적인 창의적 수준을 나타내는 창의성 지수에 차이가 있는지를 확인하기 위하여 이원분산분석(two-way ANOVA)이라는 방법을 사용하였다. 문제발견 및 해결 유형에 따른 창의성 지수의 기술통계는 〈표 1〉과 같다. 그 결과, 문제발견 유형 간의 창의성 지수는 차이가 없었지만($F_{(1,145)}$=1.84, p=.18), 문제해결 유형 간의 창의성 지수에는 통계적으로 유의한 차이가 확인되었다($F_{(1,145)}$=3.58, p=.06). 통계적으로 유의하지 않았지만, 두 변인에 따른 창의성 점수 차이의 경향성을 보다 심도 있게 살펴보기 위해서 사후비교분석을 실시하였다([그림 1]). 전체적으로 개혁지향적 유형보다 발전지향적 유형의 창의성 지수가 높았다. 창조된 문제의 창의성 지수는 문제해결 유형에 따라 별 차이가 없지만, 발견된 문

표 1 문제발견 및 해결 유형에 따른 창의성 지수

문제발견 문제해결	발견된 유형			창조된 유형			전체		
	사례 수	평균	표준편차	사례 수	평균	표준편차	사례 수	평균	표준편차
발전지향적 유형	35	102.00	18.43	29	99.45	10.01	64	100.84	15.15
개혁지향적 유형	43	93.81	14.56	42	98.10	15.76	85	95.93	15.23
합계	78	97.49	16.81	71	98.65	13.64	149	98.04	15.34

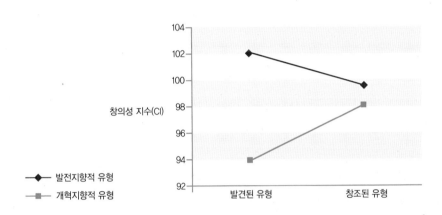

그림 1 문제발견 및 해결 유형에 따른 창의성 지수

제의 창의성 지수는 발전지향적 유형이 개혁지향적 유형에 비해 더 높은 것으로 나타났다.

유의한 차이가 확인된 문제해결 유형에 따라 창의성 하위 요소 (유창성, 독창성, 정교성, 제목의 추상성, 종결저항)들은 어떠한 경향성을 보이는지를 살펴보기 위해 백분위 점수를 기준으로 비교하였다. [그림 2]에서 나타났듯이, 발전지향적 유형이 개혁지향적 유형보다 정교성을 제외한 모든 하위 요소들에서 높은 경향을 보였다. 유창성은 두 유형 모두에서 가장 높은 점수를 보였지만 발전

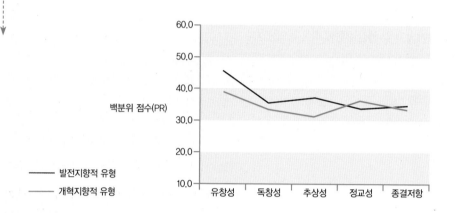

백분위 점수(PR)

—— 발전지향적 유형
—— 개혁지향적 유형

유창성   독창성   추상성   정교성   종결저항

그림 2 문제해결 유형에 따른 창의성 하위 요소별 비교

지향적 유형은 추상성이 강점인 반면, 개혁지향적 유형은 정교성
이 강점으로 나타났으며 특히 추상성에서 두 유형 간 차이가 두드
러졌다.

문제발견 유형 및 영역에 따른 창의적 특성   기업 및 비기업
영역에 따른 창의성 지수에 대한 기술통계는 〈표 2〉와 같다. 비기
업 영역에 종사하는 전문가들의 창의성 수준은 기업 영역의 전문
가들에 비해 높게 나타났으며, 영역에 관계없이 발전지향적 문제
해결 유형이 개혁지향적 문제해결 유형보다 창의성 지수가 높은
것으로 나타났다. 그러나 영역별 문제발견 유형의 창의성 지수는
비슷하였다.

먼저, 문제발견 유형에 따른 창의적 특성이 영역에 따라 어떻게
달라지는지를 살펴보기 위해 일원분산분석(ANOVA)을 실시하였
다. 분석 결과, 문제발견 유형과 영역에 따른 창의성 지수 차이는
유의하였는데($F_{(3,161)}$=3.21, p=.03), 사후비교분석 결과 비기업 영역
에 종사하는 발견된 문제 유형의 전문가들이 기업 영역의 전문가

표 2 기업과 비기업 영역에 따른 창의성 지수

구분		기업			비기업		
		사례 수	평균	표준편차	사례 수	평균	표준편차
문제발견	발견된 유형	58	94.26	16.95	28	103.32	13.79
	창조된 유형	53	96.09	11.04	26	101.62	17.06
문제해결	발전지향적 유형	47	98.28	15.57	19	107.42	11.42
	개혁지향적 유형	55	93.18	13.14	31	100.90	17.30

들에 비해 창의성 지수가 높았다.

문제발견 유형 및 영역에 따라 창의성 하위 요소(유창성, 독창성, 정교성, 제목의 추상성, 종결저항)들은 어떠한 경향성을 보이는지를 살펴보기 위해 하위 요소별 표준점수가 전체 규준에서 차지하는 상대적 위치를 알려 주는 백분위 점수를 기준으로 [그림 3]과 같이 그래프로 나타낸 결과, 비기업 영역의 전문가들은 창의성 수준이 모든 하위 요소에서 기업 영역의 전문가들보다 높았다. 구체적

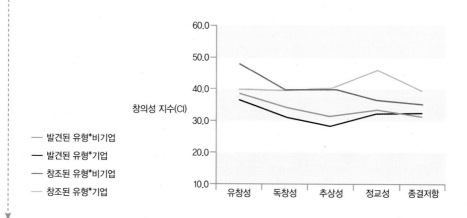

그림 3 문제발견 유형과 영역에 따른 창의성 하위 요소별 비교

으로 살펴보면, 기업 영역의 전문가들은 다섯 가지 요소 중에서 추상성이 제일 낮았고, 유창성이 제일 높은 유사한 강약점의 패턴을 보였으며, 이는 문제발견 유형에 따라 차이가 없었다. 그러나 같은 비기업 영역일지라도 발견된 문제 유형은 정교성에서 강점을 보였지만 그 외 나머지 하위 요소는 비슷한 수준인 반면, 창조된 문제 유형은 유창성은 높지만 정교성과 종결저항은 낮은 창의성 수준을 나타냈다.

문제해결 유형 및 영역에 따른 창의적 특성

문제해결 유형에 따른 창의적 특성이 영역에 따라 달라지는지를 살펴보기 위해 일원분산분석(ANOVA)을 실시하였다. 분석 결과, 문제해결 유형 및 영역에 따른 창의성 점수는 통계적으로 유의한 차이를 보였다($F_{(3,148)}$=5.04, p=.00). 보다 구체적으로 살펴보면 전체적으로 발전지향적 문제해결 유형의 창의성 점수가 높았으며, 사후비교분석 결과 발전지향적 유형이면서 비기업 영역에 종사하는 전문가들은 창의성 수준이 개혁지향적 유형이면서 기업 영역에 종사하는 전문가들에 비해 높은 것으로 나타났다.

[그림 4]에서 백분위 점수를 기준으로 한 문제해결 유형과 영역에 따른 창의성 하위 요소별 특성을 비교해 보면, 두 유형의 창의적 강약점은 유사하였지만 영역에 따라서는 다소 차이를 보였다. 기업 영역에서는 발전지향적 유형이 개혁지향적 유형에 비해 더 창의적이었지만, 하위 요소별 강약점은 다른 경향을 보였다. 발전지향적 유형이 유창성, 독창성, 추상성에서는 상대적으로 강점을 보였지만, 정교성과 종결저항에서는 개혁지향적 유형에 비해 차이가 거의 없었다. 비기업 영역에서는 추상성의 경우 두 유형 간에 다소 큰 차이가 확인되었지만, 이를 제외한 하위 요소들에서는 차이가 크지 않았다.

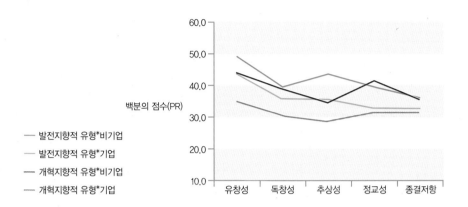

그림 4 문제해결 유형과 영역에 따른 창의적 특성 비교

연구 결과가 가지는 시사점   앞의 연구의 주요 결과를 정리하면 다음과 같다. 첫째, 본 연구에 참여한 전문가들의 창의성은 문제발견 유형과 관계없이 개혁지향적 문제해결 유형보다 발전지향적 문제해결 유형이 전반적으로 높게 나타났고, 이러한 차이는 창조된 문제발견 유형에 비해 발견된 문제발견 유형에서 더욱 두드러졌다. 둘째, 동일한 문제발견 또는 해결 유형을 선호하더라도 비기업 영역에 속한 전문가들의 창의성 수준이 기업 영역에 속한 전문가들에 비해 높았다. 셋째, 기업 영역의 문제발견 유형에 따른 창의적 강약점은 두 유형 모두에서 정교성과 독창성이 강점으로, 추상성이 약점으로 유사하게 나타났다. 반면, 비기업 영역에서는 유형 간 차이가 있었는데, 발견된 문제 유형은 정교성이 강점인 반면에 창조된 문제 유형에서는 약점으로 나타났다. 넷째, 발전지향적 문제해결 유형은 추상성이 강점이고 종결저항이 약점인 반면에 개혁지향적 문제해결 유형은 이와 다르게 정교성이 강점이고 추상성이 약점으로 나타났다. 이러한 창의적 강약점은 영역에 따라 유사하게 나타났다.

이러한 연구 결과들은 다음과 같은 점을 시사하고 있다. 첫째, 개혁지향적 문제해결 유형보다 발전지향적 문제해결 유형의 전반적인 창의성 수준이 높게 나타난 것은 혁신과 창의성을 동일한 개념으로 인식한 선행 연구들(Janssen, 2000; Kanter, 1988; Scott & Bruce, 1994; West & Farr, 1990)과 상이한 결과라고 할 수 있다. 본 연구의 참여자들은 다양한 영역에서 오랜 시간 경력을 쌓으며 관리자의 역할을 담당하는 전문가들이기 때문에 혁신 그 자체를 추구하기보다는 현존하는 문제를 조금씩 바꾸고 해당 영역에서 요구되는 특성에 맞게 보다 발전시키고 체계화하는 것을 더 중요하게 여겼을 가능성이 높다. 창의성은 흔히 혁신적이고 기존의 것과 전혀 다른 새롭고 독창적인 것으로 생각하기 쉽다. 그러나 본 연구 결과는 혁신을 추구하는 성향이 반드시 창의성과 더 많은 관련이 있는 것은 아님을 보여 주었다. 이는 전공 영역에 따라 창의적 문제해결 유형에 차이가 있음을 보여 준 김영채 등(2011)의 연구와 마찬가지로 자신이 속한 영역에 따라 개인의 문제해결 유형 선호가 차별적임을 알 수 있다.

둘째, 본 연구에서 동일한 문제발견 또는 해결 유형을 선호하더라도 기업 영역에 속한 전문가들에 비해 비기업 영역에 속한 전문가들의 창의성 수준이 높은 것은 자율성이 높고 획일화되지 않은 업무(예: 광고, 교육, 연구분야 등)를 할 때 개인의 창의성이 더 높게 나타났다는 기존의 연구 결과들(이덕로, 김태열, 2008; 이선영 외 2014; Glassman, 1986; Scott & Bruce, 1994)과 유사하다. 특히 창의성의 하위 요소 중 정교성에서 이러한 차이가 두드러진 것은 문제를 새롭게 제시하고 방향성을 제시하는 것이 상대적으로 용이한 비기업 영역에서 자발적으로 아이디어를 세부적으로 검토하고 문제의 의미를 명확하게 파악하여 부족한 부분을 세련되게 다듬을 수 있는 기회가 수직적인 의사결정이 이루어지는 기업 영역에 비

연구에서 도출되는 시사점

❶ 혁신을 추구하는 성향이 반드시 창의성과 더 많은 관련이 있는 것은 아니다. 즉, 개인이 속한 영역에 따라 개인의 문제해결 유형 선호가 다를 수 있음을 뜻한다.

❷ 동일한 문제발견·해결 유형을 선호하더라도 비기업 영역에 속한 전문가들의 창의성 수준이 기업 영역에 속한 전문가들보다 높다.

❸ 문제해결 유형과 영역을 함께 고려했을 때 발전지향적이면서 비기업 영역에 속한 전문가들에 비해 개혁지향적이면서 기업 영역에 속한 전문가들의 창의성 수준이 전반적으로 낮은 이유는 기업 영역이 본래 가지고 있는 환경과 개혁지향적 유형이 가지고 있는 목표가 일치하지 않기 때문이라고 볼 수 있다.

해 보다 많이 주어지기 때문이라고 볼 수 있다.

셋째, 문제해결 유형과 영역을 함께 고려했을 때 발전지향적이면서 비기업 영역에 속한 전문가들에 비해 개혁지향적이면서 기업 영역에 속한 전문가들의 창의성 수준이 전반적으로 낮은 것은 기업 영역이 본래 가지고 있는 환경과 개혁지향적 유형이 가지고 있는 목표가 일치하지 않기 때문이라고 볼 수 있다. 기업 영역은 현재 존재하는 문제를 보다 효율적으로 해결할 수 있는 문제해결 성향이 더욱 중시되므로 기존의 것을 벗어나 새로운 것을 추구하는 개혁지향적 유형의 특성과는 상반된다. 이처럼 업무환경이 문제해결 방식에 대한 개인의 선호와 불일치할 경우 개인의 창의성 발현에 부정적일 수 있다. 기업 내에서는 보다 현실적인 관점에서 업무에서 발생하는 문제를 수정·발전시키는 것이 중요한데 개혁지향적 유형은 기존의 방식에서 벗어나 혁신의 관점에서 새로운 방식으로 문제를 해결하는 것을 선호한다는 점에서 기업의 목표와 상이한 목표를 가지게 되고 이것이 낮은 창의성으로 이어질 수 있다.

맺음말: 영역을 고려한 창의성 이해의 의의

창의성의 발현에는 문제해결 능력뿐만 아니라 문제발견 능력도 매우 중요한 요소임에도(Getzels & Csikzentmihalyi, 1976), 많은 창의성 연구가 이들을 함께 고려하기보다는 독립적인 요소로 규정하였다. 본 장에서 동일한 전문가 집단이라 하더라도 어떠한 문제발견 유형과 문제해결 유형을 선호하느냐에 따라 확산적 사고를 기반으로 한 창의적 특성이 달라질 수 있음을 확인하였다. 또한 지금까지의 창의성 연구들이 창의성이 발현되는 영역의 특수성을 고려하지 않고 영역 일반적인 관점에서 상당히 수행되었는데, 본 장에서는 영역 일반적 관점에서 벗어나 기업과 비기업 영역 전문가들의 창의적 특성을 비교·분석함으로써 문제발견 및 해결 유형, 영역 간의 관계가 복합적으로 작용함을 확인할 수 있었다.

 이는 창의성은 개인의 타고난 내적 특성이라기보다는 개인과 개인을 둘러싼 환경, 과제 등의 특성이 모두 반영된 사회적 체계 산물(김혜숙, 2010; Amabile, 1996; Csikszentmihalyi, 1988; Sternberg & Lubart, 1995; Woodman & Scheonfeldt, 1989)임을 다시 한 번 확인해 주는 결과로, 창의성을 이해할 때 개인 내적 특성보다는 개인이 속한 영역의 특성을 고려하는 것이 더 중요함을 의미한다. 특히 본장의 대상이 특정 분야에서 오랜 기간 경력을 쌓아 온 전문가들이기 때문에 그들의 창의적 특성은 원래 갖고 있는 개인차라기보다는 영역이라는 환경에 의해 변화된 능력으로 여겨진다. 따라서 창의성의 속성을 밝혀내기 위해서는 개인이 속한 영역의 특성을 반드시 고려해야 할 것이다.

 이처럼 영역을 고려하여 창의성을 이해하는 것은 영역별 특성에 적합한 인재상을 정의하고 선발하는 기준과 교육, 훈련의 방향을 제시할 수 있으므로, 궁극적으로 영역 내에서의 창의성을 증진시키는 데 도움이 될 것이다. 따라서 기업을 포함한 특정 영역에서 창의적인 산물이나 성과를 내기 위해서는 새롭고 독창적이며 도전적인 아이디어를 많이 생각해 낼 수 있는 확산적 사고(창조된 문제발견, 개혁지향적 문제해결)만을 하도록 독려하기보다, 기존의 질서를 유지하고 구체적이며 체계적으로 실현 가능한 해결책을 모색할 수 있는 수렴적 사고(발전된 문제발견, 발전지향적 문제해결)도 함께 계발해 주어야 한다. 이는 공교육에서 창의성을 증진시키기 위한 교육을 실시할 때에도 마찬가지로 적용된다. 수학이나 과학, 예술 등과 같은 영역에서 요구되는 창의적 특성들은 모두 다르므로(김왕동, 2012; Henderson, 2004), 공교육에서도 영역, 즉 교과의 특성을 고려한 창의성 교육을 실시하여야 할 것이다.

 기업 내 조직원들의 창의성 촉진을 위해서는 문제를 발견하는 능력을 증진시켜 주는 것이 매우 중요하다. 외형적으로 분명하게 드러나지는 않지만 문제를 잘 발견하는 것은 모든 창의적 행동에 선행되기 때문이다. 이를 위해 조직 내에서 발생하는 예외적인 상황들을 가볍게 바라보지 않도록 변화에 대한 민감성 또는 개방성(McCrae & Costa, 1997)을 길러 주고, 조직에 혁신을 가져온 아이디어가 처음부터 거창하게 시작된 것은 아니며 누구나 발견할 수 있는 것이라고 인식시켜 주고, 전혀 다른 업무로의 잦은 순환이나 다양한 직군의 사람들을 많이 만날 수 있는 기회를 제공하는 등의 방법을 통해 조직원들의 호기심과 흥미(Csikszentmihalyi, 1996)를 계발할 필요가 있다. 자발적 행동력을 높이기 위해 조직원들의 문제 발견이나 해결 행동에 관한 효과적인 시스템, 예를 들어 보상체계(Sohn & Jung, 2010)와 같은 지원 방안도 제공해 주어야 할 것이다.

창의성 증진을 위한 학습환경 설계모형:
공학교육 맥락

임철일
홍미영
이선희

창의적 공학 인재 양성과 학습환경 설계　　　　　대학의 공학교육
에서 공학적 문제를 해결하는 데 필요한 종합적 사고 능력인 창의
성과 창의적 문제해결 능력이 점점 강조되고 있다. 공학 전공 관련
능력 역시 단순한 이론의 습득보다는 공학적 문제의 발견, 해결과
설계 능력을 중시하고 있으며, 이러한 문제해결과 설계 능력을 향
상시키기 위해서는 창의성이 필수적으로 요구된다. 즉, 지식정보
사회에서 창의성은 엔지니어가 꼭 갖추어야 할 능력으로 점점 더
중요해지고 있으며, 창의성 교육 프로그램을 통하여 공과대학생들
의 창의적 재능들을 개발·활용하는 것은 이 시대에 중요한 과업
중 하나라 할 수 있다.

　창의성에 대한 강조에도 불구하고, 공학교육에서 창의성 교육
에 대한 이론적·실천적 노력은 여전히 미흡한 것으로 나타나고
있다. 유봉현(2000)은 국내의 공학교육에서 창의성 교육은 총체적
인 창의성 증진 교육보다는 창의성 기법에 집중된 지식 편중의 교
육이 이루어지는 것이 현실이라고 지적하였다. 박강, 김병재, 김영
욱, 박용원, 장혁수(2005)는 한국 산업체의 만족도 조사에서 응답

▶ 이 장은 임철일, 홍미영, 이선희(2011). 공학교육에서의 창의성 증진을 위한 학습
환경 설계 모형. 공학교육연구, 14(4), 3-10를 기반으로 수정 및 보완하였음.

자의 75%가 공학교육에서 창의성 교육이 제대로 이루어지지 않고 있으며, 이는 시급하게 보완되어야 할 부분임을 강조하였다. 따라서 과거의 교과 지식과 분리된 독립적인 창의성 프로그램이나 개별적인 창의성 기법 혹은 도구에 집중된 교육이 아닌 창의성 증진에 적합한 종합적인 학습환경이 제공되어야 한다.

지식기반사회가 요구하는 창의적 인적자원을 양성하기 위해서는 새로운 교육 혹은 학습환경 조성이 필요하다. 최근 새로운 교육 및 학습환경으로 대두되고 있는 정보통신 기술 기반의 이러닝(e-Learning) 환경은 시공간의 제약이 없이 창의적 아이디어를 생산·공유하고, 창의성 신장에 필수적인 도구를 포함할 뿐만 아니라, 학생들의 창의성을 신장시켜 줄 수 있는 효과적인 학습환경으로 평가되고 있다(임철일 외, 2009; Grabe & Grabe, 2000).

한편, 창의성 실천과 관련된 가장 대표적인 모형으로 창의적 문제해결(Creative Problem Solving: CPS) 모형이 주목 받고 있는데, 창의적 사고의 핵심인 발산적 사고와 수렴적 사고가 문제해결의 단계를 거치면서 나타나는 특징을 지닌다(김영채, 2008). 오스본(Osborn, A. F., 1963), 파네스(Parnes, S. J., 1977), 아이작센과 트레핑거(Isaksen, S. G. & Treffinger, D. J., 1985) 등의 연구 전통을 이어 트레핑거, 아이작센과 도르발(Treffinger, D. J., Isaksen, S. G., & Dorval, K. B., 2000)이 개발한 CPS는 관리 요소로서 '접근의 계획', 그리고 과정 요소로서 '문제의 이해', '아이디어의 생성', '실천을 위한 준비'로 단계가 재구성되면서 현실 적용의 가능성을 높여 주었다.

본 장은 정보통신 기술 기반의 이러닝 환경을 포함하는 창의성 증진에 적합한 종합적 학습환경 설계모형을 이론적으로 탐색하려는 데 그 목적이 있다. 특히 대학의 공학교육 맥락에서 창의성 향상을 위한 총체적인 학습환경은 어떤 요소를 포함하고 있어야 하며, 이러한 요소들이 실제 대학의 강좌에서 구현되기 위해서 어떤 설계 원리와 구체적인 설계 지침이 필요한가를 밝히고자 한다.

공학교육에서의 창의성 증진 요인   대학교육에서의 창의성은 '기술에 대한 지식'과 '인간 상태(condition)에 대한 이해'를 필요로 한다(Barden, 2007). 공학교육에서 창의성을 증진시키는 데 영향을 미치는 다양한 요소를 규명한 연구들을 정리하면 〈표 1〉과 같다.

표 1 공학교육에서의 창의성 증진에 영향을 미치는 요인

	강승희 (2009)	박철수 외 (2010)	임철일 외 (2009)	차영수 & 김정섭 (2010)	Barden (2007)	Chen et al. (2005)	Court (1998)	Mils & Treaqust (2003)	Nguyen & Shanks (2009)	Stouffer et al. (2004)
프로젝트 중심		○			○		○	○		
팀워크, 협력	○		○	○	○	○	○	○	○	○
커뮤니케이션 능력						○		○		○
정보교류 네트워크 형성	○									
산학연계					○				○	○
실제적 문제(과제) 중심		○	○	○		○	○	○	○	○
CPS 모형 적용		○	○	○		○				
블랜디드학습환경			○				○			
온라인지원시스템 제공		○	○							
CPS 모형 & 수업운영안내			○	○						
성찰		○	○							
도구(tools) 제공		○	○							
커리큘럼설계					○	○	○			

선행 연구를 종합하면, 공학교육에서의 창의성은 프로젝트를 통하여 창의적 문제해결 과정을 직접 경험할 수 있게 해 줌으로써 중

진될 수 있다. 특히 공과대학에서의 프로젝트는 실제적인 문제해결을 위하여 팀 단위로 수행되기 때문에 커뮤니케이션 능력과 훌륭한 팀워크, 교수 및 선배들과의 다양한 정보 공유를 위한 네트워크 등이 주요 요인으로 고려되고 있다. 그 밖에 편안한 분위기 역시 공학교육에서의 창의성 증진에 영향을 미치는 주요 요인으로 논의되고 있으며, 또한 국내에서는 최근에 창의적 문제해결 모형을 바탕으로 온라인 지원 시스템을 개발하여 활용하려는 시도가 나타나고 있다(임철일, 윤순경, 박경선, 홍미영, 2009; 박철수, 박수홍, 정선영, 2010).

창의적 문제해결(CPS) 모형

지금까지 창의성 신장을 위한 다양한 접근이 시도되었는 데 그중에서 창의적 문제해결(CPS) 모형은 가장 대표적인 것으로 평가되고 있다. CPS는 모형의 각 단계마다 발산적 사고와 수렴적 사고를 조화롭게 사용하여 문제를 발견하고, 관련 자료를 참조하여 구체적인 문제를 진술함으로써 다양한 아이디어를 생성하고, 새롭고 신기하고 독창적인 해결안을 도출하는 사고의 과정이다(Treffinger et al., 2000).

트레핑거, 아이작센과 도르발(2000)이 제안한 CPS 6.1 버전은 발산적 사고와 수렴적 사고의 조화를 강조하는 역동적인 단계를 포함하고 있다. CPS 6.1 버전은 [그림 1]과 같으며, 크게 관리 요소인 '접근의 계획'과 과정 요소인 '문제의 이해', '아이디어 생성', '실천을 위한 준비'로 구성되어 있다. 특히 세 가지 과정 요소는 기회의 구성, 자료의 탐색, 문제의 골격 구성, 아이디어의 생성, 해결책의 개발, 수용토대의 구축의 여섯 개 세부 단계를 포함한다. 여섯 개의 단계마다 발산적 사고와 수렴적 사고를 반복적으로 조화를 이루면서 사용하는 것이 특징이다.

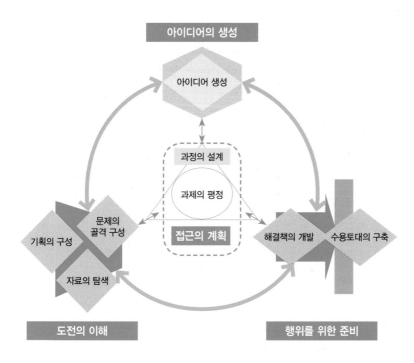

그림 1 CPS 버전 6.1^{TM}

CPS 지원 시스템과 학습환경

1960년대에 오스본이 주어진 문제를 창의적으로 해결하기 위한 지침을 제시한 이래 수백 가지의 창의성 기술(techniques)이 제안되었으며, 1990년대 초부터는 컴퓨터가 창의적 문제해결 과정을 어떻게 도울 수 있을지에 관한 연구들이 진행되어 왔다. 슈네이더만(Shneiderman, B., 2002)은 더 많은 사람이 다양한 도전 상황을 성공적으로 해결할 수 있게 하기 위해서 창의성 지원 도구를 설계해야 한다고 강조하였다. 우와 샤오(Wu, L. J. & Hsiao, H. S., 2004)는 CPS의 이론, 과정, 적용을 분석하기 위한 목적으로 웹 기반 CPS 모듈에서 연구를 진행한 결과, 학습자가 지식기반 관리 시스템으로부터 부가가치를 만들어 낼 수 있음을 밝혔다. 포스터와 브로코(Foster, F. & Brocco, M., 2008)는 컴퓨터 지원(computer-supported) 창의성 기술들이 창의적 문제해결을 도울 수 있다는 생각으로 창의성 기술 기반 문제해결 과정을 위한 모형을 제시하였다.

국내에서는 창의성 증진을 위한 지원 도구로서 컴퓨터를 활용하려는 연구가 시도되고 있다. 여기서는 특히 웹 기반의 학습환경을 설계하는 맥락에서 컴퓨터를 일종의 지원 도구로서 파악하는 관점을 취한다. 구양미, 김영수, 노선숙, 조성민(2006)은 창의적 문제해결을 위한 핵심 요소로 간주되는 발산적 · 수렴적 사고와 교과 지식이 조화롭게 활용될 수 있도록 하는 데 초점을 두고, 창의적 문제해결을 위한 웹 기반 교수학습 모형과 학습환경을 설계하는 연구를 수행하였다. 이종연과 구양미(2007)는 교과 기반 창의적 문제 해결 수업에서 교수학습 활동을 지원하는 웹 기반 지원 도구 설계 전략을 도출하고 이에 따라 지원 도구를 개발하여 그 효과를 검

> 창의적 문제해결을 위해서는 발산적 사고와 수렴적 사고의 조화가 필요하다

증하였다. 이상수와 이유나(2007)는 CPS가 온라인과 면 대 면 교실 학습환경에서의 장점을 모두 취할 때 창의적 문제해결력이 향상될 수 있다는 전제에서 출발하였다. 이후 기존의 창의적 문제해결 모형을 기초로 온라인 환경에 적합한 모형을 개발하고 창의적 문제해결을 위한 온라인 지원 시스템 설계 원리를 도출하여 시스템을 개발하였다. 또한 이상수와 이유나(2008)는 협동을 통해 창의적 문제해결을 할 수 있는 온라인 지원 시스템을 개발하고 형성평가를 실시하였다.

한편, 임철일 등(2009)은 대학의 일반 강좌에 창의적 문제해결 모형을 '통합'하는 것을 안내하는 학습환경을 설계하기 위한 원리와 상세 지침을 개발하여 적용한 후 학습자의 의견을 검토함으로써 개선 방향을 찾고자 하였다. 이를 위해 CPS의 각 단계마다 발산적 사고를 지원하는 사고 도구(Brainstorming, Attribute listing)와 수렴적 사고를 지원하는 사고 도구(Hits, PMI, Evaluation matrix)를 제공하는 온라인 지원 시스템을 개발하였다. 즉, 학습자가 온라인 지원 시스템의 각 CPS 단계마다 하나의 발산적 사고 도구와 두 개의 수렴적 사고 도구를 차례대로 사용하도록 하였다. 더욱이 온라인 지원 시스템은 이러한 사고 도구들 외에도 성찰일지, 팀별 게시판, 전체 게시판 등을 제공함으로써 학습자들의 지속적인 성찰과 상호 의사소통을 촉진하였다.

그러나 아직까지 대학의 공학교육 차원에서 CPS 지원 시스템을 활용하여 창의성 증진을 위한 종합적인 학습환경을 설계하는 것과 관련된 구체적인 연구는 미흡한 실정이다.

연구방법   본 연구는 교수 설계 모형 개발을 위한 라이겔루스(Reigeluth, C. M., 1983)의 방법론을 기초로 하여 임철일 등(2009)이 제안하는 모형개발 과정 절차에 따라 진행하였다. 첫째, 공학교육과 창의성 관련 선행 연구를 분석하여 공학교육에서의 창의성 향상을 위한 학습환경에 포함될 수 있는 일반적인 설계 원리를 도출하였다. 창의성 교육을 위한 원리, 창의적 문제해결을 위한 교수모형 및 온라인 지원 시스템, 공학교육에서의 창의성 교육에 관한 선행 연구 결과들을 분석하였다. 둘째, 도출된 일반적인 설계 원리들을 구조화할 수 있는 이론적 구성 요소를 도출하여 모형화하였다. 이론적 구성 요소는 다양한 설계 원리를 통합하는 역할을 할 뿐만 아니라 개발하고자 하는 학습환경 설계모형의 틀을 구성하기도 한다. 마지막으로 학습환경 설계모형을 구성하고 있는 원리들을 구체화할 수 있는 상세 설계 지침을 잠정적으로 제안하였다. 상세 설계 지침은 개발된 학습환경 설계모형을 구체적으로 보여 주는 것으로, 향후 실제 개발과정에서 추가되거나 수정될 수 있다.

공학교육에서 창의성을 증진하기 위한 일반적 원리

공학교육에서의 창의성 증진을 위한 목적을 달성하는 데 영향을 줄 수 있는 원리들을 탐색한 결과 다음과 같은 일곱 가지 학습환경 설계 원리를 도출하였다.

❶ 블랜디드 학습환경을 제공하라

코트(Court, 1998)는 공과대학생들이 프로젝트를 통한 창의성 교육의 최대 효과를 내기 위해서는 자유롭게 아이디어를 생성하기 위한 발산적 사고와 아이디어에 대한 판단을 하기 위한 수렴적 사고가 모두 필요하다고 강조하였다. 이상수 등(2007)의 연구에서는 발산적 사고를 위해서는 온라인 환경이, 수렴적 사고를 위해서는 면 대 면 환경이 적절하다는 관점을 제시하였다. 본 장에서는 온라인 환경에서도 적절한 도구를 활용함으로써 발산적 사고뿐 아

공학교육에서 창의성을 증진하기 위한 일반적 원리

❶ 블랜디드 학습환경을 제공하라.
❷ 팀 기반 프로젝트를 운영하라.
❸ 해당 분야의 실제적인 과제를 제공하라.
❹ 의사소통을 위한 네트워크를 지원하라.
❺ 창의적 문제해결 활동을 위한 온라인 지원 시스템을 제공하라.
❻ 창의적 문제해결 활동을 위한 물리적 학습 공간을 제공하라.
❼ 편안한 분위기를 지원하라.

니라 수렴적 사고도 지원할 수 있다는 점에 주목하였다(임철일 외, 2009). 즉, 온라인 환경에서도 발산적 사고와 수렴적 사고를 모두 경험할 수 있는 설계가 가능하며, 면 대 면 교실환경에서는 추가적인 팀 구성원 간의 협의와 교수자의 모니터링이 포함된다.

❷ 팀 기반 프로젝트를 운영하라

공과대학 학생들은 프로젝트라는 용어에 익숙하며, 공과대학에서의 프로젝트는 기술에 대한 지식의 직접적인 적용을 가능하게 하는 일의 단위(a unit of work)다(Mills & Treagust, 2003). 임효희, 김오연, 신경훈, 유혜원, 백윤수(2009)는 공학을 전공하는 2, 3, 4학년을 대상으로 창의성을 향상시키는 수업 방식을 조사하였는데, 학생들은 토론 및 팀 기반 프로젝트 운영이 창의성을 향상시킨다고 인식하였으며, 이것이 학생들이 원하는 수업 방식이라 제안하였다.

❸ 해당 분야의 실제적인 과제를 제공하라

대학에서 창의성 증진을 위한 교육은 해당 학문 분야의 특성을 경험할 수 있는 과제를 중심으로 구성되어야 한다(임철일 외, 2009). 특히 모든 공학 분야의 발달은 인간의 상태를 개선하고, 알려져 있는 해결책에 도전하는 문제해결에서부터 출발한다(Theil, 2006). 이에 공학 분야를 이끌어 갈 다음 세대를 양성하는 공과대학에서부터 산학 연계의 측면에서 실제적 과제를 다루는 것이 강조된다. 따라서 공학교육에서 창의성 교육이 효과적이기 위해서는 해당 분야의 특성을 경험할 수 있는 실제적인 과제를 중심으로 구성되어야 한다.

❹ 의사소통을 위한 네트워크를 지원하라

강승희(2009)는 공과대학생의 창의성 증진에 영향을 주는 주요 환경적 요인으로 교수 및 선배들과의 다양한 정보 공유를 위한 네트워크를 강조하였다. 또한 임철일 등(2009)은 팀 기반 프로젝트 단위의 창의적 문제해결 과정에서 발산적 사고와 수렴적 사고를 지원하는 도구뿐 아니라 다양한 의사소통을 위한 지원 도구 및 공간 제공의 중요성을 언급하였다. 물리적 환경이나 온라인 환경에서 동시적·비동시적 의사소통이 가능한 공간과 도구 제공이 여기에 포함될 수 있다.

❺ 창의적 문제해결 활동을 위한 온라인 지원 시스템을 제공하라

이상수 등(2007)은 발산적 사고를 위한 온라인 지원 시스템을 제시하였으며, 이종연 등(2007), 임철일 등(2009)은 창의적 문제해결 과정에서 온라인 지원 시스템이 효과적임을 밝혔다. 특히 임철일 등(2009)의 연구에서는 [그림 2]에서와 같이 온라인 지원 시스템을 통해 발산적 사고뿐 아니라 수렴적 사고도 지원하면서 동시에 전체 문제해결 과정 단계를 관리할 수 있는 환경의 설계를 포함하였다.

❻ 창의적 문제해결 활동을 위한 물리적 학습 공간을 제공하라

최근 건축이 뇌에 주는 영향을 연구하여 최적의 공간을 만들고자 하는 신경건축학(Neuro-architecture) 분야에서는 공간환경의 특성이 수행자의 창의성, 인지, 편안함에 큰 영향을 미칠 수 있다는 증거들을 내놓고 있다(Stenberg & Wilson, 2006). 예컨대, 천장의 높이가 높을수록 창의력이 높아진다는 연구 결과에 따라 미국 기업의 사무실은 20세기 내내 평균 2.4m이었는데 현재 신축 중인 빌딩은 평균 3m 수준에 이른다고 한다(이길성, 2010). 또한 초록색이 사람들의 창의성을 더 자극한다는 연구를 바탕으로 실내외에 더 많

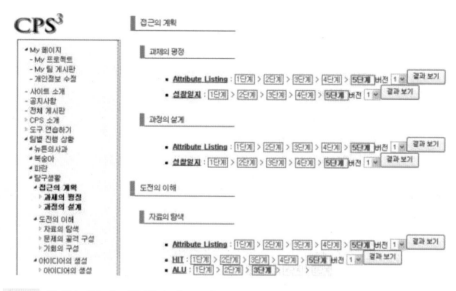

그림 2 온라인 지원 시스템(임철일 외, 2009) 화면

그림 3   창의성을 지원하는 전형적인 사무실 구조(천장, 벽면 등)

은 녹색 공간을 설치하는 것이 장려되기도 한다(김진성, 2010).

❼ 편안한 분위기를 지원하라

생각, 사고, 활동의 자유와 자율이 인정되는 분위기에서 많은 학생이 더 비판적이고 창의적으로 생각한다(박철수 외, 2010; Hamza & Griffith, 2006). 즉, 타인이 제시하는 의견과 소수가 제시하는 의견을 존중하고 다른 팀원으로부터 배우겠다는 분위기, 지식의 원활한 흐름을 유지하고 새로운 아이디어를 지원하는 열린 분위기가 창의적 사고에 도움이 된다. 또한 편안하고 도전적인 분위기, 서로의 모호하거나 독특한 아이디어를 수용함으로써 새로운 방식의 문제를 해결하려는 분위기, 존중하는 분위기 등도 창의적 생각을 증진시킨다.

모형을 위한 이론적 구성 요소   앞서 도출한 일곱 가지의 설계 원리들을 종합하여 공과대학에서 창의성 증진을 위한 학습환경 설계모형의 틀을 구성하기 위해 [그림 4]와 같은 세 가지 이론적 구성요소를 제안했다.

첫째, 창의적 문제해결 과정(Creative Problem Solving Process) 요소다. 본 모형은 기본적으로 창의적 문제해결의 여섯 단계를 학습자들이 경험하는 것을 바탕으로 한다. 따라서 학습자들은 이 여섯 가지의 단계와 함께 사전 준비 단계 그리고 최종적인 정리 단계를 겪으면서 창의성을 획득하게 된다.

둘째, 블렌디드 학습(Blended Learning) 요소다. 학습자들은 창의성 향상을 위하여 조성된 최적의 물리적 교실환경에서 활동할 뿐만이 아니라, 각종 발산적 사고와 수렴적 사고를 효과적으로 경험하게 하여 주는 온라인 지원 시스템을 활용하게 된다.

셋째, 과제의 실제성(Task Authenticity) 요소다. 공학교육의 맥락

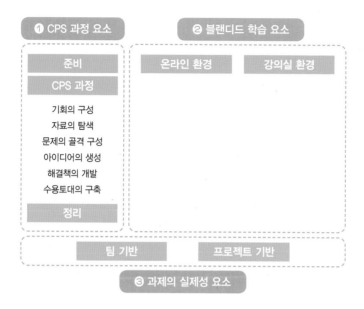

그림 4 공학교육에서의 창의성 증진을 위한 학습환경 설계모형 – 이론적 구성 요소

과 요구를 고려하여 본 모형에서 학습자들은 실제적인 과제를 수행하게 된다. 이를 위하여 학습자들은 팀을 구성하여 프로젝트 해결 형태의 학습을 경험하게 된다.

공학교육에서
성공적으로 창의성을
증진하기 위해서는
상세 설계 지침에서
다루는 강의실과
웹 기반 환경적 요인들
그리고
현장의 특성들을
고려해야 한다

**공학교육에서의 창의성 증진을 위한
상세 설계 지침**

본 모형의 이론적 구성 요소에 의하여 통합된 설계 원리에 따른 상세 설계 지침이 [그림 5]에 제시되어 있다.

첫째, 창의적 문제해결 과정 요소 측면에서 먼저 준비 단계에서는 팀 프로젝트 과제 소개와 온라인 CPS 지원 시스템에 대한 안내를 제공한다. 다음으로, CPS 과정 단계에서는 온라인 CPS 지원 시스템을 통한 팀 프로젝트가 수행된다. 이때 각 단계마

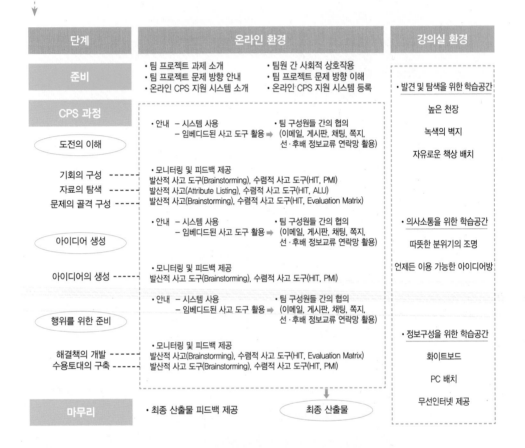

그림 5 공학교육에서의 창의성 증진을 위한 학습환경 설계모형 – 상세 설계 지침

다 팀별 토의가 진행되며, 교수자는 지속적인 모니터링 및 피드백
을 제공한다. 마지막으로 정리 단계에서는 최종 산출물 발표 및 토
의가 진행되고, 팀 프로젝트 구성원들 간의 참여 수준에 대한 동료
평가를 실시한다.

둘째, 블랜디드 학습 요소 측면에서는 강의실 환경과 온라인의
웹 기반 환경을 포함하고 있다. 강의실 환경은 발견 및 탐색을 촉
진하는 물리적 공간이어야 하며, 자유로운 의사소통 및 정보 구성

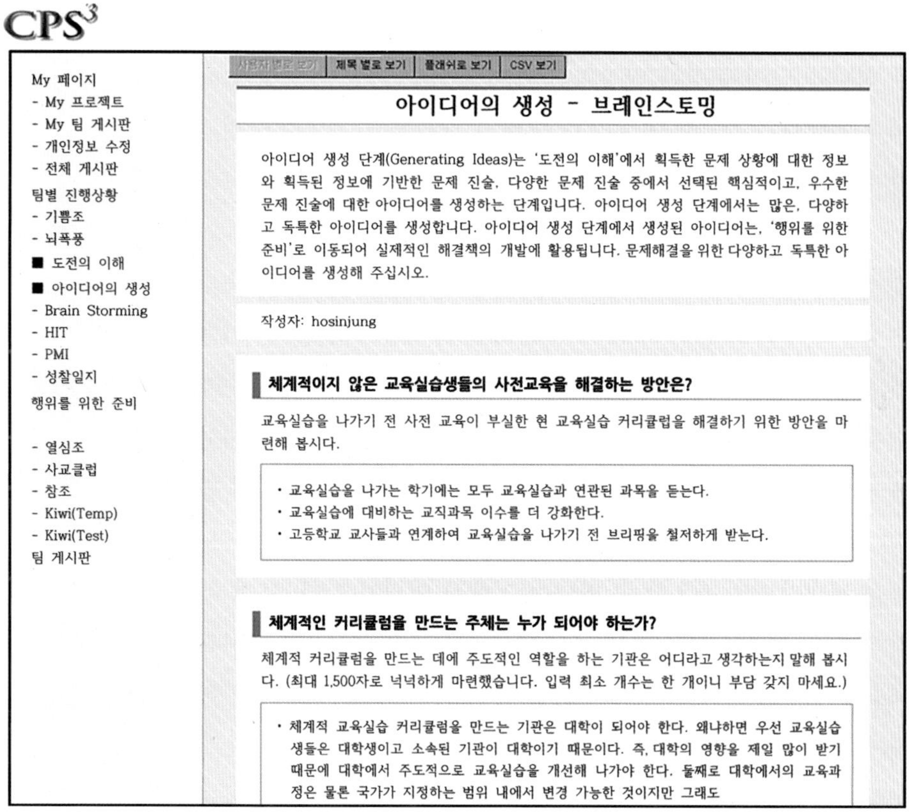

그림 6 온라인 웹 기반 학습환경에서의 발산적 사고 지원 사례

을 효율적으로 할 수 있어야 한다. 온라인의 웹 기반 학습환경은 창의적 문제해결 단계마다 각종 발산적 사고와 수렴적 사고를 가능하게 하는 도구들로 구성된다. [그림 6]은 온라인 환경에서 발산적 사고를 지원할 수 있는 설계 원리가 구현된 것을 예시적으로 보여 주고 있다(임철일 외, 2009).

셋째, 과제의 실제성 요소 측면에서는 공과대학 학생들이 졸업 후 직면하는 현장의 특성을 반영하는 설계 지침이 포함된다. 하나는 개별 단위의 과제가 아닌 팀 단위의 과제를 해결하는 것이며, 다른 하나는 답이 분명한 일상적인 과제가 아닌 다양한 형태의 해결책과 정당화가 가능한 프로젝트 형태의 과제를 중심으로 구성되어야 한다.

맺음말   본 장을 통하여 공학교육의 특수성을 반영하고 있는 창의적 문제해결 과정을 지원할 수 있는 설계 원리와 상세 지침을 확인할 수 있었다. 본 장은 창의적 문제해결을 고려하는 공학교육 프로그램의 설계와 운영에 많은 시사점을 제공할 수 있다. 특히 온라인 지원 시스템은 강의실에서의 면대 면 교육 상황에서는 제대로 경험할 수 없는 문제해결 기법과 도구들을 체계적으로 활용할 수 있다는 점에서 의의가 있다. 또한 실제적 과제를 해결하기 위한 팀 프로젝트의 운영은 커뮤니케이션과 팀워크를 경험하게 함으로써 창의성 증진을 물론 오늘날 산업 현장에서 원하는 엔지니어로서의 능력 향상에도 도움을 준다.

공학교육에서 창의성 증진을 위한 학습환경 설계모형은 공학교육에서 창의성 증진을 위해서 어떻게 학습환경이 설계되고 운영될 필요가 있는가를 거시적 설계 원리 차원에서 제시하고 있다. 이러한 연구 결과는 향후 실제적으로 학습환경을 구현하게 될 때 활용될 수 있는 기초적인 연구로서 의의가 있다.

3차원 가상세계 역할놀이를 통한 초등학교 예비교사의 문제해결력 증진 방안에 관한 사례 연구

조영환
김윤강
황매향

가상세계, 아바타, 교사교육　　　　　　　　최근 지식기반 사회에
필요한 창의성, 협력적 문제해결력, 정보통신 기술 리터러시, 인성
등의 21세기 역량이 교육계의 주요한 이슈로 논의되고 있다. 미래
사회에 필요한 핵심 역량 계발을 위해서는 학교교육의 혁신과 함
께 교사의 전문성 향상을 위한 노력이 병행될 필요가 있다. 새로운
교육목표에 적합하게 예비교사의 전문적인 지식, 기술, 신념의 향
상을 위해서 대학에서 가르치는 내용과 학교 현장에서의 경험 간
의 관련성을 높이고 실제적인 맥락을 제공하려는 시도가 여러 연
구에서 이루어졌다. 교사교육에 있어서 학습의 전이를 높이기 위
해서는 지식의 전달에 초점을 둘 것이 아니라, 예비교사가 실제적
인 교실맥락 속에서 문제해결을 위한 도구로 지식을 획득하고 사
용하도록 학습환경을 설계해야 한다.

　학교 현장에서의 교수 경험이 부족하고 교사로서의 역량을 아
직 충분히 갖추지 못한 예비교사에게 3차원 가상세계는 실제적인
교실 맥락과 다양한 시도를 실행하고 성찰할 수 있는 안전한 공간

▶ 이 장은 조영환, 김윤강, 황매향(2014). 3차원 가상세계 역할놀이를 통한 초등
학교 예비교사의 문제해결력 증진 방안에 관한 사례연구. 교육공학연구, 30(1),
45-75를 기반으로 함.

을 제공하기 때문에 유용하다. 특히 가상세계에서 예비교사들이 교사와 학생 역할을 서로 번갈아 하면서 실제적인 문제를 해결하는 역할놀이(role play)는 교사교육에서 효과적일 수 있다(백영균, 2010; Gregory & Masters, 2012). 가상세계의 교실 맥락에서 교수학습과 관련된 실제적인 문제 상황을 역할놀이를 통해서 재현하고, 적합한 해결책을 협력적으로 개발하며, 적용 및 평가하는 과정에서 유의미한 학습이 이루어질 수 있다. 교사와 학생 아바타를 사용할 경우 가상세계에서의 역할놀이에 더욱더 몰입할 수 있으며, 동일한 문제가 교사와 학생의 관점에서 서로 다르게 이해될 수 있다는 점을 학습할 수 있다. 선행 연구에 따르면, 가상세계 역할놀이는 교사의 자기효능감을 향상시키는 데 효과적이고(Cheong, 2010), 면 대 면 환경에서의 역할놀이보다 더 선호되는 것으로 나타났다(Gao, Noh, & Koehler, 2009).

이 연구에서는 초등학교 예비교사들의 문제해결력 향상을 위하여 가상세계 역할놀이를 문제중심학습에 근거하여 개발하였다. 초등학교 예비교사가 학교에서 직면하게 될 실제적인 문제들 중에서 저성취 학생을 교수학습 측면에서 어떻게 지도할 것인가라는 문제에 초점을 두었다. 이는 학교교육에서 매우 중요하고 유의미한 문제이며, 우리나라 교육과정에서도 저성취 학생을 위한 수준별 혹은 맞춤형 교육을 강조하고 있다. 저성취의 개념은 광의의 학습부진과 혼용되기도 하는데, 우리나라 학교 현장에서는 학습부진을 "일반적으로 학업성취가 낮은, 즉 학습이 뒤처지는 저학력 학생들을 규정하는 용어"(이화진, 김민정, 이대식, 손승현, 2009: 17)로 사용하고 있기 때문이다. 저성취의 원인은 학생의 인지적·정의적 측면뿐만 아니라 가정과 학교 환경의 특성에 따라 다양하다. 교수학습 측면에서 저성취 학생을 효과적으로 지도하기 위해서는 교사가 저성취 학생의 입장에서 학습의 어려움을 이해하고 교과 내용 중에 학습 전략을 통합하여 가르치는 것이 필요하다. 예비교사들이 3차원 가상세계에서 아바타를 이용하여 교사, 저성취 학생, 일반 학생의 역할을 수행하면서 실제적이고 복잡한 문제를 해결한다면, 저성취 학생 지도와 관련된 다양한 관점을 이해하고 문제해결력을 향상시킬 수 있을 것이다.

　여기서는 초등학교 예비교사 교육에 가상세계 역할놀이를 적용한 사례를 분석함으로써 가상세계 역할놀이가 가지는 장점과 제한점을 파악하고 개선점을 제시하고자 한다. 우리나라 교사교육의 맥락에 적합한 가상세계 역할놀이 모형을 개발하기 위해서는 학습자의 필요와 과제를 분석하고, 가상세계의 3차원 학습환경이 가지는 특성을 효과적으로 활용하는 것과 함께, 가상세계 역할놀이라는 활동이 우리나라 예비교사 공동체가 가지는 사회문화적 특성과 잘 조화를 이루는지에 관한 분석이 필요하다. 동일한 학습 활동이 동양과 서양의 모든 문화권과 공동체에서 효과가 있다고 가정하기 어렵기 때문에 이론적 고찰과 선행 연구를 기반으로 한 모형이라고 할지라도 특정 공동체가 가지는 사회문화적 특성과 상충함으로써 기대했던 학습 결과를 가져오지 못할 수 있다. 본 장에서는 우리나라 초등학교 교사교육의 맥락 속에서 가상세계 역할놀이의 장점과 제한점을 분석하기 위하여 대표적인 사회문화적 접근으로서 활동체제 모형(Engeström, 1987)을 분석의 틀로 사용하여 가상세계 역할놀이의 활동 요소인 주체, 도구, 객체, 규칙, 공동체, 분업, 결과가 서로 어떠한 관계를 가지고 있는지를 조사하였다. 가상세계 역할놀이의 활동 요소들이 상충하지 않고 학습 목표를 중심으로 조화로운 관계를 이룰 때 긍정적인 학습 결과를 가져온다고 가정하였다. 기존의 교수모형이 주로 개별 요소에 초점을 두고 요소들 간의 관련성을 중요하게 고려하지 않았다는 점에서 본 장은 교수설계 분야의 이론적 발전에 기여할 수 있다. 구체적인 연구 문제는 다음과 같다. 첫째, 초등학교 예비교사 교육에서 가상세계 역할놀이가 가지는 긍정적 측면은 무엇인가? 둘째, 초등학교 예비교사 교육에서 가상세계 역할놀이가 가지는 제한점은 무엇인가?

3차원 가상세계와 역할놀이　　　　　　3차원 가상세계는 현실과 매우 유사한 3차원의 공간으로서 물리적 거리와 시간의 제약을 뛰어넘은 상호작용이 가능하다. 가상세계에서는 마치 3차원의 공간에 있는 것과 같은 물리적 실재감뿐만 아니라 원거리의 다른 누군가와 함께 있으면서 상호작용을 하고 있다는 사회적 실재감을 아바타를 통해서 체험할 수 있다. 댈가노와 리(Dalgarno, B. & Lee, M. J. W., 2010)는 가상세계의 주요 특징으로 표상의 충실도와 학습자 상호작용에 주목하였다. 가상세계는 물체를 매우 실감 있게 표현하며, 한 장면에서 다른 장면으로의 이동이 부드럽게 이루어지고, 학습자의 모습을 아바타의 형태로 표상할 수 있으며, 소리를 통해서 실재감을 향상시킬 수 있다. 이러한 특징은 학습환경을 현실적으로 표상하는 데 기여함으로써 가상체험 학습에서 학습자의 적극적인 참여를 촉진시킨다.

가상세계에서는 아바타를 통해서 언어뿐만 아니라 비언어적 표현인 표정과 손짓 등으로 의사를 표현할 수 있고, 새로운 사물을 만들고 물체를 손쉽게 변형하거나 이동시킬 수 있다. 이처럼 가상세계는 다른 사람이나 물체와의 상호작용을 촉진시키기 때문에 구성주의를 기반으로 한 문제중심학습, 협력적 시뮬레이션, 경험학습 등에 효과적이다(Duncan, Miller, & Jiang, 2012). 가상세계는 또한 원격교육의 가장 큰 제한점 중 하나인 낮은 사회적 실재감을 극복하고 협력적으로 문제를 해결하거나 가상학습 공동체를 형성하는 데 크게 기여할 수 있다. 일반적인 인터넷 환경에서는 정보와 의견을 손쉽게 공유할 수는 있지만, 생각을 시각적으로 표상하거

가상세계는 기존의
온라인 학습환경과
구별되는 독특한
교육적 어포던스를
가지고 있다

나 감정을 비언어적인 방식으로 표현하는 데 제한점이 있다. 그러나 가상세계에서는 여러 명의 학습자가 협력적으로 건물이나 물건을 3차원의 형태로 디자인할 수 있으며, 아바타의 행동이나 표정을 통해서 친밀감과 같은 감정을 전달할 수 있다. 이처럼 가상세계는 기존의 온라인 학습환경과 구별되는 독특한 교육적 어포던스(affordance)를 가지고 있다.

가상세계 역할놀이는 교육 분야에서 3차원 가상세계의 어포던스를 가장 효과적으로 활용할 수 있는 방법 중의 하나다. 러셀과 쉐퍼드(Russell, C. & Shepherd, J., 2010)는 그들의 연구에서 역할놀이에 대해, 참여자들 간의 상호작용을 통하여 문제를 해결하는 방법으로, 특정한 문제 상황을 기술하고 주어진 상황에 따라서 행동을 한 다음 그 결과를 토론하는 과정으로 구성된다고 규정하였다. 가상세계 역할놀이는 교사교육을 비롯하여 영어교육, 의학교육, 윤리교육 등 다양한 분야에서 유용하게 활용되고 있다. 예컨대, 재멀루딘, 치와 호(Jamaludin, A., Chee, Y. S., & Ho, C. M. L., 2009)는 비판적 사고와 논쟁을 촉진하기 위해서 학생들이 식물인간 상태에 놓인 사람의 가족, 의사, 목사 역할을 가상세계에서 수행하면서 안락사 문제에 대해서 서로 논의를 하도록 하였다. 앤토나치와 모아레스(Antonacci, D. M. & Moaress, N., 2008)는 세컨드 라이프(Second Life)에 가상 의원(virtual medical clinic)을 만들고 학생들이 의사, 간호사, 환자, 환자의 보호자 역할을 수행하면서 환자의 증상을 진단하고 처치하기 위한 지식뿐만 아니라 환자와 효과적으로 상호작용하는 방식을 학습할 수 있도록 도왔다. 이들 연구에서는 학습자가 가상세계에서 자신이 맡은 역할에 충분히 몰입할 수 있도록 실제적인 맥락과 과제를 설계하는 데 주안점을 두었다.

가상세계 역할놀이가 교사교육에 적용된다면 현장 경험이 부족한 예비교사나 초임교사에게 매우 효과적일 수 있다. 예비교사는 1~2개월의 짧은 교생실습 기간을 제외하면 실제 교실 현장에서 학생을 가르치거나 지도할 기회가 없으며, 임용 후에는 별다른 수습 기간 없이 바로 교단에 서서 교수학습과 관련된 복잡하고 비구조화된 문제에 직면하게 된다. 가상세계는 교실환경이라는 구체적이고 실제적인 맥락을 제공하고, 예비교사의 실수나 실험적인 교수법이 학생에게 부정적인 영향을 미칠 수 있는 가능성을 배제함으로써 예비교사와 학생 모두에게 안전한 공간을 제공해 준다. 가상세계에서 예비교사가 역할놀이를 통해서 학생과 교사 역할을 번갈아 하면서 실제적인 교육문제를 해결할 경우, 동일한 문제 상황을 서로 다른 관점에서 이해할 수 있고 토론을 통해서 유연하게 문제를 해결할 수 있다(Gregory & Masters, 2012). 가상세계에서는 [그림 1]에 제시된 것처럼 교사와 학생 모습의 아바타를 이용하여 교실이나 학교 밖의 실제적인 맥락에서 가르치고 배우는 활동에 보다 생동감 있게 참여할 수 있다.

해외 아바타 활용 예비교사 교육의 예

미국 센트럴 플로리다 대학에서 개발한 TeachLivE (http://srealserver.eecs.ucf.edu/ teachlive/)는 예비교사가 가상의 교실에 있는 학생 아바타들과 상호작용을 하면서 교수법과 학급 운영을 학습할 수 있도록 돕는다(Hayes et al., 2013). 컴퓨터 시뮬레이션을 통해서 제공되는 가상의 교실 상황에서 예비교사는 학생 아바타에게 질문을 하기도 하고, 새로운 내용을 가르치기도 하며, 학생의 잘못된 행동에 적절히 대처해야 한다. 그리고 VirtualPREX(http://www.virtualprex.com/)

그림 1 가상세계에서의 아바타

프로젝트에서는 예비교사가 교생실습을 나가기 전에 교수학습 활동과 관련된 전문적인 경험을 할 수 있도록 세컨드 라이프(Second Life)에 가상의 교실을 설계하였다(Gregory et al., 2011). 예비교사들은 서로 교사와 학생 역할을 번갈아 하면서 역할놀이를 수행할 수도 있고, 봇(bot)이라고 불리는 프로그램화된 학생 아바타와 개별적으로 상호작용을 할 수도 있다.

그레고리와 마스터스(Gregory, S. & Masters, Y., 2012)의 연구에 따르면, 예비교사들은 3차원의 실제적인 가상교실에서 교사와 학생 아바타를 이용한 역할놀이를 통해서 교수 및 학급 운영과 관련된 전문 역량을 향상시킬 수 있다. 또 가상세계는 면 대 면 상황에서와 유사한 방식으로 역할놀이에 필요한 구체적인 상황과 실제적인 과제를 제공해 줌으로써 예비교사들이 역할놀이에 몰입할 수 있도록 도와준다. 또한 가상세계를 이용하여 현실에서 실행하기 어려운 역할놀이 과제를 효과적으로 수행할 수 있다. 예컨대, 현실에서는 예비교사가 초등학생의 외모를 가지기 어렵지만, 가상세계에서는 아바타의 옷과 신체적 조건을 초등학생에 맞게 변경할 수 있다. 가상세계에서 초등학생 아바타를 사용함으로써 초등학생의 생각과 행동에 더 잘 몰입할 수 있을 것이다.

그리고 3차원 가상세계에서의 실제적인 활동과 역할놀이가 학습자의 자기효능감을 향상시킬 수 있다. 헨더슨 등(Henderson, Huang, Grant, & Hende, 2012)은 대학생을 대상으로 가상세계에 있는 실제적인 중국 식당에서 채식주의자, 해산물에 알레르기가 있는 사람, 베이징에서 온 친구 등 다양한 손님에게 적합한 음식을 협력적으로 선택하는 문제를 해결하도록 하였다. 가상세계에서의 실제적인 문제해결 활동은 학습자의 중국어에 대한 자기효능감을 유의미하게 향상시켰다. 가상세계에서 중국어를 실제적인 맥락에 적합하게 성공적으로 사용한 경험이 자기효능감 향상에 도움이 되었다. 교사교육에 있어서도 가상세계에서의 문제해결과 역할놀이가 자기효능감을 향상시킨다는 연구 결과가 있다(Cheong, 2010; Cho & Jung, 2008). 특히 정(Cheong, 2010)의 연구에서 가상교실에서 자신이 가르치는 장면을 녹화한 다음 조원들과 공유하고 협력적으로 성찰을 실시한 예비교사들이 개별적으로 자신의 교수법을 성찰한 예비교사들보다 더 높은 교수효능감을 보였다.

교사교육에 있어서 가상 역할놀이가 가지는 잠재력에 비해서 효과적인 교수학습 활동을 위한 구체적인 모형과 지침이 부족하다. 특히 우리나라에서는 세컨드 라이프와 같은 3차원 가상세계를 교육적 목적에 사용한 사례와 연구가 매우 적다. 가상세계가 가지는 다양한 교육적 어포던스가 효과적으로 발휘되기 위해서는 학습자의 요구와 필요에 맞게 교수학습 활동을 설계해야 한다(Dalgarno & Lee, 2010). 그러므로 우리나라 교사교육의 필요에 맞게 가상세계 역할놀이 모형과 효과적인 전략을 개발하는 것이 필요하다.

문제중심학습에 기반을 둔 가상세계 역할놀이 모형

앞서 언급했듯이, 일반적으로 역할놀이는 주어진 문제 상황 속에서 참여자들이 각자 주어진 역할을 수행함으로써 문제를 해결하고 그 결과에 대해서 함께 토론하는 과정으로 구성되어 있다. 그러나 역할놀이에 관한 단일의 모형이 존재하는 것은 아니며, 학습 목표와 내용에 따라서 다양한 방식으로 역할놀이가 활용되고 있다. 본 장에서는 역할놀이가 문제 상황을 중심으로 이루어진다는 점에 착안하여 기존의 문제중심학습 연구에 기반을 두어 가상세계 역할놀이 모형을 설계하였다. 선행 연구에 따르면, 문제중심학습은 학생들의 협력과 자기주도학습 능력을 향상시켜 주고, 학습한 내용을 학교 밖의 실제 상황에 적용하는 데 효과적이다(Hmelo-Silver, Duncan, & Chinn, 2007).

문제중심학습에 관한 선행 연구에 기반을 두고 개발된 가상세계 역할놀이 모형은 [그림 2]와 같이 총 6단계로 구성된다. 가상세계 역할놀이는 교수자가 실제적인 문제를 제시함으로써 시작된다. 교사교육에 있어서 실제적인 문제는 복잡하고 비구조화된 특성을 가지고 있으며, 단일의 정답이 존재하지 않고, 해결책의 타당성을 쉽게 평가하기 어렵다.

조나센(Jonassen, D. H., 1997)에 따르면, 비구조화된 문제를 해결하기 위해서 학습자는 문제와 관련된 상황적 요인을 포함한 다양한 정보와 조건을 고려해야 하며, 자신이 그 분야에 대해서 무엇을 알고 있는지 성찰해 보는 것이 필요하다. 비구조화된 문제는 다

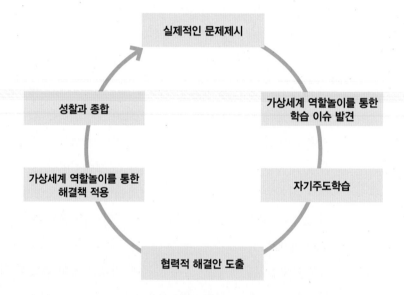

그림 2   가상세계 역할놀이 모형

양한 방식으로 정의될 수 있기 때문에 문제에 대한 서로 다른 관점을 비교하고 논의하는 과정이 필요하다. 첫 번째 단계에서 제공된 실제적 문제를 다양한 방식으로 표현하도록 돕기 위해 두 번째 단계에서 학습자들은 가상세계에서 조별로 문제 상황을 재현하는 역할놀이를 실시한다. 가상세계 역할놀이를 통해서 교사와 학생의 다양한 관점에서 문제 상황을 이해하고, 토론을 통해서 각 조별로 문제 상황에 대해서 알고 있는 내용을 성찰하고 더 학습이 필요한 내용을 선정한다. 세 번째 단계에서는 선정된 학습 이슈를 조원들이 분담하여 자기주도적으로 관련 정보를 수집하고 가능한 해결책을 탐색한다. 이렇게 수집된 정보와 가능한 해결책들은 네 번째 단계에서 협력적인 해결안 도출을 위해서 서로 공유된다. 실제적인 문제에 있어서는 다양한 해결책이 가능하기 때문에 대안들을 비교하고 평가하기 위한 논쟁이 필요하다(Jonassen & Cho, 2011). 다섯 번째 단계에서는 논쟁을 통해서 도출된 해결안을 가상세계 역할놀이를 통해서 실제적인 문제 상황에 적용한다. 비구조화된 문제의 경우 정답이 존재하지 않기 때문에 해결안을 평가하기 위해서는 문제 상황에 적용하고 그 결과를 관찰해야만 한다(Jonassen, 1997). 가상세계 역할놀이를 통해서 효과적이고 안전한 방식으로 다양한 해결안을 시험해 볼 수 있다. 마지막 단계에서는 조별 성찰 활동과 교사가 주도하는 종합 활동을 통해 어떤 해결안이 왜 효과가 있었는지 혹은 없었는지를 설명하고 문제 기반의 가상세계 역할놀이를 통해 학습한 내용을 정리하고 내면화한다.

가상세계 역할놀이 모형은 문제중심학습과 비구조화된 문제해결에 관한 선행 연구를 기반으로 도출되었다. 이론에 기반을 둔 모형을 우리나라 교사교육에 적용할 경우 예상했던 학습 활동과 결과를 확인할 뿐만 아니라 예상하지 못했던 제한점을 발견할 수도 있다. 학습자의 주도적인 역할에 기반을 둔 문제중심학습은 유럽과 북미의 사회문화적 맥락 속에서 개발되고 적용되어 왔기 때문에, 전통적으로 교사의 권위가 강조되고 학습자의 참여가 소극적으로 이루어져 왔던 우리나라 교실환경에 효과적으로 적용될 수 있을지에 대한 의문이 제기될 수 있다. 가상세계 역할놀이 모형이 우리나라 예비교사를 위한 교육에서 효과적으로 적용될 수 있는지와 어떠한 제한점을 가지고 있는지를 살펴보기 위해서 활동체제 모형(Engeström, 1987)을 분석의 틀로 사용하고자 한다.

가상세계 역할놀이 분석을 위한 활동체제 모형   활동 이론 (Cultural historical activity theory)은 인간의 활동을 사회문화적 혹은 역사적 관점에서 바라보고 설명할 수 있는 틀을 제공한다. 활동 이론의 핵심적인 가정은 개인이나 집단이 특정한 목적을 가지고 사회문화적 맥락 속에서 도구를 사용하여 유의미한 활동에 참여한다는 것이다(DeVane & Squire, 2012). 무엇인가를 수행하기 이전에 먼저 학습이 이루어져야 한다고 보는 전통적인 학습 이론과 달리, 활동 이론은 학습자가 주변의 환경과 유목적적으로 상호작용하는 활동 속에서 학습이 이루어진다고 주장한다(Jonassen & Rohrer-Murphy, 1999). 활동 이론에 따르면 가상세계 역할놀이라는 활동 속에서 예비교사에게 필요한 역량이 학습되고 내면화될 수 있으므로, 교사가 의식적인 활동과 분리된 형태의 지식이나 기술을 일방향적으로 가르치는 것은 불필요하다.

인간의 활동을 이해하기 위해서는 그 활동이 일어나는 맥락을 체계적으로 분석하는 것이 필요하다. 예컨대, 가상세계 역할놀이 활동을 이해하기 위해서는 누가 무슨 목적을 가지고 가상세계 역할놀이에 참여하고 있으며, 어떤 도구를 이용하여 무슨 과제를 수행하고, 그 활동이 이루어지는 공동체의 특성은 무엇인지에 관한 깊은 이해가 필요하다. 활동 이론에서 개인과 공동체는 매우 밀접한 관련성을 맺고 있다. 공동체의 구성원으로서 개인은 다른 구성원들과 함께 공동의 목적을 성취하기 위해서 활동에 참여하며, 이 과정에서 일어나는 개인의 학습과 변화는 공동체의 문화와 규칙이 발전하는 데 기여한다. 가상세계 역할놀이를 통해서 참여자의 인식론적 신념이 교수자 중심의 지식 전달에서 학습자 중심의 지식 생성으로 발전한다면, 학습자의 자율성과 관련된 교실 풍토와 규범도 변화할 것이다.

엔게슈트림(Engeström, Y., 1987)은 활동을 설명하는 개념적 틀로서 [그림 3]에 제시된 활동체제 모형을 제안했다. 모형의 상단에 제시된 주체(subject)-도구(tool)-객체(object)의 삼각형은 인간의 경험과 사고가 물리적 혹은 문화적 도구를 매개로 하여 이루어진다는 비고츠키(Vygotsky, L. S., 1978)의 주장을 잘 반영하고 있다.

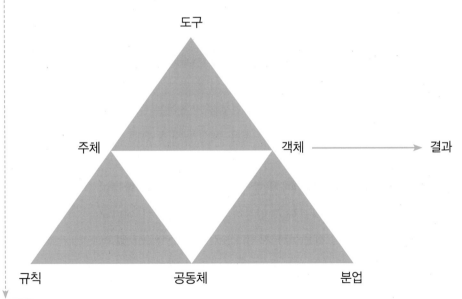

그림 3 엔게슈트림(Engeström, 1987)의 활동체제 모형

주체는 활동에 참여하고 있는 개인이나 집단이며, 객체는 주체가 추구하는 물리적 혹은 정신적 대상이다. 그리고 주체가 객체를 만들고 변형하는 과정에서 다양한 도구가 사용된다.

가상세계 역할놀이에서는 예비교사가 활동의 주체로서 인터넷으로 연결된 가상세계를 주된 상호작용의 도구로 사용하여 객체인 문제 중심의 역할놀이에 참여한다. 가상세계라는 도구가 가지는 독특한 특성으로 인해서 면 대 면이나 2차원의 온라인 환경과 다른 방식으로 문제가 표상되고 해결될 수 있으며, 이 과정에서 예비교사는 새로운 형태의 학습 경험을 내면화할 수 있다.

활동체제 모형의 하단에 제시된 규칙(rules), 공동체(community), 분업(division of labor)은 개인 차원의 활동이 그 상위의 공동체가 가지는 사회문화적 맥락과 밀접하게 관련되어 있음을 보여 준다. 형식적 혹은 비형식적으로 존재하는 규칙을 따라서 활동이 이루어지며, 각자가 맡은 역할에 따라서 활동을 바라보는 관점이 다양하다(Engeström, 2001). 활동에 참여하는 한 개인은 다양한 공동체에 소속되어 있기 때문에 공동체가 요구하는 관습과 신념을 상황에 맞게 선택하거나 조정해야 한다. 가상세계 역할놀이라는 활동은 예비교사 공동체의 사회문화적 · 역사적 맥락 속에서 이루어지기 때문에 학습자의 주도적인 역할과 자율성을 강조하는 문제해결 과제가 기존 공동체의 관습과 상충할 경우 예상하지 못했던 반응이 나타날 수 있다. 이러한 사회적 맥락 속에서 주체가 도구를 이용하여 객체를 변형함으로써 결과가 발생한다. 가상세계 역할놀이를 통해 실제적인 문제를 해결하고 성찰하면, 그 결과로서 예비교사의 교수학습과 관련된 전문성과 자기효능감이 향상될 수 있고, 교사 교육기관의 입장에서는 유능한 교사를 배출해 낼 수 있다.

교육 분야에서 활동체제 모형은 교수학습 활동을 설계하거나 혁신적인 교육실천의 문제점을 이해하는 데 활용되었다. 교수 설계와 재설계의 과정에서 활동체제 모형은 활동의 어떤 요소들이 상충관계를 가지는지를 분석할 수 있는 틀을 제공한다. 활동 이론에 따르면 활동 요소 혹은 시스템 간의 상충관계는 변화와 혁신을 위한 원동력으로 작동하기 때문에 회피의 대상이 아닌 분석의 대상이 되어야 한다(Engeström, 2001). 예컨대, 새로운 테크놀로지나 교수법이 학교에 도입될 경우 전통적인 교사의 역할이나 학급 운영의 원칙과 갈등을 일으키는 경우가 자주 발생한다. 이러한 상충관계를 감소시키기 위해서 교사의 전문성 계발을 위한 교육이 실시되거나 교실 풍토의 변화를 위한 적극적인 노력이 이루어지고, 그 결과로서 교수학습 체제가 변화한다. 그러나 새로운 테크놀로지나 교수법으로 인해 발생하는 상충관계를 당연한 것으로 받아들이거나 무시할 경우에는 교수학습 체제의 변화를 기대하기 어렵다. 그러므로 가상세계 역할놀이를 우리나라 교사교육에 적용할 때 발생하는 활동 요소들 간의 상충관계를 분석하고 상충관계를 감소시키기 위한 전략을 세우는 것이 필요하다.

연구방법   연구 대상으로는 총 28명 (남자 7명, 여자 21명)의 예비교사가 참여했는데, 모두 국내 G교육대학교에 재학 중인 3학년 학부생이다. 대부분의 참여자는 학생을 지도한 경험이 전혀 없거나(n=17) 1년 미만(n=10)이었으며, 1년 이상 2년 미만이라고 응답한 참여자는 1명 있었다. 그리고 본 장에서 가상세계로 사용된 세컨드 라이프를 1년 미만으로 사용한 경험이 있는 참여자가 4명이었으며, 그 외 24명은 전혀 사용해 본 경험이 없었다. 즉, 대부분의 참여자가 학생 지도 경험과 세컨드 라이프 사용 경험이 전혀 없거나 매우 적은 상태였다. 연구 참여자 중에서 사후검사에 참여하지 않은 2명의 예비교사는 최종 자료 분석에서 제외되었다. 그리고 참여자 중에서 5명이 자발적으로 사후 면담에 참여하였다. 면담 참여자들은 가상세계 역할놀이의 유용성에 대한 설문조사에서 3.5~6.25(7점 척도)까지 다양한 반응을 보였다. 본 장에서는 면담 참여자의 이름을 모두 가명으로 변경하여 사용하였다.

연구에서는 세계적으로 가장 많이 알려진 가상세계인 세컨드라이프(http://secondlife.com/)에서 역할놀이를 포함한 대부분의 학습 활동이 이루어졌다. 가상학교는 3층으로 구성되어 있었으며, 8개의 교실이 실제와 매우 유사하게 설계되었다([그림 4] 참조). 아바타가 가상교실 안의 책상에 앉으면, 학생들의 일반적인 행동인 손들기, 글쓰기, 잠자기, 대화하기 등의 애니메이션 기능을 사용할 수 있었다. 그리고 예비교사들은 연구자가 제공해 준 아이디로 가상세계에 접속을 하였으며, 두 종류의 학생 아바타와 네 종류의 교사 아바타 중에서 하나를 선택할 수 있었다. 무작위로 4~5명의 참여자를 하나의 조로 구성하여 가상교실에 배정하였으며, 그룹 채팅 툴을 이용하여 한 교실에서의 대화가 다른 교실로 넘어가는 것을 방지하였다. 연구 참여자들이 컴퓨터실에 모여서 가상세계 역할놀이에 참여하였기 때문에 소음을 방지하기 위해서 음성 대신에 문자 기반의 채팅이 이루어졌다. 문자 중심의 의사소통으로 현실감은 감소될 수 있었으나 이전 대화의 내용을 쉽게 찾아보고 상호작용의 과정을 점검해 볼 수 있었다.

가상세계 역할놀이를 위해서 초등학교 교사들이 현장에서 자주 경험하는 실제적인 문제 상황을 한 장의 만화 형태로 제시하였다. 역할놀이를 위한 문제 속에서 초등학교 2학년 정희라는 학생은 숙제를 자주 안 해 오는 저성취 학생이다. 숙제 검사를 하는 여교사에게 숙제를 집에 두고 안 가지고 왔다고 했다가 계속되는 교사의 질문에 친척들이 오셔서 숙제를 할 시간이 없었다고 변명을 한다. 교사는 정희의 이러한 행동을 나무라면서 "네가 공부를 해야 성적이

그림 4 가상세계 속 학교와 교실

오르지. 도대체 무슨 생각을 하는 거니?"라고 묻는다. 연구에 참여
하는 예비교사들에게 익숙한 만화 형태로 사례 문제를 제시함으로
써 흥미를 유발하려고 하였으며, 저성취 학생의 문제가 여러 방식
으로 정의될 수 있도록 비구조화된 방식으로 문제를 제시하였다.

가상세계 역할놀이 이전에 세컨드 라이프 사용법을 강의하고 예
비교사들이 자유롭게 가상세계를 탐색할 수 있도록 하였다. 그리
고 교사로서 가지는 자기효능감과 저성취 학생 지도에 관한 사전
지식을 검사하였다. 이후 일주일에 한 시간씩 총 3주 동안 [그림 5]
에 제시된 모형에 따라서 가상세계 역할놀이를 실시하였다.

먼저, 가상세계 역할놀이에 앞서 조별로 리더(leader), 토론 촉진
자(moderator), 요약자(note-taker) 역할을 정하고, 각 역할에 대해
서 기대되는 행동을 교수자가 설명하였다. 그리고 예비교사들에게
만화 형태의 사례 문제를 제시하였으며, 어떤 교실 상황인지와 만
약 자신이 교사라면 어떻게 했을 것인지를 가상세계에서 토론하게
하였다.

두 번째 단계에서는 교사, 공부를 잘하는 학생, 공부를 못하는
학생으로 역할을 구분하여 가상교실에서 아바타를 이용하여 역
할놀이를 수행했다. 제시된 문제 상황뿐만 아니라 그와 유사한 상

그림 5 저성취 학생에 관한 문제의 일부분(황매향, 고홍월, 오상철, 2010)

황을 창의적으로 재현해 보도록 하였다. 역할놀이 이후에 조별로 학습 이슈를 정하기 위해서 ① 초등학교 저성취 학생과 관련해서 탐구하고 싶은 질문이 무엇인지, ② 그와 관련해서 현재 알고 있는 내용이 무엇인지, ③ 어떤 내용을 모르고 더 공부할 필요가 있는지를 토론하고 그 내용을 요약하여 구글 드라이브(https://drive.google.com)를 통해서 다른 조와 공유할 수 있도록 하였다. 세 번째 단계에서는 이전 단계에서 발견한 학습 이슈에 관한 자료와 정보를 조사해 오는 것을 과제로 제공하였다. 위 세 단계의 활동이 첫 번째 주에 이루어졌다.

두 번째 주에는 네 번째 단계가 실시되었고, 예비교사들은 가상세계에서 조별 토론을 통해 조사해 온 내용을 공유하였다. 토론을 통해서 저성취 학생에 대해서 새로 알게 된 내용을 구글 드라이브에 요약함으로써 다른 조와 공유할 수 있도록 하였다. 그리고 교수자가 저성취 학생과 관련된 교육부의 정책과 학교에서의 실천 방안에 대한 정보를 제공하였고, 예비교사들은 수집된 정보를 기반으로 저성취 학생 문제에 대한 해결안을 가상세계에서 토론하였다. 첫 번째 단계에서 제시된 문제 상황에서 교사가 어떻게 행동하는 것이 저성취 학생에게 도움이 될 것인지와 그에 대한 학생들의 반응은 어떠할지를 논의하였다.

세 번째 주에는 남은 두 단계의 활동이 실시되었다. 다섯 번째 단계에서는 조별로 토론을 통해서 도출한 해결안을 가상세계에서 역할놀이를 통해서 적용해 보도록 하였다. 이 과정에서 예비교사들이 자유롭게 교실 상황에서 저성취 학생에게 발생할 수 있는 문제 상황을 상상해 보도록 하였다. 마지막 단계에서는 역할놀이에서 교사의 어떠한 행동이 효과적이었는지와 어떤 점이 개선되어야 하는지를 가상세계에서 토론하였다. 교수자의 도움을 받아서 가상세계 역할놀이를 통해 학습한 내용을 종합하고 성찰하는 시간을 가졌다. 모든 활동이 종료된 직후 교사의 자기효능감과 저성취 학생 지도에 관한 사후검사를 실시하고, 가상세계 역할놀이에 대한 인식을 설문 조사하였다. 그리고 사후검사 이후 한 달 이내에 5명의 지원자를 대상으로 각자 40~50분씩 면담을 실시하였다.

연구 도구로는 연구 참여자의 자기효능감의 변화를 측정하기 위해서 스칼빅과 스칼빅(Skaalvik, E. M. & Skaalvik, S., 2007)이 개발하여 타당화한 설문지 중에서 교수(Instruction), 맞춤형 수업 (Adapt Instruction to Individual Needs), 동기(Motivate Students), 훈육(Maintain Discipline)의 네 요소와 관련된 16개의 자기효능감 문항을 번역하여 사용하였다. 번역 후 교사교육 및 교육공학 전문가 3인으로부터 내용타당화를 받았으며, 문항의 신뢰도를 나타내는 Cronbach 알파 계수는 .67에서 .85까지 분포하였다. 그리고 연구 참여자의 가상세계 역할놀이 참여도(예: "가상교실에서 역할놀이에 활발하게 참여했다."), 학업성취(예: "저성취 학생에 대한 이해가 향상되었다."), 가상세계 역할놀이의 유용성(예: "가상교실에서의 토론이 저성취 학생을 가르치는 데 도움이 되었다.")에 대한 인식을 리커트 (Likert) 7점 척도를 이용하여 측정하였다. 각 요인별로 4개의 문항을 만들어서 교사교육 및 교육공학 전문가 3인으로부터 내용타당화를 받은 이후에 사용하였으며, 신뢰도 분석 결과 Cronbach 알파 계수는 .83에서 .93까지 높게 나타났다. 그리고 연구 참여자의 저성취 학생에 대한 지식의 변화를 조사하기 위해서 가상세계 역할놀이 전후에 "초등학교 교사가 저성취 학생의 수준을 진단하기 위해서 어떤 방법을 사용할 수 있습니까?", "초등학생에게 있어서 저성취의 원인은 무엇입니까?", "초등학교 저성취 학생을 위해서 교사가 어떻게 수업을 해야 합니까?"라는 세 개의 서술식 질문에 답하게 하였다.

가상세계 역할놀이의 긍정적 측면　　　가상세계 역할

놀이를 통해서 예비교사의 저성취 학생에 관한 이해가 [그림 6]에
나타난 것처럼 향상되었다. 대응표본 t검증 결과, 저성취의 원인
에 대한 이해는 평균 2.38점에서 3.46점으로, t(25)=3.54, p=.002,
진단방법에 대한 이해는 평균 1.46점에서 2.23점으로, t(25)=3.89,
p=.001, 저성취 학생을 위한 교수법에 대한 이해는 평균 1.77점에
서 3.04점으로, t(25)=5.31, $p<$.001, 모두 유의미하게 향상된 것
을 발견하였다. 그리고 예비교사들의 자기효능감 변화를 조사한
결과, 맞춤형 수업에 대한 자기효능감이 평균 4.30에서 4.64로,
t(25)=2.31, p=.029, 유의미하게 향상되었다. 그러나 교수, 동기, 훈
육에 관한 자기효능감은 유의미하게 향상되지 않았다.

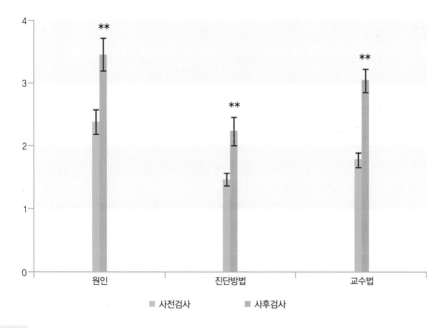

그림 6　저성취 학생 관련 지식에 대한 사전검사와 사후검사 평균점수(**$p<$.01)

사후검사에서 리커트 7점 척도를 이용하여 연구 참여자들의 학업성취와 가상세계 역할놀이의 유용성에 대한 인식을 조사한 결과, 학업성취에 대한 인식은 평균 4.78(SD=1.03)이었고, 유용성에 대한 인식은 평균 4.63(SD=1.1)이었다. 예비교사들은 자신의 학업성취와 가상세계 역할놀이의 유용성에 대해서 평균적으로 긍정적인 반응을 보였으나, 부정적인 시각을 가진 학생들도 있었다. 그리고 가상세계 역할놀이 참여도와 관련해서는 보다 긍정적인 인식을 보였다(M=5.63, SD=.83). 많은 예비교사가 가상세계 역할놀이와 토론에 적극적으로 참여했다고 인식하였다. 회귀분석 결과, 참여도가 학업성취에 대한 인식을 유의미하게 예측하였으며, β=.39, t(24)=2.09, p=.048, 참여도가 학업성취 변량의 15.4%를 설명하였다.

가상세계 역할놀이가 교사교육에서 가지는 긍정적인 측면을 더 깊이 이해하기 위해서 연구 참여자와의 면담 내용을 엔게슈트룀의 활동체제 모형에 기반을 두고 분석하였다.

[그림 7]은 활동체제 요소들 간의 조화로운 관계를 보여 주고 있다. 역할놀이라는 객체를 중심으로 결과를 포함한 다수의 요소들이 조화로운 관계를 가지고 있었다.

먼저, 활동의 주체인 예비교사, 가상세계 및 구글 드라이브를 포함한 도구, 문제중심의 역할놀이라는 객체 간에 조화로운 관계가 발견되었다. 저성취 학생 지도라는 문제 상황에서의 역할놀이와 토론 활동이 예비교사들의 흥미를 유발하였다.

> 예비교사 1: 저희가 나중에 교사를 하면서 겪게 될 상황이었기 때문에 몰입하기 쉬웠어요.
>
> 예비교사 2: 만약 이런 상황에 놓인다면 교사로서 어떻게 해야 할지에 관한 생각을 역할놀이를 통해 가지게 되었어요.

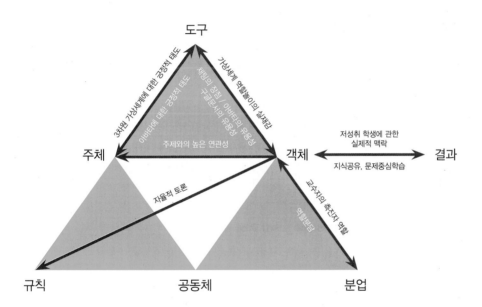

그림 7 가상세계 역할놀이 활동 요소들 간의 조화

대부분의 연구 참여자가 초등학교 교사를 희망하는 예비교사들이었기 때문에 저성취 학생 지도라는 주제가 자신들과 밀접하게 관련이 있다고 인식하였다. 그리고 예비교사들은 역할놀이를 위해 사용된 가상세계라는 도구에 대해서도 긍정적인 태도를 가지고 있었다. 특히 3차원의 공간에서 제공되는 실제적인 환경과 아바타를 통해 자신을 표현할 수 있다는 점을 긍정적으로 인식하였다.

> 예비교사 3: 건물 밖에도 뭔가 더 공간이 있고 그러니
> 깐 정말 뭔가 하나의 세계 속에 있는 그런
> 교실이구나. 그래서 현실감이 느껴졌고요.

이처럼 예비교사들은 역할놀이라는 객체와 가상세계라는 도구에 긍정적인 태도를 보였으며, 이러한 조화관계가 예비교사들이 가상세계 역할놀이에 적극적으로 참여할 수 있도록 도와주었다.

3차원 가상세계인 세컨드 라이프는 실재감, 아바타, 채팅의 세 가지 측면에서 역할놀이가 효과적으로 이루어질 수 있도록 도왔다.

또한 역할놀이를 위해 사용된 첨단 테크놀로지가 활동을 촉진시켰다고 인식하였다. 3차원 가상세계인 세컨드 라이프는 실재감, 아바타, 채팅의 세 가지 측면에서 역할놀이가 효과적으로 이루어질 수 있도록 도왔다. 예비교사들은 세컨드 라이프에서 제공하는 3차원의 실제적인 교실환경이 몰입감을 증진시키는 것으로 인식하였다. 다음 면담 내용은 가상세계가 물리적 실재감뿐만 아니라 사회적 실재감의 형성에도 영향을 주었음을 잘 보여 준다.

> 예비교사 4: 교실에 있으니깐 그 공간 안에 나 말고 다
> 른 사람이 같이 있는 게 캐릭터상이라도
> 눈에 보이니깐 네이트온 같은 채팅 툴이

랑은 달라요.

그리고 예비교사들은 가상세계에서 아바타를 사용하여 다른 사람이나 주변 환경과 상호작용하는 것에 대해서 높은 흥미를 보였고, 아바타라는 도구와 역할놀이라는 객체가 조화를 이루는 것으로 인식하였다. 또한 가상세계에서 문자 기반의 채팅 도구를 사용하여 역할놀이를 수행함으로써 평소 참여가 미비했던 학습자들이 보다 적극적으로 참여했을 뿐만 아니라 채팅창에 남아 있는 대화 내용이 성찰을 돕는다고 생각하였다.

예비교사 5: 활동상황을 채팅 기록을 통해서 확인할 수 있어서 평가가 가능하고, 학생들의 활동을 심화시켜서 자기 스스로 참여할 수 있게 하는 점에서 유용한 것 같아요.

또한 가상세계 역할놀이 전후로 학습 이슈를 발견하고, 해결안을 도출하며, 성찰과 종합을 위한 토론을 하였는데, 이러한 토론 활동을 돕기 위해서 온라인에서 협력적 글쓰기가 가능한 구글 드라이브가 사용되었다. 예비교사들은 자신들의 토론 내용을 요약한 후에 쉽게 온라인에서 공유할 수 있고 저장할 수 있다는 점에서 구글 드라이브가 이전 시간의 토론과 새로운 토론을 연결시켜 주고, 토론에 참여하지 못한 사람과 참여자들을 연결시켜 주는 역할을 한다고 인식하였다.

주체, 도구, 객체 간의 조화로운 관계뿐만 아니라 객체와 규칙, 객체와 분업 간에도 조화로운 관계가 발견되었다. 가상세계 역할놀이는 문제중심학습을 기반으로 학생들의 자율성을 지원하는 방식으로 진행이 되었다. 예비교사들은 역할놀이의 과정에서 스스로

문제를 진단하고 해결하기 위해 자유롭게 논의할 수 있었던 점을
긍정적으로 인식하였다.

> 예비교사 3: 스스로 문제를 정해서 이야기하다 보니
> 저성취 학생 지도에서 개별화 교육으로
> 넘어갔는데 그런 부분이 재미있었어요.

　이 면담 내용은 학습자의 자율성이라는 규칙이 문제중심의 역할
놀이와 조화를 이루었다는 것을 보여 준다. 그리고 객체와 분업 간
의 조화관계도 면담을 통해 확인할 수 있었다. 본 장에서 교수자는
지식 전달자가 아니라 학습의 촉진자로서 역할놀이를 안내하고 지
원하는 활동을 하였다. 한 예비교사는 저성취 학생에 관한 문제를
해결하기 위해 협력적으로 토론하는 과정에서 제공된 교수자의 설
명이 상황에 대해서 이해할 수 있는 발판이 되었다고 했다. 그리고
소그룹 내에서의 역할 분담도 역할놀이를 촉진시켰다. 예비교사들
은 매 세션에 리더, 토론 촉진자, 요약자의 역할을 조별로 정하였
는데, 특히 리더의 역할에 대해서 긍정적인 인식을 가지고 있었다.
리더는 토론이 논점에서 벗어나는 것을 방지하고 소극적인 학생에
게 질문을 통해 참여를 유도하였다.
　마지막으로, 면담을 통해 객체와 결과 간의 조화를 확인하였다.
예비교사들은 가상세계 역할놀이를 통하여 문제해결력, 지식 공
유, 저성취 학생 교육에 대한 이해가 향상되었다고 인식하였다. 예
컨대, 문제중심의 가상세계 역할놀이가 저성취 학생 지도와 관련
된 문제 상황에 적절히 대처할 수 있는 역량을 향상시키는 데 도움
이 되었음을 참여자와의 면담 내용을 통해 발견할 수 있었다.

> 예비교사 1: 만약 실습과 이런 가상공간 활동이 병행된

다면 저희가 학교에 나가서 대처할 수 있는
능력을 좀더 키울 수 있을 것 같아요.

그리고 저성취 학생에 관한 문제를 함께 해결하는 과정에서 예비교사들은 자신의 생각을 서로 공유하고 혼자서 생각하기 어려운 해결책을 만들 수 있었다. 예를 들어, 처음에는 조 구성원들 모두가 저성취 학생을 위한 개별화 수업에 동의를 할 것이라고 생각했으나, 토론을 통해서 다양한 해결 방안이 있다는 사실을 알게 된 예비교사도 있었다.

예비교사 3: 현재 상황에서 개별화 교육이 어떤 한계가
있는지 파악할 수 있게 되었고, 다른 친구
들이 어떻게 생각하는지도 알게 되었어요.

이러한 논의를 통해 협력적으로 문제를 해결할 수 있었을 뿐만 아니라 저성취 학생에 관한 새로운 지식을 생성할 수 있었다. 예비교사들은 교사와 저성취 학생의 역할을 하면서 다양한 관점에서 문제 상황을 볼 수 있었고 저성취 학생의 생각에 공감하려는 노력을 기울이기도 하였다. 예비교사들은 다양한 관점에서 저성취 학생의 문제를 논의함으로써 깊이 있는 이해를 형성할 수 있었다.

가상세계 역할놀이의 제한점   반면, 가상세계 역할놀이의 제한점 또한 드러났는데, 이를 조사하기 위해서 활동 요소들 간의 상충관계를 설문지의 개방형 질문과 면담을 통해 조사하였다.

[그림 8]은 가상세계 역할놀이 활동 요소들 간의 상충관계를 요약적으로 보여 준다. 가상세계 역할놀이 활동 요소들의 조화관계와 달리 주체와 객체, 객체와 결과 간의 상충관계는 발견되지 않았

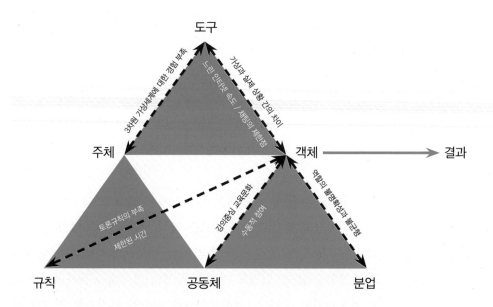

그림 8 가상세계 역할놀이 활동 요소들 간의 상충

으나 객체와 공동체 간의 상충관계가 확인되었다. 먼저, 주체와 도구 간의 상충관계를 살펴보면, 연구에 참여한 예비교사들이 3차원 가상세계를 사용한 경험이 없었고, 도구 사용에 능숙하지 않았기 때문에, 세컨드 라이프라는 새로운 프로그램을 배우기 위한 준비 과정이 필요했다.

> 예비교사 2: 세컨드 라이프에 들어가서 아바타를 어떻
> 게 움직이고, 어떻게 책상에 앉으며, 어떻
> 게 교실에 들어가고 이런 걸 배우는 데 시
> 간을 굉장히 많이 할애했어요.

그리고 3차원 가상세계가 역할놀이를 지원하는 데 있어서 제한점을 가지고 있었다. 가상세계가 실제 상황이 아니라는 점 때문에 주로 학습 초기에 역할놀이에 진지하게 참여하지 않는 예비교사들이 있었다. 상대방 아바타에게 무책임한 행동을 하거나 장난스럽게 말을 걸기도 하고, 가상세계 역할놀이를 온라인 게임처럼 인식하기도 하였다. 또한 인터넷 속도가 느려서 채팅창에 토론 내용이 신속하게 올라오지 않거나 아바타를 움직일 때 반응 속도가 느려지는 등의 기술적인 문제로 인해서 역할놀이에 집중하지 못하는 경우가 발생하였다. 게다가 문자 기반의 채팅으로 의사소통을 함으로써 발생하는 제한점이 있었다. 채팅창에 올라오는 대화에 집중하다 보니 가상세계의 아바타를 움직이면서 동시에 대화를 하는 것이 어려웠고, 자신의 의견에 대해서 다른 사람이 어떻게 생각하는지를 비언어적인 방식으로 이해하기가 어려웠다. 이와 같은 수업 관리를 위한 비언어적 표현에 있어서 제한점을 다음의 면담 내용에서도 발견할 수 있었다.

> 예비교사 3: 만약 진짜 교실 상황이었다면 선생님이 갑
> 자기 침묵을 하면 아이들이 집중을 할 수
> 있는데, 거기는 그냥 타자로 치는 것만 가
> 능하니까, 선생님이 타자를 그만 치면 오
> 히려 아이들이 더 시끄러워지는 거예요.

가상세계를 효과적으로 수행하는 데 있어 규칙과 분업 요소에 제한점이 있었다. 규칙과 관련해서는 가상세계 역할놀이를 할 수 있는 충분한 시간이 제공되지 않았고, 효과적인 토론을 위해 규칙이 보완되어야 한다는 의견이 나왔다. 예를 들어, 활발한 토론을 위해 한 명씩 돌아가면서 자신의 의견을 말하게 하는 규칙과 조별로 서로 다른 내용을 토론한 다음 토론 결과를 종합해 다른 조와 공유하는 규칙이 필요하다는 견해가 있었다. 또한 역할놀이를 준비하는 시간과 역할놀이 이후에 성찰하고 종합하는 시간이 더 많이 주어지면 좋겠다는 의견이 있었고, 마찬가지로 시간 부족으로 문제해결을 위해 각자 조사해 온 내용에 대한 충분한 논의가 이루어지지 못하여 아쉽다는 의견도 있었다. 분업 측면에서의 제한점으로는 토론 촉진자의 역할이 구체적으로 무엇인지에 대한 공감대가 형성되지 않았다는 점과 요약자가 다른 역할에 비해서 더 많은 일을 해야 한다는 점이 지적되었다. 요약자의 경우, 토론하는 내용을 정리하기 위해서 다른 구성원들의 의견에 주의를 집중한 결과 본인의 의견을 제시하거나 토론에 적극적으로 참여하기가 어려웠다.

마지막으로, 전통적인 강의식 수업에 익숙한 공동체 문화와 문제중심의 역할놀이 간에 상충관계가 있었다. 예를 들어, 기존의 교수자가 지식을 전달하는 교육 방식에 익숙한 예비교사들에게는 스스로 문제를 해결해야 하는 역할놀이가 비효율적이거나 불충분하게 느껴졌다.

예비교사 3: 교대에서는 토론을 할 만한 과목이 없어
요. 그나마 있는 시간에도 교수님들이 가
르치고 싶은 내용이 많아서 그냥 강의식
수업이 되기 쉬워요.

예비교사 4: 저희가 자료 조사를 한다고 하긴 했지만, 한
정되어 있는 수준의 자료인 것 같아서 교
수님께서 좀 더 알려 주셨으면 좋겠어요.

교사가 직접적인 해결책이나 사례를 제시해 주는 것에 관한 요
구와 함께 예비교사들의 수동적인 참여가 제한점으로 나타났다.
특히 한 예비교사는 어떤 형태건 점수화되지 않으면 열심히 하지
않는 한국 학생의 문화적 특성을 지적하였다. 조별로 가상세계 역
할놀이를 통해 확인한 학습 이슈에 대해서 자기주도적으로 학습하
는 것을 기대하였으나 적극적으로 자료를 조사해 온 경우가 적었
다. 기존 교육환경과 관습에 익숙한 예비교사들은 자기주도학습의
필요성을 쉽게 인식하지 못했다.

가상세계의 다양한 어포던스를 새로운 교수학습 디자인으로

가상세계가 가지는
다양한 어포던스에도 불구하고, 우리나라의 교육 맥락에서 효과
적으로 활용할 수 있는 방안에 관한 논의는 매우 부족한 실정이다.
본 장에서는 세컨드 라이프라는 3차원의 가상세계가 교사교육에
서 어떻게 활용될 수 있는지에 대한 사례를 역할놀이 모형과 함께
제시하였다. 가상세계 역할놀이 모형은 의학교육을 비롯하여 다
양한 분야에서 문제해결력 향상을 위해 효과적으로 활용되고 있는
문제중심학습을 기반으로 하고 있다(강인애, 이민수, 김종화, 이인
수, 1999; Barrows & Tamblyn, 1980). 먼저, 초등학교 예비교사들에

게 저성취 학생에 관한 실제적인 문제를 제공하였다. 예비교사들은 문제 상황을 가상세계에서 재현해 봄으로써 구체적인 교실 맥락 속에서 문제를 표상할 수 있었다. 또한 문제를 해결하기 위해서 무엇을 더 학습해야 하는지에 관한 학습 이슈를 토론을 통해서 소그룹별로 정하였다. 소그룹에서 정한 학습 이슈를 각자 자기주도적으로 학습하였고, 구글 드라이브를 이용하여 학습한 내용을 서로 공유하였다. 그리고 토론을 통해서 실제적인 문제에 대한 다양한 해결안을 도출하고 검토한 뒤, 소그룹별로 해결안을 선택하여 가상세계에서 역할놀이를 통하여 적용하였다. 마지막으로 가상세계 역할놀이에 대하여 성찰하고, 문제해결 과정에서 학습한 내용을 종합하였다.

실제적인 문제를 중심으로 학생의 자율성을 강조한 가상세계 역할놀이 모형을 저성취 학생 지도라는 주제에 적용한 결과, 참여한 예비교사들의 저성취의 원인과 진단방법, 교수법에 관한 이해가 유의미하게 향상되었으며, 적응적인 교수법에 관한 자기효능감이 향상되었다. 또한 예비교사들은 가상세계 역할놀이가 저성취 학생에 대한 이해와 문제해결력을 향상시키고 지식 공유에 도움이 된다고 인식하였다. 이러한 연구 결과는 협력적인 가상세계 역할놀이가 예비교사의 자기효능감 향상에 도움이 된다는 연구(Cheong, 2010)와 일치하며, 교사교육에 있어서 가상세계 역할놀이가 유의미한 학습 결과에 기여할 수 있다는 것을 의미한다. 그리고 연구 참여자들은 컴퓨터실에서 역할놀이를 수행하면서도 마치 가상의 교실 안에 있는 듯한 물리적 실재감을 느꼈으며, 예비교사와 밀접한 관련성을 가지는 문제에 대해서 높은 동기를 보였고, 가상세계가 문제해결 과정에 도움이 된 것으로 인식하였다. 이러한 연구 결과는 가상세계 역할놀이가 학습자들 간의 토론이 활발하게 이루어지도록 돕고, 학습과정에 실제적인 맥락을 제공함으로써 학습 동기를 향상시킨다는 기존의 연구 결과와 일맥상통한다(Gregory & Masters, 2012; Inman, Wright, & Hartman, 2010).

예비교사들은 자율적인 토론 규칙과 교수자의 촉진자로서의 역할 수행, 토론을 위한 학습자 간 역할 분담이 가상세계 역할놀이 및 문제해결 활동을 촉진했다고 인식하였다. 이는 활동체제 모형(Engeström, 1987)에서 개인의 과제 수행이 공동체의 특성과 잘 조화를 이룬다는 것을 의미한다. 자기결정성 이론(Ryan & Deci, 2000)에 따르면 학습자가 자신의 과제와 행동을 자유롭게 선택할 수 있을 때 더 높은 내적 동기를 가지게 된다. 그리고 문제중심학습에서는 복잡하고 비구조화된 문제를 해결하는 과정에서 학습자에게 필요한 교수적 지원과 스캐폴딩을 적절하게 제공하는 것이 매우 중요하다(Hmelo-Silver et al., 2007). 또한 협동학습에 관한 연구에 따르면 소그룹 내에서 학습자 간의 긍정적인 상호의존성을 만들기 위해서 공동의 목표를 수행하는 데 있어 각자 주요한 역할을 수행해야 한다(Johnson & Johnson, 2009). 따라서 자율적인 토론 규칙, 교수자의 촉진자로서의 역할, 학습자 간의 역할 분담은 가상세계 역할놀이가 의도한 학습자 중심의 문제중심학습을 촉진하는 데 기여할 수 있다.

가상세계 역할놀이의 교육적 활용: 남은 과제와 개선 방향

이 연구에서는 가상세계 역할놀이를 우리나라 초등학교 예비교사 교육에 적용할 때 발생하는 긍정적 측면뿐만 아니라 제한점도 분석하였다. 〈표 1〉은 가상세계 역할놀이의 제한점과 각각에 대한 개선 방향을 제시하고 있다. 많은 예비교사가 대표적인 가상세계로 활용되고 있는 세컨드 라이프에 대한 경험이 부족하였으며, 3차원 가상세계를 활용하는 과정에서 기술적인 문제에 종종 직면하였고, 몇몇 예비교사는 가상세계와 실제 간에 차이가 있다고 느꼈다. 오말레 등(Omale, Hung, Luetkehans, & Cooke-Plagwitz, 2009)은 3차원 가상세계가 문제중심학습에서 사회적 실재감을 향상시키는 데는 효과적이지만 인지적 실재감에는 크게 기여하지 못한다는 것을 발견하였다. 본 장에서도 가상세계 역할놀이를 교사교육의 일부로서 진지하게 여기지 않고 장난스럽게 역할놀이에 참여하는 것에 대한 예비교사들의 우려가 있었다. 그리고 인터넷 속도와 채팅의 제한점을 비롯하여 규칙과 분업에 있어서도 몇몇 제한점이 발견되었다. 또한 가상세계 역할놀이는 초등학교 예비교사가 기존에 경험하고 형성했던 강의중심의 교육 문화와 상충하는 것으로 나타났으며, 그 결과 더 적극적인 참여가 이루어지지 않았다. 이러한 제한점을 극복하고 가상세계 역할놀이 활동 요소들 간의 상충관계를 해소하는 것이 필요하다.

표 1 가상세계 역할놀이의 개선 방향

상충관계	제한점	개선 방향
주체–도구	• 3차원 가상세계에 대한 경험 부족	• 교수자의 모델링과 코칭
도구–객체	• 가상과 실제 상황 간의 차이 • 느린 인터넷 속도 • 채팅의 제한점	• 사례 제시 • 인터넷 속도의 증진 • 블랜디드 학습
규칙–객체	• 제한된 시간 • 토론 규칙의 부족	• 충분한 학습시간 확보 • 토론 규칙의 보완
분업–객체	• 역할의 불명확성과 불균형	• 불명확한 역할 제거, 모델링, 균등한 역할 배분
공동체–객체	• 강의중심 교육 문화 • 수동적 참여	• 역할놀이의 목적과 기대되는 활동에 대한 공감대 형성

첫째, 교수자가 보다 적극적인 모델링, 코칭, 스캐폴딩을 해야 한다. 대다수의 예비교사가 3차원 가상세계와 문제중심의 역할

놀이에 대한 경험이 부족하기 때문에 학습 초기 단계에서 교수자가 보다 많은 교수적 지원을 제공할 필요가 있다. 3차원 가상세계의 기능을 일반적으로 설명하는 데 그치지 말고, 교수자가 어떤 목적을 위해서 어떤 기능을 사용하는지에 관한 구체적인 시범을 보여 주고, 예비교사가 가상세계에서 어떻게 활동하는지를 관찰했다가 적절한 도움과 피드백을 제공하는 것이 필요하다. 가상세계의 사용법뿐만 아니라 예비교사들이 어떻게 역할을 수행하는지, 어떤 활동이 기대되는지 등에 의문을 가지고 있을 수 있으므로 교수자가 시범을 보이거나 의문점들에 대한 예시를 사전에 제시하고 안내를 하는 것이 필요하다. [그림 6]에 제시된 것처럼 예비교사들은 교수자의 역할놀이 촉진 활동에 대해 긍정적으로 반응할 것이다.

둘째, 역할놀이의 현실적인 맥락을 제공하고 예비교사의 문제해결 과정을 돕기 위하여 해결 과정에 초점을 두고 사례를 제공하는 것이 필요하다. 가상세계에서의 역할놀이가 이루어지는 맥락에 대한 충분한 이해가 없을 경우 역할놀이가 장난스럽게 이루어질 수 있고, 문제에 대한 깊이 있는 논의가 이루어지지 않을 수 있다. 이를 방지하기 위해서 초임교사의 실제 사례를 문제로만 제시할 것이 아니라, 문제의 해결 과정까지 포함하여 재구성해서 제시하는 것이 필요하다. 예를 들면, 초임교사가 가장 빈번하게 겪는 문제 상황을 실패 사례와 함께 제시함으로써 예비교사들에게 보다 실제적인 맥락을 제공하고 관련성을 높여 동기를 유발할 수 있다. 그리고 예비교사가 문제를 해결하는 과정을 돕기 위하여 경력교사들의 다양한 성공 사례를 제공해 주는 것이 필요하다. 사례기반 추론(case-based reasoning)에 따르면 경험이 부족한 초보자에게 있어서 다른 사람들의 사례는 문제를 해결하는 데 유용하게 사용될 수 있다(Kolodner, 1997).

셋째, 상호작용을 촉진하기 위해서 학습환경 및 인터넷 속도를 개선해야 한다. 채팅의 제한점을 극복하기 위해서 역할놀이는 가상세계에서 실시하고 토론은 면 대 면으로 실시하는 블랜디드 학습전략을 고려할 수 있다. 면 대 면 토론에서는 상대방의 비언어적 표현을 이해할 수 있고 질문에 대해 즉각적으로 반응할 수 있기 때문에 문자 기반의 온라인 채팅이 가지는 제한점을 보완할 수 있다. 그러나 면 대 면에서 토론이 이루어질 경우, 본 장에서 발견된 문자기반 채팅이 가지는 장점이 약화될 수 있다. 그러므로 이를 방지하기 위해서 토론의 결과물과 그러한 의사결정을 하게 된 근거를 기록으로 남겨 성찰을 위해 활용한다. 그리고 느린 인터넷 속도 때문에 역할놀이가 원활하게 이루어지지 않는 경우, 인터넷 속도를 물리적으로 높이는 것이 직접적인 해결책이 될 수 있다. 즉각적으로 인터넷 속도를 향상하기 어렵다면, 조별로 역할놀이를 수행하는 순서를 정하여 인터넷에 동시에 접속하는 컴퓨터의 수를 줄일 수도 있다. 장기적으로는 학습 공간을 재디자인하여 협력학습을 촉진하고 고속의 인터넷을 사용할 수 있는 물리적 학습환경을 구축하는 것이 필요하다.

넷째, 가상세계 역할놀이를 향상시키기 위해서는 규칙과 분업에 있어서도 개선할 점이 있다. 한 시간의 제한된 시간 안에 역할놀이를 수행하고 문제를 해결하기 위한 토론이 이루어졌는데, 향후에는 가상세계 역할놀이를 위한 시간을 늘리고, 강의 시간 이외에도 토론이 활발히 이루어지도록 규칙을 설계하는 것이 필요하다. 그리고 몇몇 예비교사는 역할놀이에 대한 보다 구체적인 규칙을 요구했는데, 이는 강의중심의 문화에 익숙한 예비교사가 높은 자율성이 부여되는 활동에 참여하면서 발생하는 갈등이다. 학생의 자율성이 보장되는 범위 안에서 구체적이고 명시적인 규칙을 제공하는 것이 필요하다. 그리고 조별로 토론을 수행하면서 리더, 토론 촉진자, 요약자의 역할을 서로 분담하였는데, 역할별로 기대되는 활동을 예시와 함께 제시하고, 소그룹 안에서 역할이 고르게 분배되도록 해야 할 것이다. 모든 참여자가 서로의 토론을 촉진시키는 역할을 해야 한다는 점에서 불명확하게 인식된 토론 촉진자의 역할을 제거하고 리더가 토론에 소극적인 구성원에게 질문을 하거나 참여를 유도할 수 있다.

마지막으로, 강의중심의 교육 문화를 점진적으로 변화시키는 것이 필요하다. 강의중심의 교육 문화에서는 학습자가 강의 내용을 필기하고 질문에 응답하는 소극적인 역할을 수행하기 때문에 적극적인 학습자 참여를 요구하는 가상세계 역할놀이가 성공적으로 이루어지는 데 한계가 있다. 이를 극복하기 위해서 교육 문화를 근본적으로 바꾸는 것이 필요하나, 대학 구성원들의 동의를 얻는 데 현실적인 어려움이 있다. 실현 가능성을 고려했을 때, 교수자는 예비교사들에게 가상세계 역할놀이를 수행하는 목적을 설명하고 기대되는 행동을 구체적으로 제시하는 것이 필요하다. 바람직하지 않거나 소극적인 참여에 대해서는 적절한 피드백을 제공하는 것이 효과적일 것이다. 가상세계 역할놀이의 필요성과 기대되는 행동에 관한 공감대가 형성된다면 예비교사들이 보다 적극적으로 가상세계 역할놀이에 참여할 것이다.

1장

강이철(2000). 교육공학과 설계학. 교육공학연구, 16(3), 127-147.

강현석(2003). 제7차 선택 중심 교육과정에 따른 균형적인 학습기회체제 설계모형 개발. 교육학연구, 41(1), 195-224.

김도현, 장영중(2008). 경영학과 디자인에서의 문제해결방법. 디지털디자인학연구, 18, 221-231.

김운종(2009). 미래교육을 위한 교직관의 적합성 검토. 한국교원교육연구, 4, 79-94.

김은선, 김종현(2011). 통합교육환경에 보편적 학습설계 원리의 적용 방안. 아동연구, 20(2), 38-50.

김주연, 김선철(2010). 학교 공간 개선 사업을 통한 디자인 과정 유형화에 관한 연구. 디지털디자인학연구, 28, 423-432.

김효일(2013). 서비스디자인의 진화와 지식의 관계 연구. 디지털디자인학연구, 13(2), 421-430.

민용성, 백경선, 한혜정(2012). 2009 개정 고등학교 교육과정의 '진로 집중 과정' 설계 방안 탐색. 학습자중심교과교육연구, 12(2), 143-164.

박성익(2004). 미래학교교육에서의 교수학습 방법. 교육광장, 21(pp. 26-30). 서울: 한국교육과정 평가원.

박양주, 이충란, 신성애, 김지연, 변재윤, 최원정(2011). '교육공학연구'에 나타난 최근의 국내 교수설계 관련 연구 주제의 동향 분석. 교육공학연구, 27(3), 449-474.

신나민(2010). 학교 공간 개선에 있어 사용자 참여디자인이 갖는 효용성 및 참여방식에 관한 사례연구. 교육공학연구, 26(4), 171-189.

신나민(2011). 호주 학교의 학습공간 디자인 개선에 관한 사례분석. 한국교육, 8(1), 5-26.

유재봉(2003). 한국교육학의 자생성에 대한 논쟁 검토. 한국교육사학, 25(2), 29-51.

이경아, 나건(2012). 감성-경험 기반의 서비스디자인 프로세스에 대한 연구. 디지털디자인학연구, 13(1), 415-426.

이영범(2005). 사용자참여 디자인을 통한 열린 놀이터 만들기: 서울 삼양초등학교 옥외공간을 중심으로. 한국교육시설학회지, 12(3), 22-32.

이은형, 방정혜(2008). 디자인 경영 연구의 동향 분석: 경영학적 관점을 중심으로. 한국디자인문화학회, 14(2), 395-409.

이정훈(2010). 문화적 학교 공간 조성에 대한 인식과 효과. 문화체육관광부 '문화로 아름답고 행복한 학교 만들기' 심포지엄, 9-11.

이종각(2013). 한국 교육학 연구에서 이론연구의 성과와 과제: 교육학 연구 60년의 사회적 역할에 대한 비판적 회고와 전망. 2013년 한국교육학회 연차학술대회 자료집, 1-23.

이지선, 윤주현(2012). 디자인 사고를 바탕으로 한 개방형 협업 창의발상 시스템 연구. 디지털디자인학연구, 12(3), 179-190.

이혜선(2013). 국내 디자인경영 교육 특성 및 연구 동향. 브랜드디자인학연구, 11(3), 23-33.

장영중(2011). 디자인경영의 의미적 모호성과 그 의미구조: 디자인의 의미를 중심으로. 디지털디자인학연구, 11(4), 369-378.

장영중, 김용민(2008). 디자인경영의 본질적 의미와 그에 따른 연구의 어려움. 한국디자인문화학회, 14(3), 392-402.

정경원(2006). 디자인경영. 파주: 안그라픽스.

정민승(2007). 디지털 시대의 교육학의 자기변모 : 그 특징과 한계. 교육학연구, 45(3), 53-81.

정범모(1968). 교육과 교육학. 서울: 배영사.

정범모(1990). 미래에 대응하는 교사교육의 향방. 한국교원교육연구, 7, 5-15.

최목화, 최병숙(2004). 사용자 참여디자인에 의한 'A' 유치원 놀이터 계획과정에 관한 연구. 한국주거학회논문

집, 15(4), 87-97.

최정재(2008). 유비쿼터스 시대의 미래교육시스템과 홈스쿨링의 관계에 관한 연구. 교육공학연구, 24(1), 169-185.

표현명, 이원식(2012). 서비스디자인 이노베이션. 파주: 안그라픽스.

한국교육개발원 미래교육기획위원회 편(2011). 한국교육 미래비전. 서울: 학지사.

Banathy, B. H. (1991). *Systems design of education: A journey to create the future*. Englewood Cliffs, NJ: Educational Technology Publication.

Brown, T. (2009). *Change by design: How design thinking transforms organizations and inspires innovation*. New York: Harper Collins Books.

Buchanan, R. (1992). Wicked problems in design thinking. *Design Issues, 8*(2), 5-21.

Center for Applied Special Technology (CAST) (2011). *Universal design for learning guidelines* (version 2.0). Wakefield, MA: Author.

Churchman, C. (1967). Wicked problems. In *Management Science, 4*(14), 141-142.

Council for Exceptional Children (CEC) (2006). *Universal design for learning: A guide for teachers and education professional*. Upper Saddle River, NJ: Pearson/Merrull Prentice Hall.

Cooper, R., & Press, M. (1995). *The design agenda: A guide to successful design management*. Chichester, UK: John Wiley & Sons.

Dunne, D., & Martin, R. (2006). Design thinking and how it will change management education: An interview and discussion. *Academy of Management Learning & Education, 5*(4), 512-523.

Egan, K. (2008). *The future of education-reimagination our schools from the ground up*. New Haven, CT: Yale University Press.

Farr, M. (1966). *Design management*. London: Hodder and Stoughton.

Gregory, S. A. (Ed.). (1966). *The Design method*. London: Butterworth.

Istance, D. (2003). Schooling and lifelong learning: Insights from OECD analyses. *European Journal of Education, 38*(1), 85-98.

Lawson, B. (2005). *How designers think: The design process demystified*. Oxford: Architectural Press.

Lim, C., & Yeon, E. (2009). Review of current studies in instructional design theory in Korea: Major trends and future directions. *Asia Pacific Education Review*, 10, 357-364.

Mace, R. L. (1985). *Universal design*. Los Angeles: Designers West.

March, J. (1976). The logic of design and question of value. In March, L. (Ed.), *The architecture of form*. Cambridge: Cambridge University Press.

Martin, R. (2004). *The design of business*. Winter: Rotman Management.

Moritz, S. (2005). *Service design: Practical access to an evolving field*. London: MSc thesis, KISD.

Nelson, H., & Stolterman, E. (2012). *The Design Way-Intentional Change in an Unpredictable World*. Cambridge: The MIT Press.

Norman, D. A. (2002). *The Design of everyday things*. New York: Basic Books.

Null, R. (1998). *Universal design*. FL: CRC Press.

Rowe, P. G. (1987). *Design thinking*. Cambridge, MA: MIT Press.

Rosenhead, J., & Mingers, J. (2001). *Rational analysis for a problematic world revisited 2e: Problem structuring methods for complexity, uncertainty and conflict*. Chichester, England: John Wiley & Sons.

Stickdorn, M., & Schneider, J. (2013). 서비스디자인 교과서[This is service design thinking] (이봉원, 정민주 역). 파주: 안그라픽스. (원저는 2012년 출간).

Woolner, P., Hall, E., Wall, K., & Dennison, D. (2007). Getting together to improve the school environment: user consultation, participatory design and student voice. *Improving Schools, 10*(3), 233-248.

2장

고명석(2014). 예술과 테크놀로지. 서울: 새빛출판사.
구민정(2013). 예술 교육을 통한 민주시민성 함양 사례. 한국예술연구, 8, 137-156.
권성호, 임철일(2006). 교육공학연구의 동향: 회고와 전망. 서울: 교육과학사.
권수미(2012). 예술중심 융합교육 프로그램 개발을 위한 제언. 음악교육연구, 41(2), 67-100.
권재원(2004). 교육연극(DIE)이 청소년의 문화관용성에 미치는 효과. 사회과교육, 44(4), 129-148.
김경미(2013). 수학교육에서 테크놀로지의 활용. 교과교육연구, 6(2), 25-54.
김경태(2013). 미술교육에서 사회적 틈(interstice)으로서 테크놀로지 역할 재고. 미술교육연구논총, 35, 221-244.
김리라(2012). 상황학습을 적용한 미술 수업이 초등학생의 자기 주도적 학습 능력 향상에 미치는 영향: 입체 조형 디자인을 중심으로. 부산대학교 석사학위논문.
김상호(2008). 매클루언 매체이론에서 인간의 위치: "기술 우선성"에 대한 논의를 중심으로. 언론과학연구, 8(2), 84-121.
김선영(2013). 대학 교육의 ICT 활용 동향: 온라인 대중 공개 강좌(MOOCs). 한국통신학회 학술대회논문집, 6, 812-813.
김연희(2007). 예술교육의 관점에서 예술과 지식의 문제: 존 듀이와 넬슨 굿맨을 중심으로. 미학예술교육연구, 25, 323-360.
김옥희, 임성규(2013). 아트프로펠을 활용한 국어예술융합 수업 연구. 초등교육연구, 28(1).
김은령(2014). 포스트 휴머니즘의 미학. 서울: 그린비출판사.
김재윤(2004). 유비쿼터스 컴퓨팅 환경에서의 교육의 미래 모습. 연구보고서 KR 2004-27. 대구: 한국교육학술 정보원.
김정랑, 김대연, 김은하. 김황, 박수철, 이용제, 최창훈, 한국인(2013). 스마트 교육 : 아날로그 교사의 스마트 필통. 파주: 교육과학사.
김지애(2009). 색변화 화학반응을 이용한 그림그리기 실험 개발 및 적용. 한국교원대학교 석사학위논문.
김현중(1985). 교육공학발달의 역사적 고찰. 교육공학연구, 1(1), 45-59.
모경환(2008). 사회과 수업에서의 예술(arts) 활용에 관한 연구. 시민교육연구, 40(2), 53-74.
박경석, 김종욱, 김현식(2008). 유러닝(U-Learning) 체육수업의 운영 및 체험에 관한 사례연구. 한국스포츠교 육학회, 15(2), 83-97.
박기범(2005). 소설과 영화를 통한 서사 교육-〈서편제〉를 중심으로-. 국어교과교육연구, 10, 49-98.
박성우, 김홍범, 조경희(2010). 유비쿼터스 환경에서 문법교육을 위한 토론학습. 국어교육연구, 46, 61-92.
박성익, 임철일, 이재경, 최정임, 임정훈(2012). 교육공학의 원리와 적용. 파주: 교육과학사.
박은영(2010). 시각 예술적 요소를 가미한 과학실험의 적용이 학생의 과학적 창의성에 미치는 효과. 한국교 원대학교 석사학위논문.
박정환, 김형준, 조정원(2007). 알기 쉬운 유러닝. 서울: 학지사.
선미라(2014). 아이폰의 시공과 그 심층구조. 기호학연구, 39, 46-71.
손정우, 허민영(2013). 미술활동과 연계한 과학실험활동이 초등학생의 자기주도학습능력과 창의적 성격에 미치는 영향. 과학교육연구지, 37(1), 68-78.
손화철(2013). 맥루언과 기술철학. 사회와 철학, 25, 305-328.
송연옥, 변호승(2012). 교사들의 디지털교과서 사용 경험에 관한 근거 이론적 접근. 교육공학연구, 28(2), 231-262.

안동현(2013). 글로벌 시대 정보 통신 테크놀로지를 통한 영어 교육 방향 모색. 교양교육연구, 7(4), 501-527.

윤선영(2006). "교육예술"로서의 교육과 "예술가"로서의 교사에 대한 고찰 - 발도르프 유아교육 관점에서. 교육의 이론과 실천, 11(1), 117-142.

이상엽(2009). 겔렌의 기술철학. 사회와 철학, 17(4), 253-284.

이태윤, 조인실(2010). 창의/인성교육 활성화를 위한 초등 도덕과 교육의 역할: 영화를 활용한 도덕과 수업에서의 창의/인성 함양 -비디오 자기 모델링 활용을 중심으로-. 한국초등도덕교육학회 학술대회, 323-339.

임걸(2010). 스마트폰 기반 사회네트워크 서비스 활용수업 사례연구 : 의사소통 내용 및 도구적 특성 분석을 중심으로. 교육방법연구, 22(4), 91-114.

임걸(2011). 오프라인 강의식 수업에서 실시간 마이크로블로그 활용 학습활동 효과 사례분석. 한국디지털콘텐츠학회, 12(2), 195-203.

임병노, 임정훈, 성은모(2013). 스마트 교육 핵심 속성 및 스마트 교육 콘텐츠 유형 탐색. 교육공학연구, 29(3), 459-489.

임희석(2012). 스마트 교육: 스마트하게 가르쳐라. 서울: 휴먼싸이언스.

정병흠(2013). 스마트폰 앱(App)을 활용한 스마트 러닝으로서의 미술교육 사례 연구. 미술교육논총, 27(3), 49-73.

조성기(2014). 음악 감상 학습을 위한 스마트러닝시스템 설계 및 구현. 음악교육공학, 18, 231-249.

진동섭, 한은정(2013). 예비교사 양성과정에서의 스마트폰 영화 제작 활용 교수법에 관한 탐색적 연구. 교육학연구, 51(1), 107-136.

진동섭, 한은정, 이지혜, 이영신, 이승호(2015). 교수-학습에서 예술의 적용과 테크놀로지의 활용에 관한 연구. 한국교원교육연구, 32(2), 227-256.

천세영, 김진숙, 계보경, 정순원, 정광훈(2012). 스마트 교육혁명: 2015, 새로운 학교가 온다. 파주: 21세기북스.

최수형(2006). 미술과와 사회과의 통합지도 방안 연구-초등학교 6학년을 중심으로. 홍익대학교 석사학위논문.

최진숙(2014). 온라인 교육문화혁명 : MOOC. 글로벌문화콘텐츠, 14, 179-198.

한명희(2002). 교육의 미학적 탐구. 서울: 집문당.

한은정(2014). 교사양성기관에서의 영화 제작 교육방법의 적용과 학습 경험 연구: 스마트폰 영화 제작 교육방법을 중심으로. 서울대학교 박사학위논문.

Davis, J. H. (2013). 왜 학교는 예술이 필요한가[Why our schools need the arts(백경미 역). 서울: 열린책들. (원저는 2008년 출간).

Eisner, E. W. (1979). *The educational imaginaation*. New York: MacMilan.

Eisner, E. W. (1985). *The art of educational education*. A Personal View, London: The Famor.

Florence de Mèredieu. (2005). 예술과 뉴테크놀로지[Arts et nouvelles technologies: art video, art numérique] (정재곤 역). 경기: 열화당. (원저는 2005년 출간).

Galbraith J. K. (1967). *The new industrial state*. Boston: houghton mifflin.

Gardner, H., & Davis, K. (2014). 앱 제너레이션: 스마트 세대와 창조지능[The app generation: how today's youth navigate identity, intimacy, and imagination in a digital world](이수경 역). 서울: 와이즈베리. (원저는 2013년 출간).

Greene, M. (1995). *Releasing imagination: Essays on education, the arts, and social change*. San Francisco, CA: Jossey-Bass Publishers.

McLuhan, M. (2001). 구텐베르크 은하계[The Gutenberg Galaxy](임상윤 역). 서울: 커뮤니케이션북스. (원저는 1962년 출간).

Mumford, L. (1999). 예술과 기술[Art and technics](김문환 역). 서울: 민음사. (원저는 1952년 출간).

Read, H. (2007). 예술을 통한 교육[Education through art](황향숙, 김성숙, 김지균, 김향미, 김황기 역). 서울: 학지사. (원저는 1958년 출간).

Spector J. M. (2012). *Foundations of educational technology: Integrative approaches and interdisciplinary perspectives*. NY: Routledge.

Steiner, R. (1977). Die Erneuerung der pädagogisch-didaktischen Kunst durch Geisteswissenschaft. Vierzenten Vortraege gehalten fuer Legrer und Legrerinnen Basels und Umgebung. 20. April bis 11. Mai 1920. Rudolf Steiner Verlag: Dornach/Schweiz.

Steiner, R. (2000). *Practical advice to teachers*. New York: Anthroposophic press.

Tishman, S., & Palmer, P. (2006). Artful thinking: Stronger thinking and learning through the power of art. Final report submitted to Traverse City Area Public Schools, Harvard Graduate School of Education. Retrieved from http://www.pz.harvard.edu/research/Artful ThinkingFinalReport.pdf

3장

장상호(1997). 학문과 교육(상권). 서울: 서울대학교출판부.

장상호(2000). 학문과 교육(하권). 서울: 서울대학교출판부.

정범모(1968). 교육과 교육학. 서울: 배영사.

한승희(2001). 평생학습과 학습생태계. 서울: 학지사.

한승희(2005). 포스트모던 시대의 평생교육학. 서울: 집문당.

Burns, E. M., Lerner, R. E., & Meacham, S. (1994) 서양문명의 역사[Western civilizations: their history and their culture](박상익, 손세호 역). 서울: 소나무. (원저는 1984년 출간)

Charles, M. R. (1965). *A Preface to Education*. New York: McMillan.

Comenius, J. A. (1989). 대교수학[The Great didactic of John Amos Comenius](정확실 역). 서울: 교육과학사. (원저는 189년 출간)

Davis, B., Sumara, D., & Luce-Kapler, R. (2008). *Engaging Minds: Learning and teaching in a complex world*. London: Lawrence Erlbaum Associates, Publishers.

Jarvis, P. (Ed.). (2012). *The routledge international handbook of learning*. London: Routledge.

Lagemann, E. C. (2000). *An elusive science: The troubling history of education science*. Chicago and London: The University of Chicago Press.

Luhmann, N. (2007). 사회체계이론[Soziale Systeme: Grundriss einer allgemeinen Theorie] 1(박여성 역). 파주: 한길사. (원저는 1994년 출간).

Rüegg, W. (2003). Themes. In W. Rüegg (Ed.), *A history of the university in Europe* (Cambridge University Press). New York.

Watson, P. (2009). 생각의 역사[Ideas: a history of thought and invention, from fire to Freud](남경태, 이광일 역). 파주: 들녘. (원저는 2005년 출간)

4장

김상섭(2012). 칸트의 교육문제: '강제 속에서 자유의 계발' 교육사상연구, 26(2), 43-61.

방진하(2010). 오크쇼트의 자유교육론: 시적 대화로서의 교육. 서울대학교 박사학위글.

우정길(2007). '부자유를 통한 자유'와 교육행위의 지향성: 탈주체성 또는 상호주관성의 교육이론을 위한 일 고찰. 교육철학, 38, 139-164.

우정길(2007). 의사소통적 상호주관성의 교육학적 수용가능성 검토: 마스켈라인(J. Masschelein) 의 논의를 중심으로. 교육철학, 39, 99-122.

차미란(2000). 오크쇼트의 교육이론 연구. 서울대학교 박사학위글.

Arendt, H. (1998). 인간의 조건[The human condition](이진우, 태정호 역). 서울: 한길그레이트북스. (원저는 1958년 출간).

Cavell, S. (1976). *Must we mean what we say?* Cambridge: Cambridge University Press.

Dunne, J. (2010). *What's the good of education*. Dublin, Ireland: Inaugural lecture, Dublin City University.

Fuller, T. (1996). Editor's introduction. In T. Fuller (Ed.), *Oakeshott: Politics of Faith and Politics of Skeptics* (pp. vii-xx). New Haven, Connecticut: Yale University Press.

Hirst, P. H. (1965). Liberal education and the nature of knowledge. In Reginald D. Archambault (Ed.), *Philosophical Analysis and Education* (pp. 113-138). London: Routledge & Kegan Paul.

Lovlie, L. (2007). Does paradox count in education, *Utbilding & Demokrati. 16*(3), 9-24.

McCabe, D.(2000). Michale Oakeshott and the Idea of liberal education. *Social Theory and Practice, 26*(3), 443-464.

Oakeshott, M. (1989). A place of learning. In T. Fuller (Ed.), *The Voice of Liberal Learning: Michael Oakeshott on Education* (pp. 17-42). New Haven & London: Yale University Press. 차미란 역(1992). 학습의 장(上 · 下). 교육진흥 가을·겨울. 162-81 & 156-171.

Oakeshott, M. (1989). Learning and teaching. In T. Fuller (Ed.), *The voice of liberal learning: Michael Oakeshott on education*. New Haven & London: Yale University Press, 43-62. 차미란 역(1992). 학습 과 교수(上 · 下). 교육진흥 봄-여름. 126-43 & 155-169.

Oakeshott, M. (1989). Education: The engagement and its frustration. In T. Fuller (Ed.), *The voice of liberal learning: Michael Oakeshott on education* (pp. 17-42). New Haven & London: Yale University Press.

Plato (2003). 플라톤의 대화(최명관 역). 서울: 꿈과희망.

Plato (2004). *The meno* (김상섭 역). 미출판.

Rorty, R. (1979). *Philosophy and the mirror of nature*. Princeton, NJ: Princeton University Press.

Taylor, C. (1989). Sources of the self: The making of the modern identity. Cambridge: Cambridge University Press.

Uljens, M. (2003). The idea of a universal theory of education: An impossible but necessary project? In L. Lovlie, K. P. Mortebsen, & S. E. Nordenbo (Eds.), *educating humanity: Bildung in post-modernity* (pp. 37-59). Oxford: Blackwell Publishing.

5장

과학기술부(2005). Future 2030: 우리의 미래 모습은? 과학기술부 과학기술예측조사 보고서, 2005-5.

구자억(2008). 중국의 인재사상과 인재육성정책. 세계의 인재교육과 인재정책 포럼 자료집, 한국교육개발원 연구자 료 RM 2008-23, 145-186.

김영진(2010). ICT가 변화시키는 트렌드, ICT를 발전시킬 트렌드. 서울: 한국정보화진흥원.

김정미(2011). 미래사회 메가트렌드로 본 10대 미래기술 전망. 서울: 한국정보화진흥원.

김찬종(2009). 창의적 인재는 과학문화의 결실. 과학창의 9월호, 144, 8-9.

김창환(2008). 국가 인재통계체제 구축방안 연구. 한국교육개발원 연구보고서 RR2008-26-01.

미래기획위원회(2008). 2020/2050 미래전망 토론회. 서울: 미래기획위원회.

박영숙, 제롬 글렌, 테드 고든, 엘리자베스 플로레스큐(2011). 2025 유엔미래보고서. 파주: 교보문고.

손석호, 한종민, 임현(2011). 2011년 KISTEP 선정 10대 미래 유망기술. 서울: 한국과학기술기획평가원.

신지은, 박정은(2007). 세계적 미래학자 10인이 말하는 미래혁명. 서울: 일송북.

신창호(2008). 한국의 인재 교육과 인재정책. 세계의 인재교육과 인재정책 포럼 자료집, 한국교육개발원 연구자료 RM

2008-23, 217-259.

오헌석(2011). 융합인재의 특성과 성장과정. 제8회 역량기반교육 세미나 발표자료.

오헌석, 김도연, 성은모, 박경선, 최윤미(2013). 건국대학교 신기술융합학과 융합교육 사례연구 보고서. 서울 대학교 교육연구소 한국인적자원연구센터 연구보고서 KHR 2013-1, 65.

오헌석, 김효선, 김정인(2010). 인재정책의 방향과 과제. 서울대학교 교육연구소 한국인적자원연구센터 수시과제 KHR 2010-4.

오헌석, 송영숙, 강용관, 이도엽, 최예슬(2009). 인적자원개발 정책의 주요 쟁점과 향후 과제. 한국교육행정학 회, 27(2), 429-251.

이재은, 김겸훈, 류상일(2005). 미래사회의 환경변화와 재난관리시스템 발전전략-국가핵심기반 위기를 중심 으로: 미래사회의 환경변화와 재난관리시스템 발전전략. 현대사회와 행정, 15(3), 53-83.

이현(2004). 《인물지》에 나타난 인재관(人材觀). 중국학, 23, 133-148.

임현(2009). 새로운 예측프로세스를 적용한 미래유망기술 발굴 및 미래사회 전망. 서울: 한국과학기술기획평가원.

정광희(2008). 일본의 인재 육성과 활용 정책. 세계의 인재교육과 인재정책 포럼 자료집. 한국교육개발원 연구 자료 RM 2008-23, 187-216.

조용수(2010). LGERI의 미래생각(1) 10년 후 세상을 말한다. 서울: LG경제연구원.

지식경제부(2009). 신성장동력 육성방안: 신성장 동력 비전과 발전전략. 세종: 지식경제부.

최상덕(2011). 21세기 창의적 인재양성을 위한 교육의 미래전략 연구. 한국교육개발원 연구보고서 RR2011-01.

통계청(2012). 테마 통계〉이슈별 통계 http://kosis.kr/themes/themes_04List.jsp에서 인출.

한국정보화진흥원(2006). 유비쿼터스 사회: 미래 전망과 과제. 서울: 한국정보화진흥원.

한국정보화진흥원(2008). 국가 미래예측 메타분석. 서울: 한국정보화진흥원.

한국정보화진흥원(2010). 한국사회의 15대 메가트렌드: Meta Analysis. 서울: 한국정보화진흥원.

Attali, J. (2007). 미래의 물결[Une brére histoire de l'avenir](양영란 역). 서울: (주)위즈덤하우스. (원저는 2006년 출간)

Arieti, S. (1976). *Creativity: the magic synthesis*. New York: Basic Books.

Freidman, T. (2009). The new untouchables. New York Times (October 20).

Galison, P. (1997). The trading zone: Coordinating action and belief. *Image and logic: A material culture of microphysics* (pp. 781-845). Chicago: University of Chicago Press.

Gardner, H. (2008). *5 Minds for the Future*. Boston: Harvard Business Press.

Gladwell, M. (2008). *Outliers: The story of success*. ePenguin.

Huffington, A. (2014). Redefining success: The third metric that can benefit your bottom line. General session, ASTD International Conference & Expo, this week in Washington, D.C.

National Center on Education and the Economy (2007). *Tough Choices or Though Time: The report of the new commission on the skills of the American work force*. San Francisco, CA: Jossey-Bass.

NIC (2008). *Global trends 2025: A transformed world*. national intelligence council.

Pink, D. (2005). 새로운 미래가 온다[A whole new mind: Why right-brainers will rule the future](김명철 역). 서울: 한국경제신문. (원저는 2005년 출간)

Silberglitt, R., Antón, P. S., Howell, D. R., & Wong, A. (2006). *The global technology revolution 2020, In-depth analyses*. RAND: National Security Research Division.

Wagner, T. (2008). *The global achievement gap: Why even our best schools don't teach the new survival skills our children need-and what we can do about it*. New York: Basic Books.

6장

구정우(1998). 세계시민사회이론 구성에 관한 연구: 하버마스의 소통행위이론과 월러스타인의 세계체제론을 중심으로. 서울대학교 석사학위논문.

노찬옥(2003). 다원주의 사회에서의 세계시민성과 시민교육적 함의에 관한 연구. 서울대학교 석사학위 논문.

Noddings, N. (2009). 세계 시민의식과 글로벌 교육[Educating citizens For Global Awareness](연세기독교교육학포럼 편). 서울: 학이당. (원저는 2005년 출간).

홍남기(2005). 세계화에 관한 비판적 담론을 수용한 세계시민교육의 방향에 관한 연구. 서울대학교 석사학위 논문.

Abid, A. A., & Shultz, L. (2008). *Educating for human rights and global citizenship*. Albany: State University of New York Press.

Ali, B. (2001). Citizenship Education: The Global Dimension-Guidance for Key Stages 2 and 4, Development Education Association (DEA), on, UK: Greenhouse.

Banks, J. A. et al. (2003). *Diversity and citizenship education: global perspectives*. San Francisco: Jossey-Bass.

Banks, J. A. (2008). 다문화교육 입문[An Introduction to Multicultural Education, 4th ed.](모경환, 최충옥, 김명정 역). 서울: 아카데미프레스. (원저는 2007년 출간)

Cappelle, G., Crippin, G., & Lundgren, U. (2011). World Citizenship Education and Teacher Training in a Global Context, No. 8, CiCe.

Dill, J. S. (2013). *The longings and limits of global citizenship education: the moral pedagogy of schooling in a cosmopolitan age*. New York: Routledge.

Dower, N., & Williams, J. (2002). *Global citizenship: a critical introduction*. New York: Roudledge.

Gerard, D. (2009). *The cosmopolitan imagination: The renewal of critical social theory*. London: Cambridge University Press.

Heater, D. (2004). *World Citizenship: Cosmopolitan thinking and its opponents*. London: Bloombury Academic Press.

Heater, D. (2007). 시민교육의 역사[(A)history of education for citizenship](김해성 역). 파주: 한울. (원저는 2004년 출간).

Henderson, H., & Ikeda, D. (2004). *Planetary citizenship: Your value, beliefs, and actions can shape a sustainable world*. New York: Middleway Press.

Hutchings, K., & Dannreuther, R. (1999). *Cosmopolitan citizenship*. New York: Palgrave MacMillan Press.

Jonathan, B. (2011). *Service International: "This is the Big Society without Borders…"*. London: DEMOS.

Khan, R. (2010). *Critical pedagogy, ecoliteracy, & planetary crisis: The ecopedagogy movement*. New York: Peter Lang.

Lynn, D. (2008). Global citizenship education: Introduction-definitions and debates. Unpublished Material. Retrieved July, 10. 2014. from http://www.tc.columbia.edu/centers/epe/PDF%20articles/Davis_ch13_22feb08.pdf

Nussbaum, M. (2003). 나라를 사랑한다는 것: 애국주의와 세계시민주의의 한계 논쟁[For Love of Country](오인영 역). 서울: 삼인. (원저는 2002년 출간).

Peters, M. A., Britton, A., & Blee, H. (2008). *Global citizenship education: philosophy, theory and pedagogy*. Rotterdam & Taipei: Sense Publishers.

Ronald, A. (2013). *Race, nation, and citizenship in post-colonial Africa: the case of Tanzania*. New York: Cambridge University Press.

Seyfang, G. (2013). Shopping for sustainability: Can sustainable consumption promote ecological citizenship? In A. Dobson & A. V. Saiz (Eds.), *Citizenship, environment, economy* (pp. 137-154). London: Routledge.

Smith, R. M. et al. (2011). *Citizenship, borders, and human needs*. Philadelphia: University of Pennsylvania Press.

Tawil, S. (2013). *Education for 'Global Citizenship': A framework for discussion*. UNESCO Education Research and Foresight, Paris. ERF Working Papers Series, No. 7.

Tully, J. (2008). Two meanings of global citizenship: Modern and diverse. In M. A. Peters, H. Blee, & A. Britton (Eds.), *Global citizenship education: Philosophy, theory and pedagogy*. Rotterdam: Sense Publications.

UNESCO (2009). Policy Guidelines on Inclusion in Education, Paris: UNESCO. Guidelines on Citizenship Education in a Global Context, Children's Identity & Citizenship in Europe (CiCe) [Erasmus Academic Network], London, UK: CiCe.

UNESCO (2013), Global Citizenship Education: An Emerging Perspective, Outcome document of the Technical Consultation on Global Citizenship Education, Unpublished Paper of UNESCO.

Wayne, K. R., & Gruenewald, D. (2014). *Ecojustice and Education: A Special Issue of Educational Studies*. New York: Routledge.

7장

교육부, 한국교육개발원(2013). 2013 한국 성인의 평생학습 실태. 서울: 한국교육개발원.

김민호(2003). 지역운동 속의 성인학습에 관한 연구-제주시 화북주공아파트 운동을 중심으로. 평생교육학연구, 9(2), 21-46. 한국평생교육학회.

김민호(2009). 시민참여교육. 한국평생교육학회 춘계학술대회. 강릉: 강릉시평생학습관.

박주희, 김원경, 주수원, 신도욱, 김기태(2014). 2013 한국협동조합연차보고서. 서울: 한국협동조합연구소.

새마을금고중앙회(2014). 2014 새마을금고통계. 서울: 마을금고중앙회.

신협중앙회(2013). 2012 신협통계. 대전: 신용협동조합중앙회.

안치용, 이은애, 민준기, 신지혜(2010). 한국의 보노보들: 자본주의를 위한 가장 아름다운이야기. 서울: 부키.

양병찬(2007). 학습도시에서의 주민 교육공동체 운동의전개. 평생교육학연구, 13(4). 한국평생교육학회, 173-201.

엄형식(2007). 빈곤과 실업의 새로운 대안, 사회적 기업. 환경과생명, 54, 148-162.

오혁진(2006). 지역공동체 평생교육의 개념과 성격에 관한 고찰. 평생교육학연구, 12(1), 53-80. 한국평생교육학회.

오혁진(2007). 일제하 이상촌 운동을 통해 본 평생학습도시사업의 실천 원리. 평생교육학연구, 13(2), 23-47. 한국평생교육학회.

오혁진(2009). 개념 정의 분석을 통한 평생교육학과사회교육학의 학문적 정체성 탐색. 평생교육학연구, 15(4), 275-297. 한국평생교육학회.

유병선(2007). 보노보 혁명: 제4섹터, 사회적기업의아름다운 반란. 서울: 부키.

윤미희(2010). 사회적기업의 조직정체성 형성과 집단학습과정 연구: 아름다운가게 온라인 쇼핑몰 구축 사례를 중심으로. 서울대학교 석사학위논문.

이해주(2009). 왜 시민참여교육인가?: 시민참여교육의 현황과 과제. 한국평생교육학회 춘계학술대회. 강릉: 강릉시평생학습관.

임규연(2010). 생협 학습동아리의 대화양식이 형성하는 자기성찰과 공동선실천의 경험구조에 관한 연구. 서울대학교 교육학석사논문.

장원봉(2008). 한국 사회적 기업의 현황과 과제. 제31회 사회적 기업 연구회: 한일사회적기업연구 교류 심포지엄. 9월 25일. 일본 도쿄. 2014년 7월 17일 http://www.ksif.kr/bbs/board.php?bo_table=sub4_1&wr_id=2854에서 인출.

정은미(2006). 한국 생활협동조합의 특성. 농촌경제, 29(3), 1-18. 한국농촌경제연구원.

정재돈, 김기태(2010). '협동조합기본법' 제정에 대한 연구. 서울: 국회사무처.

최선주(2005). 지역공동체운동의 학습네트워크적 특성에 관한 연구. 서울대학교 교육학석사논문.

한국협동조합연구소(2013). 협동조합법 시행1년-전국 협동조합 설립 현황 보고서. 서울: 한국협동조합연구소.

허준(2006). 부안 핵폐기장 유치 반대운동에 나타난 공동체학습 과정의 특성. 평생교육학연구, 12(4), 203-223. 한국평생교육학회.

현대경제연구원(2010). 사회적 기업 활성화를 위한 5대 과제. 서울: 현대경제연구원. 2014년 7월 18일http://hri.co.kr/upload/publication/201042692346[1].pdf에서 인출.

Althusser, L. (2007). 재생산에 대하여[Sur la reproduction](김웅권 역). 서울: 동문선. (원저는 1995년 출간).

Aspin,D. N., & Chapman, J. D. (2000). Lifelong learning: Concepts andconceptions. *International Journal of Lifelong Education, 19*(1), 2-19.

Bornstein, D. (2008). 달라지는 세계: 사회적 기업가들과 새로운 사상의 힘[How to change the world: social entrepreneurs and the power of new ideas](박금자, 나경수, 박연진 역). 서울: 지식공작소. (원저는 2007년 출간)

Defourny, J. (2001). Introduction: From third sector to social enterpirse. In C. Borzaga & J. Defourny (Eds.), *The emergence of social enterprise* (pp. 1-28). London: Routledge.

Defourny, J., & Nyssens, M. (2006). Defining social enterprise. In M. Nyssens, S. Adam, & T. Johnson (Eds.), *Social enterprise: At the crossroads of market,public policies and civil society* (pp. 3-26). New York: Routledge.

Spivak, G. C. (2006). 교육기계 안의 바깥에서[Outside in the teaching machine](태혜숙 역). 서울: 갈무리. (원저는 1993년 출간)

고용노동부 사회적기업 홈페이지 http://www.socialenterprise.go.kr/

국가법령정보센터 http://www.law.go.kr/

노란들판 http://www.norandp.co.kr/

노리단 http://noridan.org/noridan.pdf

동천 http://www.dongchuncap.com/

문당마을 http://mundang.invil.org/

사람과 마을 http://cafe.daum.net/sungmisanpeople/

사회적기업 사이버교육센터 http://www.edu4se.kr/

사회적기업 정책연구센터 http://www.gsec.or.kr/

사회적기업 지원네트워크 http://www.sesnet.or.kr/

사회적기업연구원 http://www.rise.or.kr/

사회적기업진흥원 http://www.socialenterprise.or.kr/

서해출산육아돌봄센터 http://sesnet13.tistory.com/

아름다운 가게 http://www.beautifulstore.org/

안심생활 http://ansim.org/

오가니제이션 요리 http://www.orgyori.com/

우리가 만드는 미래 http://www.woorimirae.com/

원주협동사회경제네트워크 http://www.wonjuand.com/main.php

자바르떼 http://arteplay.net/

8장

공은배 (1998). GNP 6%의 교육재원 확보에 관한 논의. 교육재정경제연구, 7(1), 57-84.

교육과학기술부(2012a). 내부자료.

교육과학기술부(2012b). 내부자료.

교육부(2015). 2015년 교육부 업무계획.

기획재정부(2012). 대한민국 중장기 정책과제. 세종: 기획재정부 중장기전략위원회.

기획재정부(2014). 국회에서 확정된 2015년 예산 주요내용. 보도자료.

김동일, 최선주, 김아미(2014). 미래교육 디자인을 위한 '융합인재'개념에 대한 성찰: 레토릭에서 실재로. 제2회 미래교육디자인 세미나 발표자료.

김민희(2012). 교육복지재정의 방향과 과제. 교육재정경제연구, 21(1), 91-124.

김용남(2012). 에듀파인 학교회계제도의 성과와 과제. 2012년도 한국교육재정경제학회 하계학술대회 발표자료.

김인희(2011). 학교의 교육복지 공동체 관점 고찰. 교육정치학연구, 18(4), 29-60.

미래창조과학부(2015). 과학기술 · ICT 혁신을 통한 역동적 창조경제 실현. 2015년도 업무보고.

박노욱(2012). 재정성과관리제도 현황과 추진 방향: 우리나라 현황 진단과 국제적 동향의 시사점. 세종: 한국조세연구원.

박준, 김용기, 이동원, 김선빈(2009). 한국의 사회갈등과 경제적 비용. 삼성경제연구소 CEO Information, 710.

박창균(2013). 2012 경제발전경험모듈화사업: 한국의 재정사업 성과관리 제도. 기획재정부, 11-7003625-000075-01.

반상진, 김민희, 김병주, 나민주, 송기창, 우명숙, 주철안, 천세영, 최준렬, 하봉운, 한유경(2014). 교육재정학. 서울: 학지사.

송기창(1996). 교육재정 GNP 5%의 투자 방향. 교육재정경제연구, 5(1), 27-74.

엄문영, 오범호, 윤홍주(2013). 비용함수 모형에 의한 국 · 공립 중학교 적정교육비 산출 연구. 교육재정경제연구, 22(1), 113-138.

윤정일(2000). 교육재정 GNP 6% 확보 방안. 교육재정경제연구, 9(1), 29-58.

윤홍주(2014). 전문가판단모형 및 비용함수모형에 의한 초등학교 적정교육비 분석. 초등교육연구, 27(1), 103-129.

이종재, 김성열, 돈 애덤스(2010). 한국교육 60년. 서울: 서울대학교출판문화원.

이종재, 이차영, 김용, 송경오(2015). 교육정책론. 서울: 학지사.

정동욱(2011). 교육복지 정책의 쟁점과 추진 방향 연구. 한국인적자원연구센터, 연구과제 KHR 2011-5.

정범모(2011). 내일의 한국인. 서울: 학지사.

정혁(2014). ICT 산업 생산지수를 통해 본 한국 ICT 산업 추이. KISDISTAT REPORT, 14-10-01.

지식경제부(2012). "IT KOREA"를 넘어 "SMARTOPIA KOREA"로. 지식경제부 보도자료.

최병호(2014). 우리나라 복지정책의 변천과 과제. 예산정책연구, 3(1), 89-129.

최성호, 강석훈, 박정수, 윤지웅, 박기백, 구정한(2011). 새로운 성장패러다임과 미래성장동력: 국내외 트렌드와 산업정책 과제. 산업연구원 연구보고서 2011-620.

최종덕(2004). 중기 교육재정운용계획의 문제점과 정책과제. 교육재정경제연구, 13(2), 81-114.

한국교육개발원(2012). 2012 교육재정백서. 수탁연구 CR-2012-51.

한국교육개발원(2013). 2012년도 교육복지우선지원사업 현황. 한국교육개발원 교육복지우선지원사업 중앙연구지원센터, 기술보고 TR 2013-15.

홍지영, 정동욱(2012). 교육비용함수를 활용한 단위학교 적정 교육비의 산출 분석: 서울시 국 · 공립 초등학교를 중심으로. 교육재정경제연구, 21(4), 1-26.

Stiglitz, J. E. (2013). 불평등의 대가: 분열된 사회는 왜 위험한가[(The) price of inequality: how today's divided society endangers our future](이순희 역). 경기: 열린책들. (원저는 2013년 출간).

지방교육재정 알리미 http://www.eduinfo.go.kr/fr/ir/frIr/intro.do/
산업통산부 FTA 정책요약 http://www.ftahub.go.kr/main/situation/kfta/psum/
e-나라지표 http://www.index.go.kr/potal/

9장

김경동(1984). 현대사회학의 쟁점: 메타 사회학적 접근. 서울: 법문사.
남신동(2012). 고등교육 기회의 수급격차와 개방형 고등교육의 팽창: 한국방송통신대학교의 교육기회 확대 과정을 중심으로. 교육사회학연구, 22(4), 83-112.
손준종(2014). 전지구적 교육거버넌스로서의 PISA의 출현과 국가교육에 대한 영향. 교육사회학연구, 24(3), 131-160.
신순애(2014). 열세 살 여공의 삶: 한 여성 노동자의 자기역사 쓰기. 서울: 한계레출판사.
유성상, 김용련, 정연희, 장지순(2014). 고등평생학습체제 특성에 따른 대학 직업역량 실태분석 및 재개념화 논의. 서울: 한국방송통신대학교 원격교육연구소.
최윤정(2015). 평생학습 참여의 역량 효과 연구. 이화여자대학교 박사학위논문.
한국교육과정평가원(2013). TIMSS2011 결과 분석에 근거한 수학 과학 학습 흥미 향상을 위한 제언. KICE Position Paper, 5(2). 서울: 한국교육과정평가원.
한국직업능력개발원(2013). 한국인의 역량, 학습과 일-국제성인역량조사(PIAAC)보고서. 서울: 한국직업능력개발원.
한숭희(2013). 시민교육의 과거를 바라보며 미래를 생각한다. 2013 시민교육심포지엄: 한국시민교육의 이론과 현실. 서울: 민주화운동기념사업회, 42-57.

Han, S. H., & Choi, S. J. (2014). Adult education in Korea: Key issues and current challenges. *Andragogical Studies, No. 2*, 107-120.
Mahon, R., & McBride, S. (2009). Standardizing and disseminating knowledge: The role of the OECD in global governance. *European Political Science Review, 1*(1), 83-101.
Martin, G. (2012). Motivation for lifelong learning: a biographical account of efficacy and control. *International Journal of Lifelong Education. 31*(6), 669-685.
OECD (2011). *Education at a glance 2011: OECD indicators*. OECD Publishing.
OECD (2013). *OECD skills outlook 2013: First results from the survey of adult skills*. OECD Publishing.
OECD (2014a). *Society at a glance 2014: OECD social indicators*. OECD Publishing.
OECD (2014b). *Education at a glance 2014: OECD indicators*. OECD Publishing.
Pallas, A. M.(2003). Educational transitions, trajectories, and pathways. In J. T. Mortimer & M. J. Shanahan (Eds.), *Handbook of the Life Course* (pp. 165-184). New York: Springer.
Thorn, W. (2009). International adult literacy and basic skills surveys in the OECD. Region. OECD Education Working Paper, No. 26, Paris: OECD Publishing.

10장

곽영순(2015). 미래 학교교육 변화 및 교육과정 재구성에 필요한 교사 전문성 탐색. 교과교육학연구, 19(1), 93-111.
소경희(2015). 2015 개정 교육과정 총론 개정안이 남긴 과제: 각론 개발의 쟁점 탐색. 교육과정연구, 33(1), 195-214.

소경희, 이화진(2001). 지식기반사회에서의 학교 교육과정 구성을 위한 기초 연구(II). 한국교육과정평가원.

Fitz, J., Davies, B. & Evans, J.(2006). *Educational policy and social reproduction*. Oxford: Routledge.

Klieme, E., Avenarius, H., Blum, W., Dobrich, P., Gruber, H., Prenzel, M., Reiss, K., Riquarts, K., Rost, J., Tenorth, H., & Vollmer, H. (2004). *The development of national education standards: An expertise*. Berlin: Federal Ministry of education and Research.

OECD (2001). *Education policy analysis*. Paris: OECD.

OECD (2006). *Schooling for tomorrow: Think scenarios, rethink education*. Paris: OECD.

OECD (2007). *The Starterpack: Futures thinking in action*. Paris: OECD.

Priestley, M., & Biesta, G. (2013). Introduction: the new curriculum. In M. Priestley & G. Biesta (Eds.), *Reinventing the curriculum: New trends in curriculum policy and practice* (pp. 1-12). London: Bloomsbury Academic.

Sinnema, C., & Aitken, G. (2013). Emerging international trends in curriculum. In M. Priestley & G. Biesta (Eds.), *Reinventing the curriculum: New trends in curriculum policy and practice* (pp. 141-163). London: Bloomsbury Academic.

Stenhouse, L. (1975). *An introduction to curriculum research and development*. London: Heinemann.

Young, M. (2008). *Bringing knowledge back in: From social constructivism to social realism in the sociology of education*. London: Routledge.

Young, M. (2011). The return to subjects: a sociological perspective on the UK Coalition government's approach to the 14-19 curriculum. *The Curriculum Journal, 22*(2), 265-278.

Young, M., & Muller, J. (2010). Three Educational Scenarios for the Future: lessons from the sociology of knowledge. *European Journal of Education, 45*(1), 11-27.

11장

강현석, 이운발(2004). 고등 사고력 함양을 위한 통합 교육과정의 구성 전략 탐구-초등학교 4학년 사회과를 중심으로. 교육학논총, 25(2), 29-51.

김영채(2002). 사고와 문제해결 심리학. 서울: 박영사.

김영채, 전헌선, 박권생(2002). 창의적 문제해결력 향상을 위한 수업프로그램의 개발과 실험 분석. 교육연구, 40(1), 129-158.

박민정, 민지연, 신종호, 모경환, 임정수, 최유정(2010). 창의적 문제해결력 증진을 위한 초등사회과 교육과정 개발 연구. 교육과정연구, 28(1), 179-201.

박선환(1999). 대학생의 비판적 사고력 증진을 위한 프로그램의 효과. 숙명여자대학교 박사학위논문.

배제현, 정경용(2005). 초등학생을 위한 철학놀이 프로그램이 논리적 사고력과 비판적 사고력에 미치는 효과. 아동교육, 14(2), 101-110.

서혜애, 조석희, 박성익(2001). 창의성 계발교육 실태분석 및 전략 구안. 한국교육개발원 연구보고 RR 2001-06.

서혜애, 조석희, 김홍원(2002). 창의성 계발을 위한 교육전략 연구(II): 교수 학습모형 및 자료개발. 한국교육개발원 연구보고 RR 2002-08.

성일제 외(1987). 사고력 신장을 위한 프로그램 개발 연구. 한국교육개발원 연구보고 RR 87-37.

이경화, 최유현, 황선욱(2011). 팀 프로젝트 중심 창의적 문제해결 프로그램 개발. 창의력교육연구, 11(2), 141-160.

이동원(2004). 창의성 교육의 내용과 지도원리. 창의성교육 워크숍 자료집. 대구: 대구광역시교육청, 19-53.

이신동, 이경숙(2009). 영재교육을 위한 사고력의 구성개념 정립과 프로그램 개발. 영재와 영재교육, 8(2), 125-147.

인문사회연구회(2002). 초, 중등, 대학에서의 인문 교육 활성화 방안: 논리적 사고력 평가 모형 개발. 인문사회
연구회 인문정책연구총서 2002-15. 서울: 한국교육개발원.

조연순(2001). 창의적·비판적 사고력과 교과 지식의 융합을 위한 교수-학습 모형으로서의 문제중심학습
(PBL) 고찰. 초등교육연구, 14(3), 295-316.

최석민(2006). 초등학교 창의성 교육 접근 방식에 대한 비판적 검토. 초등교육연구, 19(2), 1-21.

최석민(2009). 고등사고력 교육의 조건: 교사의 지성. 교육철학, 39, 299-324.

표용수, 이지원(2007). 문제해결력 향상을 위한 실생활 문제의 개발과 적용: 중학교 수학과 교육과정의 도형
영역을 중심으로. 한국수학교육학회지, 21(2), 177-197.

허경철, 김홍원, 조영태, 임선하(1990). 사고력 신장을 위한 프로그램 개발 연구(IV). 한국교육개발원 연구보고
RR 90-17.

허경철, 김홍원, 임선하, 김명숙, 양미경(1991). 사고력 신장을 위한 프로그램 개발 연구(V). 한국교육개발원
연구보고 RR 91-18.

Amabile, T. M. (1983). The social psychology of creativity: A componential conceptualization. *Journal of Personality and Social Psychology, 45*(2), 357-376.

Amabile, T. M. (1989). *Growing up creative: Nurturing a lifetime of creativity*. New York: Crown.

Anderson, L. W., & Krathwohl, D. R. (Eds.). (2001). *A taxonomy for learning, teaching and assessing: A revision of Bloom's Taxonomy of educational objectives*. New York: Longman.

Barrows, H. S. (1996). Problem-based learning in medicine and beyond: A brief overview. In L. Wilkerson & W. H. Gijselaers (Eds.), *Bringing problem-based learning to higher education: Theory and practice* (pp. 3-12). San Francisco: Jossey-Bass.

Beghetto, R. A. (2006). Creative self-efficacy: Correlates in middle and secondary students. *Creativity Research Journal, 18*(4), 447-457.

Bloom, B. S. (1956). *Taxonomy of educational objectives. Handbook I: Cognitive Domain*. New York: David McKay Company.

Chamber, J. H. (1973). College teachers: Their effect on creativity of students. *Journal of Educational Psychology, 65*(3), 326-334.

Chin, C. (2007). Teacher questioning in science classrooms: Approaches that stimulate productive thinking. *Journal of Research in Science Teaching, 44*(6), 815-843.

Collins, M. A., & Amabile, T. M. (1999). Motivation and creativity. In R. J. Sternberg (Ed.), *Handbook of creativity* (pp. 297-312). New York: Cambridge University Press.

Cropley, A. J. (2001). *Creativity in education and learning: A guide for teachers and educators*. London: Kogan Page.

Dewey, J. (2007). 민주주의와 교육[Democracy and education: An introduction to the philosophy of education.](이홍우 역). 서울: 교육과학사. (원저는 1916년 출간).

Ennis, R. H. (1996). *Critical thinking*. Upper Saddle River. New Jersey: Prentice Hall.

Facione, P. A. (1990). *Critical thinking: A statement of expert consensus for purposes of educational assessment and instruction: Research findings and recommendations*. American Philosophical Association. ERIC Document Reproduction Service No. ED 315 423.

Fairweather, E., & Cramon, B. (2010). Infusing creative and critical thinking into the curriculum together. In R. A. Beghetto & C. K. James (Eds.), *Nurturing creativity in the classroom* (pp. 113-141). Cambridge: Cambridge University Press.

Halpern, D. F. (1993). Assessing the effectiveness of critical thinking instruction. *Journal of General Education, 42*(4), 238-254.

Jeon, K. W. (2000). An evaluation of gifted pre-schoolers in the creative thinking program in South

Korea. *Gifted Education International, 14*(3), 277-295.

Kim, J., & Michael, W. B. (1995). The relationship of creativity measures to school achievement and to preferred learning and thinking style in a sample of Korean high school students. *Educational and Psychological Measurement, 55*(1), 60-74.

Kurfiss, J. G. (1988). *Critical thinking: Theory, research, practice, and possibilities*. Washington, DC: Association for the Study of Higher Education.

McPeck, J. E. (1981). *Critical thinking and education*. New York St. Martin's.

Paul, R., Elder, L., & Bartell, T. (1997). *California teacher preparation for instruction in critical thinking: Research findings and policy recommendations*. Sacramento, CA: California Commission on Teacher Credentialing.

Sarmiento, J. W., & Stahl, G. (2008). Group creativity in interaction: Collaborative referencing, remembering, and bridging. *Journal of Human-Computer Interaction, 24*(5), 492-504.

Sawyer, R. K. (2010). Learning for creativity. In R. A. Beghetto & J. C. Kaufman (Eds.), *Nurturing creativity in the classroom* (pp. 172-190). Cambridge: Cambridge University Press.

Sternberg, R. J., & Lubart, T. I. (1991). An investment theory of creativity and its development. *Human Development, 34*(1), 1-31.

Wallach, M. A., & Kogan, N. (1965). *Modes of thinking in young children: A study of the creativity-intelligence distinction*. New York: Holt, Rinehart & Winston.

12장

강이철, 신정규(2003). 창의적 문제해결 모형을 적용한 고등학교 기술과 교수, 학습 방안. 중등교육연구, 51(2), 287-315.

김영채, 정미선, 정세영, 정혜인(2011). 창의적 문제해결 스타일: 집단내 및 집단간 특성과 스타일 분포의 정규성. 사고개발, 7(1), 1-27.

김왕동(2012). 창의적 융합인재에 관한 개념 틀 정립: 과학기술과 예술 융합 관점. 영재와 영재교육, 11(1), 97-119.

김혜숙(2010). 창의적 수행능력 관련변인에 대한 구조모형: 개인적 특성, 과제, 심리적 과정특성 및 환경 변인의 관계. 영재와 영재교육, 9(2), 103-125.

이덕로, 김태열(2008). 직무특성이 개인창의성에 미치는 영향, 선행적 행동의 매개효과를 중심으로. 경영학연구, 37(3), 443-475.

이선영, 민지연, 최차현(2014). 기업영역 전문가들의 창의적 특성과 지각된 창의적 환경 요인에 대한 탐색. 교육심리연구, 28(4), 567-591.

전경남(2011). 창의적 사고 기법의 분류 체계에 관한 문헌 고찰. 영재와 영재교육, 10(3), 133-157.

Amabile, T. M. (1996). *Creativity and innovation in organizations, Vol. 5*. Boston: Harvard Business School.

Baer, J. (1994). Divergent thinking is not a general trait: A multi-domain training experiment. *Creativity Research Journal, 7*(1), 35-36.

Brophy, J. (1998). *Motivating students to learn*. Madison, WI: McGraw Hill.

Csikszentmihalyi, M. (1988). Society, culture, and person: A systems view of creativity. In R. J. Sternberg (Ed.), *The nature of creativity* (pp. 325-339). New York: Cambridge University Press.

Csikszentmihalyi, M. (1996). *Creativity*. New York: Harper Collins.

Csikszentmihalyi, M., & Getzels, J. W. (1970). Concern for discovery: An attitudinal component of creative production. *Journal of Personality, 38*(1), 91-105.

Csikszentmihalyi, M., & Getzels, J. W. (1971). Discovery-oriented behavior and the originality of creative products: A study with artists. *Journal of Personality and Social Psychology, 19*(1), 47-52.

Dillon, J. T. (1982). Problem finding and solving. *The Journal of Creative Behavior, 16*(2), 97-111.

Feist, G. J. (1998). A meta-analysis of personality in scientific and artistic creativity. *Personality and Social Psychology Review, 2*(4), 290-309.

Getzels, J. W. (1982). The problem of the problem. In R. Hogarth (Ed.), *New directions for methodology of social and behavioral science; Question framing and response consistency* (pp. 37-49). San Francisco: Jossey-Bass.

Getzels, J. W., & Csikszentmihalyi, M. (1976). *The creative vision: A longitudinal study of problem finding in art.* New York: Wiley.

Glassman, E. (1986). Managing for creativity: Back to basics in R&D. *R&D Management, 16*(2), 175-183.

Henderson, S. J. (2004). Product inventors and creativity: The finer dimensions of enjoyment. *Creativity Research Journal, 16*(2-3), 293-312.

Isaksen, S. G., & Treffinger, D. J. (1985). *Creative problem solving: The basic course.* Buffalo, NY: Bearly Limited.

Isaksen, S. G., & Treffinger, D. J. (1987). *Creative problem solving: Three components and six specific stages.* Instructional handout. Buffalo, NY: Center for Studies in Creativity.

Isaksen, S. G., Dorval, K. B., & Treffinger, D. J. (2011). *Creative approaches to problem solving* (3rd ed.). Thousand Oaks, CA: Sage Publications.

Janssen, O. (2000). Job demands, perceptions of effort-reward fairness, and innovative work behavior. *Journal of Occupational and organizational psychology, 73*(3), 287-302.

Kanter, R. M. (1988). When a thousand flowers bloom: Social, structural and collective conditions for innovation in organizations. In B. Staw & L. Cummings (Eds.), *Research in organizational behavior, Vol. 10.* Greenwich, CT: JAI.

Kirton, M. J. (1976). Adaptors and innovators: A description and measure. *Journal of Applied Psychology, 61*(5), 622-629.

Kirton, M. J. (1989). Adaptors and innovators at work. In Kirton, M. J. (Ed.), *Adaptors and innovators: Styles of creativity and problem solving* (pp. 56-78). London: Routledge.

Kousoulas, F., & Mega, G. (2007). Creative and critical thinking in the context of problem finding and problem solving: a research among students in primary school. *13th International Conference on Thinking* (p. 81). Norrkoping, Sweden.

Lubart, T. L., & Guignard, J. H. (2004). The generality-specificity of creativity: A multivariate approach. In R. J. Sternberg, E. L. Grigorenko, & J. L. Singer (Eds.), *Creativity: From potential to realization.* Washington DC: American Psychological Association.

Martinsen, O., & Kaufmann, G. (1999). Cognitive style and creativity. In M. A. Runco & S. R. Pritzker (Eds.), *Encyclopedia of creativity* (pp. 273-282). New York: Academic Press.

McCrae, R. R., & Costa, P. T., Jr. (1997). Personality trait structure as a human universal. *American Psychologist, 52*(5), 509-516.

Moore, T. R. (1985). The spectrophotometric determination of dissolved organic carbon in peat waters. *Soil Science Society of America Journal, 49*(6), 1590-1592.

Runco, M. A., & Okuda, S. M. (1988). Problem discovery, divergent thinking, and the creative process. *Journal of Youth and Adolescence, 17*(3), 211-220.

Scott, S., & Bruce, R. (1994). Determinants of innovative behavior: A path model of individual innovation in the workplace. *The Academy of Management Journal, 37*(3), 580-607.

Selby, E. C., Treffinger, D. J., Isaksen, S. G., & Lauer, K. J. (2004). Defining and Assessing Problem Solving Style: Design and Development of a New Tool. *The Journal of Creative Behavior, 38*(4), 221-243.

Sohn, S. Y., & Jung, C. S. (2010). Effect of creativity on innovation: Do creativity initiatives have significant impact on innovative performance in Korean firms? *Creativity Research Journal, 22*(3), 320-328.

Sternberg, R. J., & Lubart, T. I. (1995). *Defying the crowd: Cultivating creativity in a culture of conformity.* New York: Free Press.

Torrance, E. P. (1966). *The torrance tests of creative thinking norms technical manual research edition-Verbal tests, forms A and B-Figural tests, forms A and B.* Princeton, NJ: Personnel Press.

Torrance, E. P. (1974). *The torrance tests of creative thinking: Norms-technical manual.* Lexington, MA: Personnel Press.

Torrance, E. P. (1990). *The torrance tests of creative thinking norms technical manual figural (streamlined) forms A & B.* Bensenville, IL: Scholastic Testing Service.

Wakefield, J. F. (1985). Towards creativity: Problem finding in a divergent-thinking exercise. *Child Study Journal, 15*(4), 265-270.

West, M. A., & Farr, J. L. (1990). Innovation at work. In M. A. West & J. L. Farr (Eds.), *Innovation and creativity at work: Psychological and organizational strategies* (pp. 3-13). Chichester, England: Wiley.

Woodman, R. W., & Schoenfeldt, L. F. (1989). Individual differences in creativity: An interactionist perspective. In J. A. Glover, R. R. Ronning, & C. R. Reynolds (Eds.), *Handbook of creativity* (pp. 77-92). New York: Plenum Press.

13장

강승희(2009). 공과대학생의 창의적 성취에 영향을 주는 요인 탐색: 경진대회 수상팀을 중심으로. 한국공학교육학회. 12(3), 59-72.

구양미, 김영수, 노선숙, 조성민(2006). 창의적 문제해결을 위한 웹기반 교수-학습 모형과 학습환경 설계. 교과교육학연구, 10(1), 209-234.

김영채(2008). 창의력의 이론과 개발. 서울: 교육과학사.

김진성(2010). 천장을 30㎝ 높일 때마다 창의성이 2배로 좋아져요. 삼성경제연구소. 2010년 04월 24일 http://www.chosun.com/site/data/html_dir/2010/04/23/2010042301903.html에서 인출.

박강, 김병재, 김영욱, 박용원, 장혁수(2005). 창의공학. 서울: 서현사.

박철수, 박수홍, 정선영(2010). 창의적 문제해결 교수학습방법의 대학수업에의 적용가능성에 관한 연구. 한국공학교육학회. 13(1), 23-37.

유봉현(2000). 브레인스토밍 기법이 창의적 사고력에 미치는 영향. 연세대학교 박사학위논문. 미간행.

이길성(2010). 사무실 천장이 높을수록 창의력도 높아진다. 조선일보, 2010년 12월 21일 http://biz.chosun.com/site/data/html_dir/2010/12/20/2010122001702.html에서 인출.

이상수, 이유나(2007). 창의적 문제해결을 위한 블렌디드 수업 모형 개발. 교육공학연구, 23(2), 135-159.

이상수, 이유나(2008). 협동 창의적 문제해결을 위한 온라인 지원시스템 개발. 한국컴퓨터교육학회 논문지, 11(5), 19-32.

이종연, 구양미(2007). 창의적 문제해결력 신장을 위한 온오프 연계 수업의 전략적 운영방안 탐색-초등학교 사회과 수업을 중심으로. 학교교육, 34(2), 7-178.

임철일, 윤순경, 박경선, 홍미영(2009). 온라인 지원 시스템 기반의 '창의적 문제해결 모형'을 활용하는 통합형 대학 수업 모형의 개발. 교육공학연구, 25(1), 171-203.

임효희, 김오연, 신경훈, 유혜원, 백윤수(2009). 창의성 증진 교육방법의 개선방안. 한국공학교육학회, 12(4), 135-141.

차영수, 김정섭(2010). 문제찾기 중심의 수업이 공과대학생의 창의성에 미치는 효과. 교육혁신연구, 20(1), 99-111.

Barden, I. (2007). Enhancing creativity and innovation in engineering education. *European Journal of Engineering Education, 32*(5), 573-585.

Chen, C., Jiang, B., & Hsu, K. (2005). An empirical study of industrial engineering and management curriculum reform in fostering students' creativity. *European Journal of Engineering Education, 30*(2), 191-202.

Court, A. (1998). Improving creativity in engineering design education. *European Journal of Engineering Education, 23*(2), 141-154.

Foster, F., & Brocco, M. (2008). Understanding Creativity-Technique Based Problem Solving Processes. *Lecture Notes in Computer Science, 5178*, 806-813.

Grabe, M., & Grabe, C. (2000). *Integrating the internet for meaningful learning.* Boston: Houghton Mifflin Company.

Hamza, M. K., & Griffith, K. G. (2006). Fostering problem solving and creative thinking in the classroom: cultivating a creative mind. *National Forum of Applied Educational Research Journal-Electronic, 19*(3), 1-30.

Isaksen, S. G., & Treffinger, D. J. (1985). *Creative Problem Solving: The basic course.* Buffalo, NY: Bearly Ltd.

Mills, S., & Treagust, D. (2003). Engineering education: is problem-based or project-based learning the answer? *Australasian Journal of Engineering Education, 2003-04.*

Nguyen, L., & Shanks, G. (2009). A framework for understading creativity in requirements engineering. *Imformation and Software Technology, 51*, 655-662.

Osborn, A. F. (1963). *Applied imagination: Principles and procedures of creative thinking* (3rd ed.). New York: Charles Scribner's Sons.

Parnes, S. J. (1977). Guiding Creative Action. *Gifted Child Quarterly, 21*, 460-476.

Reigeluth C. M. (1983). Instructional design: what is ti and why is it? In C. M. Reigeluth (Ed.), *Instructional design theories and models; An overview of their current status.* Hillsdale, NJ: Lawrence Erlbaum.

Shneiderman, B. (2002). Creativity Support Tools. In B. Shneiderman (Ed.), *Leonardo's Laptop: Human Needs and the New Computing Technologies.* Cambridge, MA: MIT Press.

Stenberg, E., & Wilson, M. (2006). Neuroscience and architecture: Seeking common ground, Cell 127, October 20. Retrieved February 24, 2011. from http://download.cell.com/pdf/PIIS0092867406013043.pdf?intermediate=true

Theil, D. (2006). Creating Innovation Toolkit. Retrieved February 24, 2011. from http://www.gu.edu.au/centre/gihe/griffith_graduate/toolkit/creativity/why03.html

Treffinger, D. J., Isaksen, S. G., & Dorval, K. B. (2000). *Creative Problem Solving: An Introduction* (3rd ed.). Waco, TX: Prufrock Press.

Wu, L. J., & Hsiao, H. S. (2004). Using a Knowledge-Based Management to Design a Web-Based Creative Problem Solving System. In Liu et al. (Eds.), *ICWL 2004.* Berlin Heidelberg: Springer-Verlag.

14장

강인애, 이민수, 김종화, 이인수(1999). 웹기반 문제중심학습(Problem-Based Learning)의 개발 사례: 초등, 고등, 대학교의 경우. 교육공학연구, 15(1), 301-330.
박양주(2012). 활동중심 수업설계 원리 및 전략의 탐색. 열린교육연구, 20(1), 1-22.
백영균(2010). 가상현실공간에서의 교수-학습. 서울: 학지사.
이화진, 김민정, 이대식, 손승현(2009). 학습부진 학생 지도·지원의 실효성 제고를 위한대안 탐색: 학습부진 학생 지도·지원 종합 계획(안) 제안을 중심으로. 한국교육과정평가원 연구보고 RRI 2009-13.
황매향, 고홍월, 오상철(2010). 학습코칭 역량강화 교사연구 프로그램 개발. 서울: 한국교육과정평가원.

Antonacci, D. M., & Modaress, N. (2008). *Envisioning the educational possibilities of user-created virtual worlds*. Chesapeake, VA: AACE.
Barrows, H. S., & Tamblyn, R. M. (1980). *Problem-based learning: An approach to medical education*. New York: Springer.
Cheong, D. (2010). The effects of practice teaching sessions in Second Life on the change in pre-service teachers' teaching efficacy. *Computers & Education, 55*(2), 868-880.
Cho, Y., & Jung, J. (2008). The effects of classroom simulation on pre-service teachers' career maturity. In K. McFerrin, R. Weber, R. Carlsen, & D. Willis (Eds.), *Proceedings of Society for Information Technology and Teacher Education International Conference* (pp. 1646-1653). Chesapeake, VA: AACE.
Cleland (Eds.). Changing demands, changing directions. *Paper presented at the ascilite conference, Hobart, Australia, 4-7 December* (pp. 491-501). Hobart: University of Tasmania.
Dalgarno, B., & Lee, M. J. W. (2010). What are the learning affordances of 3-d virtual environments? *British Journal of Educational Technology, 41*(1), 10-32.
DeVane, B., & Squire, K. D. (2012). Activity theory in the learning technologies. In D. H. Jonassen & S. Land (Eds.), *Theoretical foundations of learning environments* (pp. 242-267). New York: Routledge.
Duncan, I., Miller, A., & Jiang, S. (2012). A taxonomy of virtual worlds usage in education. *British Journal of Educational Technology, 43*(6), 949-964.
Engeström, Y. (1987). *Learning by expanding: An activity-theoretical approach to developmental research*. Helsinki: Orienta-Konsultit.
Engeström, Y. (2001). Expansive learning at work: Toward an activity theoretical reconceptualization. *Journal of Education and Work, 14*(1), 133-156.
Gao, F., Noh, J. J., & Koehler, M. J. (2009). Comparing role-playing activities in Second Life and face-to-face environments. *Journal of Interactive Learning Research, 20*(4), 423-443.
Gregory, S., & Masters, Y. (2012). Real thinking with virtual hats: A role-playing activity for pre-service teachers in second life. *Australasian Journal of Educational Technology, 28*(3), 420-440.
Hayes, A. T., Straub, C. L., Dieker, L. A., Hughes, C. E., & Hynes, M. C. (2013). Ludic learning: Exploration of TLE TeachLivETM and effective teacher training. *International Journal of Gaming and Computer-Mediated Simulations, 5*(2), 20-33.
Henderson, M., Huang, H., Grant, S., & Henderson, L. (2012). The impact of Chinese language lessons in a virtual world on university students' self-efficacy beliefs. *Australasian Journal of Educational Technology, 28*(3), 400-419.
Hmelo-Silver, C. E., Duncan, R .G., & Chinn, C. A. (2007). Scaffolding and achievement in problem-based and inquiry learning: A response to Kirschner, Sweller, and Clark (2006). *Educational Psychologist, 42*(2), 99-107.

Inman, C., Wright, V. H., & Hartman, J. A. (2010). Use of second life in K-12 and higher education: A review of research. *Journal of Interactive Online Learning, 9*(1), 44-63.

Jamaludin, A., Chee, Y. S., & Ho, C. M. L. (2009). Fostering argumentative knowledge construction through enactive role play in Second Life. *Computers & Education, 53,* 317-329.

Jonassen, D. H. (1997). Instructional design models for well-structured and ill-structured problem-solving learning outcomes. *Educational Technology Research and Development, 45*(1), 65-94.

Jonassen, D. H., & Cho, Y. H. (2011). Fostering argumentation while solving engineering ethics problems. *Journal of Engineering Education, 100*(4), 680-702.

Jonassen, D. H., & Rohrer-Murphy, L. (1999). Activity theory as a framework for designing constructivist learning environments. *Educational Technology Research and Development, 47*(1), 61-79.

Johnson, D. W., & Johnson, R. T. (2009). An educational psychology success story: Social interdependence theory and cooperative learning. *Educational Researcher, 38,* 365-379.

Kolodner, J. L. (1997). Educational implications of analogy: A view from case-based reasoning. *American Psychologist, 52*(1), 57-66.

Omale, N., Hung, W. C., Luetkehans, L., & Cooke-Plagwitz, J. (2009). Learning in 3-D multiuser virtual environments: Exploring the use of unique 3-D attributes for online problem-based learning. *British Journal of Educational Technology, 40*(3), 480-495.

Russell, C., & Shepherd, J. (2010). Online role-play environments for higher education. *British Journal of Educational Technology, 41*(6), 992-1002.

Ryan, R. M., & Deci, E. L. (2000). Self-determination theory and the facilitation of intrinsic motivation, social development, and well-being. *American Psychologist, 55,* 68-78.

Skaalvik, E. M., & Skaalvik, S. (2007). Dimensions of teacher self-efficacy and relations with strain factors, perceived collective teacher efficacy, and teacher burnout. *Journal of Educational Psychology, 99*(3), 611-625.

Vygotsky, L. S. (1978). *Mind in society: The development of higher psychological processes.* Cambridge, MA: Harvard university press.

저자 소개

강대중 Kang, Dae Joong	서울대학교 교육학과 부교수
곽덕주 Kwak, Duck-Joo	서울대학교 교육학과 교수
권수진 Kwon, Soojin	서울대학교 교육학과 교육심리전공 석사졸업. 현재 익산청소년지원센터 근무
김동일 Kim, Dongil	서울대학교 교육학과 교수 서울대학교 교육학과 교육연구소 BK21PLUS 미래교육디자인연구사업단장
김명찬 Kim, Myeungchan	서울대학교 교육학과 교육연구소 BK21PLUS 미래교육디자인연구사업단 박사후연구원으로 근무했고, 현재 인제대학교 상담심리치료학과 조교수
김수향 Kim, Suhyang	서울대학교 교육학과 교육심리전공 석사졸업. 현재 묘곡초등학교 교사
김우리 Kim, Woori	서울대학교 교육학과 교육연구소 BK21PLUS 미래교육디자인연구사업단 박사후연구원으로 근무했고, 현재 전남대학교 특수교육학부 조교수
김윤강 Kim, Yoon Kang	서울대학교 교육학과 교육공학전공 석사졸업. 현재 광명서초등학교 교사
민지연 Min, Jiyeon	서울대학교 교육학과 교육심리전공 박사과정
백선희 Paik, Sunhee	서울대학교 교육학과 교육연구소 BK21PLUS 미래교육디자인연구사업단 박사후연구원으로 근무했고, 현재 한국교육개발원 글로벌교육연구본부 부연구위원
소경희 So, Kyung-hee	서울대학교 교육학과 교수
신종호 Shin, Jongho	서울대학교 교육학과 교수
오헌석 Oh, Hun-seok	서울대학교 교육학과 교수
유상옥 Yoo, Sangok	서울대학교 교육학과 평생교육전공 석사졸업. 현재 미네소타대학교 HRD 박사과정
유성상 Yoo, Sung Sang	서울대학교 교육학과 부교수
이선영 Lee, Seon-Young	서울대학교 교육학과 부교수
이선희 Lee, Sunhee	서울대학교 교육학과 교육공학전공 박사과정
이승호 Lee, Seung-Ho	서울대학교 교육학과 교육행정전공 박사과정
이영신 Lee, Young-Sin	서울대학교 교육학과 교육행정전공 석사과정
이지혜 Lee, Ji-Hye	서울대학교 교육학과 교육행정전공 석사과정
이호준 Lee, Ho-Jun	서울대학교 교육학과 교육행정전공 박사과정
임철일 Lim, Cheolil	서울대학교 교육학과 교수
정동욱 Jeong, Dong-Wook	서울대학교 교육학과 부교수
조영환 Cho, Young Hoan	서울대학교 교육학과 조교수
진동섭 Jin, Dong-Seop	서울대학교 교육학과 교수
최선주 Choi, Seonjoo	서울대학교 교육학과 교육연구소 BK21PLUS 미래교육디자인연구사업단 BK연구교수
한숭희 Han, SoongHee	서울대학교 교육학과 교수
한은정 Han, Eun-Jung	서울대학교 교육학과 교육행정전공 박사졸업. 현재 한국교육개발원 부연구위원 근무
홍미영 Hong, Miyoung	서울대학교 교육학과 교육공학전공 박사졸업
황매향 Hwang, Mae Hyang	서울대학교 교육학과 교육상담전공 박사졸업. 현재 경인교육대학교 교육학과 부교수

교육미래학을 위한 시론

교육의 미래를 디자인하다
Designing Future of Education:
An Exploratory Study on Educational Futurology

2015년 8월 25일 1판 1쇄 인쇄
2015년 8월 31일 1판 1쇄 발행

엮은이 • 서울대학교 교육연구소 BK21PLUS 미래교육디자인연구사업단
펴낸이 • 김진환
펴낸곳 • (주)**학지사**
　　　　121-838 서울특별시 마포구 양화로 15길 20 마인드월드빌딩
대표전화 • 02)330-5114　　　팩스 • 02)324-2345
등록번호 • 제313-2006-000265호

홈페이지 • http://www.hakjisa.co.kr
페이스북 • https://www.facebook.com/hakjisa

ISBN 978-89-997-0805-3 93370

정가 18,000원

인터넷 학술논문 원문 서비스 **뉴논문** www.newnonmun.com

이 도서의 국립중앙도서관 출판시도서목록(CIP)은 서지정보유통지
원시스템 홈페이지(http://seoji.nl.go.kr)와 국가자료공동목록시스템
(http://www.nl.go.kr/kolisnet)에서 이용하실 수 있습니다.
(CIP 제어번호: CIP2015025109)